Schriften zum Vergaberecht

Herausgegeben von

Prof. Dr. Martin Burgi, Universität Bochum
Prof. Dr. Hermann Pünder, Bucerius Law School Hamburg

Band 38

Jan Philipp Wimmer

Zuverlässigkeit im Vergaberecht

Verfahrensausschluss, Registereintrag und Selbstreinigung

Nomos

Die Deutsche Nationalbibliothek verzeichnet diese Publikation in
der Deutschen Nationalbibliografie; detaillierte bibliografische
Daten sind im Internet über http://dnb.d-nb.de abrufbar.

Zugl., Bucerius Law School, Hamburg, Diss., 2012

ISBN 978-3-8329-7784-9

1. Auflage 2012
© Nomos Verlagsgesellschaft, Baden-Baden 2012. Printed in Germany. Alle Rechte, auch die des Nachdrucks von Auszügen, der fotomechanischen Wiedergabe und der Übersetzung, vorbehalten. Gedruckt auf alterungsbeständigem Papier.

Meinen Eltern

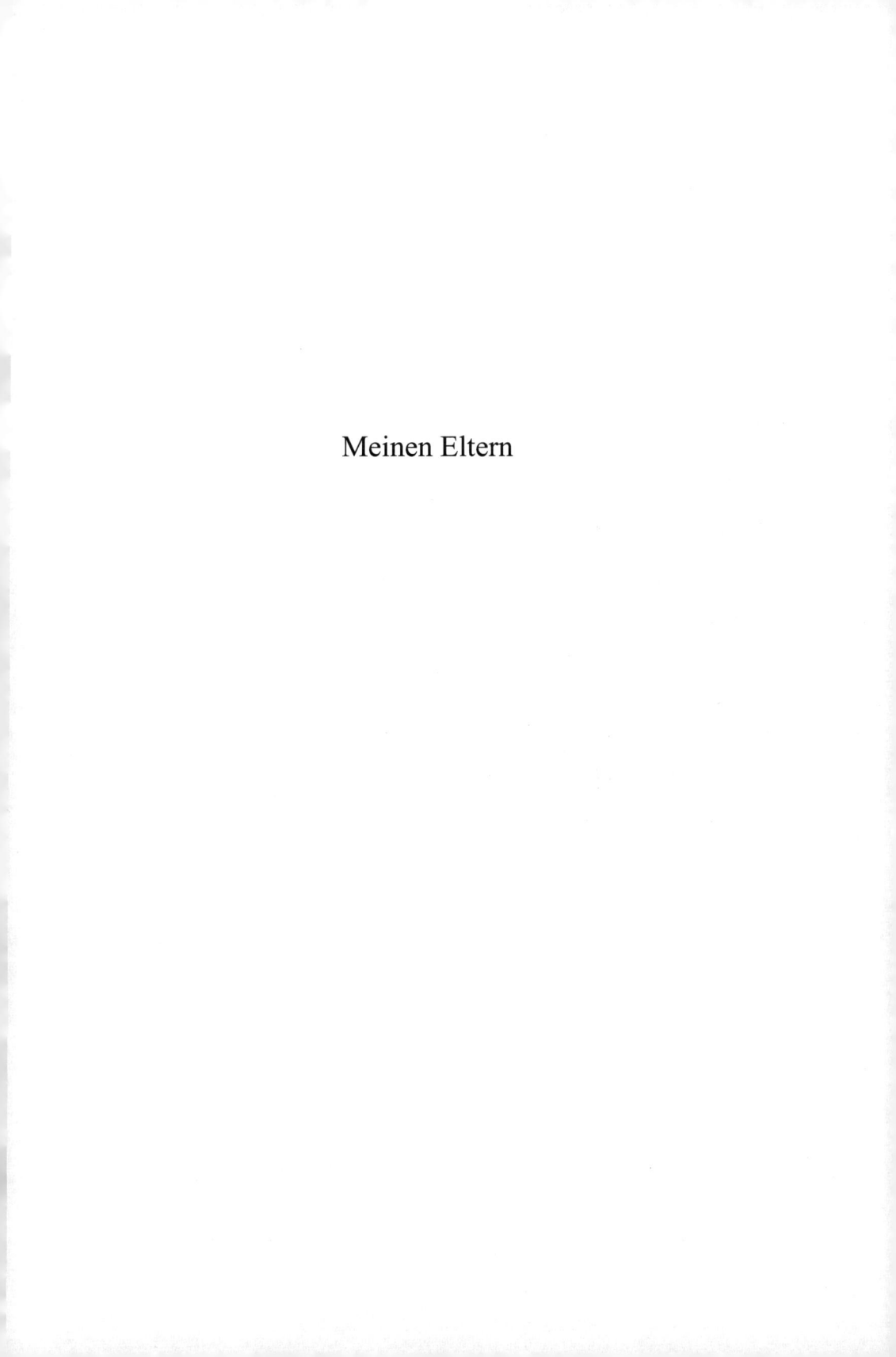

Vorwort

Die vorliegende Arbeit wurde im Winter 2011 von der Bucerius Law School – Hochschule für Rechtswissenschaften als Promotionsschrift angenommen. Sie ist im Zeitraum von 2008 bis 2011 entstanden. Die mündliche Promotionsprüfung fand im Mai 2012 statt.

Mein erster Dank gilt Herrn Professor Dr. Hermann Pünder LL.M. für die hervorragende Betreuung und die freundliche Unterstützung bei meiner Arbeit. Herrn Professor Dr. Jörn Axel Kämmerer danke ich herzlich für die zügige Erstellung des Zeitgutachtens. Für die Aufnahme in diese Schriftenreihe bedanke ich mich bei den Herausgebern, Herrn Professor Dr. Martin Burgi und Herrn Professor Dr. Hermann Pünder LL.M.

Schließlich danke ich meiner Familie. Ohne ihre unermüdliche Unterstützung wäre mir die Fertigstellung der Arbeit nicht möglich gewesen.

Hamburg, im Juli 2012   Jan Philipp Wimmer

Inhaltsverzeichnis

Vorwort	7
Einleitung	17
1. Teil Zuverlässigkeit als Eignungskriterium	21
1. Abschnitt Unionsrechtlicher Hintergrund der Eignungskriterien	22
2. Abschnitt Konkretisierung der Eignungskriterien durch die Vergabestellen	23
3. Abschnitt Zurechnung der Eignung und Eignungsnachweise	25
A. Zurechnung der Eignung	25
B. Eignungsnachweise	27
I. Typische Eignungsnachweise	27
II. Umfang und Grenzen der zu fordernden Eignungsnachweise	28
III. Eignungsnachweise von Nachunternehmern	29
IV. Folgen fehlender Eignungsnachweise	31
4. Abschnitt Zeitpunkt der Eignungsprüfung	31
A. öffentliche Ausschreibung	31
B. Beschränkte Ausschreibung und freihändige Vergabe	32
C. Nachträgliche Erkenntnisse der Vergabestelle	33
D. „Mehr an Eignung"	33
5. Abschnitt Die Eignungskriterien im Einzelnen	34
A. Fachkunde	34
B. Leistungsfähigkeit	36
C. Zuverlässigkeit	38
D. Gesetzestreue	41
E. Verhältnis der Eignungskriterien zueinander	43

6. Abschnitt Zuverlässigkeit im Gewerberecht	44
A. Der gewerberechtliche Zuverlässigkeitsbegriff	45
B. Vergleich der vergaberechtlichen und gewerberechtlichen Zuverlässigkeit	48
I. Der kartellrechtliche Einfluss auf das Vergaberecht	49
II. Der unionsrechtliche Einfluss auf das Vergaberecht	50
III. Fazit	51
2. Teil Verfahrensausschluss wegen fehlender Zuverlässigkeit	**53**
1. Abschnitt Vorgaben der VKR	54
2. Abschnitt Zwecke des Verfahrensausschlusses wegen fehlender Zuverlässigkeit	57
A. Beschaffungszwecke	57
B. Vergabefremde Zwecke	59
I. Vergabefremde Aspekte auf den einzelnen Stufen des Vergabeverfahrens	60
II. Vergabefremde Gründe für einen Verfahrensausschluss	62
1. Kriminalitätsbekämpfung	63
2. Vorbildwirkung	64
3. Schutz des Wettbewerbs	65
4. Verfahrensausschluss als Strafe	66
a) Begriff von Strafe im Kontext des Verfahrensausschlusses	67
b) Bedeutung von Strafe für die Selbstreinigung	68
c) Strafe als Zweck der Ausschlusstatbestände der VKR	70
1) Unionsrechtliche Gesetzgebungskompetenz	70
2) Absicht des Unionsgesetzgebers	71
3) Regelungskompetenz der Mitgliedstaaten	72
C. Fazit	73
3. Abschnitt Obligatorischer und fakultativer Verfahrensausschluss	74
A. Obligatorischer Ausschluss	74
I. Obligatorischer Ausschluss wegen einer der Katalogstraftaten	74
1. Erfordernis einer rechtskräftigen Verurteilung	75
2. Zurechnung des Verhaltens	77
3. Zeitliches Verhältnis von Verurteilung und Ausschluss	80

4. Ausnahmetatbestände	82
a) Unmöglichkeit der Erbringung der Leistung durch andere	83
b) Besondere Umstände des Einzelfalls	83
c) Erforderlichkeit von zwingenden Gründe des Allgemeininteresses	84
d) Verhältnismäßigkeit als allgemeines Interesse	87
5. Fazit	89
II. Obligatorischer Ausschluss wegen vorsätzlicher unzutreffender Erklärungen	90
III. Rechtsfolge des obligatorischen Verfahrensausschlusses	91
B. Fakultativer Ausschluss	91
I. Schwere Verfehlung, die die Zuverlässigkeit in Frage stellt	91
1. Schwere Verfehlung	92
a) Unterschiede zwischen den Vergabe- und Vertragsordnungen	92
b) Rechtsverstöße als schwere Verfehlung	92
c) Position der Rechtsprechung	94
d) Verstoß gegen die Verpflichtung zur Zahlung von Steuern und Abgaben	95
2. Zurechnung der Verfehlung	95
3. Nachweis der Verfehlung	96
a) Verfassungsrechtliches Erfordernis eines rechtskräftigen Urteils	96
1) Unschuldsvermutung	97
2) Gleichbehandlungsgrundsatz	99
b) Erforderliche Verdachtsmomente	100
4. Beeinträchtigung der Zuverlässigkeit	101
5. Zeitliches Verhältnis von Verfehlung und Ausschluss	103
II. Unzutreffende Erklärungen in Bezug auf die Eignung	105
III. Rechtsfolge des fakultativen Verfahrensausschlusses	106
4. Abschnitt Verhältnis der fakultativen zu den obligatorischen Ausschlussgründen	107
5. Abschnitt Drittschutz der Ausschlusstatbestände	109
3. Teil Präqualifikationsverfahren und Vergaberegister	111
1. Abschnitt Präqualifikationverfahren	111
A. Präqualifikation nach der VOB/A	112
B. Eintragung in das Präqualifikationsverzeichnis	114

11

C. Streichung aus dem Präqualifikationsverzeichnis und Selbstreinigung 115

2. Abschnitt Vergaberegister 116

A. Differenzierung der Registerarten nach ihren Rechtsfolgen 119
    I. Vergaberegister im engeren Sinne 119
    II. Auftragssperren 120

B. Rechtsgrundlagen 123
    I. Gesetze und Gesetzentwürfe von Bund und Ländern 123
    II. Verwaltungsvorschriften der Länder und Ausschlussvorschriften der Vergabe- und Vertragsordnungen 125
    III. Schwarzarbeitsbekämpfungsgesetz und Arbeitnehmer-Entsendegesetz 127

C. Mindesteintragsfristen 129

D. Rechtsschutz gegen Vergaberegistereinträge 131

4. Teil Selbstreinigung 133

1. Abschnitt Normative Anhaltspunkte der Selbstreinigung 133

2. Abschnitt Anwendungsfälle der Selbstreinigung 135

A. Registereintrag 135

B. Verfahrensausschluss wegen fehlender Zuverlässigkeit 135

C. Verfehlungen ohne vergaberechtlichen Kontext 136

D. Ergebnis 137

3. Abschnitt Verfassungsrechtliche Vorgaben für die Berücksichtigung von Selbstreinigungsmaßnahmen 137

A. Grundrechtsbindung öffentlicher Auftraggeber 138

B. Berufsfreiheit, Art. 12 Abs. 1 GG 139
    I. Schutzbereich 139
    II. Eingriff 139
    III. Rechtfertigung 141
        1. Gesetzesvorbehalt 141
        2. Verhältnismäßigkeit 142
            a) Rechtmäßige Ziele 142
            b) Geeignetheit des Ausschlusses zur Förderung der Ziele 143

c) Strafe und Strafzwecke	144
1) Spezialprävention und Selbstreinigung	145
2) Generalprävention und Selbstreinigung	146
d) Erforderlichkeit und Angemessenheit	150
C. Recht am eingerichteten und ausgeübten Gewerbebetrieb, Art. 14 Abs. 1 GG	150
D. Allgemeiner Gleichheitssatz, Art. 3 Abs. 1 GG	150
I. Dogmatik des allgemeinen Gleichheitssatzes	150
II. Bedeutung für die Selbstreinigung	152
E. Das Schuldprinzip als Grenze der Verbandsstrafe	153
4. Abschnitt Vorgaben für die Berücksichtigung von Selbstreinigungsmaßnahmen aus dem Primärrecht der Europäischen Union	**156**
A. Anwendbarkeit des Primärrechts auf den Verfahrensausschluss	156
I. Geltung des Primärrechts bei grenzüberschreitendem Bezug	156
II. Keine Sperrwirkung des Sekundärrechts	156
B. Grundfreiheiten	157
I. Bindung öffentlicher Auftraggeber an die Grundfreiheiten	157
II. Funktionen der Grundfreiheiten	158
III. Dienstleistungsfreiheit	159
1. Die Bedeutung des Schutzbereichs der Dienstleistungsfreiheit im Vergaberecht	159
2. Eingriff	159
3. Rechtfertigung	161
4. Verhältnismäßigkeit	162
C. Verbandsstrafen im Unionsrecht	163
D. Unionsrechtlicher Gleichbehandlungsgrundsatz	164
E. Europäisches Wettbewerbsrecht	164
I. Kartellverbot, Art. 101 Abs. 1 AEUV	165
1. Koordinierung durch Vergaberegister	165
2. Wettbewerbsbeeinträchtigung	166
II. Missbrauchsverbot, Art. 102 AEUV	167
1. Marktbeherrschende Stellung	167
2. Gemeinsame Beherrschung	168
3. Missbräuchliche Ausnutzung	169
III. Beihilfevorschriften, Art. 107 Abs. 1 AEUV	170

F. Fazit und Bewertung	171
5. Abschnitt Tatbestand der Selbstreinigung	172
A. Maßnahmen zur Selbstreinigung	172
I. Aufklärung des Sachverhalts	173
II. Wiedergutmachung des Schadens	175
1. Anerkennung der Verpflichtung zur Leistung von Schadensersatz	176
2. Der Höhe nach streitige Schadensersatzforderungen	176
III. Personelle Konsequenzen	177
1. Notwendigkeit personeller Konsequenzen	177
2. Arbeitsrechtliche Maßnahmen als Zeichen an die Mitarbeiter	178
3. Sonderfall unzuverlässiger Gesellschafter	179
4. Mitwirkung von Arbeitnehmern bei der Sachverhaltsaufklärung	180
a) Fehlende Anreize für die Mitarbeiter	180
b) Kronzeugen- und Amnestieregelungen	181
c) Gesellschaftsrechtliche und vergaberechtliche Probleme von Amnestieregelungen	182
d) Arbeitsrechtliche Sanktionen bei fehlender Kooperationsbereitschaft	184
IV. Strukturelle und organisatorische Präventivmaßnahmen	185
1. Corporate Compliance	186
2. Rechtliche Grundlagen für Compliance- und Präventivmaßnahmen	188
3. Einzelne Compliance- und strukturelle und organisatorische Präventivmaßnahmen	190
a) Allgemeine Compliancemaßnahmen	190
b) Besonderheiten der strukturellen und organisatorischen Maßnahmen bei der Selbstreinigung	192
B. Besonderheiten bei der Selbstreinigung natürlicher Personen	193
I. Berücksichtigungsfähigkeit der Selbstreinigung natürlicher Personen	194
II. Selbstreinigungsmaßnahmen natürlicher Personen im Einzelnen	195
1. Aufklärungsobliegenheit als Verstoß gegen den nemo-tenetur-Grundsatz?	195
2. Wiedergutmachung des Schadens	197
3. Personelle Konsequenzen	197
4. Strukturelle und organisatorische Präventivmaßnahmen	198

C. Verhältnis von Verstoß und Selbstreinigung	198
I. Schwere des Verstoßes	199
II. Zeitspanne seit dem Verstoß	201
III. Verhältnis von Verstößen zu korrekt ausgeführten Aufträgen	202
IV. Branchenspezifische Anforderungen an die Teilnehmer	203
D. Selbstreinigung im laufenden Vergabeverfahren	205
6. Abschnitt Rechtsfolgen der Selbstreinigung	206
A. Verfahrensausschluss	206
B. Vergaberegister	207
5. Teil Zusammenfassung	209
Literaturverzeichnis	213

Einleitung

Am 15. November 2006 erfolgte eine breit angelegte Durchsuchung zahlreicher Verwaltungsgebäude des *Siemens*-Konzerns. Hunderte Fahnder von Polizei und Staatsanwaltschaft beschlagnahmten etwa 36.000 Ordner mit Archivunterlagen des Unternehmens,[1] die zur Aufdeckung eines Korruptionsskandals beitrugen, dessen Ausmaß bislang einzigartig ist in Deutschland.[2] Über Jahrzehnte sind enorme Summen aus dem Unternehmen in *schwarze Kassen* geflossen, die zur unrechtmäßigen Erlangung von Aufträgen im Ausland eingesetzt wurden – 1,3 Milliarden Euro allein im Zeitraum von 2000 bis 2006.[3] Zur Verschleierung der Geldströme diente ein mehrstufiges Geflecht aus Scheinberatungsfirmen in den USA, Österreich und auf den Virgin Islands.[4] Von hier aus wurden die Gelder auf Konten u.a. in Liechtenstein und der Schweiz transferiert.[5]

Im Verlauf der Affäre ermittelten inländische und ausländische Behörden wegen Bestechung ausländischer Amtsträger, Untreue, Geldwäsche und Steuerhinterziehung gegen insgesamt 300 *Siemens*-Mitarbeiter in nahezu allen Sektoren des Unternehmens.[6] In einigen Fällen kam es zu Verurteilungen wegen Untreue von leitenden Angestellten[7] und zu Einstellungen gegen Auflagen nach § 153 a StPO in Verfahren gegen Vorstandsmitglieder[8]. Die Bewältigung des Vorfalls hat den Konzern in etwa 2,5 Milliarden Euro gekostet. Davon entfallen rund 600 Millionen Euro auf ein von der US-amerikanischen Börsenaufsicht und dem US-Justizministerium verhängtes Bußgeld. Hinzu kommen Bußgelder der deutschen Behörden, Steuernachzahlungen und Gewinnabschöpfungen sowie Honorare für Anwälte und Wirtschaftsprüfer in jeweils dreistelliger Millionenhöhe.[9]

Offizielle Zahlen zu dem Anteil, den öffentliche Aufträge am Umsatz des *Siemens*-Konzerns ausmachen, finden sich nicht. Es ist freilich davon auszugehen, dass bei einem Umsatz von 11.432 Millionen Euro im Jahr 2010 allein in Deutsch-

---

1 *Staatsanwaltschaft München I*, Pressemitteilung 05/06 v. 22.11.2006, http://www.justiz.bayern.de/sta/sta/m1/presse/archiv/2006/00559/, abgerufen am 1.7.2011.
2 *Graeff/Grieger/Nell*, in: Graeff/Schröder/Wolf (Hrsg.), Der Korruptionsfall Siemens, 2009, S. 3.
3 *Wolf*, in: Graeff/Schröder/Wolf (Hrsg.), Der Korruptionsfall Siemens, 2009, S. 9.
4 *Wolf*, in: Graeff/Schröder/Wolf (Hrsg.), Der Korruptionsfall Siemens, 2009, S. 10.
5 *Wolf*, in: Graeff/Schröder/Wolf (Hrsg.), Der Korruptionsfall Siemens, 2009, S. 10.
6 *Wolf*, in: Graeff/Schröder/Wolf (Hrsg.), Der Korruptionsfall Siemens, 2009, S. 9, 13.
7 BGH, Urteil v. 29.8.2008, 2 StR 587/07, NStZ 2009, S. 95 ff.; *Wolf*, in: Graeff/Schröder/Wolf (Hrsg.), Der Korruptionsfall Siemens, 2009, S. 13.
8 *Köhn*, Auch das Verfahren gegen Neubürger wird eingestellt, FAZ.NET, http://www.faz.net/-01zsyh, abgerufen am 1. Juli 2011.
9 *Wolf*, in: Graeff/Schröder/Wolf (Hrsg.), Der Korruptionsfall Siemens, 2009, S. 13.

land[10] eine erhebliche Summe auf die öffentliche Beschaffung entfällt. Angesichts dessen werfen die geschilderten Geschäftspraktiken eine Reihe von Fragen auf: Darf die öffentliche Hand mit einem Unternehmen, welches durch derart gravierende Verfehlungen aufgefallen ist, überhaupt Verträge abschließen? Unter welchen Voraussetzungen kann sie es verantworten, öffentliche Aufträge an ein Unternehmen zu vergeben, welches ganz erheblich gegen wettbewerbs- und strafrechtliche Vorschriften verstoßen hat? Und in welchen Fällen ist die öffentliche Hand womöglich verpflichtet, über die dunklen Kapitel in der Vergangenheit eines Unternehmens hinwegzusehen und es erneut an öffentlichen Vergabeverfahren teilhaben zu lassen? Komplexe Systeme von *schwarzen Kassen* wie im beispielhaft genannten Fall *Siemens* werfen diese Fragen überdeutlich auf. Aber auch in viel kleinerem Rahmen spielen diese Schwierigkeiten für die öffentlichen Auftraggeber und die Wirtschaftsteilnehmer[11] im Vergabeverfahren eine bedeutende Rolle. Dies soll die vorliegende Arbeit im Einzelnen zeigen.

Die Zuverlässigkeit ist im Kontext des vergaberechtlichen Eignungsprinzips zu verstehen. Im ersten Teil dieser Arbeit werden die europarechtlichen Hintergründe der Eignung und ihre Ausgestaltung im GWB[12] sowie den Vergabe- und Vertrags-

---

10 *Siemens AG Corporate Communications*, Das Unternehmen Siemens 2011, Stand: Februar 2011, S. 38, http://www.siemens.de/ueberuns/Documents/das_unternehmen_2011.pdf, abgerufen am 1.7.2011.
11 Die Terminologie betreffend die am Vergabeverfahren Beteiligten ist uneinheitlich. Teilweise spricht das Gesetz von „Auftragnehmer" und „Auftraggeber", obgleich ein Vertragsschluss noch nicht vorliegt, § 97 Abs. 1, Abs. 4 S. 2 GWB. Zudem wählt das GWB den kartellrechtlichen Begriff des „Unternehmens", § 97 Abs. 4 S. 1 GWB, und des „Teilnehmers", § 97 Abs. 2 GWB, die Vergabe- und Vertragsordnungen hingegen verschiedentlich den des „Unternehmers", §§ 4 Abs. 1 S. 1, 13 Abs. 3 VOB/A, und die Vergabekoordinierungsrichtlinie 2004/18/EG den des „Wirtschaftsteilnehmers" als Überbegriff für Bieter und Bewerber. Letzteres Begriffspaar unterscheidet sich konsequent dadurch, dass Bieter ein Angebot abgegeben haben, während dies bei Bewerbern noch nicht der Fall ist. Nach Vertragsschluss stehen sich in Teil B der VOB „Auftraggeber" und „Auftragnehmer" gegenüber. Vgl. hierzu *Schranner*, in: Kommentar zur VOB, Ingenstau/Korbion (Hrsg.), 17. Auflage 2010, VOB/A Vor § 2 Rn. 12 f.
Angesichts dieser Konfusion beschränkt sich diese Arbeit auf die folgenden Begriffe: „Wirtschaftsteilnehmer" oder „Teilnehmer" bezeichnet den Überbegriff der „Bewerber" und „Bieter". Dies entspricht der Terminologie der Vergabekoordinierungsrichtlinie 2004/18/EG, vgl. Art. 1 Abs. 8 2004/18/EG. Der Begriff umfasst natürliche Personen, juristische Personen und, unabhängig von ihrer Rechtsnatur im deutschen Recht, Personengesellschaften. „Auftraggeber" soll gleichbedeutend mit Vergabestelle verwendet werden. Der – aus Sicht der §§ 662 ff. BGB durchaus kritikwürdige – Begriff des Auftraggebers rechtfertigt sich durch die im Wege des § 98 GWB gewonnene eigenständigen Bedeutung auch vor Vertragsschluss. „Auftragnehmer" bezeichnet den Unternehmer nach Auftragserteilung.
12 Gesetz gegen Wettbewerbsbeschränkungen in der Fassung der Bekanntmachung v. 15.7.2005, BGBl. I S. 2114; 2009 I S. 3850, zuletzt geändert durch Art. 3 Gesetz v. 22.12.2010, BGBl. I S. 2262.

ordnungen[13] untersucht. Zudem ist eine Abgrenzung der einzelnen Eignungskriterien der Fachkunde, Leistungsfähigkeit, Zuverlässigkeit und der Gesetzestreue vorzunehmen. Bei der Zuverlässigkeit handelt es sich um einen etablierten Begriff des Wirtschaftsverwaltungsrechts. Im Wege eines Vergleichs des vergaberechtlichen mit dem gewerberechtlichen Terminus lassen sich die Gemeinsamkeiten und Unterschiede der zwei Begriffe untersuchen.

Die Vergabe- und Vertragsordnungen sehen Ausschlusstatbestände vor, die festlegen, wann Wirtschaftsteilnehmer wegen fehlender Zuverlässigkeit vom Vergabeverfahren ausgeschlossen werden können oder müssen. Diese Tatbestände sollen im zweiten Teil der Arbeit untersucht werden. Hierfür richtet sich der Fokus zunächst auf die Zwecke, die von Vergabestellen mit einem Verfahrensausschluss verfolgt werden können. Neben den sogenannten Vergabe- oder Beschaffungszwecken kommt dem an sich vergabefremden Aspekt der Sanktion eine besondere Rolle zu. Es soll gezeigt werden, auf welche Weise der Verfahrensausschluss als Strafe eingesetzt werden kann und in welchem Verhältnis die Normen der Vergabekoordinierungsrichtlinie zu der Frage stehen.

Bei dem Verfahrensausschluss ist zwischen obligatorischen und fakultativen Ausschlusstatbeständen zu unterscheiden. Der obligatorische Ausschluss bietet den Vergabestellen auf den ersten Blick ein gleichermaßen starkes wie unflexibles Mittel, Teilnehmer oberhalb der Schwellenwerte aus dem Vergabeverfahren zu entfernen. Im dritten Teil dieser Arbeit soll gezeigt werden, dass die gesetzlichen Ausnahmetatbestände die obligatorischen Ausschlusstatbestände in enge Grenzen weisen. Wesentlich häufiger werden sich Vergabestellen der fakultativen Ausschlusstatbestände bedienen, deren Voraussetzungen im Einzelnen erörtert werden.

Damit ist die Bedeutung der Zuverlässigkeit in Bezug auf einzelne Vergabeverfahren dargestellt. Der dritte Teil der Arbeit widmet sich der Bedeutung der Zuverlässigkeit jenseits der konkreten Vergabesituation. Präqualifikationsregister ermöglichen es Wirtschaftsteilnehmern, ihre Zuverlässigkeit allgemein feststellen zu lassen. Zunächst soll die Verbreitung und Funktionsweise dieser Register beschrieben werden. Besonderes Augenmerk soll auf der Möglichkeit des Registerausschlusses und der Registersperre liegen. Ebenso wie die Zuverlässigkeit lässt

---

13 Die Vergabe- und Vertragsordnungen sind an sich private Regelwerke. Sie erhalten oberhalb der Schwellenwerte durch den Verweis in §§ 4 bis 6 VgV Rechtsnormqualität, sind also allgemeinverbindlich und entfalten Außenwirkung, *Dreher*, in: Immenga/Mestmäcker (Hrsg.), Wettbewerbsrecht, Bd. 2, GWB, 4. Aufl. 2007, Vorbemerkung vor §§ 97 ff. Rn. 48 m.w.N. Da die VgV keine Anwendung auf Aufträge findet, die unterhalb der in § 2 VgV festgelegten Schwellenwerte liegen, s. § 1 VgV, haben die Vergabe- und Vertragsordnungen in diesem Bereich noch immer die Qualität einer innerbehördlichen Weisung, vgl. zur Entwicklung *Mestmäcker/Bremer*, Die koordinierte Sperre im deutschen und europäischen Recht der öffentlichen Aufträge, BB 1995, Beilage 19 zu Heft 50 S. 1, 3. Ausführlich zu den Schwellenwerten s. *Mainmann*, in: Kapellmann/Messerschmidt (Hrsg.), VOB Teile A und B, 3. Aufl. 2010, VgV § 2 Rn. 1 ff.

sich auch die Unzuverlässigkeit in Registern erfassen. In der Diskussion um ihre Vereinbarkeit mit höherrangigem Recht ist ein hohes Maß an terminologischer Klarheit erforderlich, weshalb eine Darstellung der unterschiedlichen Erscheinungsformen der so genannten Vergaberegister ihrer Verbreitung auf Bundes- und Landesebene vorangestellt werden soll.

Nachdem bis hierhin die Anforderung an die Zuverlässigkeit und ihr Verlust sowie dessen Konsequenzen behandelt wurden, befasst sich schließlich der vierte Teil der Arbeit mit der Selbstreinigung. Hierbei handelt es sich um Maßnahmen eines Wirtschaftsteilnehmers, die dazu dienen, seine Zuverlässigkeit wiederherzustellen. Ein Schwerpunkt dieses Abschnitts liegt in der Behandlung der Bedeutung des deutschen Verfassungsrechts und des europäischen Primärrechts für das Institut der Selbstreinigung. Es soll gezeigt werden, dass Selbstreinigungsmaßnahmen zwingend von den Vergabestellen bei ihrer Entscheidung über einen Verfahrensausschluss oder einen Registereintrag zu berücksichtigen sind und dass sie für den Fall, dass sie als erfolgreich angesehen werden, zu einer vollständigen Rehabilitation des Betroffenen führen. Jegliche Nachteile, die ein Wirtschaftsteilnehmer nach seiner Selbstreinigung erfährt, stehen im Widerspruch insbesondere zur Berufsfreiheit, dem allgemeinen Gleichheitssatz und der europäischen Dienstleistungsfreiheit.

Für die Frage, welche Maßnahmen zur Selbstreinigung erforderlich sind, ist in ganz erheblichem Maß der Einzelfall entscheidend. Dennoch lassen sich verschiedene Gruppen von Handlungsoptionen herausbilden, die regelmäßig zur Selbstreinigung anzuraten sind. Einerseits ist die Vergangenheit aufzuarbeiten, also der den Verstößen zugrundeliegende Sachverhalt. Die Verantwortlichen sind zu ermitteln und gegebenenfalls Schäden zu ersetzen. Andererseits ist entscheidend, dass der Wirtschaftsteilnehmer Maßnahmen ergreift um sicherzustellen, dass ähnliche Vorfälle in Zukunft ausgeschlossen sind.

1. Teil Zuverlässigkeit als Eignungskriterium

Nach § 97 Abs. 4 S. 1 GWB sind Aufträge an fachkundige, leistungsfähige sowie gesetzestreue und zuverlässige Unternehmen zu vergeben. Wirtschaftsteilnehmer müssen die erforderlichen Eignungskriterien[14] auf- und nachweisen. Das Kriterium der Gesetzestreue wurde durch das Vergaberechtsmodernisierungsgesetz[15] eingefügt. Die vier in § 97 Abs. 4 S. 1 GWB genannten Eignungskriterien sind eine abschließende Aufzählung der grundlegenden Vergabekriterien. Sie dienen dazu, als Messlatte[16] die Qualität der Bewerber und Bieter zu beurteilen und sicherzustellen, dass Aufträge nur an solche Teilnehmer vergeben werden, die Gewähr für eine ordnungsgemäße Ausführung bieten. Unternehmen, die die erforderliche Eignung nicht aufweisen, sollen keine Möglichkeit haben, den ausgeschriebenen Auftrag zu erhalten und sind aus Vergabeverfahren auszuschließen. Darüber hinausgehende Anforderungen werden als vergabefremde Aspekte bezeichnet. Sie dienen der Durchsetzung allgemeiner gesellschaftspolitischer Ziele[17], wie etwa dem Umweltschutz oder der beruflichen Gleichberechtigung von Männern und Frauen.[18] Unabhängig von den Änderungen, die das Vergaberechtsmodernisierungsgesetz gebracht hat, stellen sie keine Eignungskriterien *sui generis* dar, sondern sind innerhalb der Systematik von Eignungs- und Zuschlagskriterien zu betrachten.[19] Eine Wiederholung finden die Eignungskriterien in den Vergabe- und Vertragsordnungen, § 2 Abs. 1 Nr. 1 VOB/A[20], § 2 Abs. 1 S. 1 VOL/A[21] und § 2 Abs. 1 S. 1 VOF[22].

---

14 Die Kriterien des § 97 Abs. 4 GWB werden auch als Auswahlkriterien bezeichnet, vgl. *Marx*, in: Motzke/Pietzcker/Prieß (Hrsg.), Beck'scher VOB-Kommentar, VOB/A, 2002, GWB § 97 Rn. 31.
15 Gesetz zur Modernisierung des Vergaberechts v. 20.4.2009, BGBl. I S. 790.
16 *Marx*, in: Motzke/Pietzcker/Prieß (Hrsg.), Beck'scher VOB-Kommentar, VOB/A, 2002, GWB § 97 Rn. 31; *Fehling*, in: Pünder/Schellenberg (Hrsg.), Vergaberecht, 2011, GWB § 97 Rn. 106 spricht von einem Vorfilter.
17 *Prieß*, Handbuch des europäischen Vergaberechts, 3. Aufl. 2005, S. 276; *Krohn*, Umweltschutz als Zuschlagskriterium, Grünes Licht für „Ökostrom", NZBau 2004, S. 92.
18 Vgl. inzwischen auch § 97 Abs. 4 S. 2 GWB.
19 *Diemon-Wies/Graiche*, Vergabefremde Aspekte – Handhabung bei der Ausschreibung gem. § 97 IV GWB, NZBau 2009, S. 409, 411.
20 Vergabe- und Vertragsordnung für Bauleistungen, Teil A: Allgemeine Bestimmungen für die Vergabe von Bauleistungen (VOB/A), Fassung 2009, in der Fassung der Bekanntmachung v. 31.7.2009, BAnz. Nr. 155a v. 15.10.2009, geändert durch Bekanntmachung v. 19.2.2010, BAnz. Nr. 36 v. 5.3.2010.
21 Vergabe- und Vertragsordnung für Leistungen (VOL/A), Teil A, Ausgabe 2009 v. 20.11.2009, BAnz. Nr. 196a v. 29.12.2009.
22 Vergabeordnung für freiberufliche Leistungen (VOF), Ausgabe 2009 v. 18.11.2009, BAnz. Nr. 185a v. 8.12.2009.

Ihrer Rechtsnatur nach handelt es sich bei den Eignungskriterien um unbestimmte Rechtsbegriffe.[23] Diese sind vom Auftraggeber im Rahmen eines Beurteilungsspielraums auszufüllen.[24] Die Überprüfung beschränkt sich darauf, ob das vorgeschriebene Verfahren eingehalten wurde, von einem zutreffend ermittelten Sachverhalt ausgegangen und allgemeine Wertungsgrundsätze beachtet wurden, keine sachwidrigen Erwägungen in die Wertung eingeflossen sind und der sich im Rahmen der Beurteilungsermächtigung haltende Beurteilungsspielraum zutreffend angewendet wurde.[25] Die Bedeutung des Beurteilungsspielraums, welche Qualitäten zur Eignung erforderlich sind, kann gerade in der neueren Rechtsprechung der Oberlandesgerichte kaum überschätzt werden.[26] Hierbei handelt es sich – worauf unten näher einzugehen ist[27] – um eine Besonderheit des vergaberechtlichen Zuverlässigkeitsbegriffs, da der Begriff im Wirtschaftsverwaltungsrecht als voll gerichtlich überprüfbar angesehen wird.[28]

1. Abschnitt Unionsrechtlicher Hintergrund der Eignungskriterien

Die Nähe des Vergaberechts zu den europäischen Grundfreiheiten hat bereits früh dazu geführt, dass das Rechtsgebiet als Mittel zur Förderung eines gemeinsamen Binnenmarktes gebraucht wurde. Bereits im Jahr 1969 erließ die Europäische Kommission eine Richtlinie zu öffentlichen Lieferaufträgen. Es folgten Richtlinien zu öffentlichen Bau- und Dienstleistungsaufträgen sowie eine Sektorenrichtlinie.

---

23 *Weyand*, Vergaberecht, letzte Aktualisierung 23.12.2010, Kapitel 6 Rn. 559.
24 Ausführlich hierzu *Dreher*, in: Immenga/Mestmäcker (Hrsg.), Wettbewerbsrecht, Bd. 2, GWB, 4. Aufl. 2007, § 97 Rn. 138 ff.; *Fehling*, in: Pünder/Schellenberg (Hrsg.), Vergaberecht, 2011, GWB § 97 Rn. 108; die Existenz eines solchen Spielraums wird teilweise bezweifelt, vgl. *Gröning*, Spielräume für die Auftraggeber bei der Wertung von Angeboten, NZBau 2003, S. 86 f.; *Suermann*, Die Kontrolle von unbestimmten Rechtsbegriffen bei der Angebotswertung im Vergaberecht, 2005, S. 113 f.
25 *OLG Düsseldorf*, Beschluss v. 9.6.2010, VII Verg 14/10, Rn. 43 unter Verweis auf *OLG Düsseldorf*, Beschluss v. 24.2.2005, VII Verg 88/04, NZBau 2005, S. 535; *OLG Düsseldorf*, Beschluss v. 22.9.2005, VII Verg 49/05 u.a., Rn. 53; *KG Berlin*, Beschluss v. 27.11.2008, 2 Verg 4/08, Rn. 3; *OLG Schleswig*, Beschluss v. 20.3.2008, 1 Verg 6/07, OLGR Schleswig 2008, S. 493; *Kulartz*, in: *Kulartz/Kus/Portz* (Hrsg.), Kommentar zum GWB-Vergaberecht, 2. Aufl. 2009, § 97 Rn. 99; *Hailbronner*, in: Byok/Jaeger (Hrsg.), Kommentar zum Vergaberecht, 2. Aufl. 2005, § 97 Rn. 231; *Weyand*, Vergaberecht, letzte Aktualisierung 23.12.2010, Kapitel 6 Rn. 559.
26 Vgl. *OLG Koblenz*, Beschluss v. 4.10.2010, 1 Verg 8/10, Rn. 21, wonach eine Kontrolle durch die Nachprüfungsinstanzen erst dann eingreift, wenn Forderungen der Vergabestelle hinsichtlich der Eignungsnachweise entweder unzumutbar sind oder ohne sachlichen Grund ausgrenzend und damit wettbewerbsbeschränkend wirken.
27 Siehe unten, S. 45 f.
28 BVerfG, Urteil v. 15.11.1967, 1 C 43/67, BVerwGE 28, 202 ff.; *Fehling*, in: Pünder/Schellenberg (Hrsg.), Vergaberecht, 2011, GWB § 97 Rn. 108.

Flankiert wurde die Rechtslage von zwei Rechtsmittelrichtlinien.[29] Einen wichtigen Einschnitt markierte das Reformpaket aus dem Jahr 2004. In der Vergabekoordinierungsrichtlinie (VKR)[30] und der Sektorenkoordinierungsrichtlinie (SKR)[31] wurde das gesamte materielle europäische Vergaberecht zusammengefasst. Ziel der Richtlinien war, neben der Durchsetzung der Grundfreiheiten, erneut „die Öffnung der öffentlichen Auftragsmärkte (...) für alle öffentlichen Auftraggeber"[32]. Zudem stellen sie eine Reihe von Grundprinzipien auf, an die die nationalen Rechtssysteme gebunden werden. Hierzu zählt nicht zuletzt die Prüfung der Teilnehmereignung nach vorhersehbaren und feststehenden Kriterien.[33]

Die VKR legt in den Art. 47, 48 und 45 Kriterien fest, die Bieter für die Teilnahme an öffentlichen Vergaben erfüllen müssen. Sie differenziert nach wirtschaftlicher und finanzieller Leistungsfähigkeit (Art. 47 VKR), technischer und/oder beruflicher Leistungsfähigkeit (Art. 48 VKR) und der persönlichen Lage des Bewerbers bzw. Bieters (Art. 45 VKR). Inwiefern diese Differenzierung mit den vier Kriterien des § 97 Abs. 4 S. 1 GWB – Fachkunde, Leistungsfähigkeit und Gesetzestreue sowie Zuverlässigkeit – korreliert, wird im Einzelnen zu erörtern sein.

2. Abschnitt Konkretisierung der Eignungskriterien durch die Vergabestellen

Das Ziel der Eignungsprüfung ist die Feststellung, ob ein Wirtschaftsteilnehmer den auszuschreibenden Auftrag erfolgreich durchführen kann. Hierzu muss der öffentliche Auftraggeber sicherstellen, dass er „im Ergebnis die notwendige Feststellung treffen kann, dass der betreffende Bewerber unter den gegebenen Umständen voraussichtlich in der Lage sein wird, die geplante (...) [L]eistung aufgrund seiner (glaubhaft gemachten) Sachkunde, Leistungsfähigkeit und Zuverlässigkeit zu erbringen"[34]. Die Eignungskriterien sind damit in Abhängigkeit vom Inhalt des

---

29 Auf die Entwicklung des Einflusses des Gemeinschaftsrechts auf das deutsche Vergaberecht soll an dieser Stelle nicht näher eingegangen werden. Zu den einzelnen Richtlinien vgl. *Dreher*, in: Immenga/Mestmäcker (Hrsg.), Wettbewerbsrecht, Bd. 2, GWB, 4. Aufl. 2007, Vorbemerkung vor §§ 97 ff. Rn. 6 ff.
30 Richtlinie 2004/18/EG des Europäischen Parlaments und des Rates über die Koordinierung der Verfahren zur Vergabe öffentlicher Bauaufträge, Lieferaufträge und Dienstleistungsaufträge, ABl. L 134 v. 30.4.2004, S. 114.
31 Richtlinie 2004/17/EG des Europäischen Parlaments und des Rates vom 31. März 2004 zur Koordinierung der Zuschlagserteilung durch Auftraggeber im Bereich der Wasser-, Energie- und Verkehrsversorgung sowie der Postdienste, ABl. L 134 v. 30.4.2004, S. 1.
32 *EuGH*, Urteil v. 11.1.2005, Rs. C-26/03 (Stadt Halle), Slg. 2005, I-1 Rn. 23. Ganz ähnlich *EuGH*, Urteil v. 11.5.2006, Rs. C-340/04 (Carbotermo), Slg. 2006, I-4137 Rn. 58.
33 *Dreher*, in: Immenga/Mestmäcker (Hrsg.), Wettbewerbsrecht, Bd. 2, GWB, 4. Aufl. 2007, Vorbemerkung vor §§ 97 ff. Rn. 37.
34 *VÜA Bund*, Beschluss v. 14.6.1996, 1 VÜ 7/96, WuW 1997, S. 282, 285.

auszuschreibenden Auftrags konkretisierungsbedürftig. Den Auftraggeber trifft die Pflicht, die vier Eignungskriterien in Hinblick auf den Auftrag als Mindestanforderungen inhaltlich zu bestimmen.[35] Diese Mindestanforderungen sind als inhaltliche Anforderungen an die Eignung streng von den Eignungsnachweisen zu unterscheiden, und es ist Aufgabe der Vergabestellen, in den Verdingungsunterlagen diese Differenzierung deutlich zu machen.[36]

Mit Blick auf das Ziel der Eignungsprüfung lässt sich feststellen, dass Mindestanforderungen nur dann zulässig sind, wenn sie mit dem Auftragsgegenstand zusammenhängen und diesem angemessen sind.[37] Es gilt der Grundsatz der Bieter- und Auftragsbezogenheit, was bedeutet, dass die Prüfung im Hinblick auf den speziellen Vergabefall vorzunehmen ist.[38] Überobligatorische Anforderungen dürfen in keinem Fall gestellt werden. Solche Anforderungen liegen freilich auch nicht im Interesse der Vergabestelle, da durch überhöhte Mindestanforderungen an sich geeignete Wirtschaftsteilnehmer als potentielle Auftragsnehmer verloren gehen. Bei der Bestimmung der im konkreten Fall erforderlichen Mindestanforderungen soll eine Diskriminierung bestimmter Teilnehmer vermieden werden. Insbesondere muss grundsätzlich auch sogenannten *Newcomern* Gelegenheit gegeben werden sich zu etablieren. *Newcomer* sind Wirtschaftsteilnehmer, die erst seit kurzem auf dem einschlägigen Markt tätig sind und noch über keine Erfahrung mit dem konkret ausgeschriebenen Leistungspaket verfügen.[39] Der Wettbewerbsgrundsatz des Vergaberechts verlangt es, einer Verhärtung von Marktverhältnissen, wie sie sich durch die Bevorzugung von etablierten Marktteilnehmern entwickeln würde, entgegenzuwirken.[40]

Einige Konkretisierungen der Eignungskriterien sind in den Vergabe- und Vertragsordnungen bereits normiert. So schreiben § 6a Abs. 1 Nr. 1 VOB/A, § 6 EG Abs. 4 VOL/A und § 4 Abs. 6 VOF vor, dass Teilnehmer als unzuverlässig anzusehen sind, die wegen Verstoßes gegen eine der im Katalog aufgeführten Strafnormen verurteilt worden sind. Als Beispiele für eine gesetzliche Konkretisierung

---

35 „Die Eignung ist bezogen auf die jeweils konkret geforderte Leistung festzustellen", Vergabe- und Vertragshandbuch für die Baumaßnahmen des Bundes, Ausgabe 2008, S. 189, Richtlinien zu 321, 3.3.
36 *Glahs*, in: Kapellmann/Messerschmidt (Hrsg.), VOB Teile A und B, 3. Aufl. 2010, VOB/A § 6 Rn. 58.
37 Vgl. zu überdurchschnittlich hohen Anforderungen *OLG Düsseldorf*, Beschluss v. 22.9.2005, VII Verg 49/05 u.a., Rn. 46 ff.; *OLG Düsseldorf*, Beschluss v. 5.10.2005, VII Verg 55/05, Rn. 21.
38 *Dreher*, in: Immenga/Mestmäcker (Hrsg.), Wettbewerbsrecht, Bd. 2, GWB, 4. Aufl. 2007, § 97 Rn. 147.
39 *Dreher/Hoffmann*, Der Marktzutritt von Newcomern als Herausforderung für das Kartellvergaberecht, NZBau 2008, S. 545.
40 Allgemein zur *Newcomer*-Problematik s. *Weyand*, Vergaberecht, letzte Aktualisierung 23.12.2010, Kapitel 6 Rn. 774 ff. Zu den Voraussetzungen, unter welchen *Newcomer* dennoch aus dem Verfahren ausgeschlossen werden können s. *Frister*, in: Kapellmann/Messerschmidt (Hrsg.), VOB Teile A und B, 3. Aufl. 2010, VOB/A § 16 Rn. 45.

der wirtschaftlich-finanziellen Leistungsfähigkeit sind § 16 Abs. 1 Nr. 2 lit. a und b VOB/A, § 6 Abs. 5 lit. a und b VOL/A, und § 4 Abs. 9 lit. a VOF zu nennen. Hiernach können Wirtschaftsteilnehmer von der Teilnahme am Wettbewerb ausgeschlossen werden, wenn über ihr Vermögen das Insolvenzverfahren oder ein vergleichbares gesetzlich geregeltes Verfahren eröffnet oder die Eröffnung beantragt worden ist oder der Antrag mangels Masse abgelehnt wurde oder deren Unternehmen sich in Liquidation befindet.[41] Auch die weiteren in § 16 Abs. 1 Nr. 2 VOB/A, § 6 Abs. 5 VOL/A, § 4 Abs. 9 lit. a VOF genannten Ausschlussgründe knüpfen an die Eignung der Wirtschaftsteilnehmer an.

3. Abschnitt Zurechnung der Eignung und Eignungsnachweise

A. Zurechnung der Eignung

Die Eignungskriterien müssen grundsätzlich in der Person des am Verfahren teilnehmenden Unternehmers vorliegen. Bei den Teilnehmern handelt es sich gerade oberhalb der europäischen Schwellenwerte regelmäßig um juristische Personen oder Personengesellschaften. Für einige Merkmale spielt dies keine Rolle. So ist beispielsweise die Bestimmung der wirtschaftlich-finanziellen Leistungsfähigkeit anhand ihrer Bonität bei natürlichen wie juristischen Personen gleichermaßen möglich. Einige Kriterien, insbesondere die Zuverlässigkeit und die Gesetzestreue, sind jedoch keineswegs losgelöst von den hinter der Gesellschaft stehenden natürlichen Personen zu beurteilen. Die Person des Geschäftsführers ist in erheblicher Weise maßgeblich für die Fähigkeit einer GmbH, ihren gesetzlichen Verpflichtungen nachzukommen. In diesen Fällen sind Kriterien erforderlich, die es erlauben, einer juristischen Person als Teilnehmer eines Vergabeverfahrens, Eigenschaften und Verhalten von hinter dem Unternehmen stehenden natürlichen Personen zuzurechnen. Für den Ausschluss wegen fehlender Zuverlässigkeit schreiben die Vergabe- und Vertragsordnungen an einigen Stellen selbst Zurechnungsnormen vor.[42]

Für kleine und mittlere Unternehmen sind Bietergemeinschaften eine beliebte Form der Beteiligung an Ausschreibungen.[43] Hierbei handelt es sich um Zusam-

---

41 Unrichtig insofern noch das Vertrags- und Vergabehandbuch für die Baumaßnahmen des Bundes, Ausgabe 2002, Stand 1.11.2006, Richtlinie 1.3.2 zu § 25 VOB/A, welches alle Fälle des § 8 Nr. 5 Abs. 1 VOB/A 2006 der Zuverlässigkeit zuordnet. Missverständlich auch *Prieß*, der sich dem Vergabehandbuch einerseits anschließt, an anderer Stelle aber im Sinne dieser Arbeit differenziert, vgl. *Prieß*, in: Motzke/Pietzcker/Prieß (Hrsg.), Beck'scher VOB-Kommentar, VOB/A, 2002, VOB/A § 2 Rn. 34 und VOB/A § 8 Rn. 99 ff.
42 S. zur Zuverlässigkeit S. 77 f.
43 *Prieß/Gabriel*, Die Bildung und Beteiligung von Bietergemeinschaften in Vergabe- und Nachprüfungsverfahren, WUW 2006, S. 385.

menschlüsse mehrerer Unternehmer für den Zweck der Abgabe eines gemeinschaftlichen Angebots auf einen ausgeschriebenen Auftrag[44], um diesen gemeinsam in einer Arbeitsgemeinschaft auszuführen.[45] Nicht die einzelnen beteiligten Unternehmer, sondern die Gemeinschaft selbst, zumeist in der Form einer Gesellschaft bürgerlichen Rechts, ist Bewerber oder Bieter.[46] Da für die Eignung die Eigenschaften der beteiligten Unternehmer in ihrer Summe maßgeblich sind, ist es nicht erforderlich, dass jeder einzelne vollumfänglich fachkundig und leistungsfähig ist. So sind Zusammenschlüsse von Unternehmen derselben Fachrichtung (horizontale Gliederung) oder unterschiedlicher Fachrichtungen (vertikale Gliederung) möglich.[47] Hingegen muss bei einer BGB-Gesellschaft jeder der Gesellschafter zuverlässig sein, um die Zuverlässigkeit der gesamten Bietergemeinschaft zu gewährleisten.[48] Die Unzuverlässigkeit des Gesellschafters einer GbR wird regelmäßig der Gesellschaft zugerechnet werden können, was zu einem Ausschluss der Bietergemeinschaft führen kann oder – je nach Art und Umfang des Auftrags und der Verfehlung – muss.

In vielen Fällen wird der Wirtschaftsteilnehmer darauf verzichten wollen, sämtliche Aufgaben bei der Erfüllung des Auftrags selbst zu erledigen. Stattdessen wird er sich der Hilfe von Fachunternehmern, sogenannten Nachunternehmern, bedienen, die nicht mit dem Auftraggeber, sondern direkt mit dem Auftragnehmer kontrahieren.[49] Dies ist außerhalb des Anwendungsbereichs der Basisparagraphen

---

44 Eine Bietergemeinschaft ist eine „Mehrzahl von Fachunternehmern, die gemeinschaftlich ein Angebot einreichen mit dem Ziel, einen bestimmten Bauauftrag zu erhalten", *OLG Jena*, Beschluss v. 5.12.2001, 6 Verg 4/01, VergabeR 2002, S. 256, 258.
45 *Rusam/Weyand*, in: Heiermann/Riedl/Rusam/Kuffer, Handkommentar zur VOB, 11. Aufl. 2008, Einf. zu A § 8 Rn. 13.
46 *Schranner*, in: Ingenstau/Korbion (Begr.), VOB Teile A und B, 17. Aufl. 2010, VOB/A § 2 Rn. 21.
47 *Dreher*, Die Berücksichtigung mittelständischer Interessen bei der Vergabe öffentlicher Aufträge, NZBau 2005, S. 427, 432.
48 *OLG Düsseldorf*, Beschluss v. 15.12.2004, VII Verg 48/04, VergabeR 2005, S. 207, 210 mit Anmerkung *Deckers*, VergabeR 2005, S. 210 f.; *Wirner*, Die Eignung von Bewerbern und Bietern bei der Vergabe öffentlicher Bauaufträge, ZfBR 2003, S. 545, 548; *Rusam*, in: Heiermann/Riedl/Rusam/Kuffer, Handkommentar zur VOB, 11. Aufl. 2008, VOB/A § 25 Rn. 105 a. A.A. *VK Nordbayern*, wonach jeder Gesellschafter der Bietergemeinschaft die finanzielle Leistungsfähigkeit in eigener Person aufweisen muss, da die Gesellschafter gesamtschuldnerisch haften, Beschluss v. 18.9.2003, 320.VK-3194-31/03. Diese Auffassung kann nicht überzeugen. Die Bildung einer Bietergemeinschaft ist gerade deshalb für kleinere Unternehmen die einzige Möglichkeit an größeren Ausschreibungen teilzunehmen, weil sie nicht in der Lage sind, die Leistung allein vollumfänglich zu erbringen – u.a. wegen fehlender finanzieller Leistungsfähigkeit. Zudem geht der Verweis der Vergabekammer auf den Beschluss der *VK Niedersachsen*, Beschluss v. 12.3.2001, VgK 1/2001 ins Leere. Hier scheiterte die Eignung der Bietergemeinschaft nicht an der fehlenden finanziellen Leistungsfähigkeit sondern an der Unzuverlässigkeit eines der Gesellschafter.
49 *OLG Naumburg*, Beschluss v. 26.1.2005, 1 Verg 21/04, OLGR Naumburg 2005, S. 264. Nachunternehmer werden auch als Subunternehmer oder Unterauftragnehmer bezeichnet, *Burgi*, Nachunternehmerschaft und wettbewerbliche Untervergabe, NZBau 2010, S. 593.

nicht zu beanstanden, da hier ein vergaberechtlicher Grundsatz der Selbstausführung inzwischen nach einhelliger Auffassung abgelehnt wird.[50] Der Hauptunternehmer muss folglich das erforderliche Eignungsprofil nicht vollständig in eigener Person aufweisen.[51] In diesen Fällen ist es jedoch erforderlich, dem Wirtschaftsteilnehmer die Eignung des Nachunternehmers zuzurechnen.[52]

B. Eignungsnachweise

I. Typische Eignungsnachweise

Von den inhaltlichen Mindestanforderungen an die Eignung ist die Erbringung des Nachweises der Eignung zu trennen. Hierbei handelt es sich um Dokumente und Urkunden, aber auch Referenzen, die den Auftraggeber in die Lage versetzen, die Eignung des Teilnehmers nachzuvollziehen. Zu denken ist etwa an Meisterbriefe, Bankinformationen und Auszüge aus dem Gewerbezentral- oder Bundeszentralregister. Durch die Neufassung der Vergabe- und Vertragsordnungen haben Eigenerklärungen eine wesentlich größere Bedeutung erhalten. Nach § 6 Abs. 3 S. 2 VOL/A, § 5 Abs. 2 S. 1 VOF sind grundsätzlich zunächst Eigenerklärungen zu verlangen. Auch im Anwendungsbereich der VOB/A können Eigenerklärungen verlangt werden. Bieter, deren Angebote in die engere Wahl kommen, sind dann aufzufordern, ihre Eigenerklärungen „durch entsprechende Bescheinigungen der zuständigen Stellen zu bestätigen", § 6 Abs. 3 Nr. 2 S. 3 und 4 VOB/A.

Einen in der Praxis wichtigen Nachweis stellen Referenzen dar[53], also Aufstellungen von in der Vergangenheit erbrachten Leistungen unter Angabe des Rech-

---

50 S. etwa zur Angabe von Unteraufträgen Art. 25 VKR. Außerhalb des Anwendungsbereichs der §§ 97 ff. GWB normiert freilich § 6 Abs. 2 Nr. 1 VOB/A weiterhin den Grundsatz der Selbstausführung, *Schranner*, in: Ingenstau/Korbion (Begr.), VOB Teile A und B, 17. Aufl. 2010, VOB/A § 2 Rn. 5, dieser Zustand wird als unionsrechtswidrig abgelehnt, *Müller-Wrede*, in: Müller-Wrede (Hrsg.), Verdingungsordnung für Leistungen, Kommentar zur VOL/A, 3. Aufl. 2010, § 6 Rn. 4 m.w.N. Zur im Unterschwellenbereich noch immer umstrittenen Figur des Generalübernehmers *Pauly*, Ist der Ausschluß des Generalübernehmers vom Vergabeverfahren noch zu halten?, VergabeR 2005, S. 312, 318; *Prieß/Decker*, Die Beteiligungsfähigkeit von Generalübernehmern in VOB-Vergabeverfahren – keine Frage der Schwellenwerte, VergabeR 2004, S. 159, 166. Für das Gebot der Selbstausführung im Unterschwellenbereich *Schranner*, in: Ingenstau/Korbion (Begr.), VOB Teile A und B, 17. Aufl. 2010, VOB/A § 6, Rn. 37 f. m.w.N. Zur Abgrenzung des Generalübernehmers und des Totalübernehmers vom Generalunternehmer und Totalunternehmer siehe *Rusam/Weyand*, in: Heiermann/Riedl/Rusam/Kuffer, Handkommentar zur VOB, 11. Aufl. 2008, Einf. zu A § 8 Rn. 21 ff.
51 *Schranner*, in: Ingenstau/Korbion (Begr.), VOB Teile A und B, 17. Aufl. 2010, VOB/A § 6 Rn. 38, 62.
52 Zu den erforderlichen Eignungsnachweisen bei Nachunternehmern siehe S. 29.
53 *Glahs*, in: Kapellmann/Messerschmidt (Hrsg.), VOB Teile A und B, 3. Aufl. 2010, VOB/A § 6 Rn. 58; *Weyand*, Vergaberecht, letzte Aktualisierung 23.12.2010, Kapitel 6 Rn. 681 ff.

nungswertes, der Leistungszeit und der öffentlichen und privaten Auftraggeber.[54] Eigenes Wissen und Erfahrungen mit einzelnen Wirtschaftsteilnehmern können ebenfalls Grundlage für die Beurteilung der Eignung einzelner Teilnehmer sein. Hierbei muss jedoch ausgeschlossen werden können, dass Teilnehmer, die noch nicht für den Auftraggeber tätig geworden sind, diskriminiert werden. Dieser Umstand bildet die Grenze solcher Erfahrungswerte. Insbesondere darf die Vergabestelle einzelnen Teilnehmern die Erbringung eines einzureichenden Nachweises auch nicht mit der Begründung erlassen, die nachzuweisende Eigenschaft des betreffenden Teilnehmers sei bereits in einem anderen Vergabeverfahren nachgewiesen und daher bekannt.[55]

Präqualifikationsverzeichnisse sind eine besondere Form des Eignungsnachweises. Das wichtigste Beispiel ist die vom Auftraggeber direkt abrufbare Eintragung in die allgemein zugängliche Liste des Vereins für die Präqualifikation von Bauunternehmen e.V., vgl. § 6 Abs. 3 Nr. 2 S. 1 VOB/A.[56]

II. Umfang und Grenzen der zu fordernden Eignungsnachweise

Aus den Verdingungsunterlagen muss unzweideutig hervorgehen, welche Nachweise von den Teilnehmern erbracht werden müssen. An diese Vorgaben ist die Vergabestelle im weiteren Verfahren gebunden. Sie kann keine weiteren Nachweise verlangen oder Eignungsnachweise nachträglich zu inhaltlichen Mindestanforderungen erheben.[57]

§ 6 Abs. 3 Nr. 2 VOB/A und § 5 Abs. 4 und 5 VOF geben Beispiele dafür, welche Angaben der öffentliche Auftraggeber von den Teilnehmern verlangen kann. Die Liste ist nicht abschließend. Den Vergabe- und Vertragsordnungen zufolge steht es dem Auftraggeber im Rahmen seines pflichtgemäßen Ermessens frei, weitere Nachweise zu verlangen. Dies ergibt sich ausdrücklich aus § 6 Abs. 3 Nr. 3 VOB/A. § 6 Abs. 3 S. 1 VOL/A kommt ohne eine Auflistung der möglichen Nachweise zu einem ganz ähnlichen Ergebnis, indem die Norm vorschreibt, dass Angaben gefordert werden können, soweit ein solcher Nachweis „durch den Gegenstand des Auftrags gerechtfertigt", also verhältnismäßig ist.

Eine Besonderheit zur Forderung von Eignungsnachweisen ergibt sich aus Art. 51 VKR. Danach ist die Vergabestelle lediglich berechtigt, Wirtschaftsteil-

---

54 *Weyand*, Vergaberecht, letzte Aktualisierung 23.12.2010, Kapitel 6 Rn. 683.
55 *OLG Düsseldorf*, Beschluss v. 14.10.2005, VII Verg 40/05, NZBau 2006, S. 525, 526; *Schranner*, in: Ingenstau/Korbion (Begr.), VOB Teile A und B, 17. Aufl. 2010, VOB/A § 6 Rn. 93.
56 Vgl. hierzu S. 111 ff.
57 *Glahs*, in: Kapellmann/Messerschmidt (Hrsg.), VOB Teile A und B, 3. Aufl. 2010, VOB/A § 6 Rn. 58.

nehmer zu einer Vervollständigung und Erläuterung der vorgelegten Dokumente und Bescheinigungen aufzufordern. Was auf den ersten Blick wie eine europarechtliche Normierung des vergaberechtlichen Verhandlungsverbots[58] anmutet, stellt sich als erhebliche Einschränkung der Normen der Vergabe- und Vertragsordnungen dar. Der Auftraggeber darf nach dieser zwingenden Norm keine Nachweise verlangen, die über die in den Art. 45 bis 50 VKR genannten hinausgehen.[59] Die alleinige Ausnahme bildet Art. 47 Abs. 4 VKR für den Bereich der wirtschaftlichen und finanziellen Leistungsfähigkeit. Die Vorschrift gestattet es den Vergabestellen ausdrücklich, „andere Nachweise" zu verlangen. Die wirtschaftliche und finanzielle Leistungsfähigkeit entspricht, wie noch im Einzelnen zu zeigen sein wird, im deutschen Recht dem Merkmal der Leistungsfähigkeit. Soweit die Vergabe- und Vertragsordnungen also die Aufforderung zur Erbringung von Eignungsnachweisen zur Fachkunde, Gesetzestreue und Zuverlässigkeit zulassen, die über die Vorgaben der VKR hinausgehen, sind sie europarechtswidrig und müssen unangewendet bleiben.[60] Dies gilt insbesondere für § 6 Abs. 3 Nr. 3 VOB/A.

Die Pflicht zur Erbringung der Eignungsnachweise darf gegenüber ausländischen Wirtschaftsteilnehmern nicht diskriminierend wirken. Aus diesem Grund müssen auch ausländische Nachweise, nach einer Prüfung auf ihre Gleichwertigkeit, in entsprechender Weise von der Vergabestelle akzeptiert werden.[61]

III. Eignungsnachweise von Nachunternehmern

Der Einsatz von Nachunternehmern durch einen Teilnehmer stellt eine besondere Herausforderung für die Vergabestellen dar, die dessen ungeachtet ein hohes Interesse daran haben, die vollständige Eignung des Teilnehmers festzustellen.[62] Dies ist nur möglich, wenn der verfahrensbeteiligte Hauptunternehmer bereits an entsprechender Stelle im Vergabeverfahren neben den Angaben zur eigenen Person, Nachweise in Bezug auf die in Aussicht genommenen Nachunternehmer er-

---

58 Zum Verhandlungsverbot *Jasper*, in: Motzke/Pietzcker/Prieß (Hrsg.), Beck'scher VOB-Kommentar, VOB/A, 2002, VOB/A § 24 Rn. 46 ff.; *Planker*, in: Kapellmann/Messerschmidt (Hrsg.), VOB Teile A und B, 3. Aufl. 2010, VOB/A § 15 Rn. 18 ff; ausführlich *Franzius*, Verhandlungen im Verfahren der Auftragsvergabe, 2007, S. 41 ff.
59 *Dreher*, in: Immenga/Mestmäcker (Hrsg.), Wettbewerbsrecht, Bd. 2, GWB, 4. Aufl. 2007, § 97 Rn. 155.
60 *Dreher*, in: Immenga/Mestmäcker (Hrsg.), Wettbewerbsrecht, Bd. 2, GWB, 4. Aufl. 2007, § 97 Rn. 155. A.A. wohl *Glahs*, in: Kapellmann/Messerschmidt (Hrsg.), VOB Teile A und B, 3. Aufl. 2010, VOB/A § 6 Rn. 55 und Rn. 60, der die Grenze der zu verlangenden Eignungsnachweise erst dort erreicht sieht, „wo ein objektiv gebotenes, sachliches Informationsbedürfnis der Vergabestelle nicht mehr erkennbar ist".
61 *Dreher*, in: Immenga/Mestmäcker (Hrsg.), Wettbewerbsrecht, Bd. 2, GWB, 4. Aufl. 2007, § 97 Rn. 148.
62 Vgl. *OLG München*, Beschluss v. 22.1.2009, Verg 26/08, VergabeR 2009, S. 478, 483.

bringt[63] und sie so in seine Bewerbung einbindet. Diesem Umstand versucht der *EuGH* in seiner Rechtsprechung Rechnung zu tragen. Er hat wiederholt festgestellt, dass die Nachweise vom Hauptunternehmer auch dahingehend zu erbringen sind, dass er im Fall der Auftragserteilung über die Mittel, also die erforderlichen technischen und persönlichen Ressourcen, der heranzuziehenden Dritten verfügen kann.[64] Ergänzt wird diese Position durch die oberlandesgerichtliche Rechtsprechung, wonach ein einmal im Angebot bezeichneter Nachunternehmer nach Ablauf der Angebotsfrist nicht mehr ausgetauscht werden darf.[65] Der Hauptunternehmer ist an den genannten Nachunternehmer gebunden und kann auch keinen zusätzlichen Nachunternehmer anbieten. Eine entsprechende Erlaubnis stellt eine unzulässige Nachverhandlung dar. Diese Auffassung kann Wirtschaftsteilnehmer bei der Bewerbung um öffentliche Aufträge die Schwierigkeit stellen, alle Unteraufträge einschließlich der ins Auge gefassten Nachunternehmer bereits bei der Abgabe des Angebots benennen zu müssen.

Angesichts der gefestigten Rechtsprechung überrascht eine Entscheidung des *BGH*. In einem ausführlichen *obiter dictum* lässt der Gerichtshof es genügen, dass ein Verfahrensteilnehmer nur Aussagen zu dem Umfang der von Nachunternehmern zu erbringenden Leistungen trifft.[66] Dies sei den Wirtschaftsteilnehmern jedenfalls zumutbar. Anders könne es sich freilich im Hinblick auf Angaben zu der Person der Nachunternehmer verhalten. Hierbei könne es sich um eine ungerechtfertigte Belastung des Bieters handeln, und auch die Auftraggeber liefen Gefahr, Angebote wegen unvollständiger Abgabe von geforderten Erklärungen ausschließen zu müssen.[67] In der Sache kann der Senat überzeugen. Die von ihm aufgestellten Anforderungen decken sich zudem mit denen des Art. 25 Abs. 1 VKR. Es bleibt abzuwarten, ob eine solche Herangehensweise angesichts der angesprochenen Rechtsprechung des *EuGH* Bestand haben kann.[68]

---

63 *BayObLG München*, Beschluss v. 15.4.2003, Verg 5/03, VergabeR 2003, S. 457, 458 f. mit Anmerkung *Hermann*, VergabeR 2003, S. 459 ff.
64 Siehe noch zur Richtlinie 92/50/EWG des Rates vom 18. Juni 1992 über die Koordinierung der Verfahren zur Vergabe öffentlicher Dienstleistungsaufträge (DKR) *EuGH*, Urteil v. 2.12.1999, Rs. C-176/98 (Holst Italia), Slg. 1999, I-8607 Rn. 32; zuletzt bestätigt und erläutert durch *EuGH*, Urteil v. 18.3.2004, Rs. C-314/01 (Siemens, ARGE Telekom), Slg. 2004, I-2549 Rn. 46.
65 *OLG Düsseldorf*, Beschluss v. 5.5.2004, VII Verg 10/04, NZBau 2004, S. 460 f. A.A. *OLG Bremen*, Beschluss v. 20.7.2000, 2 Verg 1/00, BauR 2001, S. 94 f., wonach verlangte, aber dennoch fehlende Angaben nicht zu einem zwingenden Ausschluss des Angebots führen, wenn sie keinen Einfluss auf den Wettbewerb, die Eindeutigkeit des Angebotsinhalts und des Preises haben.
66 *BGH*, Urteil v. 10.6.2008, X ZR 78/07, NZBau 2008, S. 592, 593.
67 *BGH*, Urteil v. 10.6.2008, X ZR 78/07, NZBau 2008, S. 592, 593.
68 Die Rechtsprechung des *BGH* wurde in der oberlandesgerichtlichen Rechtsprechung weitestgehend übernommen, *OLG München*, Beschluss v. 22.1.2009, Verg 26/08, VergabeR 2009, S. 478, 481 f.; *OLG Düsseldorf*, Beschluss v. 2.12.2009, VII Verg 39/09, NZBau 2010, S. 393, 399.

IV. Folgen fehlender Eignungsnachweise

Die Rechtsprechung des *BGH* zu der Frage, wie mit Wirtschaftsteilnehmern zu verfahren ist, die rechtmäßigerweise[69] geforderte Erklärungen in Bezug auf die Preisbildung und Bestimmung der nachgefragten Leistung nicht oder nicht rechtzeitig erbringen, war lange Zeit eindeutig. Die Angebote waren auszuschließen, ohne dass für die öffentlichen Auftraggeber ein Ermessensspielraum bestand.[70]

Diese sehr formale und unflexible Rechtsprechungslinie wurde von den Vergabesenaten auf die Erbringung von Eignungsnachweisen übertragen.[71] Dem Automatismus ist der Normgeber mit § 16 Abs. 1 Nr. 3 VOB/A, § 16 Abs. 2 S. 1 VOL/A, § 5 Abs. 3 VOF entgegengetreten.[72] Fehlende Nachweise können nunmehr innerhalb einer zu bestimmenden Nachfrist (im Anwendungsbereich der VOL/A und VOF) bzw. innerhalb von sechs Kalendertagen (im Anwendungsbereich der VOB/A) nachgereicht werden. Die Einzelheiten, etwa ob auch unrichtige, unvollständige und ungenügende Nachweise als fehlend anzusehen sind, werden die Nachprüfungsinstanzen ausarbeiten müssen.[73]

4. Abschnitt Zeitpunkt der Eignungsprüfung

Der Zeitpunkt, zu dem die Eignung der Wirtschaftsteilnehmer geprüft wird, ist abhängig von der Art des Vergabeverfahrens.

A. öffentliche Ausschreibung

Bei der öffentlichen Ausschreibung ergibt sich der Zeitpunkt, zu dem die Eignungsnachweise von den Bewerbern erbracht werden müssen, aus den Verdingungsunterlagen. Soweit diese keinen Zeitpunkt nennen, sind sie mit dem Angebot einzureichen.[74] Zu verneinen ist die Frage, ob die Vergabestellen einzelnen Be-

---

69 *Kratzenberg*, in: Ingenstau/Korbion (Begr.), VOB Teile A und B, 17. Aufl. 2010, VOB/A § 16 Rn. 66.
70 Vgl. zuletzt zu § 25 Nr. 1 Abs. 1 lit. b VOB/A 2006 *BHG*, Urteil v. 18.9.2007, X ZR 89/04, NZBau 2008, S. 137, 138; *Schranner*, in: Ingenstau/Korbion (Begr.), VOB Teile A und B, 17. Aufl. 2010, VOB/A Vor § 2 Rn. 19 m.w.N.
71 *Schranner*, in: Ingenstau/Korbion (Begr.), VOB Teile A und B, 17. Aufl. 2010, VOB/A Vor § 2 Rn. 20 m.w.N.
72 *Kratzenberg*, in: Ingenstau/Korbion (Begr.), VOB Teile A und B, 17. Aufl. 2010, VOB/A § 16 Rn. 65.
73 *Schranner*, in: Ingenstau/Korbion (Begr.), VOB Teile A und B, 17. Aufl. 2010, VOB/A Vor § 2 Rn. 21.
74 *Tomerius*, in: Pünder/Schellenberg (Hrsg.), Vergaberecht, 2011, VOB/A § 6 Rn. 78.

werbern die Übersendung der Verdingungsunterlagen verweigern können.[75] Teilweise wird dies für die Fälle bejaht, in denen ein Verfahrensausschlussgrund in der Person des Bewerbers gegeben ist.[76] In keinem Fall sollte die Aushändigung der Verdingungsunterlagen wegen einer antizipierten Eignungsprüfung unterbleiben.[77]

Die Prüfung der Angebote erfolgt nach Ablauf der Abgabefrist in der von § 16 VOB/A, § 16 VOL/A vorgegebenen vierstufigen Prüfung. Die Prüfung der Eignung der Bewerber stellt hierbei die zweite Wertungsstufe dar und hat somit noch vor der Prüfung der Wirtschaftlichkeit der Angebote zu erfolgen, welche sich als dritte Wertungsstufe anschließt. Die einzelnen Wertungsstufen dürfen nicht vermischt werden[78], sodass auch in dem Fall, dass ausnahmsweise die – verhältnismäßig einfache – Prüfung der Wirtschaftlichkeit der Prüfung der Eignung vorgezogen wird, eine deutliche inhaltliche Trennung der zweiten und dritten Wertungsstufe gewährleistet bleiben muss.[79]

Das *OLG Brandenburg*[80] führt aus, dass der maßgebliche Zeitpunkt für die Vollständigkeit der Angebote – und damit die Vollständigkeit der geforderten Eignungsnachweise – der Ablauf der Abgabefrist ist. Für die Eignung selbst kommt es erst auf den Zeitpunkt der Prüfung an. Nur so kann berücksichtigt werden, dass die Eignung nicht etwa nur bei Angebotsabgabe vorliegt und bei der Auftragsvergabe womöglich bereits wieder abhandengekommen ist. Umgekehrt sind damit Zweifel, die sich nach der Abgabe des Angebots und vor der Prüfung der Eignung an der Zuverlässigkeit des Wirtschaftsteilnehmers ergeben, dann unerheblich, wenn der Teilnehmer bis zur Prüfung der Eignung wieder über jeden Zweifel erhaben ist – beispielsweise wegen einer erfolgreichen Selbstreinigung.[81]

B. Beschränkte Ausschreibung und freihändige Vergabe

Im Fall der beschränkten Ausschreibung ist die Eignung der Teilnehmer bereits im öffentlichen Teilnehmerwettbewerb und anhand der bereits zu diesem Zeitpunkt vorzulegenden Eignungsnachweise festzustellen.[82] Ungeeignete Bewerber werden

---

75 *Weyand*, Vergaberecht, letzte Aktualisierung 23.12.2010, Kapitel 6 Rn. 746.
76 *Rusam*, in: Heiermann/Riedl/Rusam/Kuffer, Handkommentar zur VOB, 11. Aufl. 2008, VOB/A § 8 Rn. 17; *Schranner*, in: Ingenstau/Korbion (Begr.), VOB Teile A und B, 17. Aufl. 2010, VOB/A § 6 Rn. 66.
77 *Glahs*, in: Kapellmann/Messerschmidt (Hrsg.), VOB Teile A und B, 3. Aufl. 2010, VOB/A § 6 Rn. 47.
78 BGH, Urteil v. 8.9.1998, X ZR 109/96, NJW 1998, S. 3644, 3645 f.; ausführlich *Weyand*, Vergaberecht, letzte Aktualisierung 23.12.2010, Kapitel 6 Rn. 638.
79 VK Düsseldorf, Beschluss v. 11.1.2006, VK 50/2005-L.
80 *OLG Brandenburg*, Beschluss v. 14.12.2007, Verg W 21/07, NZBau 2008, S. 277 ff.
81 *OLG Brandenburg*, Beschluss v. 14.12.2007, Verg W 21/07, NZBau 2008, S. 277, 279.
82 S. § 6 Abs. 3 Nr. 5 S. 2 VOB/A.

im Anschluss nicht zur Angebotsabgabe aufgefordert. Bei der beschränkten Ausschreibung ohne öffentlichen Teilnehmerwettbewerb und der freihändigen Vergabe ist die Eignung der Wirtschaftsteilnehmer ebenfalls vor der Aufforderung zur Abgabe eines Angebots zu prüfen.[83] Die Aufforderung eines Wirtschaftsteilnehmers zur Abgabe eines Angebots trotz positiven Wissens der Vergabestelle um die fehlende Eignung kann Schadensersatzansprüche auslösen.[84] Der Schadensersatz umfasst die Aufwendungen, die bei der Erstellung des Angebots entstanden sind.[85]

C. Nachträgliche Erkenntnisse der Vergabestelle

Ist die Eignung eines Teilnehmers einmal positiv festgestellt, ist die Vergabestelle grundsätzlich daran gebunden. Es ist ihr nicht möglich, im späteren Verlauf des Vergabeverfahrens im Wege einer erneuten Ermessensausübung zu einem gegenteiligen Ergebnis zu kommen. Hinsichtlich der Umstände, die der Vergabestelle zum Zeitpunkt der Eignungsprüfung bekannt waren, ist sie im späteren Verfahren präkludiert; ehemals als unerheblich eingestufte Umstände können dann nicht erneut gewertet werden. Dieser Grundsatz findet seine Grenze in den Gründen, die zu einem zwingenden Ausschluss des Teilnehmers führen.[86] Wird ein solcher Grund in der Person eines Teilnehmers auch im Anschluss an eine erfolgreiche Eignungsprüfung festgestellt, so führt dies nicht zu einer Unerheblichkeit. Ebenfalls tritt in dem Fall, dass die Vergabestelle eine bereits bekannte Tatsache nachträglich als zwingenden Ausschlussgrund erkennt, keine Präklusionswirkung ein.[87] In diesen Fällen übt die Vergabestelle nicht erneut ihr Ermessen aus, da ein solches beim Vorliegen zwingender Ausschlussgründe gerade nicht gegeben ist.[88]

D. „Mehr an Eignung"

Grundsätzlich liegt der Feststellung über die Eignung eines Wirtschaftsteilnehmers eine geschlossene Frage zugrunde; die Teilnehmer erreichen entweder das erforderliche Maß an Eignung, oder sie werden aus dem Verfahren ausgeschlossen. Da

---

83 S. § 6 Abs. 3 Nr. 6 S. 1 VOB/A.
84 *Rusam/Weyand*, in: Heiermann/Riedl/Rusam/Kuffer, Handkommentar zur VOB, 11. Aufl. 2008, VOB/A § 2 Rn. 12.
85 Zu den Einzelheiten des Verschuldensmaßstabs der Vergabestelle s. *Glahs*, in: Kapellmann/Messerschmidt (Hrsg.), VOB Teile A und B, 3. Aufl. 2010, VOB/A § 6 Rn. 49.
86 *Weyand*, Vergaberecht, letzte Aktualisierung 23.12.2010, Kapitel 6 Rn. 648.
87 *OLG Frankfurt*, Beschluss v. 20.7.2004, 11 Verg 6/04, ZfBR 2004, S. 822, 825.
88 *Glahs*, in: Kapellmann/Messerschmidt (Hrsg.), VOB Teile A und B, 3. Aufl. 2010, VOB/A § 6 Rn. 50.

sich die Frage der Eignung der Teilnehmer unabhängig von der Bewertung der Wirtschaftlichkeit des Angebots beantwortet, besteht regelmäßig kein Bedürfnis, unter den Teilnehmern eine graduelle Differenzierung hinsichtlich ihrer Eignung vorzunehmen.[89] Eine gegenüber einem Konkurrenten geringere Eignung lässt sich einem einmal als geeignet erkannten Teilnehmer im weiteren Verfahren und gerade bei der Begründung der Zuschlagsentscheidung nicht entgegenhalten.[90] Ist wegen der besonderen Bedeutung des zu vergebenden Auftrags ein gesteigertes Maß an Eignung erforderlich, so hat die Vergabestelle dies bereits bei der Auswahl, Festlegung und Formulierung der Auswahlkriterien zu berücksichtigen[91], sodass Wirtschaftsteilnehmer, die nicht dieses besonders hohe Maß an Eignung aufweisen, ungeeignet sind im Sinne des konkreten Verfahrens.

Allein im Rahmen eines zweistufigen Verfahrens steht es dem öffentlichen Auftraggeber frei, bereits in den Verdingungsunterlagen die Anzahl der Wirtschaftsteilnehmer festzulegen, die nach erfolgreichem Teilnehmerwettbewerb zur Abgabe eines Angebots aufgefordert werden.[92] In diesem Fall kann der Auftraggeber die Bewerber mit dem größten Maß an Eignung zur Abgabe eines Angebots auffordern. Eine solche Differenzierung stellt keine unzulässige Vermischung von Eignungs- und Wirtschaftlichkeitsprüfung dar.

5. Abschnitt Die Eignungskriterien im Einzelnen

A. Fachkunde

Als erstes Merkmal der Eignung der Bieter nennt § 97 Abs. 4 S. 1 GWB die Fachkunde. Fachkunde meint hierbei die erforderlichen Sachkenntnisse, Fähigkeiten und Erfahrungen auf Seiten der technisch und kaufmännisch Verantwortlichen, um die vergebene Leistung auszuführen.[93] Das Merkmal ist somit stark auf die Person

---

89 *Gröning*, Spielräume für die Auftraggeber bei der Wertung von Angeboten, NZBau 2003, S. 86, 90.
90 *BGH*, Urteil v. 15.4.2008, X ZR 129/06, NJW 1998, S. 3644, 3645.
91 *Frister*, in: Kapellmann/Messerschmidt (Hrsg.), VOB Teile A und B, 3. Aufl. 2010, § 16, Rn. 79.
92 Vgl. Art. 44 Abs. 3 S. 2 VKR; *Schranner*, in: Ingenstau/Korbion (Begr.), VOB Teile A und B, 17. Aufl. 2010, VOB/A § 6 Rn. 70.
93 Vgl. *Wirner*, Die Eignung von Bewerbern und Bietern bei der Vergabe öffentlicher Bauaufträge, ZfBR 2003, S. 545; ähnlich *VK Sachsen*, Beschluss v. 3.11.2005, 1/SVK/125-05; *VK Sachsen*, Beschluss v. 21.7.2005, 1/SVK/076-05; *VK Niedersachsen*, Beschluss v. 8.4.2005, VgK-10/2005; *2. VK Bund*, Beschluss v. 10.12.2003, VK 2 – 116/03; *Kullack*, in: Heiermann/Riedl/Rusam/Kuffer, Handkommentar zur VOB, 11. Aufl. 2008, GWB § 97 Rn. 45. „Fachkundig ist der Bieter, der über die für die Vorbereitung und Ausführung der jeweiligen Leistung notwendigen technischen Kenntnisse verfügt", Vertrags- und Vergabehandbuch für die Baumaßnahmen des Bundes, Ausgabe 2008, S. 189, Richtlinie zu 321, 3.3.

des Wirtschaftsteilnehmers ausgerichtet.[94] Es findet keine unmittelbare Entsprechung in der Vergabekoordinierungsrichtlinie.

Überwiegend wird vertreten, dass von öffentlichen Auftraggebern bei „äußerst komplizierten" Projekten als Mindestvoraussetzung gefordert werden darf, dass der Teilnehmer bereits vergleichbare Projekte gefertigt hat.[95] Dieses Erfordernis macht es *Newcomern* schwer, in einem Markt, der sich durch viele komplizierte Projekte auszeichnet, Fuß zu fassen. Aus diesem Grund wird es von Teilen der Literatur als unzulässig abgelehnt.[96]

In persönlicher Hinsicht bezieht sich das Merkmal der Fachkunde auf das auftragsausführende Personal, auf das Führungspersonal und gegebenenfalls auf die zu beteiligenden Nachunternehmer.[97] Als Nachweis kommen Zeugnisse über Berufs- und Schulabschlüsse und Referenzen von anderen öffentlichen und privaten Auftraggebern in Betracht. Auch eigene Erfahrungen mit dem Wirtschaftsteilnehmer sind innerhalb der beschriebenen Grenzen berücksichtigungsfähig.

Die Vergabestellen können Referenzen als Mindestanforderung an die Fachkunde oder als Nachweis für selbige verlangen. Im ersten Fall sind alle Teilnehmer als ungeeignet auszuschließen, die nicht über die verlangten Referenzen verfügen[98], im zweiten Fall dienen die Referenzen dazu, die Prüfung der Fachkunde des Teilnehmers abzukürzen.[99] Es wird Vergabestellen regelmäßig schwerer fallen zu begründen, weshalb eine bestimmte Referenz Mindestvoraussetzung für die Fachkunde der Teilnehmer ist. Maßgeblich ist, dass die Referenz mit dem Auftragsgegenstand zusammenhängt und ihm angemessen ist.[100]

---

94 *Fehling*, in: Pünder/Schellenberg (Hrsg.), Vergaberecht, 2011, GWB § 97 Rn. 114.
95 *Prieß*, in: Motzke/Pietzcker/Prieß (Hrsg.), Beck'scher VOB-Kommentar, VOB/A, 2002, VOB/A § 2 Rn. 29; *Glahs*, in: Kapellmann/Messerschmidt (Hrsg.), VOB Teile A und B, 3. Aufl. 2010, VOB/A § 6 Rn. 46; a.A. *OLG Düsseldorf*, Beschluss v. 25.2.2004, VII Verg 77/03, ZfBR 2004, S. 506, 508.
96 *Dreher*, in: Immenga/Mestmäcker (Hrsg.), Wettbewerbsrecht, Bd. 2, GWB, 4. Aufl. 2007, § 97 Rn. 170. Kritisch zur Rechtmäßigkeit dieser Anforderung auch *Glahs*, in: Kapellmann/Messerschmidt (Hrsg.), VOB Teile A und B, 3. Aufl. 2010, VOB/A § 6 Rn. 46 m.w.N. S. insbesondere auch *2. VK Bund*, Beschluss v. 13.7.2000, VK 2 – 12/00, S. 15.
97 *Prieß*, in: Motzke/Pietzcker/Prieß (Hrsg.), Beck'scher VOB-Kommentar, VOB/A, 2002, VOB/A § 2 Rn. 30.
98 Vgl. etwa *OLG Düsseldorf*, Beschluss v. 25.2.2004, VII Verg 77/03, ZfBR 2004, S. 506, 508, wonach der Nachweis von Fachwissen und anderen erbrachten Bauleistungen für den Nachweis der Eignung nicht ausreicht, wenn die Erbringung von Bauleistungen, die mit der ausgeschriebenen vergleichbar sind, als Mindestvoraussetzung für die Eignung verlangt wird.
99 *Glahs*, in: Kapellmann/Messerschmidt (Hrsg.), VOB Teile A und B, 3. Aufl. 2010, VOB/A § 6 Rn. 46.
100 Vgl. *Dreher/Hoffmann*, Der Marktzutritt von Newcomern als Herausforderung für das Kartellvergaberecht, NZBau 2008, S. 545, 546; ähnlich *Fehling*, in: Pünder/Schellenberg (Hrsg.), Vergaberecht, 2011, GWB § 97 Rn. 115.

B. Leistungsfähigkeit

Leistungsfähig ist, wer als Unternehmer über die personellen, kaufmännischen, technischen und finanziellen Mittel verfügt, um den Auftrag fachlich einwandfrei und fristgerecht ausführen zu können, und in der Lage ist, seine Verbindlichkeiten zu erfüllen.[101] Im Unterschied zu der Fachkunde wird an dieser Stelle der Betrieb des Teilnehmers beurteilt.[102]

Der europarechtliche Hintergrund legt es nahe, zwischen der wirtschaftlich-finanziellen Leistungsfähigkeit einerseits und der technisch-beruflichen andererseits zu differenzieren, vgl. Art. 47, 48 VKR. Die Vergabe- und Vertragsordnungen sprechen im zweiten Fall auch von der fachlichen und technischen Leistungsfähigkeit, vgl. § 7 EG Abs. 3 VOL/A. Die wirtschaftlich-finanzielle Leistungsfähig betrifft die Bonität des Teilnehmers. Die Kapitalausstattung muss es dem Betrieb ermöglichen, seinen laufenden Verbindlichkeiten gegenüber den Angestellten, seinen Gläubigern, dem Staat und dem Auftraggeber nachzukommen. Die finanziellen Mittel des Betriebs müssen in einem angemessenen Verhältnis zu der zu erbringenden Leistung stehen.[103] Leistungsfähig im technisch-beruflichen Sinne ist der Teilnehmer dann, wenn er über das für die Erbringung der Leistung erforderliche Know-how verfügt. In Abgrenzung zur Fachkunde geht es hierbei nicht um die Qualifikationen der beteiligten Personen, sondern um die infrastrukturellen Möglichkeiten des Betriebs sowie darum, über die erforderlichen Maschinen, Geräte und das nötige Personal zu verfügen. Hinzu kommt das Erfordernis einer geordneten kaufmännischen Betriebs- und Buchführung.[104] Der Zeitpunkt, zu dem die Leistungsfähigkeit vorliegen muss, wird in der Rechtsprechung unterschiedlich beurteilt.[105] Teilweise muss die Leistungsfähigkeit schon zum Zeitpunkt der Auswahlentscheidung des Teilnehmers vorliegen. Das In-Aussicht-Stellen zukünftiger

---

101 *OLG Saarbrücken*, Beschluss v. 12.5.2004, 1 Verg 4/04, ZfBR 2004, S. 714, 717; *2. VK Bund*, Beschluss v. 10.2.2004, VK 2 – 150/03; *VK Schleswig-Holstein*, Beschluss v. 28.11.2006, VK-SH 25/06; *VK Schleswig-Holstein*, Beschluss v. 15.5.2006, VK-SH 10/06; *Bungenberg*, in: Loewenheim/Meessen/Riesenkampff (Hrsg.), Kartellrecht, 2. Aufl. 2009, GWB § 97 Rn. 47; „Leistungsfähig ist der Bieter, der über das für die fach- und fristgerechte Ausführung notwendige Personal und Gerät verfügt und die Erfüllung seiner Verbindlichkeiten erwarten lässt", Vertrags- und Vergabehandbuch für die Baumaßnahmen des Bundes, Ausgabe 2008, S. 189, Richtlinie zu 321, 3.3;.
102 *Rusam/Weyand*, in: Heiermann/Riedl/Rusam/Kuffer, Handkommentar zur VOB, 11. Aufl. 2008, VOB/A § 2 Rn. 7; *Kullack*, in: Heiermann/Riedl/Rusam/Kuffer, Handkommentar zur VOB, 11. Aufl. 2008, GWB § 97 Rn. 46; *Weyand*, Vergaberecht, letzte Aktualisierung 23.12.2010, Kapitel 6 Rn. 571.
103 *Glahs*, in: Kapellmann/Messerschmidt (Hrsg.), VOB Teile A und B, 3. Aufl. 2010, VOB/A § 2 Rn. 15.
104 *Glahs*, in: Kapellmann/Messerschmidt (Hrsg.), VOB Teile A und B, 3. Aufl. 2010, VOB/A § 2 Rn. 15; *Prieß*, in: Motzke/Pietzcker/Prieß (Hrsg.), Beck'scher VOB-Kommentar, VOB/A, 2002, VOB/A § 2 Rn. 32 f.
105 *Weyand*, Vergaberecht, letzte Aktualisierung 23.12.2010, Kapitel 6 Rn. 595.

Mittel genügt dann nicht.[106] Teilweise wird aber auch ein Vorhalten von Ressourcen als unzumutbar abgelehnt.[107]

Eine gesetzliche Konkretisierung der Leistungsfähigkeit findet sich in § 16 Abs. 1 Nr. 2 lit. a und b VOB/A, § 6 Abs. 5 lit. a und b VOL/A, § 4 Abs. 9 lit. a VOF. Hiernach können Wirtschaftsteilnehmer, über deren Vermögen das Insolvenzverfahren eröffnet oder die Eröffnung beantragt worden ist oder der Antrag mangels Masse abgelehnt wurde und deren Unternehmen sich in Liquidation befindet, vom Verfahren ausgeschlossen werden.[108] Beide Fälle befassen sich mit der wirtschaftlich-finanziellen Leistungsfähigkeit.[109]

Die Beteiligung an einer großen Anzahl an Ausschreibungen und die dadurch entstehende Möglichkeit vieler Zuschläge könnte die Leistungsfähigkeit in Frage stellen. Ein solcher „Verbrauch" der Leistungsfähigkeit wird jedoch regelmäßig abgelehnt.[110]

Die persönliche Dimension des Begriffs der Leistungsfähigkeit stellt keine besonderen Voraussetzungen an das bei der Ausführung des Auftrags beteiligte Personal. Da die Leistungsfähigkeit kein Merkmal ist, das allein natürliche Personen aufweisen können, ist eine Zurechnung der Leistungsfähigkeit allenfalls in Bietergemeinschaften oder bei Nachunternehmern möglich oder notwendig. Von diesen Fällen abgesehen sind Eigenschaften des Wirtschaftsteilnehmers maßgeblich. Eine Auflistung von möglichen Nachweisen der wirtschaftlich-finanziellen Leistungsfähig findet sich in Art. 47 Abs. 1 VKR. Zum Kern dieser Nachweise gehören Bankauskünfte und -erklärungen, der Nachweis einer Berufshaftpflichtversicherung, Bilanzen oder Bilanzauszüge und Erklärungen über den Gesamtumsatz des Teilnehmers. Eine nicht abschließende Liste von Nachweisen der fachlich-technischen Leistungsfähigkeit findet sich in Art. 48 Abs. 2 VKR. Auch in § 6 Abs. 3 Nr. 2 VOB/A, § 7 EG Abs. 2 VOL/A und § 5 Abs. 4 VOF finden sich Beispiele solcher Nachweise.

---

106 *OLG Düsseldorf*, Beschluss v. 19.9.2002, VII Verg 41/02, Rn. 7; *Dreher*, in: Immenga/Mestmäcker (Hrsg.), Wettbewerbsrecht, Bd. 2, GWB, 4. Aufl. 2007, GWB § 97 Rn. 171.
107 *OLG Brandenburg*, Beschluss v. 5.1.2006, Verg W 12/05, ZfBR 2006, S. 503, 506; ausführlich *Weyand*, Vergaberecht, letzte Aktualisierung 23.12.2010, Kapitel 6 Rn. 596 ff.
108 Die VOF nennt nicht den Fall der Ablehnung der Eröffnung des Insolvenzverfahrens mangels Masse. Die relevanten Fälle werden freilich von dem ebenfalls genannten Merkmal der Einstellung der Tätigkeit abgedeckt.
109 *Weyand*, Vergaberecht, letzte Aktualisierung 23.12.2010, Kapitel 6 Rn. 577 f.
110 *VK Sachsen*, Beschluss v. 27.3.2006, 1/SVK/021/06; *Rusam/Weyand*, in: Heiermann/Riedl/Rusam/Kuffer, Handkommentar zur VOB, 11. Aufl. 2008, VOB/A § 2 Rn. 7.

C. Zuverlässigkeit

Der Begriff der Zuverlässigkeit ist dem deutschen Verwaltungsrecht nicht fremd. Er findet sich in einer Vielzahl von bundes- und landesgesetzlichen Normen. Hinzu kommt eine unüberschaubare Anzahl von Verordnungen, die sich auf den Begriff stützen. Die Spanne reicht vom Umweltauditgesetz[111] über das Wagniskapitalbeteiligungsgesetz[112] bis hin zum Waffen-[113] und Sprengstoffgesetz[114]. Das wohl bekannteste Beispiel für seine Verwendung stellt § 35 Abs. 1 S. 1 GewO[115] dar. Diese Norm soll im Folgenden als Vergleich für die Auslegung des vergaberechtlichen Eignungskriteriums dienen.

Für das Vergaberecht wird allgemein formuliert, dass die Zuverlässigkeit die Fähigkeit des Teilnehmers ist, seinen allgemeinen auftragsbezogenen gesetzlichen Pflichten nachzukommen und Gewähr zu bieten, den Auftrag auf sorgfältige Art und Weise auszuführen.[116] Maßgeblich für die Prognose des zukünftigen Verhaltens ist das für die Ausführung des konkreten Auftrags erhebliche vergangene und gegenwärtige Auftreten.[117] Das Eignungskriterium scheint damit in zwei Tatbestandsmerkmale zu zerfallen: einerseits das Befolgen der gesetzlichen Pflichten, also eine Rechtstreue, und andererseits die Gewähr für eine sorgfältige Auftragsausführung. Der zweite Teil wirft einige Fragen auf. Während es sich systematisch um ein Merkmal der Zuverlässigkeit handelt, ist es nicht ohne Weiteres von dem allgemeinen Überbegriff der Eignung zu unterscheiden. Einige Autoren scheinen das Eignungskriterium sogar auf diese Aussage reduzieren zu wollen. So ist zu lesen, dass von der Zuverlässigkeit eines Bewerbers ausgegangen werden kann, wenn er „die Gewähr dafür bietet, den Auftrag ausschreibungsgemäß auszufüh-

---

111 § 5 Gesetz zur Ausführung der Verordnung (EG) Nr. 761/2001 des Europäischen Parlaments und des Rates v. 19.3.2001 über die freiwillige Beteiligung von Organisationen an einem Gemeinschaftssystem für das Umweltmanagement und die Umweltbetriebsprüfung in der Fassung der Bekanntmachung v. 4.9.2002, BGBl. I S. 3490.
112 § 7 Gesetz zur Förderung von Wagniskapitalbeteiligungen v. 12.8.2008, BGBl. I S. 1672.
113 § 5 Waffengesetz v. 11.10.2002, BGBl. I S. 3970; S. 4592; 2003, I S. 1957.
114 § 8 und § 8a Gesetz über explosionsgefährliche Stoffe in der Fassung der Bekanntmachung v. 10.9.2002, BGBl. I S. 3518.
115 Gewerbeordnung in der Fassung der Bekanntmachung v. 22.2.1999, BGBl. I S. 202, zuletzt geändert durch Art. 4 Abs. 14 Gesetz v. 29.7.2009, BGBl. I S. 2258.
116 *Kulartz*, in: Kulartz/Kus/Portz (Hrsg.), Kommentar zum GWB-Vergaberecht, 2. Aufl. 2009, § 97 Rn. 105; *Bungenberg*, in: Loewenheim/Meessen/Riesenkampff (Hrsg.), Kartellrecht, 2. Aufl. 2009, GWB § 97 Rn. 52; „Zuverlässig ist ein Bieter, der seinen gesetzlichen Verpflichtungen – auch zur Entrichtung von Steuern und sonstigen Abgaben – nachgekommen ist, und der aufgrund der Erfüllung früherer Verträge eine einwandfreie Ausführung einschließlich Erfüllung der Mängelansprüche erwarten lässt.", Vertrags- und Vergabehandbuch für die Baumaßnahmen des Bundes, Ausgabe 2008, S. 189, Richtlinie zu 321, 3.3.
117 *Dreher*, in: Immenga/Mestmäcker (Hrsg.), Wettbewerbsrecht, Bd. 2, GWB, 4. Aufl. 2007, § 97 Rn. 158; *Weyand*, Vergaberecht, letzte Aktualisierung 23.12.2010, Kapitel 6 Rn. 613.

ren"[118] oder wenn er in seiner Person und nach seinem Verhalten im Berufsleben die Gewähr dafür bietet, in der notwendigen sorgfältigen Weise die verlangte Leistung zu erbringen.[119] Allein die Betonung der Person des Bewerbers deutet hier an, dass es sich bei der Zuverlässigkeit um mehr handelt als ein allgemeines Erfordernis der Eignung des Teilnehmers. Denn das Erfordernis einer mangelfreien und fristgerechten Ausführung ist eine „fast banale Selbstverständlichkeit", die keiner eigenständigen Regelung bedarf.[120] Sämtliche Eignungskriterien dienen schließlich dazu eine sorgfältige Auftragsausführung zu gewährleisten. Aus diesem Grund ist es naheliegend, die verlangte Gewähr für eine sorgfältige Auftragsausführung eher als Konsequenz der sogleich zu behandelnden Rechtstreue denn als eigenständiges Merkmal anzusehen.[121]

Der erste Teil der oben genannten Definition ist um einiges eindeutiger: Der Teilnehmer muss rechtstreu sein.[122] Als Grundlage für die Bewertung dient vor allem das in der Vergangenheit liegende Geschäftsgebaren.[123] Fehlende Rechtstreue kann sich in Verstößen gegen Straf- und Ordnungswidrigkeitsnormen manifestieren. Das Erfordernis der Rechtstreue gilt freilich nicht absolut.[124] Um die Eignung entfallen zu lassen, müssen die Rechtsverstöße des Teilnehmers eine gewisse Erheblichkeit erreichen.[125] Diese Wertung findet sich auch im Wortlaut von § 16 Abs. 1 Nr. 2 lit. c VOB/A, § 6 Abs. 5 lit. c VOL/A, § 4 Abs. 9 lit. c VOF, wonach nur im Fall einer schweren Verfehlung des Wirtschaftsteilnehmers der Vergabestelle mittels eines Ausschlusses des Teilnehmers aus dem Verfahren Handlungsmöglichkeiten eingeräumt werden.

Neben Rechtsverstößen, insbesondere gegen Straf- oder Ordnungswidrigkeitsnormen, kann auch weiteres Verhalten des Wirtschaftsteilnehmers seine Zuverlässigkeit entfallen lassen. So kann aus Manipulationsversuchen eines Bieters im Verfahren, etwa während eines Aufklärungsgesprächs nach § 15 VOB/A, auf seine

---

118 *Dreher*, in: Immenga/Mestmäcker (Hrsg.), Wettbewerbsrecht, Bd. 2, GWB, 4. Aufl. 2007, § 97 Rn. 157.
119 *Glahs*, in: Kapellmann/Messerschmidt (Hrsg.), VOB Teile A und B, 3. Aufl. 2010, VOB/A § 2 Rn. 16.
120 So wörtlich *Marx*, in: Motzke/Pietzcker/Prieß (Hrsg.), Beck'scher VOB-Kommentar, VOB/A, 2002, GWB § 97 Rn. 34.
121 So wohl auch *Brinker*, in: Motzke/Pietzcker/Prieß (Hrsg.), Beck'scher VOB-Kommentar, VOB/A, 2002, VOB/A § 25 Rn. 38.
122 *Prieß*, in: Motzke/Pietzcker/Prieß (Hrsg.), Beck'scher VOB-Kommentar, VOB/A, 2002, VOB/A § 2 Rn. 34.
123 *Kullack*, in: Heiermann/Riedl/Rusam/Kuffer, Handkommentar zur VOB, 11. Aufl. 2008,GWB § 97 Rn. 49.
124 So noch *Prieß*, in: Motzke/Pietzcker/Prieß (Hrsg.), Beck'scher VOB-Kommentar, VOB/A, 2002, VOB/A § 2 Rn. 34. Vgl. hierzu auch zur Gesetzestreue S. 41 f.
125 *Glahs*, in: Kapellmann/Messerschmidt (Hrsg.), VOB Teile A und B, 3. Aufl. 2010, VOB/A § 2 Rn. 17.

Unzuverlässigkeit geschlossen werden.[126] Gleiches gilt auch für Erhöhung des eigenen Angebotspreises durch absichtliche Additionsfehler.[127] Vorsicht ist durch den Umstand geboten, dass nicht jeder – auch grobe – Rechenfehler vorsätzlich ist und zu einem Ausschluss berechtigt.[128]

Die bislang behandelten Eignungskriterien und die Möglichkeit eines konkreten Wirtschaftsteilnehmers die Kriterien zu erfüllen sind stark von dem konkret ausgeschriebenen Auftrag abhängig. Beispielsweise wird ein Bauunternehmer- unabhängig von der Größe seines Unternehmens – nicht geeignet sein, Telekommunikationsdienstleistungen anzubieten, ebenso wie ein Postdienstleister keine Abfallentsorgung wird leisten können. Bei der Zuverlässigkeit stellt sich die Situation auf den ersten Blick anders dar. Sowohl von einem zu beauftragenden Bauunternehmer als auch von einem Postdienstleister ist zu verlangen, dass er im Rahmen der Gesetze agiert, um Aussicht auf die Erteilung eines öffentlichen Auftrags zu haben. Straftaten wie Bestechung und Steuerhinterziehung werden regelmäßig gänzlich unabhängig von dem Inhalt der ausgeschriebenen Leistung die Zuverlässigkeit des betroffenen Wirtschaftsteilnehmers entfallen lassen. Es zeigt sich jedoch, dass auch im Rahmen der Zuverlässigkeit eine Differenzierung nach dem Inhalt des Auftrags wünschenswert und sogar notwendig ist. Unterschiedliche Leistungen können von den Wirtschaftsteilnehmern ein unterschiedliches Maß an Zuverlässigkeit erfordern. Dient die Leistung dem Erhalt besonders wichtiger Rechtsgüter, etwa dem Schutz der Gesundheit der Bevölkerung, so ist ein besonders strenger Maßstab im Hinblick auf das zu verlangende Zuverlässigkeitsniveau gerechtfertigt. In diesem Sinne entschied auch das *OLG München* im Jahr 2006[129]. Das Gericht hatte darüber zu urteilen, ob ein Wirtschaftsteilnehmer, dessen Geschäftsführer wegen vierfachen Betrugs zu einer Freiheitsstrafe von zwei Jahren, die zur Bewährung ausgesetzt wurde, und zu einer Geldstrafe verurteilt worden war, die notwendige Zuverlässigkeit aufwies, um BSE-Pflichttests nach dem Fleischhygienerecht durchzuführen. Die Bedeutung des Schutzes der Bevölkerung vor unrichtigen Tests und den daraus resultierenden Gefahren der Ausbreitung der Tierseuche sowie die Prävention der Creutzfeldt-Jakob-Krankheit, so das Gericht, erfordere die Vergabe an in jeder Hinsicht zweifelsfrei integre Bieter.[130] Verglichen mit den anderen Eignungskriterien weist die Zuverlässigkeit ein hohes Maß an gesetzlicher Konkretisierung auf.[131] In § 6 a Abs. 1 Nr. 1 S. 1 VOB/A, § 6 Abs. 4 S. 1 VOL/A, und § 4

---

126 *Glahs*, in: Kapellmann/Messerschmidt (Hrsg.), VOB Teile A und B, 3. Aufl. 2010, VOB/A § 2 Rn. 18 m.w.N.
127 *BGH*, Urteil v. 14.10.1993, VII ZR 96/92, NJW-RR 1994, S. 284, 285.
128 *OLG Düsseldorf*, Urteil v. 22.12.1995, 22 U 130/95, NJW-RR 1997, S. 1452, 1453.
129 *OLG München*, Beschluss v. 21.4.2006, Verg 8/06, ZfBR 2006, S. 507 ff.
130 *OLG München*, Beschluss v. 21.4.2006, Verg 8/06, ZfBR 2006, S. 507, 509.
131 Vgl. *Fehling*, in: Pünder/Schellenberg (Hrsg.), Vergaberecht, 2011, GWB § 97 Rn. 121.

Abs. 6 S. 1 VOF finden sich abschließende Listen[132] von Straftaten, die eine unwiderlegliche Vermutung für die Unzuverlässigkeit des Teilnehmers begründen. Auch § 16 Abs. 1 Nr. 2 lit. c und d VOB/A, § 6 Abs. 5 lit. c, d und e VOL/A und § 4 Abs. 9 lit. b bis f VOF nennen Kriterien, die zur Annahme der Unzuverlässigkeit eines Teilnehmers führen können. Der Ausschluss wegen einer schweren Verfehlung, die die Zuverlässigkeit eines Unternehmers als Bewerber in Frage stellt, wird in dieser Arbeit noch von besonderem Interesse sein.

Die persönliche Dimension des Kriteriums wirft große Schwierigkeiten auf. Teilnehmer eines Vergabeverfahrens sind gerade oberhalb der europäischen Schwellenwerte in der Regel juristische Personen oder Personengesellschaften. Diese unterliegen nach deutschem Recht keinen Strafnormen.[133] Unzuverlässigkeitstatbestände, die an eine strafrechtliche Verurteilung anknüpfen, können hier nicht unmittelbar greifen. Aber auch in anderen Fällen besteht ein Bedürfnis, das Verhalten natürlicher Personen einem Verfahrensteilnehmer zuzurechnen, um die Rechtstreue einer juristischen Person oder Personenhandelsgesellschaft festzustellen. Teilweise finden sich in den Vergabe- und Vertragsordnungen explizite Zurechnungsnormen.[134] Als Nachweis für die Zuverlässigkeit der Teilnehmer können die in Art. 45 Abs. 3 VKR genannten Bescheinigungen oder Erklärungen verlangt werden, insbesondere ein Auszug aus dem Strafregister.

D. Gesetzestreue

Das Merkmal der Gesetzestreue wurde durch das am 24. April 2009 in Kraft getretene Vergaberechtsmodernisierungsgesetz eingeführt.[135] Abgesehen von dem bereits bei der Zuverlässigkeit behandelten Art. 45 Abs. 1 VKR hat das Merkmal keine Entsprechung in der VKR. Auch unabhängig hiervon stellt sich die Frage, welche Bedeutung der Gesetzestreue neben dem durch nationale und europäische Rechtsprechung ausdifferenzierten Merkmal der Zuverlässigkeit zukommen kann.[136] Selbst der Wortlaut des § 97 Abs. 4 S. 1 GWB impliziert eine Nähe zwi-

---

132 *Kulartz/Röwekamp*, in: Müller-Wrede (Hrsg.), Kommentar zur VOF, 3. Aufl. 2008, § 11 Rn. 7.
133 In der – nahezu unüberschaubaren – Literatur zu der Frage, vgl. *Heine*, in: Schönke (Begr.)/ Schröder (Fortgef.), Strafgesetzbuch, 28. Aufl. 2010, Vorbemerkungen zu den §§ 25 ff., Rn. 118, wird die Unternehmensstrafe wohl überwiegend wegen der fehlenden Handlungs- und Schuld- sowie Straffähigkeit von Verbänden abgelehnt; *Jescheck/Weigend*, Lehrbuch des Strafrechts. Allgemeiner Teil, 5. Aufl. 1996, Vor § 25 Rn. 225, 227 ff.
134 So enthalten die § 6 a Abs. 1 Nr. 1 S. 3 VOB/A, § 6 EG Abs. 4 S. 3 VOL/A und § 4 Abs. 6 S. 3 VOF einen Verweis auf § 130 OWiG, über den eine Zurechnung von Aufsichts- und Organisationsverschulden im Fall der Verletzung von Straf- und Ordnungswidrigkeitsvorschriften herbeigeführt wird.
135 Vgl. BT-Drs. 16/11428 v. 17.12.2008.
136 Vgl. *Weyand*, Vergaberecht, letzte Aktualisierung 23.12.2010, Kapitel 6 Rn. 616.

schen den beiden Begriffe („… sowie gesetzestreue und zuverlässige Unternehmen…"). Die Gesetzesbegründung schließlich lässt erkennen, dass der neue Begriff zumindest vornehmlich der Klarstellung dient. Gegenstand der Klarstellung sind die inhaltlichen Anforderungen an die Zuverlässigkeit: „Nur das Unternehmen, das die deutschen Gesetze einhält, wird zum Wettbewerb um öffentliche Aufträge zugelassen"[137]. Hierdurch gewinnt eine Auffassung von *Prieß* Aufwind. Der Autor vertrat im Jahr 2001, dass ein Bewerber nur dann zuverlässig ist, wenn er rechtstreu ist und keine Rechtsverstöße begeht.[138] In dieser Absolutheit ist die Ansicht auf Ablehnung gestoßen.[139] Für die Bejahung der Zuverlässigkeit ist es nach herrschender Ansicht gerade nicht erforderlich, dass dem Wirtschaftsteilnehmer keinerlei Rechtsverstöße vorzuwerfen sind. Sollte mit der Normierung der Rechtstreue tatsächlich eine Korrektur der bisherigen Handhabung der Zuverlässigkeit bezweckt sein, so wäre allenfalls denkbar, dass eine solche absolute Linie gemeint ist.

Dieses Verständnis ist jedoch erheblichen Zweifeln ausgesetzt. Das Erfordernis der absoluten Rechtstreue steht in einem starken Gegensatz zu dem ausdifferenzierten System der Ausschlusstatbestände der VKR und der Vergabe- und Vertragsordnungen.[140] Einen Teilnehmer wegen einer Bagatelle auszuschließen, die nicht mit dem Vergabeverfahren und der zu erbringenden Leistung in Zusammenhang steht, wäre zudem unverhältnismäßig und würde daher gegen das verfassungsrechtliche Übermaßverbot verstoßen. Auch mit Blick auf die Rechtsprechung des *EuGH* ergeben sich Einwände. In seinem bereits oben besprochenen Urteil vom 16. Dezember 2008 entschied der *EuGH*, dass die Baukoordinierungsrichtlinie[141] die Eignungskriterien abschließend aufzählt.[142] Das unionsrechtliche Ausweitungsverbot der Ausschlussgründe untersagt es den Mitgliedstaaten, Anforderungen an die Eignung der Wirtschaftsteilnehmer zu stellen, die über das von der VKR Geforderte hinausgehen. Die VKR fordert gerade keine absolute Rechtstreue. Schließlich tritt eine praktische Überlegung hinzu. Die Anforderung an öffentliche Auftraggeber, nur mit Wirtschaftsteilnehmern zu kontrahieren, die sich keinen

---

137 BT-Drs. 16/11428 v. 17.12.2008, Bericht des Abgeordneten *R. Schultz*, B. Besonderer Teil, zu § 97 Abs. 4.
138 Zu dem Erfordernis der Zuverlässigkeit des § 2 Nr 1. VOB/A *Prieß*, in: Motzke/Pietzcker/Prieß (Hrsg.), Beck'scher VOB-Kommentar, VOB/A, 2002, VOB/A § 2, Rn. 34.
139 *Glahs*, in: Kapellmann/Messerschmidt (Hrsg.), VOB Teile A und B, 3. Aufl. 2010, VOB/A § 2, Rn. 17.
140 Zu den systematischen Bedenken auch *Glahs*, in: Kapellmann/Messerschmidt (Hrsg.), VOB Teile A und B, 3. Aufl. 2010, VOB/A § 2, Rn. 17.
141 Die Entscheidung erging noch zur Baukoordinierungsrichtlinie, Richtlinie 93/37/EWG des Rates v. 14.6.1993 zur Koordinierung der Verfahren zur Vergabe öffentlicher Bauaufträge, ABl. Nr. L 199 S. 54, die in Bezug auf die Ausschlussgründe der VKR entsprach.
142 *EuGH*, Urteil v. 16.12.2008, Rs. C-213/07 (Michaniki), Slg. 2008, I-9999 Rn. 43; mit Besprechung von *Prieß/Friton*, Ausschluss bleibt Ausnahme, NZBau 2009, S. 300, 302.

einzigen Gesetzesverstoß haben zuschulden kommen lassen, wird die Anzahl der in Betracht kommenden Vertragspartner verschwindend klein werden lassen.

Die Annahme scheint berechtigt, dass das neue Eignungsmerkmal vor allem mit Blick auf einfache und für allgemein verbindlich erklärte Tarifverträge eingeführt wurde.[143] Aus diesen Gründen soll der Gesetzestreue für die Zwecke dieser Arbeit gegenüber der Zuverlässigkeit keine eigenständige, weitergehende Bedeutung beigemessen werden.[144]

E. Verhältnis der Eignungskriterien zueinander

Die Abgrenzung zwischen den einzelnen Eignungsmerkmalen ist an vielen Stellen alles andere als offensichtlich. Gerade die Abgrenzung von Leistungsfähigkeit und Fachkunde wird gelegentlich als fließend bezeichnet.[145] Das lässt sich teilweise dadurch erklären, dass nur die Leistungsfähigkeit in der VKR beschrieben ist. Die besonders augenscheinlichen Abgrenzungsschwierigkeiten zwischen der Gesetzestreue und der Zuverlässigkeit sowie ihre Ursprünge wurden bereits oben geschildert.

Eine weitere Wechselwirkung besteht zwischen der Zuverlässigkeit und der Leistungsfähigkeit eines Teilnehmers. Fehlende Rechtstreue kann zu einer Unfähigkeit führen, vertraglichen Verpflichtungen nachzukommen. Grund hierfür sind staatliche Sanktionen wie etwa Bußgelder oder Haftstrafen. Befinden sich leitende Mitarbeiter eines Unternehmens in Haft und belasten hohe Bußgeldforderungen die Liquidität, so wird ein Wirtschaftsteilnehmer regelmäßig sowohl wegen fehlender Zuverlässigkeit als auch wegen fehlender Leistungsfähigkeit einen öffentlichen Auftrag nicht erhalten können. Anders verhält es sich auf den ersten Blick, wenn die Mitarbeiter nicht in Haft sind und auch eine Verurteilung noch nicht in Aussicht steht. Allein die drohende Anklageerhebung kann jedoch in einem Unternehmen das Ende eines jeden Geschäftsalltags bedeuten. Werden die verfügbaren Ressourcen ausschließlich oder überwiegend auf die strafrechtliche Verteidigung konzentriert, so sind die Fragen nach der Zuverlässigkeit und der Leistungsfähigkeit unterschiedlich zu beantworten. Zur Zuverlässigkeit ist zu sagen, dass die

---

143 Vgl. BT-Drs. 16/11428 v. 17.12.2008, Bericht des Abgeordneten *R. Schultz*, B. Besonderer Teil, zu § 97 Abs. 4.
144 Im Ergebnis ebenso *Prieß/Friton*, Ausschluss bleibt Ausnahme, NZBau 2009, S. 300, 302; *Rechten/Junker*, Das Gesetz zur Modernisierung des Vergaberechts – oder: Nach der Reform ist vor der Reform, NZBau 2009 S. 490, 492; *Fehling*, in: Pünder/Schellenberg (Hrsg.), Vergaberecht, 2011, GWB § 97 Rn. 123. Weiterführend und kritisch zum Begriff der Rechtstreue *Kus*, Inhalt und Reichweite des Begriffs der Gesetzestreue in § 97 Abs. 4 GWB 2009, VergabeR 2009, S. 321 ff.
145 *Frister*, in: Kapellmann/Messerschmidt (Hrsg.), VOB Teile A und B, 3. Aufl. 2010, VOB/A § 16 Rn. 68.

drohende Anklage von Mitarbeitern dieses Eignungskriterium nicht unmittelbar entfallen lässt, sondern allein ein Indiz für – oder in diesem Fall: gegen – sein Vorliegen darstellt. Ob dieses Indiz ausreichendes Gewicht hat und welche Anforderungen gegebenenfalls darüber hinaus zu stellen sind, wird unten bei der Behandlung des Ausschlusses wegen Unzuverlässigkeit zu diskutieren sein. An dieser Stelle ist daher festzuhalten, dass eine Anklage nicht in allen Fällen das unmittelbare Aus des betroffenen Wirtschaftsteilnehmers in Bezug auf ein konkretes Vergabeverfahren bedeutet. Anders liegt der Fall hinsichtlich der Leistungsfähigkeit. Ein Unternehmen, welches Ermittlungen von Staatsanwaltschaft und Steuerfahndung ausgesetzt ist, hat unter Umständen in hohem Maße Beeinträchtigungen in Hinblick auf seine alltäglichen infrastrukturellen und organisatorischen Abläufe hinzunehmen. Die „Schockwirkung"[146] einer Durchsuchung und die amtliche Inverwahrungnahme von Geschäftsunterlagen stellen ein Unternehmen vor unvorhergesehene Schwierigkeiten.[147] Kommt sein Betrieb tatsächlich in ausreichendem Umfang zum Erliegen, so kann es gerechtfertigt sein, den Teilnehmer als leistungsunfähig zu behandeln. Diese Konsequenz ist nur mit größter Vorsicht zu ziehen. Die Vergabestelle sollte sich – wie in allen Entscheidungen – allein auf belastbare Hinweise stützen und sich nicht durch eine Vermengung der zwei Eignungskriterien Zuverlässigkeit und Leistungsfähigkeit angreifbar machen.

6. Abschnitt Zuverlässigkeit im Gewerberecht

Die Berührungspunkte der vergaberechtlichen Eignung und der gewerberechtlichen Zuverlässigkeit wurden bereits angesprochen. Für die Auslegung des vergaberechtlichen Eignungskriteriums der Zuverlässigkeit wird verschiedentlich eine Parallele zum Begriff der Zuverlässigkeit des § 35 Abs. 1 S. 1 GewO gezogen.[148] In einigen Fällen wird sogar vertreten, die Begriffe der Zuverlässigkeit im Gewerberecht und im Vergaberecht seien identisch.[149]

---

146 *Dierlamm*, in: Wabnitz/Janovsky (Hrsg.), Handbuch des Wirtschafts- und Steuerstrafrechts, 3. Aufl. 2007, Kapitel 27 Rn. 64.
147 *Dierlamm*, in: Wabnitz/Janovsky (Hrsg.), Handbuch des Wirtschafts- und Steuerstrafrechts, 3. Aufl. 2007, Kapitel 27 Rn. 71.
148 Vgl. *Glahs*, in: *Glahs*, in: Kapellmann/Messerschmidt (Hrsg.), VOB Teile A und B, 3. Aufl. 2010, VOB/A § 2 Rn. 16.
149 *Marx*, in: Motzke/Pietzcker/Prieß (Hrsg.), Beck'scher VOB-Kommentar, VOB/A, 2002, GWB § 97 Rn. 34.

A. Der gewerberechtliche Zuverlässigkeitsbegriff

Die Gewerbeordnung enthält keine Definition des Begriffs der Unzuverlässigkeit. § 35 Abs. 1 S. 1 GewO setzt ihn jedoch als Tatbestandsmerkmal für die Gewerbeuntersagung voraus. Anders als viele andere gewerberechtliche Vorschriften[150] nennt die GewO auch keine Regelbeispiele, die zu einer Auslegung des Begriffs herangezogen werden könnten. Dies wird mit dem breiten Anwendungsbereich der Norm begründet.[151] Dank seiner langjährigen Geschichte hatte die Rechtsprechung jedoch ausreichend Gelegenheit den Begriff zu konkretisieren. So findet er sich bereits in §§ 30, 32 S. 1 der Gewerbeordnung für den Norddeutschen Bund[152]. Als allgemein anerkannte Definition gilt heute, dass derjenige gewerberechtlich zuverlässig ist, der nach dem Gesamteindruck seines Verhaltens Gewähr dafür bietet, dass er sein Gewerbe in Zukunft ordnungsgemäß, also entsprechend der gesetzlichen Vorschriften und unter Beachtung der guten Sitten, ausüben wird.[153] Nicht ordnungsgemäß ist die Gewerbeausübung durch eine Person, die nicht willens oder nicht in der Lage ist, die im öffentlichen Interesse zu fordernde einwandfreie Führung des Gewerbes zu gewährleisten.[154]

Die Unzuverlässigkeit ist ein unbestimmter Rechtsbegriff.[155] Er ist trotz seiner prognostischen Natur – anders als im Vergaberecht[156] – gerichtlich vollumfänglich nachprüfbar und eröffnet keinen Beurteilungsspielraum.[157] Die unterschiedliche Bewertung im Vergaberecht und im öffentlichen Wirtschaftsrecht rechtfertigt sich daraus, dass es sich bei der Auftragsvergabe anders als beim Wirtschaftsverwaltungsrecht nicht um Eingriffsverwaltung handelt.[158] Zudem lässt sie sich mit dem unionsrechtlichen Hintergrund der Eignungskriterien erklären.[159] Das Unionsrecht

---

150 Vgl. die Liste bei *Brüning*, in: Pielow (Hrsg.), Beck'scher Online-Kommentar Gewerberecht, Edition 13 Stand 1.1.2011, § 35 Rn. 19.
151 *Marcks*, in: Landmann, von/Rohmer (Begr.), Gewerbeordnung, Bd. 1, 57. Ergänzungslieferung 2010, § 35 Rn. 28, unter Verweis auf einen Vorschlag der Bundesregierung zur Einführung eines Regelbeispielskatalogs.
152 Gewerbeordnung für den Norddeutschen Bund in der Fassung vom 21.6.1869, BGBl. des Norddeutschen Bundes Band 1869, Nr. 26, S. 245.
153 *BVerwG*, Urteil v. 19.3.1970, I C 6/69, DVBl 1971, S. 277 m.w.N.; *BVerwG*, Urteil v. 2.2.1982, 1 C 52/78, GewArch 1982, S. 233 f., mit Anmerkung *Heß*, GewArch 1982, S. 234 ff.; *Kienzle*, Gewerbeuntersagung, 1965, S. 10.
154 *VGH Kassel*, Urteil v. 28.5.1990, 8 UE 878/89, GewArch 1990, S. 326, 327; *Brüning*, in: Pielow (Hrsg.), Beck'scher Online-Kommentar Gewerberecht, Edition 13 Stand 1.1.2011, § 35 Rn. 75.
155 *Ennuschat*, in: Tettinger/Wank/Ennuschat, Gewerbeordnung, 8. Aufl. 2011, § 35 Rn. 27.
156 Siehe hierzu bereits S. 21 ff.
157 S. *BVerwG*, Urteil v. 15.11.1967, I C 43/67, BVerwGE 28, S. 202, 209 f.; *BVerwG*, Urteil v. 15.7.2004, 3 C 33/03, NVwZ 2005, S. 453, 454; *Marcks*, in: Landmann, von/Rohmer (Begr.), Gewerbeordnung, Bd. 1, 57. Ergänzungslieferung 2010, § 35 Rn. 29; *Kienzle*, Gewerbeuntersagung, 1965, S. 10.
158 *Fehling*, in: Pünder/Schellenberg (Hrsg.), Vergaberecht, 2011, GWB § 97 Rn. 108.
159 Siehe hierzu sogleich unten und S. 50 f.

gewährt bei unbestimmten Rechtsbegriffen deutlich großzügiger Spielräume als das nationale Recht.[160]

Der Begriff setzt kein Verschulden im Sinne eines moralischen oder ethischen Vorwurfs voraus. Er ist allein final- und zweckorientiert.[161] Auch ein Charaktermangel ist auf Seiten des Gewerbetreibenden nicht erforderlich.[162] Unzuverlässig im Sinne der GewO kann daher auch eine juristische Person sein.[163] Dies illustriert, dass es sich bei der Gewerbeuntersagung durch den § 35 Abs. 1 S. 1 GewO nicht um eine Straf- oder strafähnliche Norm handelt.[164] Faktisch wird sie zwar durch den Gewerbetreibenden regelmäßig als Sanktion wahrgenommen. Die Gewerbeuntersagung dient aber nicht der Ahndung eines in der Vergangenheit liegenden Verstoßes.[165] Telos einer Gewerbeuntersagung ist nicht die Herbeiführung eines Nachteils auf Seiten des Betroffenen, sondern der Schutz von Rechtsgütern der Allgemeinheit oder der im Betrieb Beschäftigten, die durch das Verhalten des Gewerbetreibenden gefährdet werden können.[166]

Wie im Vergaberecht muss das vergangene Verhalten des Gewerbetreibenden der Behörde als Grundlage für die Beurteilung herangezogen werden, ob in der Zukunft weitere Gefährdungen zu erwarten sind. Die behördliche Entscheidung beruht also auf einer Prognose über das künftige Verhalten des Gewerbetreibenden.[167] Von Interesse ist hierbei der Prognosemaßstab. Einigkeit herrscht darüber, dass bloße Zweifel an der Zuverlässigkeit nicht genügen.[168] Auf der anderen Seite dürfen die Anforderungen an die Wahrscheinlichkeit zum Schutz der Allgemeinheit nicht zu hoch angesetzt werden.[169] Aus diesem Grund kann feste Gewissheit nicht verlangt werden.[170] Im Interesse einer effektiven Gefahrenabwehr unter Berücksichtigung der Rechte des Gewerbetreibenden muss eine abstrakte Gefahr vor-

---

160 *Fehling*, in: Pünder/Schellenberg (Hrsg.), Vergaberecht, 2011, GWB § 97 Rn. 108.
161 *Marcks*, in: Landmann, von/Rohmer (Begr.), Gewerbeordnung, Bd. 1, 57. Ergänzungslieferung 2010, § 35 Rn. 30.
162 *Marcks*, in: Landmann, von/Rohmer (Begr.), Gewerbeordnung, Bd. 1, 57. Ergänzungslieferung 2010, § 35 Rn. 30 m.w.N.
163 Vgl. *Ennuschat*, in: Tettinger/Wank/Ennuschat, Gewerbeordnung, 8. Aufl. 2011, § 35 Rn. 94.
164 *OVG Münster*, Beschluss v. 28.6.1990, 4 B 1778/90, GewArch 1991, S. 27, 28.
165 *Marcks*, in: Landmann, von/Rohmer (Begr.), Gewerbeordnung, Bd. 1, 57. Ergänzungslieferung 2010, § 35 Rn. 31.
166 *Brüning*, in: Pielow (Hrsg.), Beck'scher Online-Kommentar Gewerberecht, Edition 13 Stand 1.1.2011, § 35, Rn. 35.
167 *Marcks*, in: Landmann, von/Rohmer (Begr.), Gewerbeordnung, Bd. 1, 57. Ergänzungslieferung 2010, § 35 Rn. 32; *Ennuschat*, in: Tettinger/Wank/Ennuschat, Gewerbeordnung, 8. Aufl. 2011, § 35 Rn. 27.
168 *Ennuschat*, in: Tettinger/Wank/Ennuschat, Gewerbeordnung, 8. Aufl. 2011, § 35 Rn. 31 m.w.N.
169 *Ennuschat*, in: Tettinger/Wank/Ennuschat, Gewerbeordnung, 8. Aufl. 2011, § 35 Rn. 31.
170 *Marcks*, in: Landmann, von/Rohmer (Begr.), Gewerbeordnung, Bd. 1, 57. Ergänzungslieferung 2010, § 35, Rn. 32; *Ennuschat*, in: Tettinger/Wank/Ennuschat, Gewerbeordnung, 8. Aufl. 2011, § 35 Rn. 31.

liegen[171]. Eine abstrakte Gefahr ist eine statistisch deutlich über das sozialadäquate Maß hinausgehende Bedrohung eines Rechtsguts.[172] Hierbei ist ein differenzierter Wahrscheinlichkeitsmaßstab anzuwenden: Je gewichtiger das zu schützende Rechtsgut und je größer der zu erwartende Schaden, desto niedriger sind die an die Wahrscheinlichkeit des Schadenseintritts zu stellenden Anforderungen.[173] Der maßgebliche Zeitpunkt für die Beurteilung ist der Zeitpunkt der Gewerbeuntersagung.[174] Die Tatsachen, auf die das Urteil der Unzuverlässigkeit gestützt wird, müssen nicht im Rahmen der Gewerbeausübung eingetreten sein.[175] Sie müssen nicht einmal aus einer Zeit stammen, zu der der Betroffene überhaupt ein Gewerbe betrieb.[176] Vielmehr genügt es, dass das Fehlverhalten einen Bezug zu dem ausgeübten Gewerbe aufweist.[177] Hieraus ergibt sich, dass die Tatsachen einen Gewerbebezug haben müssen.[178]

Bei der Abgrenzung, welche Tatsachen einen Rückschluss auf das in Frage stehende Gewerbe zulassen, sind die Umstände des Einzelfalls von enormer Bedeutung. Unabhängig davon, ob es so etwas wie eine absolute Zuverlässigkeit gibt[179], wird sie von dem Gewerbetreibenden nicht verlangt. Das *BVerwG* führt hierzu aus: „Es liegt auf der Hand, daß der ordnungsgemäße Betrieb eines Warenhauses, (...) eines Gold- und Schmuckwarengeschäftes, die Aufstellung von Warenautomaten usw. nicht die gleichen Anforderungen an den Unternehmer oder Leiter des Unternehmens stellt. Wer z. B. einen Zeitungs- und Zeitschriftenkiosk betreiben will, muß nicht auch zum ordnungsgemäßen Betrieb einer Buchhandlung in der Lage sein"[180].

---

171 *Ennuschat*, in: Tettinger/Wank/Ennuschat, Gewerbeordnung, 8. Aufl. 2011, § 35 Rn. 31.
172 *Gusy*, Polizei- und Ordnungsrecht, 7. Aufl. 2009, Rn. 126.
173 *Ennuschat*, in: Tettinger/Wank/Ennuschat, Gewerbeordnung, 8. Aufl. 2011, § 35 Rn. 31; diesen Zusammenhang veranschaulicht nachdrücklich eine Entscheidung des *VGH Mannheim* vom 12.7.1994. Hier hatte der Senat die Zuverlässigkeit eines Bungee-Jumping-Betreibers zu beurteilen, *VGH Mannheim*, Urteil v. 12.7.1994, 14 S 948/94, GewArch 1994, S. 421 f. Zu den erhöhten Anforderungen wegen des hohen Schadenspotentials s. insb. S. 421 m.w.N.
174 *BVerwG*, Urteil v. 29.3.1966, I C 62.65, BVerwGE 24, S. 38, 40.
175 *Marcks*, in: Landmann, von/Rohmer (Begr.), Gewerbeordnung, Bd. 1, 57. Ergänzungslieferung 2010, § 35 Rn. 33; *Ennuschat*, in: Tettinger/Wank/Ennuschat, Gewerbeordnung, 8. Aufl. 2011, § 35 Rn. 29; *Schaeffer*, Der Begriff der Unzuverlässigkeit in § 35 Abs 1 GewO, WiVerw 1982, S. 100, 105.
176 *Brüning*, in: Pielow (Hrsg.), Beck'scher Online-Kommentar Gewerberecht, Edition 13 Stand 1.1.2011, § 35 Rn. 22, m.w.N. zur Rechtsprechung des BVerwG.
177 *Ennuschat*, in: Tettinger/Wank/Ennuschat, Gewerbeordnung, 8. Aufl. 2011, § 35 Rn. 29.
178 *Marcks*, in: Landmann, von/Rohmer (Begr.), Gewerbeordnung, Bd. 1, 57. Ergänzungslieferung 2010, § 35 Rn. 34.
179 *Marcks*, in: Landmann, von/Rohmer (Begr.), Gewerbeordnung, Bd. 1, 57. Ergänzungslieferung 2010, § 35 Rn. 34 streitet die Existenz einer „Zuverlässigkeit schlechthin" ab. So auch *Brüning*, in: Pielow (Hrsg.), Beck'scher Online-Kommentar Gewerberecht, Edition 13 Stand 1.1.2011, § 35, Rn. 22, m.w.N. zur Rechtsprechung.
180 *BVerwG*, Beschluss v. 31.8.1970, I B 60/70, DÖV 1970, S. 825.

Allgemein lässt sich sagen, dass die Zuverlässigkeit eines Gewerbetreibenden durch die Verurteilung wegen einer Straftat[181] und ggf. schon durch die Belegung mit einem Bußgeld wegen einer Ordnungswidrigkeit[182] in Frage gestellt sein kann.[183] Hinsichtlich der Schwere des Verstoßes ist zu differenzieren. Eine einzige weniger schwerwiegende Ordnungswidrigkeit im Straßenverkehr kann die Zuverlässigkeit im Betrieb eines Gewerbes nicht entfallen lassen.[184] Wiederholte Verstöße gegen Ordnungswidrigkeitstatbestände können jedoch auch in ihrer Häufung gewertet werden und so ein ausreichendes Gesamtgewicht erreichen.[185] Auch im Fall einer strafrechtlichen Verurteilung muss durch die Behörde im Einzelnen geprüft werden, ob auf eine Unzuverlässigkeit geschlossen werden kann.[186] Kenntnis über die fehlende Zuverlässigkeit wegen einer begangenen Straftat erhält die Behörde im Fall der Gewerbeuntersagung nach § 31 BZRG[187] durch das Einholen eines Führungszeugnisses.[188] Die Überprüfung der Zuverlässigkeit erfolgt uneingeschränkt durch die Gerichte.

B. Vergleich der vergaberechtlichen und gewerberechtlichen Zuverlässigkeit

Die Ähnlichkeiten zur vergaberechtlichen Zuverlässigkeit sind zahlreich: In beiden Fällen bezeichnet die Zuverlässigkeit die Fähigkeit des Teilnehmers, seinen allgemeinen auftragsbezogenen gesetzlichen Pflichten nachzukommen und Gewähr zu bieten, den Auftrag auf sorgfältige Art und Weise auszuführen. Die Zuverlässigkeit wird durch Verstöße gegen Straf- und Ordnungswidrigkeitsnormen in Frage gestellt. Ähnlich wie im Gewerberecht wird keine absolute Rechtstreue zu verlangen sein. Als Nachweis für die Zuverlässigkeit fordert die Vergabestelle vom Teilneh-

---

181 *Ennuschat*, in: Tettinger/Wank/Ennuschat, Gewerbeordnung, 8. Aufl. 2011, § 35 Rn. 37 ff. m.w.N.
182 *Ennuschat*, in: Tettinger/Wank/Ennuschat, Gewerbeordnung, 8. Aufl. 2011, § 35 Rn. 47 ff. m.w.N.
183 *Marcks*, in: Landmann, von/Rohmer (Begr.), Gewerbeordnung, Bd. 1, 57. Ergänzungslieferung 2010, § 35 Rn. 37.
184 *Marcks*, in: Landmann, von/Rohmer (Begr.), Gewerbeordnung, Bd. 1, 57. Ergänzungslieferung 2010, § 35 Rn. 43 ist der Ansicht, dass eine einzige Ordnungswidrigkeit wohl nur in Ausnahmefällen zur Annahme der Unzuverlässigkeit eines Gewerbetreibenden führen kann.
185 *Marcks*, in: Landmann, von/Rohmer (Begr.), Gewerbeordnung, Bd. 1, 57. Ergänzungslieferung 2010, § 35 Rn. 43.
186 Für einen umfangreichen Überblick über die Rechtsprechung zur Frage, welche Delikte die Zuverlässigkeit beim Betrieb bestimmter Gewerbe entfallen bzw. unberührt lassen s. *Marcks*, in: Landmann, von/Rohmer (Begr.), Gewerbeordnung, Bd. 1, 57. Ergänzungslieferung 2010, § 35 Rn. 34 und 39.
187 Bundeszentralregistergesetz in der Fassung der Bekanntmachung v. 21.9.1984, BGBl. I S. 1229, 1985 I S. 195, zuletzt geändert durch Art. 110 Gesetz v. 8.12.2010, BGBl. I S. 1864.
188 *Marcks*, in: Landmann, von/Rohmer (Begr.), Gewerbeordnung, Bd. 1, 57. Ergänzungslieferung 2010, § 35 Rn. 40.

mer einen Auszug aus dem Bundeszentralregister. Im Unterschied zum Gewerberecht haben die Vergabestellen jedoch einen erheblichen Beurteilungsspielraum hinsichtlich des Vorliegens der Zuverlässigkeit, der einer gerichtlichen Kontrolle entzogen ist. Bei einem Vergleich der beiden Begriffe ist freilich zu bedenken, dass es sich bei dem Vergaberecht um die Vorschriften zur öffentlichen Beschaffung[189] handelt, während das Gewerberecht als besonderes Polizeirecht der Gefahrenabwehr dient. Bereits der hiermit verbundene unterschiedliche Zweck der Normen rechtfertigt es, die beiden Zuverlässigkeitsbegriffe nicht unreflektiert gleichzustellen.[190]

Konkrete Zweifel an der Gleichheit der Begriffe ergeben sich aus zwei Überlegungen. Ihnen soll im Folgenden nachgegangen werden. Erstens könnte das Kartellvergaberecht wegen seiner systematischen Stellung im vierten Teil des GWB eine besondere kartellrechtliche Auslegung erfordern. Zweitens ist zu beachten, dass das Vergaberecht – jedenfalls im Anwendungsbereich des Kartellvergaberechts – vor seinem europarechtlichen Hintergrund auszulegen ist.

I. Der kartellrechtliche Einfluss auf das Vergaberecht

Die Einbettung des Kartellvergaberechts in das GWB gibt Anlass, an einem rein gewerberechtlichen Verständnis des vergaberechtlichen Zuverlässigkeitsbegriffs zu zweifeln. Die Positionierung der Normen im GWB stellte keine unüberlegte Handlung dar. Sie sollte die Abkehr vom haushaltsrechtlichen Verständnis des Vergaberechts und seine wettbewerbliche Bedeutung betonen[191], weshalb auf ein eigenes Vergabegesetz verzichtet wurde. Zudem sollte „auf erprobte Begriffe und Verfahrensregelungen des Kartellrechts unmittelbar Bezug genommen werden" [192] können. Der letzte Aspekt ist für die hier besprochene Problematik aus dem Grund unerheblich, da die Zuverlässigkeit in den ersten drei Teilen des GWB keine Erwähnung findet. Die kartellrechtlich-funktionale Auslegung[193] der Zuverlässigkeit stellt das Allgemeininteresse durch eine besondere Berücksichtigung der auf die Freiheit des Wettbewerbs gerichteten Zielsetzung des GWB[194] in den Vor-

---

189 Ausführlicher *Dreher*, in: Immenga/Mestmäcker (Hrsg.), Wettbewerbsrecht, Bd. 2, GWB, 4. Aufl. 2007, Vorbemerkung zu § 97 Rn. 39.
190 So auch *Dreher*, in: Immenga/Mestmäcker (Hrsg.), Wettbewerbsrecht, Bd. 2, GWB, 4. Aufl. 2007, § 97, Rn. 136.
191 Entwurf eines Gesetzes zur Änderung der Rechtsgrundlagen für die Vergabe öffentlicher Aufträge (VgRÄG), BT-Drucks. 13/9340.
192 VgRÄG, BT-Drucks. 13/9340.
193 *Dreher*, in: Immenga/Mestmäcker (Hrsg.), Wettbewerbsrecht, Bd. 2, GWB, 4. Aufl. 2007, Vorbemerkung zu § 97 Rn. 110.
194 *BGH*, Urteil v. 12.5.1998, KZR 23–96, NJW-RR 1999, S. 189, 191; *Stockmann*, Die Integration von Vergaberecht und Kartellrecht, ZWeR 2003, S. 37, 45.

dergrund. Auch diese Auslegung führt zu keinem erheblich vom Gewerberecht abweichenden Verständnis der Zuverlässigkeit. Auch der Zweck des Gewerbeverbots nach § 35 Abs. 1 S. 1 GewO verlangt als Maßnahme der Gefahrenabwehr die Einbeziehung der Interessen der Allgemeinheit.

Teilweise wird eine besondere Bieter- und Auftragsbezogenheit der Eignungskriterien als Folge der spezifisch kartellvergaberechtlichen Auslegung genannt.[195] Gemeint ist hiermit, dass das Fehlverhalten des Teilnehmers und der konkret zu vergebende Auftrag oder die Vergabe öffentlicher Aufträge generell durch einen Zusammenhang verbunden sein müssen.[196] Dem ist in der Sache zuzustimmen. Wie bereits oben erörtert, erlaubt nicht jeder Gesetzesverstoß einen Verfahrensausschluss; eine gewisse Schwere des Verstoßes muss im Hinblick auf die Vergabe gegeben sein. Freilich stellt dieses Erfordernis keine Besonderheit des vergaberechtlichen Zuverlässigkeitsbegriffs gegenüber dem gewerberechtlichen dar. Auch dort muss im Einzelfall geprüft werden, ob ein bestimmter Verstoß, etwa eine Straftat, eine ausreichende Erheblichkeit und einen ausreichenden Bezug zu dem ausgeübten Gewerbe aufweist, um eine Gewerbeuntersagung zu rechtfertigen. Dieses Erfordernis ist nicht in erster Linie kartellspezifisch, sondern Ausfluss des Verhältnismäßigkeitsgrundsatzes.

II. Der unionsrechtliche Einfluss auf das Vergaberecht

Wie bereits dargestellt, entstammt das deutsche Vergaberecht in vielen Bereichen europarechtlichen Vorgaben, insbesondere denen der VKR. Wie eng der gestalterische Spielraum für die nationale Umsetzung in vielen Fällen ist, wurde ebenfalls bereits erörtert. Der Umstand, dass es sich bei der Zuverlässigkeit um einen etablierten Begriff des deutschen Verwaltungsrechts handelt, darf nicht darüber hinwegtäuschen, dass die Richtlinie – wie auch das gesamte Europarecht – unabhängig vom nationalen Recht und spezifisch unionsrechtlich ausgelegt werden muss.[197] Der *EuGH* geht so weit zu fordern, dass die Interpretation einer Norm des EU-Rechts nicht an dem gewöhnlichen Sprachgebrauch, sondern an dem Sprachgebrauch des Vertrages ausgerichtet werden muss.[198] Diese autonome und einheitli-

---

195 *Dreher*, in: *Immenga* Immenga/Mestmäcker (Hrsg.), Wettbewerbsrecht, Bd. 2, GWB, 4. Aufl. 2007, § 97 Rn. 137.
196 Dies wird inzwischen für die Leistungsfähigkeit auch in Art. 44 Abs. 2 UAbs. 2 VKR verlangt, *Dreher*, in: Immenga/Mestmäcker (Hrsg.), Wettbewerbsrecht, Bd. 2, GWB, 4. Aufl. 2007, § 97 Rn. 137.
197 So auch *Dreher*, in: Immenga/Mestmäcker (Hrsg.), Wettbewerbsrecht, Bd. 2, GWB, 4. Aufl. 2007, Vorbemerkung zu § 97 Rn. 95.
198 *Schroeder*, Die Auslegung des EU-Rechts, JUS 2004, S. 180, 184 m.w.N.

che Auslegung wird durch die einheitliche Anwendung des Unionsrechts im Sinne des *effet utile*[199] vorausgesetzt.[200]

Der Beurteilungsspielraum der Vergabestellen bei der Bewertung der Zuverlässigkeit wird mit dem europarechtlichen Hintergrund des Eignungsprinzips begründet. Das Unionsrecht gewährt bei unbestimmten Rechtsbegriffen großzügigere Spielräume als das nationale Recht.[201]

III. Fazit

In der Sache dienen die beiden Zuverlässigkeitsbegriffe der Regelung recht vergleichbarer Interessenlagen: Mittels einer Prognoseentscheidung der Behörde soll die wirtschaftliche Tätigkeit eines rechtsuntreuen Unternehmers zum Schutz der Allgemeinheit bzw. der öffentlichen Hand verhindert werden. Das Vergaberecht steht hierbei unter dem Einfluss insbesondere zweier Rechtsbereiche, die im Einzelfall zu einer Divergenz der Auslegung führen können. Der Einfluss des Kartellrechts auf das Vergaberecht an sich mag stark sein; seine Bedeutung für den Zuverlässigkeitsbegriff ist, wie oben ausgeführt, jedoch zu vernachlässigen. Wesentlich schwerer wiegt der Einfluss des Unionsrechts, insbesondere der VKR. Es wird in allen Fällen ausgeschlossen sein, eine Auslegung entgegen den Vorgaben der Richtlinie oder seiner Interpretation durch die europäischen Gerichte aufrecht zu erhalten. Das Gewerberecht unterliegt, was dies angeht, selbstverständlich nicht den gleichen Vorgaben, da es weniger stark unionsrechtlich geprägt ist. Der Vergleich zwischen dem Gewerbe- und dem Vergaberecht steht daher immer unter dem Vorbehalt einer abweichenden autonomen Auslegung unionsrechtlichen Ursprungs.

Es ist anzumerken, dass auch die vergaberechtliche Eignung Parallelen zur gewerberechtlichen Zuverlässigkeit aufweist. In der GewO finden sich nur bei einigen erlaubnispflichtigen Gewerben Hinweise zur wirtschaftlichen Leistungsfähigkeit. Ein Nachweis der Fachkunde in der Form einer Meisterprüfung oder nach §§ 7 f.

---

[199] So auch *Dreher*, in: Immenga/Mestmäcker (Hrsg.), Wettbewerbsrecht, Bd. 2, GWB, 4. Aufl. 2007, Vorbemerkung zu § 97 Rn. 96.
[200] Zur Auslegung des Begriffs der „im Allgemeininteresse liegenden Aufgaben" *EuGH*, Urteil v. 27.2.2003 Rs. C-373/00 (Adolf Truley), Slg. 2003, I-1931 Rn. 35 m.w.N.; ständige Rechtsprechung, s. *EuGH*, Urteil v. 16.10.2003, Rs. C-283/00 (Kommission/Königreich Spanien), Slg. 2003, I-11697 Rn. 79; *EuGH*, Urteil v. 13.1.2005, Rs. C-84/03 (Kommission/Königreich Spanien), Slg. 2005, I-139 Rn. 27.
[201] *Fehling*, in: Pünder/Schellenberg (Hrsg.), Vergaberecht, 2011, GWB § 97 Rn. 108.

HwO[202] ist nur in den wenigsten Gewerben Berufszulassungsvoraussetzung.[203] Dennoch besteht auch hier ein allgemeines Interesse daran, fachunkundige oder leistungsunfähige Gewerbetreibende an der Ausübung ihrer Tätigkeit zu hindern. Aus diesem Grund ist allgemein anerkannt, dass eine mangelnde wirtschaftliche Leistungsfähigkeit[204] und mangelnde Sachkunde[205] im Rahmen der GewO dem Begriff der Zuverlässigkeit zuzuordnen sind.[206]

---

[202] Handwerksordnung in der Fassung der Bekanntmachung v. 24.9.1998, BGBl. I S. 3074; 2006 I S. 2095, zuletzt geändert durch Art. 2 Gesetzes v. 17.7.2009, BGBl. I S. 2091.

[203] Vereinzelt finden sich auch in der GewO Sachkundeerfordernisse, so etwa in § 34a Abs. 1 S. 5 GewO, vgl. *Marcks*, in: Landmann, von/Rohmer (Begr.), Gewerbeordnung, Bd. 1, 57. Ergänzungslieferung 2010, § 35 Rn. 59.

[204] *Marcks*, in: Landmann, von/Rohmer (Begr.), Gewerbeordnung, Bd. 1, 57. Ergänzungslieferung 2010, § 35 Rn. 45 m.w.N.; zur Frage der Unzuverlässigkeit wegen Steuerschulden, die an sich einen Sonderfall der fehlenden wirtschaftlichen Leistungsfähigkeit bilden s. *Marcks*, in: Landmann, von/Rohmer (Begr.), Gewerbeordnung, Bd. 1, 57. Ergänzungslieferung 2010, § 35 Rn. 49 m.w.N.

[205] Zu der gebotenen restriktiven Auslegung der Sachkunde im Gewerberecht siehe *Marcks*, in: Landmann, von/Rohmer (Begr.), Gewerbeordnung, Bd. 1, 57. Ergänzungslieferung 2010, § 35 Rn. 60 m.w.N.

[206] Vgl. die Fallgruppen bei *Brüning*, in: Pielow (Hrsg.), Beck'scher Online-Kommentar Gewerberecht, Edition 13 Stand 1.1.2011, § 35 Rn. 23.

2. Teil Verfahrensausschluss wegen fehlender Zuverlässigkeit

Bis zu den Neufassungen der Vergabe- und Vertragsordnungen im Jahr 2009 unterschied die VOB/A zwischen dem Ausschluss von Bietern und Bewerbern einerseits[207] und dem Ausschluss von Angeboten andererseits[208]. Diese terminologische Unterscheidung ist durch die Neufassungen im Jahr 2009 in geringem Umfang aufgehoben worden. Zwar normiert § 6a Abs. 1 Nr. 1 S. 1 VOB/A noch immer, wann „ein Unternehmen (...) von der Teilnahme an einem Vergabeverfahren wegen Unzuverlässigkeit auszuschließen" ist; § 16 Abs. 1 VOB/A hingegen spricht nur davon, dass unter bestimmten Voraussetzungen „Angebote von Bietern" ausgeschlossen werden können. Im Wortlaut der VOL/A und der VOF gab es keine vergleichbare Entwicklung. Es ist davon auszugehen, dass mit der terminologischen keine inhaltliche Änderung in der VOB/A bezweckt war. Auch weiterhin gilt, dass die Prüfung des Angebots strikt von der Prüfung der Eignung desjenigen, der das Angebot abgibt, zu trennen ist. Somit kann auch weiterhin zwischen den Tatbeständen, die zu einem Ausschluss des Angebots führen, und solchen, die den Ausschluss eines Teilnehmers anordnen, unterschieden werden.

Weder in den Vergabe- und Vertragsordnungen noch in der Rechtsprechung finden sich Tatbestände, die einen Ausschluss des Teilnehmers explizit an seine fehlende Fachkunde anknüpfen. Es ist daher auf den Grundsatz zurückzugreifen, nach dem ungeeignete Wirtschaftsteilnehmer ausgeschlossen werden.[209] Eine gesetzliche Konkretisierung von Ausschlussgründen wegen fehlender Leistungsfähigkeit findet sich in den wortgleichen § 16 Abs. 1 Nr. 2 lit. a und b VOB/A, § 6 Abs. 5 lit. a und b VOL/A und in § 4 Abs. 9 lit. a VOF. Diese Regelungen beschäftigen sich mit dem Ausschluss von Wirtschaftsteilnehmern, über deren Vermögen ein Insolvenzverfahren eröffnet oder die Eröffnung beantragt worden ist oder mangels Masse abgelehnt wurde oder ein Insolvenzplan rechtskräftig bestätigt wurde oder die sich in der Liquidation befinden. Die Rechtsprechung hat insbesondere zwei Ausschlusstatbestände entwickelt, die nicht an die Eignung des auszuschließenden Teilnehmers anknüpfen. Es handelt sich um fehlende oder verspätet eingereichte Eignungsnachweise und den Ausschluss von Projektanten.[210] All diesen Ausschlussgründen ist gemein, dass sie nicht an die Zuverlässigkeit des Wirt-

---

207 Vgl. § 8 Nr. 5 Abs. 1 VOB/A 2006.
208 Vgl. § 25 Nr. 1 VOB/A 2006.
209 *Weyand*, Vergaberecht, letzte Aktualisierung 23.12.2010, Kapitel 6 Rn. 637.
210 Die sogenannte Projektantenproblematik wird inzwischen von § 6 EG Abs. 7 VOL/A adressiert, s. *Hausmann/Hoff, von*, in: Kulartz/Marx/Portz/Prieß (Hrsg.), Kommentar zur VOL/A, 2. Aufl. 2011, § 6 EG Rn. 132 ff.

schaftsteilnehmers anknüpfen. Aus diesem Grund sind sie für eine Untersuchung der Selbstreinigung unerheblich und sollen im Folgenden unberücksichtigt bleiben.

1. Abschnitt Vorgaben der VKR

Die Unterscheidung zwischen fakultativen und obligatorischen Tatbeständen, die den Ausschluss eines Wirtschaftsteilnehmers anordnen, findet sich in der VKR. Art. 45 VKR differenziert in Abs. 1 zwischen dem zwingenden Ausschluss für den Fall einer rechtskräftigen Verurteilung des Wirtschaftsteilnehmers und einem Ausschluss nach Abs. 2, der im Ermessen der Vergabestelle steht.

Die Frage, in welchem Umfang die europarechtlichen Vorgaben abschließend sind und welcher Spielraum den Mitgliedstaaten verbleibt, von der VKR abzuweichende Regelungen zu treffen, war lange umstritten. Die Unsicherheit hatte ihren Ursprung zu einem großen Teil in der Rechtsprechung des *EuGH*, dessen Aussagen hierzu widersprüchlich erschienen. Einerseits betonte der Gerichtshof wiederholt, dass die europarechtlichen Eignungskriterien der Richtlinie einen abschließenden Rahmen für die nationalen Umsetzungen bilden.[211] Hiernach handelte es sich bei den Bestimmungen um „die Grenzen der Befugnis der Mitgliedstaaten in dem Sinne (…), dass diese keine anderen Ausschlussgründe als die in ihr angegebenen vorsehen dürfen"[212]. Andererseits stand dem eine Reihe von Entscheidungen gegenüber, die an eben diesem Verständnis Zweifel aufwarfen, so etwa in der Entscheidung Concordia Bus.[213] Hiernach lässt sich sagen, dass die Aufzählung der Ausschlussgründe und damit die Liste der an die Teilnehmer zu stellenden Eig-

---

211 *EuGH*, Urteil v. 9.2.2006, Rs. C-226/04 u.a. (La Cascina), Slg. 2006, I-1347 Rn. 22 m.w.N., noch zu Art. 29 der Richtlinie 92/50/EWG des Rates vom 18. Juni 1992 über die Koordinierung der Verfahren zur Vergabe öffentlicher Dienstleistungsaufträge (Dienstleistungsrichtlinie, DKR).
212 *EuGH*, Urteil v. 9.2.2006, Rs. C-226/04 u.a. (La Cascina), Slg. 2006, I-1347 Rn. 22.
213 Der *EuGH* stellte zu Art. 36 Abs. 1 der Richtlinie 92/50/EWG (Dienstleistungsrichtlinie) fest, „dass (…) die Kriterien, die als Kriterien für die Erteilung des Zuschlags für einen öffentlichen Auftrag an das wirtschaftlich günstigste Angebot festgelegt werden können, nicht abschließend aufgezählt sind", *EuGH*, Urteil v. 17.9.2002, Rs. C-513/99 (Concordia Bus), Slg. 2002, I-7213 Rn. 54; *Rößner/Schalast*, Umweltschutz und Vergabe in Deutschland nach der Entscheidung des *EuGH* – Concordia Bus Finland, NJW 2003, S. 2361 ff.

nungsanforderungen zumindest in gewissem Umfang nicht abschließend sein konnten[214].

Es bedurfte der Entscheidung der Großen Kammer des *EuGH* vom 16. Dezember 2008, um diesen scheinbaren Widerspruch aufzulösen.[215] Gegenstand der Entscheidung war die Frage, ob Art. 14 Abs. 9 der griechischen Verfassung europarechtswidrig war. Insbesondere war zu entscheiden, ob die Norm mit den europarechtlich vorgeschriebenen Ausschlusskriterien vereinbar war.[216] Art. 14 Abs. 9 der griechischen Verfassung schrieb vor, dass Bauaufträge nicht an solche Unternehmen vergeben werden durften, die eine große wirtschaftliche oder persönliche Nähe zu einem Medienunternehmen aufwiesen. Der Grund hierfür lag in der Sorge vor der Manipulation von Vergaben mittels eines befürchteten medialen Einflusses der Teilnehmer.[217] Der *EuGH* prüfte zunächst, ob die in der Richtlinie enthaltenen Gründe für den Ausschluss eines Teilnehmers aus dem Vergabeverfahren erschöpfend sind. Der Gerichtshof bejahte diese Frage in Hinblick auf Gründe, „mit denen der Ausschluss eines Unternehmers von der Teilnahme an einem Vergabeverfahren aus Gründen gerechtfertigt werden kann, die sich, gestützt auf objektive Anhaltspunkte, auf seine berufliche Eignung beziehen. Folglich hindert diese Bestimmung die Mitgliedstaaten oder die öffentlichen Auftraggeber daran, die in ihr enthaltene

---

214 GA *Maduro* fasst diese zwei Linien wie folgt zusammen: „Der Gerichtshof hat festgestellt, dass sich „aus dem Titel und der zweiten Begründungserwägung der Richtlinie [ergibt], dass diese lediglich die Koordinierung der einzelstaatlichen Verfahren zur Vergabe öffentlicher Bauaufträge zum Gegenstand hat und somit keine umfassende Gemeinschaftsregelung in diesem Bereich vorsieht" (Urteil v. 27.11.2001, Lombardini und Mantovani, C-285/99 und C-286/99, Rn. 33). Außerdem hat er hinsichtlich der Richtlinie 71/305 für Recht erkannt, dass sie kein einheitliches und erschöpfendes Gemeinschaftsrecht schafft (vgl. Urteile v. 20.9.1988, Beentjes, 31/87, Rn. 20, und v. 9.7.1987, CEI und Bellini, 27/86 bis 29/86, Rn. 15). „Im Rahmen der gemeinsamen Bestimmungen, die sie enthält, bleibt es den Mitgliedstaaten vorbehaltlich der Beachtung aller einschlägigen Vorschriften des Gemeinschaftsrechts und insbesondere der Verbote, die aus den vom Vertrag bekräftigten Grundsätzen auf dem Gebiet des Niederlassungsrechts und des freien Dienstleistungsverkehrs folgen, unbenommen, materiell-rechtliche oder verfahrensrechtliche Bestimmungen auf dem Gebiet der öffentlichen Bauaufträge aufrechtzuerhalten oder zu erlassen." (Ebd.) Es gibt zahlreiche Beispiele für nationale Maßnahmen oder Regelungen, die die gemeinschaftliche Regelung für öffentliche Aufträge ergänzen und für rechtmäßig erklärt wurden. Erwähnt seien nur die Anerkennung von Umweltschutzkriterien (vgl. Urteil v. 17.9.2002, Concordia Bus Finland, C-513/99) oder der Kampf gegen die Arbeitslosigkeit (vgl. Urteil v. 26.9.2000, Kommission/Frankreich, C-225/98) als Kriterien für die Vergabe öffentlicher Aufträge oder die Zulassung einer nationalen Regelung, die es verbietet, die Zusammensetzung einer Bietergemeinschaft, die an einem Verfahren zur Vergabe eines öffentlichen Bauauftrags teilnimmt, nach Abgabe der Angebote zu ändern (vgl. Urteil v. 23.1.2003, Makedoniko Metro und Michaniki, c)"; Schlussanträge von GA *Maduro* v. 8.10.2008, Rs. C-213/07 (Michaniki), Slg. 2008, I-9999 Rn. 20.
215 *EuGH*, Urteil v. 16.12.2008, Rs. C-213/07 (Michaniki), Slg. 2008, I-9999.
216 Die Entscheidung erging zur Richtlinie 93/37/EWG des Rates vom 14. Juni 1993 zur Koordinierung der Verfahren zur Vergabe öffentlicher Bauaufträge (Baukoordinierungsrichtlinie, BKR). Diese entsprach in Art. 24 BKR im Wesentlichen Art. 45 Abs. 2 VKR und behandelte in Abs. 1 die Voraussetzungen eines fakultativen Verfahrensausschlusses.
217 *EuGH*, Urteil v. 16.12.2008, Rs. C-213/07 (Michaniki), Slg. 2008, I-9999 Rn. 58.

Aufzählung durch weitere auf berufliche Eignungskriterien gestützte Ausschlussgründe zu ergänzen"[218]. Dies bedeutet freilich nicht, dass jede Art von nationaler Regelung ausgeschlossen ist. Vielmehr können die Mitgliedstaaten solche Ausschlussgründe und damit Eignungserfordernisse normieren, die den Grundsatz der Gleichbehandlung und damit der Transparenz schützen.[219] Anschließend präzisierte der Gerichtshof die Grenzen, denen solche mitgliedstaatlichen Normen unterliegen: Jede Regelung zum Schutz der Gleichbehandlung muss dem Grundsatz der Verhältnismäßigkeit als einem der allgemeinen Grundsätze des Unionsrechts genügen.[220] Hieran scheiterte die Norm der griechischen Verfassung in der nachfolgenden Prüfung. Zwar erkannte der *EuGH* unter Betonung der bestehenden Einschätzungsprärogative des Mitgliedstaats die griechische Regelung als geeignet an, eine Gleichbehandlung der Bieter und dadurch Transparenz zu schaffen, jedoch war die Regelung wegen fehlender Erforderlichkeit unverhältnismäßig. Die unwiderlegliche Vermutung einer Beeinträchtigung des Vergabeverfahrens aufgrund der Nähe des Teilnehmers zu einem Medienunternehmen und der anschließende Automatismus des Ausschlusses gehen über das hinaus, was zum Schutz des Verfahrens erforderlich ist.[221] Diese Rechtsprechung hat der *EuGH* in einem Beschluss vom 19. Mai 2009 bestätigt.[222]

Die „auf objektive Erwägungen in Bezug auf die berufliche Eignung" gestützten fakultativen Ausschlussgründe sind demnach vom europäischen Gesetz abschließend normiert und können durch die Mitgliedstaaten nicht erweitert werden.[223] Der Grundsatz wird als Ausweitungsverbot bezeichnet.[224] Spielraum bleibt dem nationalen Gesetzgeber in der Ausgestaltung von Normen, die der Förderung von Gleichbehandlung und Transparenz dienen[225], etwa zur Konkretisierung von ausgestaltungsbedürftigen europäischen Vorgaben. Als Beispiel kann die Auslegung des Begriffs der „schweren Verfehlung", wie sie sich in den Vergabe- und Vertragsordnungen findet[226], herangezogen werden.[227] Unzulässig wäre hingegen eine Vorschrift, die fakultative Ausschlussgründe des Art. 45 Abs. 2 VKR im nationalen Recht als obligatorische normiert.[228] Richtigerweise lässt sich dieser Gedanke auf

---

218 *EuGH*, Urteil v. 16.12.2008, Rs. C-213/07 (Michaniki), Slg. 2008, I-9999 Rn. 43 unter Verweis auf *EuGH*, Urteil v. 9.2.2006, Rs. C-226/04 u.a. (La Cascina), Slg. 2006, I-1347 Rn. 22.
219 *EuGH*, Urteil v. 16.12.2008, Rs. C-213/07 (Michaniki), Slg. 2008, I-9999 Rn. 47.
220 *EuGH*, Urteil v. 16.12.2008, Rs. C-213/07 (Michaniki), Slg. 2008, I-9999 Rn. 48.
221 *EuGH*, Urteil v. 16.12.2008, Rs. C-213/07 (Michaniki), Slg. 2008, I-9999 Rn. 62.
222 *EuGH*, Beschluss v. 19.5.2009, Rs. C-538/07 (Assitur), Slg. 2009, I-4219.
223 *EuGH*, Urteil v. 16.12.2008, Rs. C-213/07 (Michaniki), Slg. 2008, I-9999 Rn. 43.
224 *Prieß*, Exclusio corruptoris? – Die gemeinschaftsrechtlichen Grenzen des Ausschlusses vom Vergabeverfahren wegen Korruptionsdelikten, NZBau 2009, S. 587, 589.
225 *EuGH*, Urteil v. 16.12.2008, Rs. C-213/07 (Michaniki), Slg. 2008, I-9999 Rn. 44.
226 Vgl. Art. 45 Abs. 2 S. 1 lit. d VKR, aber auch § 8 Nr. 5 Abs. 1 lit. c VOB/A, § 7 Nr. 5 Abs. 1 lit. c VOL/A, § 11 Abs. 4 lit. c VOF.
227 Vgl. *Prieß/Friton*, Ausschluss bleibt Ausnahme, NZBau 2009, S. 300, 302.
228 *Prieß/Friton*, Ausschluss bleibt Ausnahme, NZBau 2009, S. 300, 301 f.

die obligatorischen Ausschlussgründe übertragen, sodass die Mitgliedstaaten daran gehindert sind, andere als die in Art. 45 Abs. 1 VKR genannten Voraussetzungen, etwa im Hinblick auf das Erfordernis der Rechtskraft des Urteils oder den Katalog der genannten Straftaten, zu verlangen.[229]

2. Abschnitt Zwecke des Verfahrensausschlusses wegen fehlender Zuverlässigkeit

A. Beschaffungszwecke

Der wesentliche Zweck, die Teilnehmer auf ihre Eignung zu überprüfen und ungeeignete Teilnehmer auszuschließen, liegt im Schutz der öffentlichen Auftraggeber und der öffentlichen Haushalte.[230] Man spricht von sogenannten Beschaffungs- oder Primärzwecken.[231] Sie dienen dazu, die Funktionsfähigkeit der Verwaltung zu sichern.[232] Kosten der öffentlichen Hand, die durch die mangelhafte oder verspätete Erbringung von Leistungen entstehen, sollen vermieden werden, indem solche Teilnehmer ausgeschlossen werden, die in ihrer Person bestimmte Makel aufweisen und daher nicht geeignet sind, öffentliche Aufträge ordnungsgemäß auszuführen.[233] Dieses Anliegen betrifft die Zuschlagskriterien und alle vier der Eignungskriterien: Der öffentliche Auftraggeber ist schutzbedürftig unabhängig davon, ob die Bejahung der Eignung an dem fehlenden Know-how, finanziellen Engpässen oder der Begehung von Straftaten durch den Teilnehmer scheitert. Auf sekundärrechtlicher Ebene ergibt sich diese Feststellung aus einem systematischen Argument: Die Vorschriften zum Verfahrensausschluss finden sich in Kapitel VII Abschnitt 2 der VKR, welcher mit dem Titel „Eignungskriterien" überschrieben ist. Die übrigen Normen in diesem Kapitel dienen folglich in erster Linie der Gewährleistung, dass die ausgeschriebene Leistung durch Vertragspartner ordnungs-

---

229 *Prieß/Friton*, Ausschluss bleibt Ausnahme, NZBau 2009, S. 300, 302.
230 *Arrowsmith/Prieß/Friton*, in: Pünder/Prieß/Arrowsmith (Hrsg.), Self-Cleaning in Public Procurement Law, 2009, S. 5; Prieß/Pünder/Stein, in: Pünder/Prieß/Arrowsmith (Hrsg.), Self-Cleaning in Public Procurement Law, 2009, S. 60. Schon unter Geltung des haushaltsrechtlichen Ansatzes trafen zwei gegensätzliche Paradigmen aufeinander, nämlich einerseits die Verfolgung von Beschaffungszwecken und andererseits der Wunsch, die Beschaffung als politisches Steuerungsmittel zu instrumentalisieren. Zur historischen Entwicklung s. *Benedict*, Sekundärzwecke im Vergabeverfahren, 2000, S. 2 ff.
231 *Benedict*, Sekundärzwecke im Vergabeverfahren, 2000, S. 17; *Dreher/Haas/Rintelen, von*, Vergabefremde Regelungen und Beihilferecht, 2002, S. 7; *Burgi*, in: Grabitz (Begr.)/Hilf (fortgef.), Das Recht der Europäischen Union, Bd. 4, Sekundärrecht, 40. Ergänzungslieferung 2009, B. 13 Rn. 7.
232 *Benedict*, Sekundärzwecke im Vergaberecht, 2000, S. 17.
233 *Arrowsmith/Prieß/Friton*, in: Pünder/Prieß/Arrowsmith (Hrsg.), Self-Cleaning in Public Procurement Law, 2009, S. 18.

gemäß erbracht werden kann. Es liegt nahe, dass auch Art. 45 VKR mit den Anforderungen an die Zuverlässigkeit ebendieses Ziel verfolgt.[234]

Teilweise wird argumentiert, dass der Schutz der öffentlichen Auftraggeber und der Haushalte aus unionsrechtlicher Sicht nicht genügt, um die noch zu besprechenden zwingenden Ausschlussgründe im Fall einiger katalogisch aufgeführter strafrechtlicher Verurteilungen zu rechtfertigen. Hier stehe die Kriminalisierung bestimmter Verhaltensweisen, insbesondere Korruption und korruptionsnaher Straftaten, im Vordergrund.[235] Begründet wird die Auffassung mit dem begrenzten Kreis von Strafvorschriften, für die die VKR einen obligatorischen Verfahrensausschluss vorschreibt.[236] Art. 45 Abs. 1 UAbs. 1 VKR nennt in den lit. a bis d nur vier Gruppen von Straftaten, die zu einem solchen Ausschluss führen, namentlich die Beteiligung an einer kriminellen Organisation, Bestechung, Betrug und Geldwäsche. Dies legt den Schluss nahe, dass der Auslassung anderer eignungsrelevanter Normen ein gezieltes Vorgehen gegen die aufgeführten Straftaten zugrunde liegt. Ob diese Argumentation überzeugt, mag angesichts der Ausdifferenzierung der obligatorischen Ausschlussgründe durch den deutschen Normgeber in den § 6a Abs. 1 Nr. 1 S. 1 VOB/A, § 6 EG Abs. 4 S. 1 VOL/A, § 4 Abs. 6 S. 1 VOF bezweifelt werden. Die Umsetzung der unionsrechtlichen Vorgaben stellt sich hier als umfangreicher Straftatenkatalog dar, der zumindest einen großen Teil der Wirtschaftskriminalität erfasst.[237] Die Beschränkung auf wirtschaftlich erhebliche Delikte kann dabei nicht als Indiz für eine politische Verhaltenssteuerung gewertet werden, da vor allem diese Delikte Aussagen zur Eignung der Teilnehmer im Wirtschaftsverkehr zulassen.

Unabhängig hiervon wird betont, dass die Möglichkeit des Ausschlusses wegen bestimmter Wirtschaftsstraftaten auch zur Abschreckung krimineller – insbesondere korrupter – Wirtschaftsteilnehmer dienen und ihre Position am Markt schwächen kann.[238] Der Verfahrensausschluss wird aus politischer Sicht als willkommenes Mittel empfunden, Korruption im Bereich der öffentlichen Beschaffung zu-

---

234 *Arrowsmith/Prieß/Friton*, in: Pünder/Prieß/Arrowsmith (Hrsg.), Self-Cleaning in Public Procurement Law, 2009, S. 18.
235 *Arrowsmith/Prieß/Friton*, in: Pünder/Prieß/Arrowsmith (Hrsg.), Self-Cleaning in Public Procurement Law, 2009, S. 18; *Arrowsmith/Kunzlik*, Social and environmental policies in EC procurement law, 2009, S. 9, 40.
236 *Arrowsmith/Prieß/Friton*, in: Pünder/Prieß/Arrowsmith (Hrsg.), Self-Cleaning in Public Procurement Law, 2009, S. 18.
237 Ein Vergleich der Normen der Vergabe- und Vertragsordnungen und der VKR zeigt, dass die deutschen Regelungen trotz des scheinbar umfangreicheren Straftatenkatalogs nicht über die gemeinschaftsrechtlichen Bestimmungen hinausgehen. Hierin läge nach dem Verständnis des *EuGH* auch ein Verstoß gegen das Gemeinschaftsrecht, da die obligatorischen Ausschlussgründe in der VKR abschließend aufgezählt sind, soweit sie an die berufliche Eignung anknüpfen, *EuGH*, Urteil v. 16.12.2008, Rs. C-213/07 (Michaniki), Slg. 2008, I-9999 Rn. 43.
238 *Arrowsmith/Prieß/Friton*, in: Pünder/Prieß/Arrowsmith (Hrsg.), Self-Cleaning in Public Procurement Law, 2009, S. 19.

rückzudrängen. Bei dem fiskalischen Handeln des Staates handelt es sich prinzipiell um einen überaus korruptionsanfälligen Bereich.[239] Hieraus erklärt sich der Wunsch der öffentlichen Auftraggeber, die Vergabe von Aufträgen zur Verfolgung politischer Zwecke einzusetzen, die über die Beschaffung der Mittel, die zur Erfüllung staatlicher Aufgaben erforderlich sind, hinausgehen.[240]

B. Vergabefremde Zwecke

Die Vergabe von Aufträgen geht regelmäßig damit einher, dass der Staat nicht selbst als Leistungserbringer auftritt. Exemplarisch sind die Bereiche der Abfallentsorgung und des öffentlichen Personennahverkehrs zu nennen. Damit begibt sich der Staat wesentlicher Einflussnahme auf politische Ziele, die er bei einer eigenen Leistungserbringung verfolgen könnte.[241] Nicht zuletzt aus dieser Entwicklung erklärt sich der verstärkte Wunsch, das Vergabeverfahren als Steuerungsmöglichkeit zu instrumentalisieren.[242] Die Zwecke, die auf diese Weise verfolgt werden, werden als vergabefremde Aspekte bezeichnet.[243] Unter diesem keineswegs wertenden[244] Begriff werden alle Gesichtspunkte der Vergabeentscheidung zusammengefasst, die nicht allein dem Primärzweck der wirtschaftlichen

---

239 *Ax/Schneider/Scheffen*, Rechtshandbuch Korruptionsbekämpfung, 2. Aufl. 2010, Rn. 3.
240 Vgl. *Burgi*, in: Grabitz (Begr.)/Hilf (fortgef.), Das Recht der Europäischen Union, Bd. 4, Sekundärrecht, 40. Ergänzungslieferung 2009, B. 13 Rn. 1.
241 *Burgi*, in: Grabitz (Begr.)/Hilf (fortgef.), Das Recht der Europäischen Union, Bd. 4, Sekundärrecht, 40. Ergänzungslieferung 2009, B. 13 Rn. 5; *Burgi*, Vergabefremde Zwecke und Verfassungsrecht, NZBau 2001, 64 f.
242 *Burgi*, in: Grabitz (Begr.)/Hilf (fortgef.), Das Recht der Europäischen Union, Bd. 4, Sekundärrecht, 40. Ergänzungslieferung 2009, B. 13 Rn. 5.
243 *Glahs*, in: Kapellmann/Messerschmidt (Hrsg.), VOB Teile A und B, 3. Aufl. 2010, VOB/A § 6 a Rn. 15; *Jestaedt/Kemper/Marx/Prieß*, Das Recht der Auftragsvergabe, 1999, S. 14; *Rittner*, Die „sozialen Belange" i. S. der EG-Kommission und das inländische Vergaberecht, EuZW 1999, 677; *Hailbronner*, in: Byok/Jaeger (Hrsg.), Kommentar zum Vergaberecht, 2. Aufl. 2005, GWB § 97 Rn. 175; *Leinemann*, Die Vergabe öffentlicher Aufträge, 4. Aufl. 2007, Rn. 689; *Heintzen*, Vergabefremde Ziele im Vergaberecht, ZHR 165 (2001), S. 62. Anstelle des Begriffs „vergabefremd" findet sich auch „beschaffungs-" oder „auftragsfremd", *Pietzcker*, Die neue Gestalt des Vergaberechts, ZHR 162 (1998), S. 427, 464; vgl. auch *Meyer*, Die Einbeziehung politischer Zielsetzungen bei der öffentlichen Beschaffung, 2002, S. 60 f.; seltener noch „wettbewerbsfremd", *Hopp*, Das Verhältnis des Vergaberechts zum Wettbewerbs- und Kartellrecht am Beispiel des Berliner Vergabegesetzes, DB 2000, S. 29, 30. Zur Kritik am Begriff „vergabefremd" s. *Benedict*, Sekundärzwecke im Vergabeverfahren, 2000, S. 21 ff.
244 *Pietzcker*, Rechtsbindungen der Vergabe öffentlicher Aufträge, AöR Bd. 107 (1982), S. 61, 87 betont, der Begriff enthalte „kein rechtliches Verdikt"; ebenso *Meyer*, Die Einbeziehung politischer Zielsetzungen bei der öffentlichen Beschaffung, 2002, S. 65; *Burgi*, in: Grabitz (Begr.)/Hilf (fortgef.), Das Recht der Europäischen Union, Bd. 4, Sekundärrecht, 40. Ergänzungslieferung 2009, B. 13 Rn. 4; *Ziekow*, Vergabefremde Zwecke und Europarecht, NZBau 2001, S. 72.

Beschaffung zugrunde liegen[245] oder die Funktionsfähigkeit der Verwaltung sichern.[246] Die Liste der denkbaren vergabefremden Zwecke ist fast unüberschaubar.[247] Neben dem Umweltschutz und der beruflichen Gleichberechtigung sind insbesondere die Regionalförderung, Konjunktursteuerung, Mittelstandförderung, Förderung industrieller Innovation, Bekämpfung von Arbeitslosigkeit und die Integration von Jugendlichen und Behinderten in das Erwerbsleben zu nennen.[248] Oberhalb der Schwellenwerte finden die vergabefremden Aspekte ihre normative Grundlage in § 97 Abs. 4 S. 2 und 3 GWB. Hiernach können für „die Auftragsausführung (…) zusätzliche Anforderungen an Auftragnehmer gestellt werden, die insbesondere soziale, umweltbezogene oder innovative Aspekte betreffen, wenn sie im sachlichen Zusammenhang mit dem Auftragsgegenstand stehen und sich aus der Leistungsbeschreibung ergeben. Andere oder weitergehende Anforderungen dürfen an Auftragnehmer nur gestellt werden, wenn dies durch Bundes- oder Landesgesetz vorgesehen ist".

I. Vergabefremde Aspekte auf den einzelnen Stufen des Vergabeverfahrens

Die Zulässigkeit vergabefremder Aspekte ist Gegenstand reger Diskussionen in der Literatur.[249] Während die Kriterien einerseits als demokratisches Mittel verstanden werden, politische Ziele zu verfolgen[250], wird andererseits die Gefahr einer Zerstörung des Wettbewerbs[251] und der Diskriminierung des Mittelstandes[252] gesehen. Auch wird argumentiert, vergabefremde Aspekte gingen zu Lasten der Verfahrenstransparenz[253] und stärkten so die Möglichkeiten eines Missbrauchs.[254] Schließlich laufen die vergabefremden Zwecke oftmals den Beschaffungszwecken

---

245 *Burgi*, in: Grabitz (Begr.)/Hilf (fortgef.), Das Recht der Europäischen Union, Bd. 4, Sekundärrecht, 40. Ergänzungslieferung 2009, B. 13 Rn. 3; *Burgi*, Vergabefremde Zwecke und Verfassungsrecht, NZBau 2001, S. 64 f.
246 *Benedict*, Sekundärzwecke im Vergabeverfahren, 2000, S. 17.
247 *Benedict*, Sekundärzwecke im Vergabeverfahren, 2000, S. 18.
248 *Pünder*, Vorgaben des grundgesetzlichen Gleichheitssatzes für die Vergabe öffentlicher Aufträge, VerwArch Bd. 95 (2004), S. 38, 42. Für weitere Beispiele s. *Benedict*, Sekundärzwecke im Vergabeverfahren, 2000, S. 19.
249 Vgl. die zahlreichen Nachweise bei *Buck*, Die Vergabe sogenannter nachrangiger Dienstleistungsaufträge, 2010, S. 76.
250 *Burgi*, Vergabefremde Zwecke und Verfassungsrecht, NZBau 2001, S. 64 f.
251 *Marx*, in: Motzke/Pietzcker/Prieß (Hrsg.), Beck'scher VOB-Kommentar, VOB/A, 2002, GWB § 97 Rn. 37.
252 *Pache*, Der Staat als Kunde – System und Defizite des neuen deuschen Vergaberechts, DVBl. 2001, S. 1781, 1789.
253 *Rittner*, Die „sozialen Belange" i. S. der EG-Kommission und das inländische Vergaberecht, EuZW 1999, S. 677, 678.
254 Vgl. *Burgi*, in: Grabitz (Begr.)/Hilf (fortgef.), Das Recht der Europäischen Union, Bd. 4, Sekundärrecht, 40. Ergänzungslieferung 2009, B. 13 Rn. 7.

entgegen, indem sie zu einer Verteuerung der Leistungen führen[255], da nicht zwangsläufig das billigste Angebot oder das mit dem besten Preis-Leistungs-Verhältnis den Zuschlag erhält.[256]

Vergabefremde Aspekte lassen sich auf unterschiedlichen Ebenen im Vergabeverfahren einbinden.[257] Bereits die Bestimmung der zu beschaffenden Leistung lässt ihre Berücksichtigung zu[258], indem etwa bestimmte Umweltschutzkriterien wie Stickoxidemissionswerte und Lärmpegel in die Leistungsbeschreibung aufgenommen werden.[259] Eine zweite Möglichkeit ist die Beeinflussung der Teilnehmerauswahl am Vergabeverfahren. Durch die Aufspaltung größerer Aufträge in Lose, kann es mittelständischen Unternehmen ermöglicht werden, überhaupt am Verfahren teilzunehmen.[260] Umgekehrt kann der Umfang des in Frage kommenden Teilnehmerfeldes verkleinert werden. Dies lässt sich dadurch erzielen, dass von den Teilnehmern bestimmte Erklärungen verlangt werden, beispielsweise mit dem Inhalt, dass das Unternehmen keine Beziehung zu Sekten, insbesondere Scientology, unterhält[261] oder eine Verpflichtung zur Beschäftigung von Langzeitarbeitslosen bei der Ausführung des Auftrags[262] enthalten. Das Teilnehmerfeld kann auch dadurch begrenzt werden, dass einzelne Teilnehmer aus dem Verfahren ausgeschlossen werden[263] – hierbei handelt es sich um das für die vorliegende Untersuchung bedeutsame Vorgehen. Schließlich können vergabefremde Aspekte in die Zuschlagskriterien eingearbeitet werden.[264] So können die Zwecke bei mehreren

---

255 *Pietzcker*, Der Staatsauftrag als Instrument des Verwaltungshandelns, 1978, S. 321; *Martin-Ehlers*, Die Unzulässigkeit vergabefremder Kriterien, WuW 1999, S. 685 f.; *Fehling*, in: Pünder/Schellenberg (Hrsg.), Vergaberecht, 2011, GWB § 97 Rn. 134.
256 Ausführlich zur Vereinbarkeit vergabefremder Zwecke mit dem primären Unionsrecht und dem Verfassungsrecht *Fehling*, in: Pünder/Schellenberg (Hrsg.), Vergaberecht, 2011, GWB § 97 Rn. 146 ff.
257 *Burgi*, in: Grabitz (Begr.)/Hilf (fortgef.), Das Recht der Europäischen Union, Bd. 4, Sekundärrecht, 40. Ergänzungslieferung 2009, B. 13 Rn. 18.
258 *Fehling*, in: Pünder/Schellenberg (Hrsg.), Vergaberecht, 2011, GWB § 97 Rn. 167.
259 *EuGH*, Urteil v. 17.9.2002, Rs. C-513/99 (Concordia Bus), Slg. 2002, I-7213 Rn. 69;.
260 S. § 97 Abs. 3 GWB; *Benedict*, Sekundärzwecke im Vergabeverfahren, 2000, S. 45 f.
261 *Prieß/Pitschas*, Die Vereinbarkeit vergabefremder Zwecke mit dem deutschen und europäischen Vergaberecht – dargestellt am Beispiel der Scientology Erklärung, ZVgR 1999, S. 144 ff.; *Benedict*, Sekundärzwecke im Vergabeverfahren, 2000, S. 51.
262 *EuGH*, Urteil v. 20.9.1988, Rs. 31/87 (Beentjes), Slg. 1988, 4635.
263 Der fakultative Verfahrensausschluss wegen einer „schweren Verfehlung" nach §§ 16 Abs. 1 Nr. 2 lit. c VOB/A, 6 Abs. 5 lit. c VOL/A, 4 Abs. 9 lit. b, c VOF eröffnet die Möglichkeit, die Nichtbeachtung von Normen des Umweltschutzes und des Arbeit- oder Sozialrechts in die Auswahl der Teilnehmer einzubeziehen, *Burgi*, in: Grabitz (Begr.)/Hilf (fortgef.), Das Recht der Europäischen Union, Bd. 4, Sekundärrecht, 40. Ergänzungslieferung 2009, B. 13 Rn. 24.
264 *Benedict*, Sekundärzwecke im Vergabeverfahren, 2000, S. 56 ff.; *Burgi*, in: Grabitz (Begr.)/Hilf (fortgef.), Das Recht der Europäischen Union, Bd. 4, Sekundärrecht, 40. Ergänzungslieferung 2009, B. 13 Rn. 26; *Fehling*, in: Pünder/Schellenberg (Hrsg.), Vergaberecht, 2011, GWB § 97 Rn. 171.

gleichwertigen Angeboten den Ausschlag geben.[265] Weiter noch gehen sogenannte Mehrpreisgewährungen.[266] Nach Abschluss des Vergabeverfahrens können vergabefremde Zwecke schließlich über die konkrete Vertragsgestaltung in die Vertragsbedingungen einfließen.[267]

Vergabefremde Aspekte lassen sich nicht pauschal als rechtmäßig oder rechtswidrig einordnen.[268] Maßgeblich ist, ob sie im Einzelfall mit dem höherrangigen Recht in Einklang stehen.[269]

II. Vergabefremde Gründe für einen Verfahrensausschluss

Mit dem Verfahrensausschluss wegen fehlender Zuverlässigkeit lassen sich neben dem Primärzweck des Schutzes der öffentlichen Haushalte und der Sicherung der Funktionsfähigkeit der Verwaltung vergabefremde Aspekte verbinden.[270] Überwiegend handelt es sich hierbei um Zwecke, die „beiläufig"[271] verfolgt werden, also neben den Beschaffungszwecken nicht selbständig zum Tragen kommen und ihnen nicht zuwiderlaufen. In diesem Abschnitt sollen ausschließlich vergabefremde Aspekte behandelt werden, die sich durch einen Verfahrensausschluss und damit über die Einschränkung des Teilnehmerkreises verfolgen lassen.

---

265 *Benedict*, Sekundärzwecke im Vergabeverfahren, 2000, S. 56 f.; *Burgi*, in: Grabitz (Begr.)/Hilf (fortgef.), Das Recht der Europäischen Union, Bd. 4, Sekundärrecht, 40. Ergänzungslieferung 2009, B. 13 Rn. 27.
266 Eine Mehrpreisgewährung erlaubt Vergabestellen unter bestimmten Voraussetzungen – nämlich zur Förderung bestimmter vergabefremder Zwecke – Angebote mit einem schlechteren Preis-Leistungs-Verhältnis zu bevorzugen, s. *Benedict*, Sekundärzwecke im Vergabeverfahren, 2000, S. 57 f.; *Burgi*, in: Grabitz (Begr.)/Hilf (fortgef.), Das Recht der Europäischen Union, Bd. 4, Sekundärrecht, 40. Ergänzungslieferung 2009, B. 13 Rn. 28.
267 *Benedict*, Sekundärzwecke im Vergabeverfahren, 2000, S. 64 ff.; *Burgi*, in: Grabitz (Begr.)/Hilf (fortgef.), Das Recht der Europäischen Union, Bd. 4, Sekundärrecht, 40. Ergänzungslieferung 2009, B. 13 Rn. 31 f.; ausführlich zum Ganzen *Dreher/Haas/Rintelen, von*, Vergabefremde Regelungen und Beihilferecht, 2002, S. 11 ff.
268 *Pünder*, Zu den Vorgaben des grundgesetzlichen Gleichheitssatzes für die Vergabe öffentlicher Aufträge, Bd. 95 (2004), S. 38, 44 f. unter Verweis auf Art. 109 Abs. 2 und 3 GG.
269 *Kulartz*, in: Kulartz/Kus/Portz (Hrsg.), Kommentar zum GWB-Vergaberecht, 2. Aufl. 2009, § 97 Rn. 120; *Hailbronner*, in: Byok/Jaeger (Hrsg.), Kommentar zum Vergaberecht, 2. Aufl. 2005, GWB § 97 Rn. 256 ff.
270 *Benedict*, Sekundärzwecke im Vergabeverfahren, 2000, S. 127.
271 *Benedict*, Sekundärzwecke im Vergabeverfahren, 2000, S. 139 f.

1. Kriminalitätsbekämpfung

Die Kriminalitätsbekämpfung, insbesondere die Korruptionsbekämpfung, wurde bereits als Ausschlusszweck genannt.[272] Der Wunsch, das Vergabeverfahren hierfür zu instrumentalisieren, erschließt sich durch einen Blick auf seine gegenwärtige Verbreitung. Korruption hat viele Facetten: angefangen bei einfachen Schmiergeldzahlungen über *kick-backs* hin zu komplexen Systemen wie im Fall des sogenannten *Kölner Müllskandals*[273]. Allgemein definiert *Transparency International* Korruption als Missbrauch von anvertrauter Macht für einen persönlichen Vorteil.[274] Charakteristisch ist, dass es keine individuell Geschädigten gibt. Die Rede ist von einer „Verflüchtigung des Opfers"[275], denn beide Parteien einer Bestechung im Sinne des § 334 StGB[276] profitieren im ersten Moment von ihrem Abkommen. Der volkswirtschaftliche Schaden drückt sich erst in überhöhten Ausgaben der öffentlichen Hand aus.

Welche Ausmaße Korruption in Deutschland hat, lässt sich nicht zuverlässig ermitteln. Viel beschworen ist das Dunkelfeld, welches zu einem großen Teil der – in Ermangelung von Opfern – fehlenden Anzeigebereitschaft zuzuschreiben ist.[277] Schätzungen machen somit einen wichtigen Faktor bei der Beurteilung von Häufigkeit und Ausmaß der Korruption in Deutschland aus. Gerne zitiert ist die Einschätzung von *Schaupensteiner*, der das Dunkelfeld mit mindestens 95% beziffert.[278] Eine weitere Quelle bietet der von *Transparency International* erstellte *Corruption Perception Index*, der als Indikator für die internationale Verbreitung von Korruption dient[279]. Hiernach belegt Deutschland in der Ausgabe 2010 im weltweiten Vergleich von 178 untersuchten Ländern mit 7,9 von 10 möglichen

---

272 Ebenso *Arrowsmith/Prieß/Friton*, in: Pünder/Prieß/Arrowsmith (Hrsg.), Self-Cleaning in Public Procurement Law, 2009, S. 18 f.; *Mestmäcker/Bremer*, Die koordinierte Sperre im deutschen und europäischen Recht der öffentlichen Aufträge, BB 1995, Beilage 19 zu Heft 50 S. 1, 7 f.
273 Vgl. *Balzli/Bönisch/Dohmen/Holm/Knaup/Kurz/Palmer/Schmid/Stuppe/Ulrich*, Der Müll, die Partei und das Geld, Der Spiegel 11/2002, S. 22 ff.
274 „Corruption is operationally defined as the misuse of entrusted power for private gain", Transparency International (Hrsg.), How do you define corruption?, http,//transparency.org/news_room/faq/corruption_faq#faqcorr1, abgerufen am 2.6.2011.
275 *Bannenberg*, in: Wabnitz/Janovsky (Hrsg.), Handbuch des Wirtschafts- und Steuerstrafrechts, 3. Aufl. 2007, Kapitel 10 Rn. 19.
276 Strafgesetzbuch in der Fassung der Bekanntmachung v. 13.11.1998, BGBl. I S. 3322, zuletzt geändert durch Art. 1 Gesetz v. 16.3.2011, BGBl. I S. 418.
277 *Bannenberg*, in: Wabnitz/Janovsky (Hrsg.), Handbuch des Wirtschafts- und Steuerstrafrechts, 3. Aufl. 2007, Kapitel 10 Rn. 19.
278 *Schaupensteiner*, Wachstumsbranche Korruption, in: Bundeskriminalamt (Hrsg.), Wirtschaftskriminalität und Korruption, 2003, S. 73, 76.
279 Näher hierzu *Dölling*, in: Dölling (Hrsg.), Handbuch der Korruptionsprävention, 2007, Kapitel 1 Rn. 9 ff.

Punkten den 15. Platz.[280] *Schaupensteiner* verortete im Jahre 2002 die Schäden für die öffentliche Hand durch Bestechung und Preisabsprachen im Bereich der Baumaßnahmen auf fünf Milliarden Euro jährlich.[281] Diese Zahl – wie auch jede andere – ist jedoch mit der gebotenen Vorsicht zu betrachten. So geht selbst der „Zweite Periodische Sicherheitsbericht" des Bundesministeriums für Inneres und des Bundesministeriums der Justiz davon aus, dass zuverlässige Angaben über die Schadenshöhe kaum möglich sind.[282] Unabhängig von der konkreten Schadenshöhe ist festzuhalten, dass durch Korruption in Deutschland hohe materielle Schäden in Form von überteuerten Leistungen entstehen, die vom Steuerzahler zu tragen sind. Nicht zu vernachlässigen sind auch die immateriellen Schäden, welche im Vertrauensverlust der Bürger in den öffentlichen Dienst und in den Rechtsstaat liegen. Aus diesem Grund ist es die Pflicht des Gesetzgebers, wirkungsvolle Maßnahmen zu treffen, um korruptes Verhalten zu verhindern und mit Sanktionen zu belegen.

Eine weitere Spielart kriminellen Verhaltens, welches durch einen Verfahrensausschluss zurückgedrängt werden soll, sind die Schwarzarbeit und die illegale Beschäftigung.[283] Eine Bekämpfung solchen Verhaltens dient der Erhaltung legaler Arbeitsplätze und liegt daher im Gesamtinteresse des Staates.[284] Durch den Verfahrensausschluss von Wirtschaftsteilnehmern, die durch Schwarzarbeit und illegale Beschäftigung auf sich aufmerksam gemacht haben, verspricht sich der Gesetzgeber eine größere Abschreckungswirkung als dies durch die Androhung von Geldbußen möglich ist.[285]

2. Vorbildwirkung

Indem öffentliche Auftraggeber davon Abstand nehmen, mit straffälligen Wirtschaftsteilnehmern Verträge zu schließen, übernehmen sie eine Vorbildfunktion.[286] Sie haben die Möglichkeit, sowohl den Leistungserbringern als auch privaten

---

280 Transparency International (Hrsg.), Corruption Perceptions Index 2010, http://www.transparency.de/Corruption-Perceptions-Index-2.1742.0.html, abgerufen am 2.6.2011.
281 *Schaupensteiner*, Wachstumsbranche Korruption, in: Bundeskriminalamt (Hrsg.), Wirtschaftskriminalität und Korruption, 2003, S. 73, 76.
282 Bundesministerium für Inneres/Bundesministerium der Justiz (Hrsg.), Zweiter Periodischer Sicherheitsbericht, 2006, S. 257.
283 *Berwanger*, in: Fehn (Hrsg.), Schwarzarbeitsbekämpfungsgesetz, 2006, § 21 Rn. 2.
284 So die Begründung in den Gesetzgebungsmaterialien zum Schwarzarbeitsbekämpfungsgesetz, BT-Drs. 15/2573 v. 2.3.2004, S. 27; vgl. bereits zur Vorgängervorschrift, § 5 des Gesetzes zur Bekämpfung der Schwarzarbeit, BT-Drs. 12/7563 v. 17.5.1994, S. 10.
285 BT-Drs. 14/8221 v. 11.2.2002, S. 19.
286 *Arrowsmith/Prieß/Friton*, in: Pünder/Prieß/Arrowsmith (Hrsg.), Self-Cleaning in Public Procurement Law, 2009, S. 20 f. Zur Vorbildfunktion des Staates bei der Berücksichtigung vergabefremder Kriterien allgemein s. auch *Burgi*, in: Grabitz (Begr.)/Hilf (fortgef.), Das Recht der Europäischen Union, Bd. 4, Sekundärrecht, 40. Ergänzungslieferung 2009, B. 13 Rn. 6; *Burgi*, Vergabefremde Zwecke und Verfassungsrecht, NZBau 2001, S. 64 f.

Leistungsempfängern zu signalisieren, dass unrechtmäßiges Verhalten in der Gesellschaft und gerade in der Wirtschaft nicht unterstützt werden soll. Idealerweise lässt sich hierdurch auf längere Sicht ein positiver Eindruck auf das Rechtsempfinden der Bürger und der Wirtschaft – einer positiven Generalprävention nicht unähnlich – erzielen.[287]

3. Schutz des Wettbewerbs

Ein weiterer Zweck der Zuverlässigkeitsprüfung liegt in der Förderung eines fairen Wettbewerbs.[288] Das Vergabeverfahren zeichnet sich regelmäßig durch Konstellationen aus, in denen mehr als nur zwei verschiedene Interessen in Ausgleich gebracht werden müssen: die des Auftraggebers, die des Teilnehmers und die der konkurrierenden Teilnehmer.[289] Die Teilnahme an einem Vergabeverfahren trotz fehlender Eignung führt zu einer Verfälschung des Wettbewerbs. Ungeeigneten Teilnehmern kann dadurch ein Vorteil entstehen, dass sie aufgrund unredlicher Geschäftspraktiken – etwa durch Steuerhinterziehung – in der Lage sind, Angebote abzugeben, die in ihrem Preis von redlichen Teilnehmern nicht zu erreichen sind.[290] Auch an dieser Stelle birgt Korruption im Vergabeverfahren eine enorme Gefahr. Gelingt es einzelnen Verfahrensteilnehmern, durch Bestechung von Mitarbeitern der Vergabestelle Informationen über die Angebote von Wettbewerbern zu erhalten, so ist an das Idealbild des Geheimwettbewerbs[291] nicht mehr zu denken. Gleiches gilt für wettbewerbsbeschränkende Absprachen unter den Bietern im Sinne des § 298 StGB. Es gilt somit, über den in § 97 Abs. 1, 2 GWB festgelegten Wettbewerbsgrundsatz auch die Interessen der übrigen Wirtschaftsteilnehmer mittels der Eignungskriterien und der Ausschlusstatbestände zu schützen. Bereits seit In-Kraft-Treten des vierten Teils des GWB besteht auf nationaler Ebene kein

---

287 *Arrowsmith/Prieß/Friton* weisen darauf hin, dass dieser Zweck in anderem Zusammenhang im öffentlichen Beschaffungswesen bereits ausdrücklich Eingang in die gemeinschaftliche Gesetzgebung gefunden hat. Hierzu verweisen sie auf die Richtlinie 2006/32/EG des Europäischen Parlaments und des Rates v. 5.04.2006 über Endenergieeffizienz und Energiedienstleistungen und zur Aufhebung der Richtlinie 93/76/EWG des Rates, Amtsbl. Nr. L 114 v. 27.4.2006, S. 64 – 85. In der Begründungserwägung Nr. 8 und Art. 5 Abs. 1 wird ausdrücklich die Vorbildfunktion des öffentlichen Sektors bei der Frage von Energieeinsparungen betont, *Arrowsmith/Prieß/Friton*, in: Pünder/Prieß/Arrowsmith (Hrsg.), Self-Cleaning in Public Procurement Law, 2009, S. 20 f.
288 *Arrowsmith/Prieß/Friton*, in: Pünder/Prieß/Arrowsmith (Hrsg.), Self-Cleaning in Public Procurement Law, 2009, S. 21.
289 Zu sogenannten multipolaren Verwaltungsrechtsverhältnissen *Schmidt-Preuß*, Kollidierende Privatinteressen im Verwaltungsrecht, 2. Aufl. 2005, S. 20 ff.
290 Ähnlich *Arrowsmith/Prieß/Friton*, in: Pünder/Prieß/Arrowsmith (Hrsg.), Self-Cleaning in Public Procurement Law, 2009, S. 21.
291 *Gröning*, in: Motzke/Pietzcker/Prieß (Hrsg.), Beck'scher VOB-Kommentar, VOB/A, 2002, Systematische Darstellung IV Rn. 57.

Zweifel mehr an der Bedeutung des Wettbewerbsprinzips.[292] Auch der *EuGH* betont seinen Stellenwert. Ihm zufolge steht es den Mitgliedstaaten frei, der Gefahr einer Verfälschung des Wettbewerbs seitens der Verfahrensteilnehmer durch nationale Maßnahmen, insbesondere durch Regelungen zum Ausschluss aus öffentlichen Vergabeverfahren, entgegenzuwirken.[293]

Fraglich ist, ob der Schutz des Wettbewerbs tatsächlich ein vergabefremder Aspekt im Sinne der Definition ist.[294] Anders als die Kriminalitätsbekämpfung und die Vorbildwirkung für die Privatwirtschaft wirkt sich die Funktionsfähigkeit des Wettbewerbs unmittelbar auf die Qualität der Angebote aus. Erst der Wettbewerb ermöglicht es den Vergabestellen, aus den Angeboten das wirtschaftlichste auszuwählen. Die Wirtschaftlichkeit und Sparsamkeit der Beschaffung ist ein primärer Beschaffungszweck.[295] Hierbei ist gerade im Anwendungsbereich des Kartellvergaberechts jedoch der starke Einfluss des Unionsrechts zu berücksichtigen. Die Schaffung eines europäischen Binnenmarkts stellt eine selbständige Zielsetzung dar, die unabhängig von der öffentlichen Beschaffung verfolgt wird.[296] Somit geht das Interesse an einem funktionierenden Wettbewerb weit über das Interesse der einzelnen Vergabestelle an der Erlangung möglichst wirtschaftlicher Angebote und damit den Beschaffungszwecken hinaus. Im Ergebnis wird es regelmäßig keinen Unterschied machen, ob ein Verfahrensausschluss die Erzielung eines möglichst wirtschaftlichen Angebots oder den Schutz des Wettbewerbs bezweckt, sodass der Schutz des Wettbewerbs ein unselbständiger und beiläufiger Zweck des Verfahrensausschlusses ist.

4. Verfahrensausschluss als Strafe

Ein weiterer möglicher Zweck des Vergabeausschlusses nimmt eine Sonderstellung ein. Es handelt sich um die Bestrafung krimineller Wirtschaftsteilnehmer.[297] Da Strafe nicht der Sicherung der Funktionsfähigkeit der Verwaltung[298] dient,

---

292 Zu der Entwicklung des Wettbewerbsprinzips in Deutschland s. *Leinemann*, Die Vergabe öffentlicher Aufträge, 4. Aufl. 2007, Rn. 5.
293 *EuGH*, Urteil v. 16.12.2008, Rs. C-213/07 (Michaniki), Slg. 2008, I-9999 Rn. 60.
294 Dagegen wohl *Burgi*, Vergabefremde Zwecke und Verfassungsrecht, NZBau 2001, S. 64, 68.
295 *Benedict*, Sekundärzwecke im Vergabeverfahren, 2000, S. 20.
296 Zur Bedeutung des Vergaberechts für die Bemühungen der Aufsplitterung der einzelstaatlichen Märkte zu beggnen und zur Förderung eines Binnenmarkts s. bereits das Weißbuch der Kommission an den Europäischen Rat „Vollendung des Binnenmarkts", 14.6.1985, KOM (85) 310 endg., S. 23.
297 *Arrowsmith/Prieß/Friton*, in: Pünder/Prieß/Arrowsmith (Hrsg.), Self-Cleaning in Public Procurement Law, 2009, S. 21.
298 *Benedict*, Sekundärzwecke im Vergabeverfahren, 2000, S. 17.

sondern ein Einwirken auf den Täter und die Allgemeinheit zum Ziel hat[299], handelt es sich um einen vergabefremden Aspekt.

a) Begriff von Strafe im Kontext des Verfahrensausschlusses

Im Schrifttum wird die Ansicht vertreten, in der Auftragssperre liege „zweifelsfrei keine hoheitliche Maßnahme mit Straf- oder strafähnlichem Charakter und damit keine Sanktion in diesem strengeren Sinn vor"[300]. Denn der zivilrechtliche Vorgang der Nichteinbeziehung in Vertragsverhandlungen und des Nichtabschlusses eines Vertrages sei kein Hoheitsakt. Teilweise wird ein strafrechtlicher Charakter oder eine strafrechtliche Wirkung von koordinierten Auftragssperren eingeräumt, ihre Eigenschaft als Strafe im Sinne von Art. 103 Abs. 2, 3 GG jedoch abgelehnt.[301] Solche Sanktionen seien keine Strafen im Sinne des Art. 103 Abs. 2, 3 GG, bei denen die Missbilligung trotz ihrer „strafähnlichen Ahndung" allenfalls ein Nebenzweck ist.[302]

Richtig ist, dass der Vertrag, den die Vergabestelle mit dem Auftragnehmer abschließt, zivilrechtlichen Normen unterliegt. Hieraus folgt jedoch nicht, dass der Verfahrensausschluss kein hoheitlicher Eingriff in die Rechte eines Wirtschaftsteilnehmers sein kann. Der allgemeine Gleichheitssatz des Art. 3 Abs. 1 GG sichert allen Interessenten die gleiche Chance auf einen Zuschlag zu.[303] Die Nichteinbeziehung in Vertragsverhandlungen durch den Staat ist daher am Maßstab des Art. 3 Abs. 1 GG zu messen. Ein ähnliches Ergebnis lässt sich über Art. 12 Abs. 1 GG erzielen. Hierzu führt das *BVerfG* aus, die Berufsfreiheit sichere die Teilhabe am Wettbewerb, ohne dabei einen Anspruch auf Erfolg im Wettbewerb zu vermitteln.[304] Im Umkehrschluss ist die Entziehung der Chance auf Teilhabe an dem Vergabeverfahren der Verlust einer grundrechtlich garantierten Rechtsposition. Daher steht die zivilrechtliche Ausgestaltung der zu vergebenen Aufträge der Einordnung eines Verfahrensausschlusses als Strafe nicht entgegen.

Der Einwand, dass solche Sanktionen keine Strafen sind, bei denen die Missbilligung ein Nebenzweck ist, geht an der vorliegenden Fragestellung vorbei. Wie noch zu zeigen ist, handelt es sich bei der Missbilligung vergangenen Verhaltens um den einzigen Zweck, den ein Verfahrensausschluss nach der Wiederherstellung

---

299 Zu den Strafzwecken siehe S. 144 ff.
300 *Pietzcker*, Vergaberechtliche Sanktionen und Grundrechte, NZBau 2003, S. 242.
301 *Kreßner*, Die Auftragssperre im Vergaberecht, 2006, S. 44.
302 *Kreßner*, Die Auftragssperre im Vergaberecht, 2006, S. 44; *Schulze-Fielitz*, in: Dreier (Hrsg.), Grundgesetz Kommentar, Bd. 3, 2. Aufl. 2008, Art. 103 Abs. 2 Rn. 16 ff.
303 *Pünder*, Zu den Vorgaben des grundgesetzlichen Gleichheitssatzes für die Vergabe öffentlicher Aufträge, Bd. 95 (2004), S. 38, 50.
304 *BVerfG*, Beschluss v. 13.6.2006, 1 BvR 1160/03, NJW 2006, S. 3701, 3702.

der Zuverlässigkeit eines Teilnehmers verfolgen kann. Auch die Einschätzung, dass der Straf- und Sanktionscharakter bei einer Auftragssperre deutlich in den Vordergrund tritt[305], greift damit zu kurz.

b) Bedeutung von Strafe für die Selbstreinigung

Für einen unzuverlässigen Wirtschaftsteilnehmer ist die Frage von entscheidender Bedeutung, ob er durch die Vornahme von Selbstreinigungsmaßnahmen wieder Aussicht hat, erfolgreich an Vergabeverfahren teilzunehmen. Dies könnte ihm verwehrt werden, wenn ein Verfahrensausschluss und eine Auftragssperre auch nach der Selbstreinigung noch zu seiner Bestrafung erfolgen könnte. Denn die Tatsache, dass ein Straftäter seit Begehung der Tat auf den Pfad der Tugend zurückgefunden hat und nunmehr keine Gefahr mehr für die Gesellschaft darstellt, führt keineswegs dazu, dass der Strafanspruch des Staates entfällt.[306] Das Verhalten nach Begehung der Tat kann allenfalls strafmildernd im Schuldspruch zu berücksichtigen sein.[307]

Der Ausschluss aus öffentlichen Vergabeverfahren und Strafe lassen sich auf unterschiedliche Weise verbinden. In der einfachsten Form kann ein unzuverlässiger Wirtschaftsteilnehmer aus einem konkreten Vergabeverfahren ausgeschlossen werden, um ihn für vorangegangenes Fehlverhalten zu sanktionieren. Ebenfalls als Strafe zu verstehen ist der Eintrag eines unzuverlässigen Wirtschaftsteilnehmers in ein Register, welches ihn für eine bestimmte Sperrfrist von der Teilnahme an öffentlichen Vergabeverfahren ausschließt. In seiner unmittelbarsten Form lässt sich ein zeitlich begrenzter Verfahrensausschluss als Kriminalstrafe ausgestalten, wie ein Blick auf das französische Strafrecht zeigt.

Anders als im deutschen Recht, welches nur die Geldstrafe und die Freiheitsstrafe als strafrechtliche Sanktion kennt, sieht Art. 131-34 des französischen *code pénal* den Ausschluss von öffentlichen Aufträgen als Strafandrohung vor. Der Ausschluss ist definiert als das Verbot, sich direkt oder indirekt an Geschäftsabschlüssen zu beteiligen, die von einem öffentlichen Auftraggeber getätigt werden.[308] Das Gesetz ordnet an verschiedenen Stellen die Auftragssperre als Strafe

---

305 *Mestmäcker/Bremer*, Die koordinierte Sperre im deutschen und europäischen Recht der öffentlichen Aufträge, BB 1995, Beilage 19 zu Heft 50 S. 1, 29.
306 *Arrowsmith/Prieß/Friton*, in: Pünder/Prieß/Arrowsmith (Hrsg.), Self-Cleaning in Public Procurement Law, 2009, S. 21.
307 § 46 Abs. 2 S. 2 a.E. StGB; hierzu *Stree*, in: Schönke (Begr.)/Schröder (fortgef.), Strafgesetzbuch, 28. Aufl. 2010, § 46 Rn. 39 ff. Zum Begriff der tätigen Reue im Wirtschaftsstrafrecht s. *Krack*, Die Tätige Reue im Wirtschaftsstrafrecht, NStZ 2001, S. 505 ff.
308 „*La peine d'exclusion des marchés publics emporte l'interdiction de participer, directement ou indirectement, à tout marché conclu par l'État et ses établissements publics, les collectivités territoriales, leurs groupements et leurs établissements publics, ainsi que par les entreprises concédées ou contrôlées par l'État ou par les collectivités territoriales ou leurs groupements*", Art. 131-34 *code pénal*.

für natürliche Personen an[309]; nach Art. 131-39 *code pénal* können auch juristische Personen für die Dauer von fünf Jahren oder sogar dauerhaft gesperrt werden.[310] Es zeigt sich also, dass sich einige der europäischen Mitgliedstaaten unabhängig von den noch zu behandelnden unionsrechtlichen Vorgaben das Recht vorbehalten, den Verfahrensausschluss zu Strafzwecken einzusetzen.[311]

Die Frage, ob der Verfahrensausschluss eines Wirtschaftsteilnehmers zu seiner Strafe erfolgen darf, wird in der Literatur unterschiedlich bewertet. Die Befürworter stellen die besondere generalpräventive Wirkung eines zeitigen Ausschlusses in den Vordergrund.[312] Ohne Sperrfristen bestehe die Gefahr, dass Unternehmen im Bewusstsein, sich mittels einer Selbstreinigung unmittelbar rehabilitieren zu können, „relativ risikolos Verfehlungen begehen"[313]. Allenfalls bei fahrlässigen Vertragsverletzungen sei ein zeitiger Ausschluss ausnahmsweise unverhältnismäßig, wenn sich das Unternehmen inzwischen von den unfähigen Mitarbeitern getrennt habe.[314] Teilweise wird in der Diskussion um Mindestsperrfristen auch die Auffassung vertreten, hierdurch werde nur die Zeitspanne erfasst, die ein Unternehmen typischerweise benötigt, um sich zu rehabilitieren und eine Vertrauensbasis wiederherzustellen.[315] Die Gegenansicht sieht „überhaupt keinen Sinn" in einem Ausschluss nach erfolgreicher Selbstreinigung.[316] Vorliegend wird vertreten, dass die Bestrafung von Wirtschaftsteilnehmern durch einen Verfahrensausschluss oder eine Auftragssperre ausgeschlossen ist, da sich aus dem deutschen Verfassungsrecht und dem europäischen Primärrecht eine Pflicht für Vergabestellen herleiten

---

309 Der Ausschluss von öffentlichen Aufträgen wird als Strafe für recht unterschiedliche Delikte angeordnet: Hehlerei und vergleichbare Tatbestände (Art. 321-9 Nr. 4 *code pénal*), Angriffe auf automatisierte Datenverarbeitungssysteme (Art. 323-5 Nr. 5 *code pénal*), die Gefährdung von Personen (Art. 223-17 Abs. 2 *code pénal*), Betrug (Art. 313-8 *code pénal*), Unterschlagung (Art. 314-10 Nr. 4 *code pénal*), die Verletzung der Würde einer Person (Art. 225-19 Nr. 4 *code pénal*) und die Beeinträchtigung des öffentlichen Vertrauens (Art. 441-10 Nr. 3 *code pénal*).

310 „*Lorsque la loi le prévoit à l'encontre d'une personne morale, un crime ou un délit peut être sanctionné d'une ou de plusieurs des peines suivantes : (...) 5. L'exclusion des marchés publics à titre définitif ou pour une durée de cinq ans au plus*",
Wenn es das Gesetz vorsieht, kann ein Verbrechen oder Vergehen einer juristischen Person mit einer oder mehreren der folgenden Strafen geahndet werden: (…) 5. der endgültige oder auf die Dauer bis zu fünf Jahren beschränkte Ausschluß von öffentlichen Aufträgen, Art. 131-39 *code pénal*.

311 *Arrowsmith/Prieß/Friton*, in: Pünder/Prieß/Arrowsmith (Hrsg.), Self-Cleaning in Public Procurement Law, 2009, S. 23.

312 *Kreßner*, Die Auftragssperre im Vergaberecht, 2006, S. 121.

313 *Kreßner*, Die Auftragssperre im Vergaberecht, 2006, S. 121.

314 *OLG Frankfurt*, Urteil v. 3.12.1996, 11 U Kart 64/95, WRP 1997, S. 203, 210; *Kreßner*, Die Auftragssperre im Vergaberecht, 2006, S. 121.

315 *OLG Frankfurt*, Urteil v. 3.12.1996, 11 U Kart 64/95, WRP 1997, S. 203, 207; *Pietzcker*, in: Motzke/Pietzcker/Prieß (Hrsg.), Beck'scher VOB-Kommentar, VOB/A, 2002, Systematische Darstellung VIII, Rn. 58; *Sterner*, Rechtsschutz gegen Auftragssperren, NZBau 2001, S. 423, 424 f.

316 *Hertwig*, Praxis der öffentlichen Auftragsvergabe, 4. Aufl. 2009, Rn. 480.

lässt, Teilnehmer nach erfolgreicher Selbstreinigung uneingeschränkt zu berücksichtigen.[317]

c) Strafe als Zweck der Ausschlusstatbestände der VKR

Im Folgenden soll untersucht werden, welche Position die VKR zu der Frage der Bestrafung von Wirtschaftsteilnehmern bezieht.

1) Unionsrechtliche Gesetzgebungskompetenz

Art. 83 Abs. 1 UAbs. 1 AEUV räumt dem Europäischen Parlament und dem Rat die Kompetenz ein, gemäß dem ordentlichen Gesetzgebungsverfahren durch Richtlinien Mindestvorschriften zur Festlegung von Straftaten und Strafen in Bereichen besonders schwerer Kriminalität[318] festlegen.[319] Bereits zur Vorgängernorm, Art. 61 lit. a a.E. EG, war anerkannt, dass der europäische Gesetzgeber die Kompetenz hatte, repressive Sanktionen zur Bekämpfung besonders schwerer Kriminalität zu normieren.[320] Es wurde freilich bezweifelt, ob diese Kompetenz eine Grundlage für obligatorische Ausschlüsse aus Vergabeverfahren zu Sanktionszwecken bildete.[321] Art. 61 lit. a a.E. EG galt seinem Wortlaut nach nur in dem Umfang, den Art. 31 lit. e EU definierte. Art. 31 lit. e EU wiederum schrieb vor, dass das „gemeinsame Vorgehen im Bereich der justiziellen Zusammenarbeit in Strafsachen (…) die schrittweise Annahme von Maßnahmen zur Festlegung von Mindestvorschriften über die Tatbestandsmerkmale strafbarer Handlungen und die Strafen in den Bereichen organisierte Kriminalität, Terrorismus und illegaler Dro-

---

317 S. hierzu im Einzelnen S. 137 ff.
318 Nach Art. 83 Abs. 1 UAbs. 2 AEUV handelt es sich bei den Kriminalitätsbereichen um Terrorismus, Menschenhandel und sexuelle Ausbeutung von Frauen und Kindern, illegaler Drogenhandel, illegaler Waffenhandel, Geldwäsche, Korruption, Fälschung von Zahlungsmitteln, Computerkriminalität und organisierte Kriminalität.
319 Ausführlich *Vogel*, in: Grabitz (Begr.)/Hilf (fortgef.)/Nettesheim (Hrsg.), Das Recht der Europäischen Union, 43. Aufl. 2011, AEUV Art. 83 Rn. 26 ff.
320 „Für die Strafgesetzgebung und die Strafverfahrensvorschriften bleiben grundsätzlich die Mitgliedstaaten zuständig", *EuGH*, Urteil v. 11.11.1981, Rs. 203/80, Slg. 1981, 2595 Rn. 27. „Dies kann den Gemeinschaftsgesetzgeber jedoch nicht daran hindern, Maßnahmen in Bezug auf das Strafrecht der Mitgliedstaaten zu ergreifen, die seiner Meinung nach erforderlich sind, um die volle Wirksamkeit der von ihm (…) erlassenen Rechtsnormen zu gewährleisten, wenn die Anwendung wirksamer, verhältnismäßiger und abschreckender Sanktionen durch die zuständigen nationalen Behörden eine zur Bekämpfung schwerer Beeinträchtigungen (…) unerlässliche Maßnahme darstellt.", *EuGH*, Urteil v. 13.9.2005, Rs. C-176/03, Slg. 2005, I-7879 Rn. 48.
321 Arrowsmith/Kunzlik, Social and environmental policies in EC procurement law, 2009, S. 9, 37 ff.

genhandel" einschließt. Entscheidend war die Auslegung des Begriffs der Strafen. Es wurde vertreten, dass der Begriff allein solche Sanktionen erfasst, die von einem Strafgericht erlassen werden.[322] Diese Interpretation entsprach der Auffassung des Rates der Europäischen Union, was sich am Beispiel des Rahmenbeschlusses über die Verstärkung des mit strafrechtlichen und anderen Sanktionen bewehrten Schutzes gegen Geldfälschung im Hinblick auf die Einführung des Euro[323] vom 29. Mai 2000 zeigte. Gestützt auf Art. 31 lit. e EU wurde hierin Strafe ausschließlich im Kontext eines strafgerichtlichen Verfahrens verstanden. Da es sich bei dem Verfahrensausschluss nicht um eine strafgerichtliche Maßnahme handelt, schied Art. 61 lit. a a.E. EG als Ermächtigungsgrundlage für den Erlass von Vorschriften zum Verfahrensausschluss zu Strafzwecken aus. Hieran hat sich durch Inkrafttreten des Art. 83 Abs. 1 UAbs. 1 AEUV nichts geändert.

2) Absicht des Unionsgesetzgebers

Bedenken richten sich nicht allein gegen die Kompetenz des unionsrechtlichen Gesetzgebers, dem Verfahrensausschluss – ob obligatorisch oder fakultativ – neben der Sicherstellung der Eignung der Verfahrensteilnehmer einen strafenden Charakter zu verleihen. Es lässt sich bereits bezweifeln, ob er überhaupt eine solche Absicht verfolgte. Der Gesetzgeber stützt sich bei dem Erlass der VKR insbesondere auf die ihm durch Art. 47 Abs. 2, 55 und 95 EG verliehenen Kompetenzen. Der angesprochene Art. 61 EG findet keine Erwähnung. In anderen Fällen, in denen der europäische Gesetzgeber eine strafende Wirkung von Richtlinien tatsächlich bezweckt, verzichtete er nicht auf eine Aufführung des Art. 61 lit. a EG, wie sich an der Richtlinie zur Definition der Beihilfe zur unerlaubten Ein- und Durchreise und zum unerlaubten Aufenthalt[324] zeigt.[325] Berücksichtigt man darüber hinaus den Grundsatz, dass ein Rechtsverlust wegen strafrechtlicher Sanktionen in der Europäischen Union „in erster Linie präventiv ausgerichtet ist"[326] und nicht etwa repressiv, so drängt sich der Schluss auf, dass eine solche Wirkung durch die VKR nicht erzielt werden sollte.[327] Es ist folglich davon auszugehen, dass der Unions-

---

322 Arrowsmith/Kunzlik, Social and environmental policies in EC procurement law, 2009, S. 9, 44.
323 Amtsblatt der Europäischen Gemeinschaften v. 14.6.2000, L 140/1 (2000/383/JI.).
324 Richtlinie 2002/90/EG des Rates vom 28.11.2002, Amtsbl. Nr. L 328 v. 5.12.2002, S. 17 f.
325 Diese Beobachtung deckt sich mit der Tatsache, dass die VKR an keiner Stelle die Sanktionierung von Wirtschaftsteilnehmern erwähnt. Hätte der Gesetzgeber eine Bestrafung angestrebt, so wäre es ein Leichtes gewesen, eine solche ausdrücklich zu normieren.
326 Mitteilung der Kommission an den Rat und das Europäische Parlament, Rechtsverluste infolge strafrechtlicher Verurteilungen in der Europäischen Union v. 21.2.2006, KOM/2006/0073 endg.
327 *Arrowsmith/Prieß/Friton*, in: Pünder/Prieß/Arrowsmith (Hrsg.), Self-Cleaning in Public Procurement Law, 2009, S. 22.

gesetzgeber beim Erlass der VKR nicht das Ziel verfolgte, Wirtschaftsteilnehmer durch den Ausschluss aus einem Vergabeverfahren zu bestrafen.

3) Regelungskompetenz der Mitgliedstaaten

Die Frage, die sich anschließt, ist, in welchem Umfang die Mitgliedstaaten selbst Regelungen treffen dürfen, die über die Vorgaben der VKR hinausgehen und den Verfahrensausschluss zu Strafzwecken normieren, beispielsweise so, wie es der französische Gesetzgeber getan hat. Hier wird teilweise differenziert. Während im Fall des obligatorischen Ausschlusses den Mitgliedstaaten die Möglichkeit abgesprochen wird, den Verfahrensausschluss als Sanktion auszugestalten, soll dies für den fakultativen Ausschluss nicht gelten; der unionsrechtliche Gesetzgeber habe keine Kompetenz, die Mitgliedstaaten in ihrer Fähigkeit zu beschränken, den fakultativen Ausschluss aus öffentlichen Vergabeverfahren als Strafe einzusetzen.[328] Hierbei wird auf Art. 131-34 des französischen *code pénal* verwiesen.

Diese Differenzierung nach der Bestrafung im Fall eines fakultativen oder obligatorischen Verfahrensausschluss verdient eine genauere Betrachtung. Nach der Vorschrift des Art. 45 Abs. 2 lit. d VKR, welche auf nationaler Ebene ihr Pendant in den noch zu behandelnden § 16 Abs. 1 Nr. 2 lit. c VOB/A, § 6 Abs. 5 lit. c VOL/A und § 4 Abs. 9 lit. b VOF findet, können Wirtschaftsteilnehmer dann von der Teilnahme am Vergabeverfahren ausgeschlossen werden, wenn sie „aufgrund eines (...) rechtskräftigen Urteils wegen eines Deliktes bestraft worden sind, das ihre berufliche Zuverlässigkeit in Frage stellt". Bei den obligatorischen Ausschlussgründen des Art. 45 Abs. 1 VKR hingegen handelt es sich um Fälle, in denen Wirtschaftsteilnehmer wegen besonderer, wirtschaftsbezogener Straftaten rechtskräftig verurteilt worden sind, so etwa wegen Bestechung, Betrugs oder Geldwäsche. Damit sind die obligatorischen Ausschlussgründe lediglich Unterfälle des oben genannten fakultativen Ausschlussgrundes, welche aufgrund ihrer besonderen Eignung zur Beeinträchtigung der Zuverlässigkeit eines Wirtschaftsteilnehmers ohne Ermessensspielraum für die Vergabestelle ausgestaltet wurden.[329] Hiernach ist aus systematischer Sicht nicht verständlich, weshalb die Mitgliedstaaten in den aus der Sicht des europäischen Gesetzgebers vergaberechtlich weniger gravierenden Fällen ermächtigt sein sollen, Strafsanktionen zu verhängen, in den schwerwiegenderen jedoch nicht.

Zudem erweist sich die Regelung des französischen *code pénal* als unglückliches Beispiel für nationale Sanktionsregelung im Bereich des fakultativen Verfah-

---

328 *Arrowsmith/Prieß/Friton*, in: Pünder/Prieß/Arrowsmith (Hrsg.), Self-Cleaning in Public Procurement Law, 2009, S. 22.
329 Zum Verhältnis der obligatorischen zu den fakultativen Ausschlussgründen siehe S. 107.

rensausschlusses. Zwar liegt die Verhängung der Sanktion der Auftragssperre im Ermessen des erkennenden Strafgerichts und ist somit keine zwingende Folge einer Verurteilung. Dies ist jedoch für die Unterscheidung von fakultativen und obligatorischen Ausschlüssen unerheblich. Die Mehrheit der im *code pénal* aufgeführten Straftaten, für die der zeitige Verfahrensausschluss angeordnet werden kann, sind solche, die allein mit einem fakultativen Verfahrensausschluss nach Art. 45 Abs. 2 lit. c VKR belegt werden können. So stellt etwa die Hehlerei nach Art. 321-1 CP einen Tatbestand dar, der jedenfalls keinen obligatorischen Ausschluss nach sich zieht, wohl aber nach Art. 45 Abs. 2 VKR zu einem fakultativen führen kann. Der *code pénal* ermöglicht jedoch eine koordinierte Auftragssperre auch für den Betrug nach Art. 313-1 CP. Regelmäßig unterfällt auch dieser dem fakultativen Ausschluss nach Art. 45 Abs. 2 VKR. Soweit es sich hierbei jedoch um einen Fall handelt, der von Art. 1 des Übereinkommens über den Schutz der finanziellen Interessen der Europäischen Gemeinschaften[330] erfasst wird, gebietet die VKR in Art. 45 Abs. 1 S. 1 lit. c einen obligatorischen Verfahrensausschluss. Hiermit sanktioniert der *code pénal* unter bestimmten Voraussetzungen einen Fall des obligatorischen Ausschlusses mit einer koordinierten Auftragssperre.

Entgegen der teilweise vorgenommenen Differenzierung nach fakultativen und obligatorischen Verfahrensausschlüssen, ist davon auszugehen, dass der europäische Gesetzgeber nicht die Kompetenz hat, Wirtschaftsteilnehmer durch den Ausschluss von Vergabeverfahren zu bestrafen. Die Regelungskompetenz verbleibt vollständig bei den Mitgliedstaaten.

C. Fazit

Die Eignungskriterien dienen dem Erreichen einer Reihe von Zielen. Bei dem Beschaffungszweck, öffentliche Auftraggeber vor ungeeigneten Leistungserbringern zu schützen und damit die Funktionsfähigkeit der Verwaltung zu schützen, handelt es sich nach wie vor um den Hauptzweck der Bestimmung der Eignung. Daneben fügen die vergabefremden Aspekte der Bekämpfung von Korruption und sonstiger Wirtschaftskriminalität der Vorbildwirkung der öffentlichen Auftraggeber und der Förderung des Wettbewerbs dem Verfahrensausschluss zusätzliche Ausprägungen hinzu.

Eine besondere Stellung nimmt der mögliche Zweck der Bestrafung von Wirtschaftsteilnehmern ein, der über die Dauer eines Zustands der Unzuverlässigkeit für die Teilnahme an Vergabeverfahren von größter Bedeutung sein kann. Hier

---

330 ABl. C 316 v. 27.11.1995, S. 48.

ergeben sich erhebliche Wechselwirkungen mit der Möglichkeit der Selbstreinigung.

3. Abschnitt Obligatorischer und fakultativer Verfahrensausschluss

Ausschlussgründe wegen Unzuverlässigkeit von Bewerbern und Bietern finden sich in § 6a Abs. 1 Nr. 1 VOB/A, § 6 EG Abs. 4 VOL/A, § 4 Abs. 6 VOF und § 16 Abs. 1 Nr. 2 lit. c VOB/A, § 6 Abs. 5 lit. c VOL/A, § 4 Abs. 9 lit. b, c VOF. Während es sich bei § 6a Abs. 1 Nr. 1 VOB/A, § 6 EG Abs. 4 VOL/A, § 4 Abs. 6 VOF um eine gebundene Entscheidung handelt, erfordern § 16 Abs. 1 Nr. 2 lit. c VOB/A, § 6 Abs. 5 lit. c VOL/A, § 4 Abs. 9 lit. b, c VOF eine Ermessensentscheidung seitens der Vergabestelle. Hinzu kommt, dass nach herkömmlichem Verständnis durch die Verwendung des unbestimmten Rechtsbegriffs der Zuverlässigkeit auf der Tatbestandsebene ein Beurteilungsspielraum eröffnet ist. Es handelt sich um Kopplungsvorschriften.[331]

A. Obligatorischer Ausschluss

Zunächst sollen die Tatbestände des obligatorischen Ausschlusses behandelt werden. Sie führen zu einem Ausschluss des Teilnehmers, ohne dass rechtsfolgenseitig eine Ermessensentscheidung der Vergabestelle erforderlich oder auch nur möglich ist.

I. Obligatorischer Ausschluss wegen einer der Katalogstraftaten

§ 6a Abs. 1 Nr. 1 S. 1 VOB/A, § 6 EG Abs. 4 S. 1 VOL/A, § 4 Abs. 6 S. 1 VOF enthalten einen abschließenden Katalog von Strafnormen aus dem Bereich des Wirtschaftsstrafrechts. Die Normen lassen sich in zwei Gruppen einteilen[332]. Zum einen sind es solche, die als besonders schädlich für die Entwicklung eines freien Marktes angesehen werden.[333] Genannt werden § 129 ff. StGB (Bildung kriminel-

---

331 Zum Begriff s. *Gemeinsamer Senat der obersten Gerichtshöfe des Bundes*, Beschluss v. 19.10.1971, GmS-OGB 3/70, NJW 1972, S. 1411, 1413; *Jestaedt*, Maßstäbe des Verwaltungshandelns, in: Erichsen/Ehlers (Hrsg.), Allgemeines Verwaltungsrecht, 14. Aufl. 2010, § 11 Rn. 15.
332 *Hausmann/Hoff, von*, in: Kulartz/Marx/Portz/Prieß (Hrsg.), Kommentar zur VOL/A, 2. Aufl. 2011, § 6 EG Rn. 43.
333 *Prieß/Pünder/Stein*, in: Pünder/Prieß/Arrowsmith (Hrsg.), Self-Cleaning in Public Procurement Law, 2009, S. 56.

ler und terroristischer Vereinigungen im In- und Ausland), § 261 StGB (Geldwäsche), § 334 StGB (Bestechung) und Art. 2 § 2 IntBestG[334] (Bestechung ausländischer Abgeordneter im Zusammenhang mit internationalem Geschäftsverkehr). Bei der anderen Gruppe handelt es sich um Strafvorschriften, die nur dann zu einem obligatorischen Ausschluss führen sollen, wenn sich die Tat gegen den Haushalt der Europäischen Gemeinschaften oder gegen Haushalte richtet, die von den Europäischen Gemeinschaften oder in deren Auftrag verwaltet werden. In diese Gruppe fallen § 263 StGB (Betrug), § 264 StGB (Subventionsbetrug) und § 370 AO (Steuerhinterziehung).[335]

Nach § 6a Abs. 1 Nr. 1 S. 2 VOB/A, § 6 EG Abs. 4 S. 2 VOL/A und § 4 Abs. 6 S. 2 VOF sind Verstöße gegen die genannten Strafvorschriften Verstößen gegen entsprechende Strafnormen anderer Staaten gleichgesetzt. Die Einschränkung, dass sich die Taten der zweiten Gruppe gegen den Haushalt der Europäischen Gemeinschaften oder gegen Haushalte richten müssen, die von den Europäischen Gemeinschaften oder in deren Auftrag verwaltet werden, bleibt auch in diesen Fällen erhalten[336]. Die Vergabe- und Vertragsordnungen setzen hiermit die Vorgaben von Art. 45 Abs. 1 VKR um[337], der ebenfalls eine rechtskräftige Verurteilung des auszuschließenden Teilnehmers vorschreibt, ohne das verurteilende Gericht zu spezifizieren.

1. Erfordernis einer rechtskräftigen Verurteilung

Tatbestandlich fordern die Normen eine rechtskräftige Verurteilung des auszuschließenden Wirtschaftsteilnehmers. Als Urteil kommt allein eine strafgerichtliche Entscheidung in Betracht[338]. Die zivilgerichtliche Feststellung einer Straftat im Rahmen etwa einer Schadensersatzstreitigkeit ersetzt keine strafgerichtliche Verurteilung.[339] Dies verdeutlicht ein Blick auf die englische Fassung der VKR, in der „*a conviction by final judgement*" [340] gefordert wird.[341]

---

334 Gesetz zur Bekämpfung internationaler Bestechung v. 10.9.1998, BGBl. 1998 II S. 2327.
335 Zu den Straftatbeständen im Einzelnen s. *Martini*, in: Pünder/Schellenberg (Hrsg.), Vergaberecht, 2011, VOF § 4 Rn. 14 ff.
336 *Glahs*, in: Kapellmann/Messerschmidt (Hrsg.), VOB Teile A und B, 3. Aufl. 2010, VOB/A § 6a Rn. 4.
337 *Prieß/Pünder/Stein*, in: Pünder/Prieß/Arrowsmith (Hrsg.), Self-Cleaning in Public Procurement Law, 2009, S. 57.
338 *Hausmann/Hoff, von*, in: Kulartz/Marx/Portz/Prieß (Hrsg.), Kommentar zur VOL/A, 2. Aufl. 2011, § 6 EG Rn. 47.
339 *Schranner*, in: Ingenstau/Korbion (Begr.), VOB Teile A und B, 17. Aufl. 2010, VOB/A § 6a Rn. 7.
340 S. Art. 45 Abs. 1 VKR.
341 So auch *Prieß/Pünder/Stein*, in: Pünder/Prieß/Arrowsmith (Hrsg.), Self-Cleaning in Public Procurement Law, 2009, S. 57.

Erforderlich ist, dass formelle und absolute Rechtskraft im Sinne der StPO eingetreten ist und damit kein Rechtsmittel mehr gegen das Urteil möglich ist.[342] Der Grund für das Nichtvorhandensein von Rechtsmitteln ist unerheblich. Er kann in einem vereinbarten Rechtsmittelverzicht, der Verwerfung oder Zurücknahme eines Rechtsmittels oder in der Verfristung des Widerspruchs gegen einen Strafbefehl liegen.[343] Die Einstellung nach § 153 StPO wegen Geringfügigkeit oder nach § 153 a StPO bei Erfüllung von Auflagen und Weisungen erfüllt nicht das Erfordernis einer rechtskräftigen Verurteilung[344]; nicht zuletzt setzt eine Einstellung keine Feststellung der Schuld voraus.[345] Grundsätzlich kann im Fall einer fehlenden Rechtskraft auf die Vorschriften des fakultativen Ausschlusses zurückgegriffen werden. Insbesondere die § 16 Abs. 1 Nr. 2 lit. c VOB/A, § 6 Abs. 5 lit. c VOL/A und § 4 Abs. 9 lit. b und c VOF kommen hierfür in Betracht.

Dem betroffenen Wirtschaftsteilnehmer steht es frei, den Gegenbeweis gegen das Vorliegen der Voraussetzungen des obligatorischen Ausschlusses anzutreten. Sollte der öffentliche Auftraggeber fehlerhaft informiert sein, so kann der Wirtschaftsteilnehmer durch die Vorlage eines Auszugs aus dem Bundeszentralregister oder einer gleichwertigen Urkunde einer zuständigen Gerichts- oder Verwaltungsbehörde seines Herkunftslands widerlegen, dass eine entsprechende Verurteilung vorliegt. Sollte eine Urkunde oder Bescheinigung vom Herkunftsland nicht ausgestellt werden oder erwähnt sie nicht vollständig alle vorgesehenen Fälle, so kann sie durch eine eidesstattliche Erklärung oder eine förmliche Erklärung vor einer zuständigen Gerichts- oder Verwaltungsbehörde, einem Notar oder einer dafür qualifizierten Berufsorganisation des Herkunftslands ersetzt werden.[346]

Ein Sonderfall kann sich ergeben, wenn ausländische Rechtsordnungen die strafrechtliche Verurteilung auch von juristischen Personen vorsehen. Art. 45 Abs. 1 VKR, der allein auf die Verurteilung des „Bewerbers oder Bieters" abstellt,

---

342 *Hausmann/Hoff, von*, in: Kulartz/Marx/Portz/Prieß (Hrsg.), Kommentar zur VOL/A, 2. Aufl. 2011, § 6 EG Rn. 46.
343 *Hausmann/Hoff, von*, in: Kulartz/Marx/Portz/Prieß (Hrsg.), Kommentar zur VOL/A, 2. Aufl. 2011, § 6 EG Rn. 46; *Müller-Wrede*, in: Müller-Wrede (Hrsg.), Verdingungsordnung für Leistungen, Kommentar zur VOL/A, 3. Aufl. 2010, § 6 EG Rn. 30; *Prieß/Pünder/Stein*, in: Pünder/Prieß/Arrowsmith (Hrsg.), Self-Cleaning in Public Procurement Law, 2009, S. 57; für den Strafbefehl vgl. § 410 Abs. 3 StPO.
344 *Prieß/Pünder/Stein*, in: Pünder/Prieß/Arrowsmith (Hrsg.), Self-Cleaning in Public Procurement Law, 2009, S. 58.
345 *Schoreit*, in: Hannich (Hrsg.), Karlsruher Kommentar zur Strafprozessordnung, 6. Aufl. 2008, § 153 Rn. 7.
346 Vgl. § 6 a Abs. 1 Nr. 3 VOB/A, § 7 EG Abs. 6 VOL/A und § 4 Abs. 7 VOF und nicht zuletzt Art. 45 Abs. 3 VKR; *Martini*, in: Pünder/Schellenberg (Hrsg.), Vergaberecht, 2011, VOF § 4 Rn. 23.

gebietet es, auch diese Verurteilungen zu berücksichtigen, obgleich ein Unternehmensstrafrecht dem deutschen Recht fremd ist.[347]

2. Zurechnung des Verhaltens

In den seltenen Fällen, in denen es sich bei dem Wirtschaftsteilnehmer um eine natürliche Person handelt, ist eine Zurechnung strafrechtlich erheblichen Verhaltens nur bei einem Handeln Dritter erforderlich. Wird die natürliche Person selbst wegen einer der Katalogstraftaten rechtskräftig verurteilt, so ist sie auszuschließen, unabhängig davon, ob das Delikt in beruflicher Funktion begangen wurde oder nicht.[348] Es spielt damit zum Beispiel keine Rolle, ob ein Kaufmann Steuern im privaten oder im Rahmen seiner Geschäftstätigkeit hinterzieht. Auch bei einer nach § 6a Abs. 1 Nr. 1 S. 2 VOB/A, § 6 EG Abs. 4 S. 2 VOL/A und § 4 Abs. 6 S. 2 VOF den Katalogstraftaten gleichzusetzenden ausländischen Verurteilung eines Unternehmens ist keine Zurechnung erforderlich.[349] Im Bereich der Aufträge oberhalb der Schwellenwerte, wo § 6a Abs. 1 Nr. 1 VOB/A, § 6 EG Abs. 4 VOL/A ihre Anwendung finden, handelt es sich bei den Wirtschaftsteilnehmern regelmäßig um juristische Personen oder Personengesellschaften, die nach deutschem Recht keinen strafrechtlichen Sanktionen unterliegen.[350] In diesen Fällen ist es notwendig, dem Teilnehmer Verfehlungen Dritter, die für den Teilnehmer handeln, zuzurechnen.

Neben einer Zurechnung fremden Verhaltens ist auch die Anknüpfung an eine eigene Aufsichts- und Organisationspflicht des Teilnehmers denkbar. Der Normgeber hat sich bei den Vergabe- und Vertragsordnungen für eine Lösung entschieden, die beide Ansätze aufgreift. Einerseits wird dem Bewerber das Verhalten solcher Personen zugerechnet, die für ihn bei der Führung der Geschäfte verantwortlich gehandelt haben. Andererseits wird über den Verweis auf § 130 OWiG an ein eigenes Verschulden angeknüpft, vgl. § 6a Abs. 1 Nr. 1 S. 3 VOB/A, § 6 EG Abs. 4 S. 3 VOL/A und § 4 Abs. 6 S. 3 VOF.[351]

---

347 *Hausmann/Hoff, von*, in: Kulartz/Marx/Portz/Prieß (Hrsg.), Kommentar zur VOL/A, 2. Aufl. 2011, § 6 EG Rn. 48; *Müller-Wrede*, in: Müller-Wrede (Hrsg.), Verdingungsordnung für Leistungen, Kommentar zur VOL/A, 3. Aufl. 2010, § 6 EG Rn. 31.
348 *Hausmann/Hoff, von*, in: Kulartz/Marx/Portz/Prieß (Hrsg.), Kommentar zur VOL/A, 2. Aufl. 2011, § 6 EG Rn. 54.
349 *Hausmann/Hoff, von*, in: Kulartz/Marx/Portz/Prieß (Hrsg.), Kommentar zur VOL/A, 2. Aufl. 2011, § 6 EG Rn. 48.
350 Zur strafrechtlichen Verantwortlichkeit von juristischen Personen, Personenverbänden usw. *Heine*, in: Schönke (Begr.)/Schröder (fortgef.), Strafgesetzbuch, 28. Aufl. 2010, Vorbemerkungen zu den §§ 25 ff. Rn. 119.
351 *Tomerius*, in: Pünder/Schellenberg (Hrsg.), Vergaberecht, 2011, VOB/A § 6a Rn. 4.

Diese Auslegung wird teilweise in Frage gestellt.[352] Es wird darauf hingewiesen, dass ein Unterschied im Wortlaut zwischen der Regelung der VOB/A einerseits und den Regelungen der VOL/A und VOF andererseits besteht. Die VOB/A sieht eine Zurechnung vor „wenn eine für dieses Unternehmen für die Führung der Geschäfte verantwortlich handelnde Person selbst gehandelt hat"[353]. Demgegenüber ist nach der VOL/A das Verhalten einer Person zuzurechnen, „wenn sie für dieses Unternehmen bei der Führung der Geschäfte selbst verantwortlich gehandelt hat"[354]. Es wird argumentiert, dass die Vorschrift der VOB/A nicht notwendigerweise einen Bezug zwischen dem Rechtsverstoß und der Tätigkeit einer natürlichen Person für ein Unternehmen voraussetzt.[355] Nach diesem Verständnis könnten sich auch Straftaten, die von Geschäftsführern unabhängig von ihrer Tätigkeit für das betroffene Unternehmen begangen werden, auf dessen Zuverlässigkeit auswirken.[356] Der Wortlaut des § 6a Abs. 1 Nr. 1 S. 3 VOB/A lässt freilich auch die Auslegung zu, dass die handelnde Person in ihrer Kapazität als für die Führung der Geschäfte verantwortlich gehandelt haben muss. Dieses Verständnis ist im Interesse eines Gleichlaufs der Vergabe- und Vertragsordnungen und nicht zuletzt vor dem Hintergrund des Verhältnismäßigkeitsprinzips vorzugswürdig.[357]

Der erstgenannte Fall, also die Zurechnung fremden Verhaltens, betrifft die gesetzlichen Vertreter von Unternehmen, also je nach Gesellschaftsform die geschäftsführenden Gesellschafter, die Geschäftsführer oder den Vorstand.[358] Welche weiteren Personengruppen hinzuzurechnen sind, ist unklar. Die VKR selbst erstreckt die Möglichkeit, Informationen über die persönliche Lage einzuholen auf „Unternehmensleiter oder jede andere Person, die befugt ist, den Bewerber oder Bieter zu vertreten, in seinem Namen Entscheidungen zu treffen oder ihn zu kontrollieren"[359]. Dies deutet auf ein sehr weites Verständnis hin, welches sich auf alle Führungskräfte unabhängig von ihrer Vertretungsmacht erstreckt.[360] Eine Parallele

---

352 *Prieß/Pünder/Stein*, in: Pünder/Prieß/Arrowsmith (Hrsg.), Self-Cleaning in Public Procurement Law, 2009, S. 59 f.
353 § 6a Abs. 1 Nr. 1 S. 3 VOB/A.
354 § 6 EG Abs. 4 S. 3 VOL/A.
355 *Prieß/Pünder/Stein*, in: Pünder/Prieß/Arrowsmith (Hrsg.), Self-Cleaning in Public Procurement Law, 2009, S. 59.
356 *Hausmann/Hoff, von*, in: Kulartz/Marx/Portz/Prieß (Hrsg.), Kommentar zur VOL/A, 2. Aufl. 2011, § 6 EG Rn. 54.
357 So auch *Prieß/Pünder/Stein*, in: Pünder/Prieß/Arrowsmith (Hrsg.), Self-Cleaning in Public Procurement Law, 2009, S. 59.
358 *Glahs*, in: Kapellmann/Messerschmidt (Hrsg.), VOB Teile A und B, 3. Aufl. 2010, VOB/A § 6a Rn. 5; *Müller-Wrede*, in: Müller-Wrede (Hrsg.), Verdingungsordnung für Leistungen, Kommentar zur VOL/A, 3. Aufl. 2010, VOL/A § 6 EG Rn. 36.
359 Art. 45 Abs. 1 VKR.
360 *Hausmann/Hoff, von*, in: Kulartz/Marx/Portz/Prieß (Hrsg.), Kommentar zur VOL/A, 2. Aufl. 2011, § 6 EG Rn. 52.

zu § 14 StGB und § 9 OWiG liegt nahe.[361] Hiernach fallen auch Vertreter aufgrund rechtsgeschäftlicher Vereinbarungen in den Anwendungsbereich der Zurechnungsnormen der Vergabe- und Vertragsordnungen. Ob freilich jede auch auf einzelne Bereiche oder sogar einzelne Rechtsgeschäfte beschränkte Vertretungsmacht ausreicht, muss bezweifelt werden, da ein solcher Einfluss keineswegs eine Kontrolle über das Unternehmen begründet.[362]

Der zweite Fall, nämlich der Verweis auf § 130 OWiG, bewirkt, dass all solche Teilnehmer auszuschließen sind, die vorsätzlich oder fahrlässig die Aufsichtsmaßnahmen unterlassen haben, die erforderlich sind, um in dem Betrieb oder Unternehmen Zuwiderhandlungen gegen Pflichten zu verhindern, die den Inhaber treffen und deren Verletzung mit Strafe oder Geldbuße bedroht ist, soweit die Zuwiderhandlung durch die gehörige Aufsicht verhindert oder wesentlich erschwert worden wäre, § 130 S. 1 OWiG.[363] Nach § 130 S. 2 OWiG gehört zu diesen Pflichten auch die Bestellung, sorgfältige Auswahl und Überwachung von Aufsichtspersonen.[364]

Ein besonderer Fall der Zurechnung findet sich im Konzern. Ein Konzern ist nach § 18 Abs. 1 AktG die Zusammenfassung eines herrschenden mit einem oder mehreren abhängigen Unternehmen unter der einheitlichen Leitung des herrschenden Unternehmens oder nach § 18 Abs. 2 AktG die Zusammenfassung mehrerer rechtlich selbstständiger Unternehmen unter einheitlicher Leitung, ohne dass das eine Unternehmen von dem anderen abhängig ist. Im ersten Fall spricht man von einem sog. Unterordnungskonzern, im zweiten von einem sog. Gleichordnungskonzern. Der Konzern selbst hat keine Rechtspersönlichkeit und kann nicht Anknüpfungspunkt von Rechten und Pflichten sein.[365] Rechtssubjekte sind allein die Konzernunternehmen. Eine Anwendung der allgemeinen Zurechnungsregeln führt dazu, dass die Unzuverlässigkeit des einen Konzernunternehmens nicht allein wegen der Konzernstruktur zu einer Unzuverlässigkeit eines anderen oder gar aller anderen Konzernunternehmen führt.[366] Teilweise wird darüber hinaus verlangt, dass, unabhängig von dem juristischen Aufbau des Unternehmens, eine Zurech-

---

361 So auch *Glahs*, in: Kapellmann/Messerschmidt (Hrsg.), VOB Teile A und B, 3. Aufl. 2010, VOB/A § 6 a Rn. 5.
362 *Prieß/Pünder/Stein*, in: Pünder/Prieß/Arrowsmith (Hrsg.), Self-Cleaning in Public Procurement Law, 2009, S. 59.
363 Ausführlich *Hausmann/Hoff, von*, in: Kulartz/Marx/Portz/Prieß (Hrsg.), Kommentar zur VOL/A, 2. Aufl. 2011, § 6 EG Rn. 56 ff.; *Schmid*, in: Müller-Gugenberger/Bieneck, Wirtschaftsstrafrecht, 5. Aufl. 2011, § 30 Rn. 125 ff.
364 *Hausmann/Hoff, von*, in: Kulartz/Marx/Portz/Prieß (Hrsg.), Kommentar zur VOL/A, 2. Aufl. 2011, § 6 EG Rn. 58.
365 *Von Hoyningen-Huene*, in: Münchener Kommentar zum Handelsgesetzbuch, 2. Aufl. 2005, § 59 Rn. 20.
366 So auch *Prieß/Pünder/Stein*, in: Pünder/Prieß/Arrowsmith (Hrsg.), Self-Cleaning in Public Procurement Law, 2009, S. 68.

nung nicht automatisch von einem Unternehmensbereich auf einen anderen erfolgen sollte.[367]

Nach der hier vertretenen Auffassung lassen sich solche Fälle anhand der oben behandelten Regeln zur Zurechnung der Verfehlung und der Beurteilung der Beeinträchtigung der Zuverlässigkeit lösen und erfordern keine gesonderte Regelung.[368] Eine einfache kapitalmäßige Beteiligung an einer unzuverlässigen Tochtergesellschaft wird daher regelmäßig nicht genügen, um eine Unzuverlässigkeit der Muttergesellschaft zu begründen.[369] Übt die Muttergesellschaft hingegen einen Einfluss auf die Tochter aus, sodass von einer Steuerung oder Steuerungsmöglichkeit des Fehlverhaltens gesprochen werden kann, so ist eine Zurechnung zu bejahen.[370]

3. Zeitliches Verhältnis von Verurteilung und Ausschluss

Die Vorschriften der Vergabe- und Vertragsordnungen zum obligatorischen Ausschluss sehen selbst keine zeitliche Grenze vor, sodass es scheint, als könne sich ein auszuschließender Teilnehmer nicht durch bloßes Abwarten rehabilitieren. Ein dauerhafter obligatorischer Ausschluss würde jedoch einen Verstoß gegen das europäische und deutsche Verhältnismäßigkeitsprinzip darstellen.[371]

Eine Frist für die Dauer, innerhalb derer Straftaten zu berücksichtigen sind, erhält durch das Bundeszentralregistergesetz Einzug in die Normen der Vergabe- und Vertragsordnungen.[372] Die Vergabestelle erhält durch die Einholung eines Führungszeugnisses nach § 31 BZRG Kenntnis von strafrechtlichen Verurteilungen.[373] Das Bundeszentralregistergesetz setzt in § 51 Abs. 1 BZRG eine zeitliche

---

367 *Prieß/Pünder/Stein*, in: Pünder/Prieß/Arrowsmith (Hrsg.), Self-Cleaning in Public Procurement Law, 2009, S. 68.
368 Ähnlich *Hausmann/Hoff, von*, in: Kulartz/Marx/Portz/Prieß (Hrsg.), Kommentar zur VOL/A, 2. Aufl. 2011, § 6 EG Rn. 55.
369 *OLG Düsseldorf*, Beschluss v. 9.4.2003, VII Verg 43/02, NZBau 2003, S. 578, 581; *Kreßner*, Die Auftragssperre im Vergaberecht, 2006, S. 127.
370 *Pietzcker*, in: Motzke/Pietzcker/Prieß (Hrsg.), Beck'scher VOB-Kommentar, VOB/A, 2002, Systematische Darstellung VIII Rn. 65; *Kreßner*, Die Auftragssperre im Vergaberecht, 2006, S. 128.
371 *Prieß/Pünder/Stein*, in: Pünder/Prieß/Arrowsmith (Hrsg.), Self-Cleaning in Public Procurement Law, 2009, S. 60.
372 *Prieß/Pünder/Stein*, in: Pünder/Prieß/Arrowsmith (Hrsg.), Self-Cleaning in Public Procurement Law, 2009, S. 61; *Müller-Wrede*, in: Müller-Wrede (Hrsg.), Verdingungsordnung für Leistungen, Kommentar zur VOL/A, 3. Aufl. 2010, § 6 EG Rn. 38.
373 *Marcks*, in: Landmann, von/Rohmer (Begr.), Gewerbeordnung, Bd. 1, 57. Ergänzungslieferung 2010, § 35 Rn. 40. Ähnlich stellt sich die Lage für Ordnungswidrigkeiten dar. Bußgeldentscheidungen können beim vom Bundesamt für Justiz geführten Gewerbezentralregister abgefragt werden, vgl. § 149 ff. GewO. Da die Ausschüsse nach den hier behandelten „a-Paragraphen" der Vergabe- und Vertragsordnungen jedoch strafrechtliche Urteile voraussetzen, ist dieses Bundesregister an dieser Stelle unerheblich.

Grenze, indem es ein allgemeines Verwertungsverbot im Rechtsverkehr für getilgte oder zu tilgende Einträge vorsieht.[374] Dieses greift gemäß § 46 Abs. 1 BZRG je nach Schwere der Schuld, fünf bis 20 Jahren nach der Verurteilung. Ausnahmen von dem Verwertungsverbot sind nur unter den Voraussetzungen des § 52 BZRG möglich. So können Einträge in einzelnen, konkret bezeichneten Fällen auch über den Zeitraum des § 46 Abs. 1 BZRG hinaus berücksichtigt werden, wenn eine erheblichen Gefährdung der Allgemeinheit vorliegt, vgl. § 52 Abs. 1 Nr. 4 BZRG.

Das Verwertungsverbot umfasst die Verwendung zum Nachteil des Eingetragenen in allen Bereichen des Rechtslebens, so etwa im Straf- und Zivilrecht und auch im Verwaltungsrecht.[375] Die Regelung findet damit auf den Fall des obligatorischen vergaberechtlichen Verfahrensausschlusses Anwendung. Eine Verurteilung wegen der in § 6a Abs. 1 Nr. 1 S. 1 VOB/A, § 6 EG Abs. 4 S. 1 VOL/A und § 4 Abs. 6 S. 1 VOF genannten Straftaten kann nur bis zur Tilgungsreife im Bundeszentralregister, also für die Dauer von fünf bis 20 Jahren, berücksichtigt werden. Die Regelung des § 52 Abs. 1 Nr. 4 BZRG ist wegen seiner Eigenschaft als Ausnahmevorschrift eng auszulegen[376] und an sich nicht analogiefähig, weshalb eine Anwendung auf die Normen der Vergabe- und Vertragsordnungen ausgeschlossen ist.

Im Fall einer Gewerbeuntersagung sind die Behörden nicht daran gehindert, trotz des Bestehens eines Eintrags im Bundeszentralregister die Zuverlässigkeit des Gewerbetreibenden wieder anzunehmen. Die Tilgungsfristen des § 46 Abs. 1 BZRG stellen nur eine äußerste Grenze dar.[377] Der obligatorische Verfahrensausschluss im Vergaberecht kann allein unter den Voraussetzungen der Ausnahmevorschriften abgewendet werden, die in § 6a Abs. 1 Nr. 3 VOB/A, § 6 EG Abs. 5 VOL/A und § 4 Abs. 8 VOF normiert sind. Aus diesem Grund werden häufig andere als die im BZRG genannten Fristen für die Berücksichtigung von Verurteilungen im Rahmen des obligatorischen Ausschlusses diskutiert. Teilweise wird unter Berufung auf die Gesetzgebungsmaterialien der VKR für eine Fünfjahresfrist als maximale Verwertungsdauer von Straftaten für den obligatorischen Verfahrensausschluss argumentiert.[378] In einem Entwurf der VKR findet sich in der Tat eine solche Frist als absolute Sperrfrist im Fall einer strafgerichtlichen Verurteilung

---

374 *Marcks*, in: Landmann, von/Rohmer (Begr.), Gewerbeordnung, Bd. 1, 57. Ergänzungslieferung 2010, § 35 Rn. 40; zur grundsätzlichen Verfassungsmäßigkeit des Verwertungsverbots des BZRG siehe *BVerfG*, Beschluss v. 27.11.1973, 2 BvL 12/72 u.a., BVerfGE 36, S. 174 ff.
375 *Götz*, Das Bundeszentralregister, 3. Aufl. 1985, § 51 Rn. 16 m.w.N.
376 *Bücherl*, in: Graf (Hrsg.), Beck'scher Online-Kommentar zur Strafprozessordnung, Edition 9 Stand 15.1.2011, BZRG § 52 Rn. 8.
377 *Marcks*, in: Landmann, von/Rohmer (Begr.), Gewerbeordnung, Bd. 1, 57. Ergänzungslieferung 2010, § 35 Rn. 41.
378 *Prieß/Pünder/Stein*, in: Pünder/Prieß/Arrowsmith (Hrsg.), Self-Cleaning in Public Procurement Law, 2009, S. 61.

wegen der bereits oben behandelten Delikte.[379] Die Klausel wurde wegen ihrer fehlenden Flexibilität – gerade für den Fall einer Selbstreinigung durch Auflösung des Arbeitsverhältnisses mit straffälligen Mitarbeitern – kritisiert[380] und aus dem Entwurf entfernt.[381] Jedoch sollte aus dem Entwurf nicht auf eine maximale Verwertungsdauer geschlossen werden.[382] Die Vorschrift war nicht als maximale sondern als fixe Frist intendiert. Zwar bietet die vorgeschlagene Frist einen Hinweis auf die regelmäßige Dauer der Aussagekraft einer Straftat auf die Eignung des betroffenen Wirtschaftsteilnehmers, sie sollte jedoch als bloßer Richtwert verstanden werden. Andere wollen der in § 6 Abs. 3 Nr. 1 lit. a bis c VOB/A eine Höchstgrenze von drei Jahren entnehmen.[383] Hiernach kann zum Nachweis der Eignung der „Umsatz des Unternehmens jeweils bezogen auf die letzten drei abgeschlossenen Geschäftsjahre", „die Ausführung von Leistungen in den letzten drei abgeschlossenen Geschäftsjahren" und „die Zahl der in den letzten drei abgeschlossenen Geschäftsjahren jahresdurchschnittlich beschäftigten Arbeitskräfte" aus dem Präqualifikationsverzeichnis für Bauunternehmen abgefragt werden.[384]

Aus der geschilderten unklaren Rechtslage erklärt sich das Bedürfnis nach weiteren Möglichkeiten zur Rehabilitierung eines rechtskräftig verurteilten und daher obligatorisch auszuschließenden Teilnehmers neben dem bloßen Zeitablauf.[385]

4. Ausnahmetatbestände

§ 6 a Abs. 1 Nr. 3 VOB/A, § 6 EG Abs. 5 VOL/A und § 4 Abs. 8 VOF normieren zwei Ausnahmetatbestände, nach denen unter bestimmten Voraussetzungen von einem obligatorischen Ausschluss abgesehen werden kann. Um welche Voraussetzungen es sich hierbei genau handelt, wird unterschiedlich verstanden; der Wortlaut selbst ist zweideutig. Den Normen entsprechend kann „von einem Ausschluss nach Absatz 1 (…) nur abgesehen werden, wenn zwingende Gründe des Allgemeininteresses vorliegen und andere die Leistung nicht angemessen er-

---

379 Art. 46 des Richtlinienentwurfs v. 30.8.2000 KOM (2000) 275 endgültig/2.
380 Stellungnahme des Ausschusses der Regionen v. 13.12.2000, AdR/2000/312, COM-6/023, ABl. EG v. 16.5.2001, C 144/09 Nr. 2.5.2.
381 Sie findet sich nicht mehr in Art. 46 des Richtlinienentwurfs v. 6.5.2002, KOM (2002)236 endgültig. Zum Ganzen *Hausmann/Hoff, von*, in: Kulartz/Marx/Portz/Prieß (Hrsg.), Kommentar zur VOL/A, 2. Aufl. 2011, § 6 EG Rn. 80.
382 A.A. *Prieß/Pünder/Stein*, in: Pünder/Prieß/Arrowsmith (Hrsg.), Self-Cleaning in Public Procurement Law, 2009, S. 61.
383 *Weyand*, Vergaberecht, letzte Aktualisierung 23.12.2010, Kapitel 6 Rn. 769; a.A. *VK Nordbayern*, Beschluss v. 14.3.2006, 21.VK – 3194 – 07/06.
384 § 6 Abs. 3 Nr. 1 lit. a bis c VOB/A.
385 Vgl. *Müller-Wrede*, in: Müller-Wrede (Hrsg.), Verdingungsordnung für Leistungen, Kommentar zur VOL/A, 3. Aufl. 2010, § 6 EG Rn. 38.

bringen können oder wenn aufgrund besonderer Umstände des Einzelfalls der Verstoß die Zuverlässigkeit des Unternehmens nicht in Frage stellt".

a) Unmöglichkeit der Erbringung der Leistung durch andere

Über den ersten Teil der Vorschrift herrscht Einigkeit. Sind andere Wirtschaftsteilnehmer nicht in der Lage, die Leistung angemessen zu erbringen, besteht aber dennoch ein auf zwingenden Gründen des Allgemeininteresses beruhender Bedarf nach der Leistung, so kann von einem Ausschluss abgesehen werden.

Bei dem Ausnahmetatbestand handelt es sich um eine Vorschrift, die als ein Zugeständnis an atypische Fälle zu verstehen ist. Der Auftraggeber soll nicht in die Verlegenheit gebracht werden, aufgrund eines Verstoßes nach Abs. 1 den einzigen Wirtschaftsteilnehmer, der zur Erbringung der Leistung in der Lage ist, ausschließen zu müssen.[386] Die Ausnahme ermöglicht daher eine Berücksichtigung im Verfahren als Notlösung. Im Fall des drohenden Scheiterns eines überragend wichtigen Beschaffungsvorhabens kann so ein an sich unzuverlässiger Wirtschaftsteilnehmer beauftragt werden.

b) Besondere Umstände des Einzelfalls

Über den zweiten Teil der Norm herrscht Uneinigkeit; er lässt sich auf zwei Weisen verstehen. Bezieht man das Erfordernis der „zwingenden Gründe des Allgemeininteresses" nur auf den ersten soeben behandelten Fall, so genügt es für die Anwendbarkeit des zweiten Ausnahmetatbestands, dass „aufgrund der besonderen Umstände des Einzelfalls der Verstoß die Zuverlässigkeit des Unternehmens nicht in Frage stellt". Die Voraussetzungen der zwingenden Gründe des Allgemeininteresses – in Verbindung mit der Unmöglichkeit der Erbringung der Leistung durch andere – und die besonderen Umstände des Einzelfalls stünden dann in einem Verhältnis der Alternativität. Die Formulierung der Norm erlaubt es freilich auch, das Erfordernis der „zwingenden Gründe des Allgemeininteresses" zugleich auf diesen zweiten Tatbestand zu beziehen. Nach diesem Verständnis müssten die beiden Voraussetzungen kumulativ erfüllt sein.

Die in § 6a Abs. 1 Nr. 3 VOB/A, § 6 EG Abs. 5 VOL/A und § 4 Abs. 8 VOF beschriebenen „besonderen Umstände des Einzelfalls" müssen dazu führen, dass ein Wirtschaftsteilnehmer trotz eines Verstoßes nach Abs. 1 nicht der Vermutung ausgesetzt ist, dass er nicht in der Lage ist, Aufträge zuverlässig auszuführen. Dies

---

386 *Müller-Wrede*, in: Müller-Wrede (Hrsg.), Verdingungsordnung für Leistungen, Kommentar zur VOL/A, 3. Aufl. 2010, § 6 EG Rn. 41.

kann jedenfalls dann gegeben sein, wenn der Teilnehmer seit der Aufdeckung des Verstoßes Maßnahmen unternommen hat um zu verhindern, in Zukunft erneut gegen die Strafnormen des vorstehenden Katalogs zu verstoßen. Hierbei handelt es sich um Fälle von Selbstreinigung.[387]

Fraglich ist, ob auch die zeitliche Distanz zwischen einem Rechtsverstoß und der Bewertung der Zuverlässigkeit eines Teilnehmers ein „besonderer Umstand" im Sinne der Normen sein kann. Wie bereits dargelegt, sehen die Normen der Vergabe- und Vertragsordnungen gerade keine zeitliche Begrenzung für die Berücksichtigung von Verurteilungen vor, weshalb aus dem Zeitablauf allein regelmäßig nicht auf eine wiedergewonnene Zuverlässigkeit geschlossen werden kann. Damit ist noch nicht gesagt, welchen Einfluss der zeitliche Abstand zu dem Rechtsverstoß auf die Anforderungen an die Selbstreinigung haben kann.[388]

c) Erforderlichkeit von zwingenden Gründe des Allgemeininteresses

Wie bereits dargelegt, ist zu erörtern, ob das Merkmal der zwingenden Gründe des Allgemeininteresses auch Voraussetzung des zweiten Ausnahmetatbestands ist. Der Streit könnte von erheblicher Bedeutung sein, wie ein Blick auf die Selbstreinigung zeigt. Bei der Selbstreinigung handelt es sich um einen besonderen Umstand nach § 6a Abs. 1 Nr. 3 VOB/A, § 6 EG Abs. 5 VOL/A und § 4 Abs. 8 VOF, der dazu führt, dass ein Verstoß nach § 6a Abs. 1 Nr. 1 S. 1 VOB/A, § 6 EG Abs. 4 S. 1 VOL/A und § 4 Abs. 6 S. 1 VOF die Zuverlässigkeit eines Unternehmers nicht (mehr) in Frage stellt. Durch die Selbstreinigung ist dem Teilnehmer freilich nur dann geholfen, wenn darüber hinaus die zwingenden Gründe des Allgemeininteresses vorliegen oder selbige nicht Voraussetzung des Ausnahmetatbestands sind. Der Streit, ob die zwingenden Gründe des Allgemeinwohls Tatbestandsmerkmal der zweiten Ausnahmeregelung sind, könnte folglich darüber entscheiden, ob ein Teilnehmer auch nach erfolgreicher Selbstreinigung weiterhin zwingend aus einem Vergabeverfahren auszuschließen ist, wenn nicht gleichzeitig zwingende Gründe des Allgemeinwohls vorliegen. Eine zeitliche Komponente, also eine Frist, nach deren Ablauf die Verurteilung nach § 6a Abs. 1 Nr. 3 VOB/A, § 6 EG Abs. 5 VOL/A und § 4 Abs. 8 VOF keine Berücksichtigung mehr finden kann, findet sich – wie bereits erörtert – allein in § 46 BZRG und hat eine Dauer von fünf bis maximal 20 Jahren.

Die kumulative Lesart des Ausnahmetatbestands, also diejenige, die zwingende Gründe des Allgemeininteresses in jedem Fall für erforderlich hält, vereint einen

---

387 *Glahs*, in: Kapellmann/Messerschmidt (Hrsg.), VOB Teile A und B, 3. Aufl. 2010, VOB/A § 6a Rn. 6.
388 Siehe S. 201.

großen Teil der Literatur hinter sich.[389] Als Argument für ihre Richtigkeit wird der Wortlaut der VKR vorgebracht.[390] Diese nennt in Art. 45 Abs. 1 UAbs. 1 VKR die Voraussetzungen für den obligatorischen Ausschluss eines Teilnehmers. In Art. 45 Abs. 1 UAbs. 3 VKR ist festgelegt, dass Ausnahmen von UAbs. 1 nur „aus zwingenden Gründen des Allgemeininteresses" zugelassen werden können.[391] Die Voraussetzungen der Vergabe- und Vertragsordnungen, dass andere Wirtschaftsteilnehmer zu einer angemessenen Erbringung der Leistung nicht in der Lage sind oder dass aufgrund besonderer Umstände des Einzelfalls der Verstoß die Zuverlässigkeit des Unternehmens nicht in Frage stellt, haben keine unionsrechtliche Grundlage.[392]

Dem gegenüber steht die alternative Lesart. Sie lässt es für eine Anwendung des Ausnahmetatbestands genügen, dass die Zuverlässigkeit eines Unternehmens nicht in Frage gestellt ist, ohne dass es auf zwingende Gründe des Allgemeininteresses ankäme.[393] Zur Begründung wird auf den im deutschen Verfassungsrecht und europäischen Primärrecht verankerten Verhältnismäßigkeitsgrundsatz verwiesen.[394] Der Verhältnismäßigkeitsgrundsatz stehe solchen Vorschriften entgegen, die es erlauben, Selbstreinigungsmaßnahmen bei der Eignungsprüfung unberücksichtigt

---

389 *Schranner*, in: Ingenstau/Korbion (Begr.), VOB Teile A und B, 17. Aufl. 2010, VOB/A § 6a Rn. 11; *Müller-Wrede*, in: Müller-Wrede (Hrsg.), Verdingungsordnung für Leistungen, Kommentar zur VOL/A, 3. Aufl. 2010, § 6 EG Rn. 39.

390 *Schranner*, in: Ingenstau/Korbion (Begr.), VOB Teile A und B, 17. Aufl. 2010, VOB/A § 6a Rn. 11; *Müller-Wrede*, in: Müller-Wrede (Hrsg.), Verdingungsordnung für Leistungen, Kommentar zur VOL/A, 3. Aufl. 2010, § 6 EG Rn. 39.

391 Die englischsprachige Fassung entspricht der deutschen sehr genau: *„[Member states] may provide for a derogation from the requirement referred to in the first subparagraph for overriding requirements in the general interest"* und auch die französische Fassung spricht von „*des exigences impératives d'intérêt général*".

392 Zu der Frage, ob angesichts des gemeinschaftsrechtlichen Ausweitungsverbots der Ausschlussgründe den Voraussetzungen der Unfähigkeit anderer Wirtschaftsteilnehmer, die Leistung angemessen zu erbringen und der besonderen Umstände des Einzelfalls, nach denen der Verstoß die Zuverlässigkeit nicht in Frage stellt, überhaupt eine Bedeutung beigemessen werden kann siehe S. 89.

393 *Prieß/Pünder/Stein*, in: Pünder/Prieß/Arrowsmith (Hrsg.), Self-Cleaning in Public Procurement Law, 2009, S. 62 f., *Franke/Mertens*, in: Franke/Kemper/Zanner/Grünhagen, VOB-Kommentar, 3. Aufl. 2007, VOB/A § 8a Rn. 21 f.; *Glahs*, in: Kapellmann/Messerschmidt (Hrsg.), VOB Teile A und B, 3. Aufl. 2010, VOB/A § 6a Rn. 6; *Tomerius*, in: Pünder/Schellenberg (Hrsg.), Vergaberecht, 2011, VOB/A § 6a Rn. 6.

394 *Prieß/Friton*, Ausschluss bleibt Ausnahme, NZBau 2009, S. 300, 302, kommen zu dem Ergebnis kommen, dass im Fall von Selbstreinigungsmaßnahmen die Ratio des Art. 45 Abs. 1 VKR und der Verhältnismäßigkeitsgrundsatz den Ausschluss eines Bewerbers verbieten. Die Autoren gehen nicht unmittelbar auf die zwingenden Gründe des Allgemeininteresses ein. In Ansehung ihres Ergebnisses scheinen sie jedoch nicht gewillt, die zwingenden Gründe des Allgemeinwohls als Voraussetzung des zweiten Ausnahmetatbestands anzuerkennen. Neben dem Schluss, dass die Autoren das Erfordernis der zwingenden Gründe des Allgemeinwohls ablehnen, bleibt die Möglichkeit, dass sie den Grundsatz der Verhältnismäßigkeit als zwingenden Grund des Allgemeinwohls verstehen. So auch *Prieß/Pünder/Stein*, in: Pünder/Prieß/Arrowsmith (Hrsg.), Self-Cleaning in Public Procurement Law, 2009, S. 63.

zu lassen.³⁹⁵ Wären die zwingenden Gründe des Allgemeininteresses Tatbestandsvoraussetzung des zweiten Ausnahmetatbestands, so läge hierin eine Verletzung des europäischen Primärrechts und des deutschen Verfassungsrechts.

Der alternativen Lesart ist zuzugeben, dass das Verhältnismäßigkeitsprinzip tatsächlich eine Berücksichtigung der Selbstreinigungsmaßnahmen verlangt, die ein Unternehmen seit einem Verstoß getroffen hat, der regelmäßig zu einem obligatorischen Verfahrensausschluss führt. Dies wird in dem Teil dieser Arbeit, der sich mit der Selbstreinigung beschäftigt, im Einzelnen zu zeigen sein.³⁹⁶

Die Vertreter der kumulativen Lesart können sich jedoch auf den Wortlaut der VKR und die neuere Rechtsprechung des *EuGH* berufen. Die VKR schreibt in Art. 45 Abs. 1 vor, dass Ausnahmen nur aus zwingenden Gründen des Allgemeininteresses zulässig sind. Der Gerichtshof nimmt seit seiner Entscheidung vom 16. Dezember 2008³⁹⁷ eine Differenzierung vor, einerseits zwischen normierten Kriterien, die sich, gestützt auf objektive Anhaltspunkte, auf die berufliche Eignung der Teilnehmer beziehen, und andererseits Vorschriften, die der Gleichbehandlung und somit der Transparenz des Verfahrens dienen. Während hinsichtlich der ersten Kategorie den Mitgliedstaaten kein eigener Regelungsspielraum zugestanden wird, sind mitgliedstaatliche Vorschriften der zweiten Art zulässig.³⁹⁸ Die im Urteil behandelte Norm der griechischen Verfassung zählte zur zweiten Kategorie, sie diente der Gewährleistung einer Gleichbehandlung der Verfahrensteilnehmer. Im Unterschied hierzu, ist davon auszugehen, dass es sich bei dem Ausnahmetatbestand des Art. 45 Abs. 1 UAbs. 3 VKR und den entsprechenden Normen der Vergabe- und Vertragsordnungen um Vorschriften der ersten Art handelt. Sie beziehen sich auf die berufliche Eignung der Teilnehmer, ohne dem Verfahren ein höheres Maß an Transparenz zu verleihen. Es ist daher davon auszugehen, dass der *EuGH* den nationalen Gesetzgebern hinsichtlich des Ausnahmetatbestands keinen Spielraum

---

395 *Prieß/Pünder/Stein*, in: Pünder/Prieß/Arrowsmith (Hrsg.), Self-Cleaning in Public Procurement Law, 2009, S. 62.
396 Siehe S. 133 ff., insbesondere S. 137 ff.
397 *EuGH*, Urteil v. 16.12.2008, Rs. C-213/07 (Michaniki), Slg. 2008, I-9999 Rn. 43 zur BKR, ebenso zur DKR *EuGH*, Urteil v. 19.5.2009, Rs. C-538/07 (Assitur), Slg. 2009, I-04219 Rn. 19 ff.
398 Auf die hiermit verbundenen Abgrenzungsprobleme dieser zwei einander nicht ausschließenden Kategorien soll vorliegend nicht eingegangen werden, s. aber *Prieß/Friton*, Ausschluss bleibt Ausnahme, NZBau 2009, S. 300, 301 f.

zubilligt.³⁹⁹ An den durch die VKR vorgeschriebenen zwingenden Gründen des Allgemeininteresses führt dem Gerichtshof zufolge kein Weg vorbei. Es ist daher der kumulativen Lesart beizupflichten.

Damit ergibt sich das folgende Bild. Die zwei Ausnahmetatbestände zum obligatorischen Verfahrensausschluss in § 6a Abs. 1 Nr. 3 VOB/A, § 6 EG Abs. 5 VOL/A und § 4 Abs. 8 VOF sind im Sinne der kumulativen Lesart so zu verstehen, dass von einem Ausschluss nur abgesehen werden kann, wenn zwingende Gründe des Allgemeininteresses vorliegen und entweder „andere die Leistung nicht angemessen erbringen können oder (...) aufgrund besonderer Umstände des Einzelfalls der Verstoß die Zuverlässigkeit des Unternehmens nicht in Frage stellt." Dieses Ergebnis entspricht den Vorgaben der VKR und der Rechtsprechung des *EuGH*. Es steht freilich auf den ersten Blick im Widerspruch zu der primärrechtlichen und verfassungsrechtlichen Pflicht, Selbstreinigungsmaßnahmen von Wirtschaftsteilnehmer anzuerkennen. Es wird zu zeigen sein, ob sich dieser Widerspruch durch die Auslegung des Begriffs des Allgemeininteresses wird auflösen lassen.

d) Verhältnismäßigkeit als allgemeines Interesse

Die Mehrheit der europäischen Mitgliedstaaten und die Europäische Kommission neigen zu einer sehr restriktiven Auslegung des Art. 45 Abs. 1 UAbs. 3 VKR⁴⁰⁰ und verstehen unter den „zwingenden Gründen des Allgemeininteresses" allein besonders dringliche Situationen, in denen bestimmte Leistungen zum Schutz der öffentlichen Sicherheit beschafft werden müssen.⁴⁰¹ Auch der österreichische Gesetzgeber legt die zwingenden Gründe des Allgemeininteresses eng aus.⁴⁰² Ihm zufolge ist eine Ausnahme beispielsweise dann begründet, wenn ein Auftraggeber

---

399 Umgekehrt stellt sich die Frage, ob die Tatbestandsmerkmale der Ausnahmetatbestände, die keine Erwähnung in der VKR finden, mit dem gemeinschaftsrechtlichen Ausweitungsverbot der Ausschlussgründe vereinbar sind. Hiernach dürfen die Ausschlussgründe der VKR in ihrer nationalen Umsetzung weder quantitativ noch qualitativ ausgeweitet, allenfalls abgemildert oder flexibler gestaltet werden, *EuGH*, Urteil v. 9.2.2006, Rs. C-226/04 u.a. (La Cascina), Slg. 2006, I-1347 Rn. 23. Die VKR verlangt weder, dass „andere die Leistung nicht angemessen erbringen können" noch dass „aufgrund besonderer Umstände des Einzelfalls der Verstoß die Zuverlässigkeit des Unternehmens nicht in Frage stellt". Weitergehende Anforderungen an das Vorliegen eines Ausnahmetatbestands von einem Verfahrensausschluss sind jedoch gleichbedeutend mit strengeren Anforderungen an die Eignung der Teilnehmer.
400 *Arrowsmith/Prieß/Friton*, in: Pünder/Prieß/Arrowsmith (Hrsg.), Self-Cleaning in Public Procurement Law, 2009, S. 9.
401 *Prieß*, Exclusio corruptoris? – Die gemeinschaftsrechtlichen Grenzen des Ausschlusses vom Vergabeverfahren wegen Korruptionsdelikten, NZBau 2009, S. 587, 589 unter Verweis auf die Mitteilung der Kommission an das Europäische Parlament v. 25.3.2003 betreffend den Gemeinsamen Standpunkt des Rates zur VKR, Dok. SEK 2003, 366 endg.
402 Vgl. *Hahnl*, ecolex 2006, S. 6, 8 f. unter Verweis auf Gesetzgebungsmaterialien.

dringend benötigte Mengen eines Impfstoffs nur bei einem wegen Bestechung verurteilten Unternehmer beschaffen kann. Der Standpunkt des britischen *Office of Government Commerce* (OGC) geht in dieselbe Richtung. Die Richtlinien zum zwingenden Ausschluss von Wirtschaftsteilnehmern[403] legen Art. 45 Abs. 1 UAbs. 3 VKR dahingehend aus, dass Ausnahmen vom obligatorischen Ausschluss nur unter gravierendsten Umständen möglich sind, etwa im Fall eines Notfalls von nationaler Bedeutung, einem *national emergency* im Sinne des Civil Contingencies Act 2004. In der Literatur wird teilweise auf die Rechtsprechung des *EuGH* zur Einschränkung der Grundfreiheiten verwiesen.[404]

Der Wortlaut („zwingende Gründe") legt eine restriktive Auslegung nahe.[405] Der Begriff des Allgemeininteresses ist dem deutschen Recht indes fremd.[406] Auch auf europäischer Ebene diente der recht unscharfe Begriff bei der Novellierung der BKR als kleinster gemeinsamer Nenner unter den Mitgliedstaaten: Wegen der fehlenden Einheitlichkeit des Verständnisses des Begriffs des „öffentlichen Interesses" unter den Mitgliedstaaten musste auf einen anderen, neuen Terminus ausgewichen werden.[407] Aus diesem Grund führt ein Vergleich mit anderen EU-rechtlichen Kontexten nicht zu einem besseren Verständnis des Begriffs des Allgemeininteresses.[408]

Der Begriff des Allgemeininteresses setzt – unabhängig von einer konkreten Rechtsordnung – die Existenz eines von den Interessen Einzelner und auch ihrer Summe unterscheidbares „gemeinsames Interesse" voraus.[409] Dieses Interesse ist darauf gerichtet, das Allgemeinwohl – in Abgrenzung zu einem Einzel- oder Gruppenwohl – zu verwirklichen.[410] Damit ist jedoch nicht gesagt, dass das Allgemeinwohl losgelöst von privaten Interessen zu bestimmen ist. Vielmehr ergibt es sich aus einer Abwägung aller jeweils erheblichen öffentlichen und privaten Interessen.[411] Regelmäßig ist der Staat Träger des Allgemeininteresses und für seine

---

403 *OGC Guidance on the Mandatory Exclusion of Economic Operators in the 2006 Procurement Regulations* unter Nr. 8.
404 *Kulartz/Röwekamp*, in: Müller-Wrede (Hrsg.), Kommentar zur VOF, 3. Aufl. 2008, § 11 Rn. 10.
405 *Hausmann/Hoff,* von, in: Kulartz/Marx/Portz/Prieß (Hrsg.), Kommentar zur VOL/A, 2. Aufl. 2011, § 6 EG Rn. 88.
406 *Seidel/Mertens*, in: Dauses (Hrsg.), Handbuch des EU-Wirtschaftsrechts, Bd. 2, 27. Ergänzungslieferung 2011, H. Wettbewerbsregeln IV. Öffentliches Auftragswesen Rn. 87.
407 *Seidel/Mertens*, in: Dauses (Hrsg.), Handbuch des EU-Wirtschaftsrechts, Bd. 2, 27. Ergänzungslieferung 2011, H. Wettbewerbsregeln IV. Öffentliches Auftragswesen Rn. 88.
408 *Boesen*, Vergaberecht – Kommentar zum 4. Teil des GWB, 2000, § 98, Rn. 43 m.w.N.; *Seidel/Mertens*, in: Dauses (Hrsg.), Handbuch des EU-Wirtschaftsrechts, Bd. 2, 27. Ergänzungslieferung 2011, H. Wettbewerbsregeln IV. Öffentliches Auftragswesen Rn. 88.
409 Vgl. *Bieber/Epiney/Haag,* Die Europäische Union, 9. Aufl. 2011, § 3, Rn. 21.
410 *Püttner*, in: Tilch/Arloth (Hrsg.), Deutsches Rechtslexikon, Bd. 1, 3. Aufl. 2001, Allgemeininteresse; ausführlich *Uerpmann*, Das öffentliche Interesse, 1999, S. 47 ff.
411 *Uerpmann*, Das öffentliche Interesse, 1999, S. 289; ähnlich *Häberle*, „Öffentliches Interesse" als juristisches Problem, 1970, S. 88.

Durchsetzung verantwortlich.[412] Als wichtigstes Mittel dazu dient ihm die Gesetzgebung. Dabei sind zwei Fälle zu unterscheiden. Grundsätzlich dienen Gesetze dazu, aus einem Konflikt unterschiedlicher Interessen das allgemeine hervorzuheben.[413] In einigen Fällen beschränkt sich der Gesetzgeber freilich auf einen bloßen Verweis auf das Allgemeininteresse,[414] wie beispielsweise im Fall des Art. 45 Abs. 1 UAbs. 3 VKR. Hier stellt der Verweis auf das Allgemeinwohl als ein unbestimmter Rechtsbegriff die Aufforderung an den Rechtsanwender dar, unter den widerstreitenden Interessen das überwiegende herauszuarbeiten.[415] Dieser Ansatz führt zu einem besseren Verständnis der Norm der VKR: Die Abwägung von Interessen selbst stellt nichts anderes dar als die Prüfung der Verhältnismäßigkeit. In anderen Worten ist die Verhältnismäßigkeit der Ausdruck des Allgemeininteresses an möglichst angemessenen Rechtsfolgen.[416] Der Verhältnismäßigkeitsgrundsatz ist folglich ein konkretes Allgemeininteresse.

Diese Erkenntnis, angewandt auf Art. 45 VKR, zeigt, dass eine Auslegung des Begriffs der zwingenden Gründe des Allgemeininteresses zumindest auch eine Anwendung des Verhältnismäßigkeitsgrundsatzes verlangt. Erfolgreiche Selbstreinigungsmaßnahmen nehmen dem zwingenden Ausschluss eines Wirtschaftsteilnehmers seine Berechtigung, da der Ausschluss unter dem primär- und verfassungsrechtlichen Vorbehalt der Verhältnismäßigkeit steht, welche ein Allgemeininteresse darstellt. *Prieß, Pünder* und *Stein* schreiben zutreffend: *„(S)elf-cleaning measures need to be taken into account in any event as they amount to 'overriding requirements in the general interest'"*[417].

5. Fazit

Zusammenfassend lässt sich Folgendes sagen. Das in Art. 45 VKR genannte Allgemeininteresse umfasst Fälle von nationalen Notständen. Hierin erschöpft sich

---

412 *Püttner*, in: Tilch/Arloth (Hrsg.), Deutsches Rechtslexikon, Bd. 1, 3. Aufl. 2001, Allgemeininteresse; *Uerpmann*, Das öffentliche Interesse, 1999, S. 20; *Häberle*, „Öffentliches Interesse" als juristisches Problem, 1970, S. 46 ff.
413 *Püttner*, in: Tilch/Arloth (Hrsg.), Deutsches Rechtslexikon, Bd. 1, 3. Aufl. 2001, Allgemeininteresse.
414 Vgl. *Uerpmann*, Das öffentliche Interesse, 1999, S. 175.
415 *Uerpmann*, Das öffentliche Interesse, 1999, S. 187 f.; *Püttner*, in: Tilch/Arloth (Hrsg.), Deutsches Rechtslexikon, Bd. 1, 3. Aufl. 2001, Allgemeininteresse; vgl. *Häberle*, „Öffentliches Interesse" als juristisches Problem, 1970, S. 637 f.
416 So auch *Püttner*, in: Tilch/Arloth (Hrsg.), Deutsches Rechtslexikon, Bd. 1, 3. Aufl. 2001, Allgemeininteresse.
417 *Prieß/Pünder/Stein*, in: Pünder/Prieß/Arrowsmith (Hrsg.), Self-Cleaning in Public Procurement Law, 2009, S 63. Ähnlich *Arrowsmith*, The Law of Public and Utilities Procurement, 2. Aufl. 2005, S. 1309 Rn. 19.81; *Prieß*, Exclusio corruptoris? – Die gemeinschaftsrechtlichen Grenzen des Ausschlusses vom Vergabeverfahren wegen Korruptionsdelikten, NZBau 2009 S. 587, 589.

seine Bedeutung – entgegen der wohl herrschenden Meinung – freilich nicht. Die Berücksichtigung des gemeinschafts- und verfassungsrechtlichen Verhältnismäßigkeitsprinzips liegt selbst im Allgemeininteresse. Da der Ausschluss selbstgereinigter Wirtschaftsteilnehmer – wie noch zu zeigen sein wird – eine unverhältnismäßige Maßnahme ist, stellt auch die Berücksichtigung von Selbstreinigungsmaßnahmen beim Ausschluss von Teilnehmern ein Allgemeininteresse dar.[418]

II. Obligatorischer Ausschluss wegen vorsätzlicher unzutreffender Erklärungen

Einen Sonderfall unter den obligatorischen Ausschlusstatbeständen bildet § 16 Abs. 1 Nr. 1 lit. g VOB/A. Hiernach sind „Angebote von Bietern, die im Vergabeverfahren vorsätzlich unzutreffende Erklärungen in Bezug auf ihre Fachkunde, Leistungsfähigkeit und Zuverlässigkeit abgegeben haben", auszuschließen. Die Vorschrift ersetzt § 8 Nr. 5 Abs. 1 lit. e VOB/A 2006. Diese nahezu wortgleiche Vorschrift regelte ebenfalls den Ausschluss von Wettbewerbsteilnehmern im Fall von unzutreffenden Angaben über die Eignung. In der alten Fassung war der Tatbestand als fakultativer Ausschluss normiert[419]. Auch die VOL/A[420] und die VOF[421] belassen den öffentlichen Auftraggebern in Fällen vorsätzlicher unzutreffender Erklärungen ein Ermessen. Die Normen der VOB/A 2006, VOL/A und der VOF sind Umsetzungen von Art. 45 Abs. 2 S. 1 lit. g VKR. Die Vorschrift der VOB/A 2009 geht über diese Vorgabe hinaus und schafft einen zusätzlichen obli-

---

418 Zwei der drei Tatbestandsmerkmale, die die Vergabe- und Vertragsordnungen für die Ausnahme vom obligatorischen Ausschluss aufstellen, finden sich nicht in der VKR: Die VKR spricht allein von zwingenden Gründen des Allgemeininteresses, nicht jedoch von der Unmöglichkeit der Erbringung der Leistung durch andere oder besonderen Umständen des Einzelfalls, aufgrund derer der Verstoß die Zuverlässigkeit des Unternehmens nicht in Frage stellt. Da höhere Anforderungen an das Vorliegen eines Ausnahmetatbestands gleichbedeutend sind mit höheren Anforderungen an die Eignung, könnten die zusätzlichen Voraussetzungen der Vergabe- und Vertragsordnungen gegen das gemeinschaftsrechtliche Ausweitungsverbot verstoßen. Die Untersuchung zeigt jedoch, dass es sich bei den Tatbestandsmerkmalen der Verdingungsordnungen allein um Konkretisierungen des Begriffs des Allgemeininteresses handelt. Die „Unmöglichkeit der Erbringung der Leistung durch andere" beschreibt die Auslegung, wie die herrschende Meinung sie für das Allgemeininteresse vornimmt. Die besonderen Umstände des Einzelfalls, aufgrund derer „der Verstoß die Zuverlässigkeit des Unternehmens nicht in Frage stellt", adressieren Fälle von Selbstreinigung, die, wie gezeigt, wegen des Verhältnismäßigkeitsprinzips im Allgemeininteresse liegen. Die Vergabe- und Vertragsordnungen gehen damit nicht über die VKR hinaus und verstoßen nicht gegen das Ausweitungsverbot, i.E. ebenso *Müller-Wrede*, in: Müller-Wrede (Hrsg.), Verdingungsordnung für Leistungen, Kommentar zur VOL/A, 3. Aufl. 2010, § 6 EG Rn. 43.
419 *Weyand*, Vergaberecht, letzte Aktualisierung 23.12.2010, Kapitel 86 Rn. 277.
420 § 6 Abs. 5 lit. e VOL/A.
421 § 4 Abs. 9 lit. e VOF.

gatorischen Ausschlusstatbestand. Nach der *Michaniki*-Rechtsprechung des *EuGH*[422] ist dies unzulässig; die Norm steht damit im Widerspruch zu den Vorgaben der VKR.

III. Rechtsfolge des obligatorischen Verfahrensausschlusses

Hinsichtlich der Rechtsfolge verbleibt den Vergabestellen kein Ermessensspielraum. Ist ein Ausschlussgrund tatbestandlich festgestellt, ist der betroffene Teilnehmer zwingend auszuschließen.[423] Der Zeitpunkt des Ausschlusses bemisst sich nach dem Zeitpunkt der Eignungsprüfung. Dieser wiederum ist abhängig von der gewählten Art des Vergabeverfahrens.[424]

B. Fakultativer Ausschluss

Verschiedene Tatbestände der Vergabe- und Vertragsordnungen belassen der Vergabestelle einen Ermessensspielraum bei der Entscheidung über den Ausschluss von Wirtschaftsteilnehmern wegen Unzuverlässigkeit. Von überragender Wichtigkeit sind hier die Tatbestände der § 16 Abs. 1 Nr. 2 lit. c VOB/A, § 6 Abs. 5 lit. c VOL/A, § 4 Abs. 9 lit. b, c VOF.

I. Schwere Verfehlung, die die Zuverlässigkeit in Frage stellt

Nach § 16 Abs. 1 Nr. 2 lit. c VOB/A, § 6 Abs. 5 lit. c VOL/A, § 4 Abs. 9 lit. c VOF können Teilnehmer vom Wettbewerb ausgeschlossen werden, „die nachweislich eine schwere Verfehlung begangen haben, die ihre Zuverlässigkeit als Bewerber in Frage stellt". Anders als die oben behandelten a-Paragraphen führen § 16 Abs. 1 Nr. 2 lit. c VOB/A, § 6 Abs. 5 lit. c VOL/A, § 4 Abs. 9 lit. b, c VOF nicht zu einem zwingenden Ausschluss des betroffenen Teilnehmers. Die Voraussetzungen

---

422 *EuGH*, Urteil v. 16.12.2008, Rs. C-213/07 (Michaniki), Slg. 2008, I-9999; s. bereits oben, S. 54 ff.
423 *Hausmann/Hoff, von*, in: Kulartz/Marx/Portz/Prieß (Hrsg.), Kommentar zur VOL/A, 2. Aufl. 2011, § 6 EG Rn. 77.
424 Siehe S. 31 ff.

müssen im Einzelnen geprüft und ein vorhandener Beurteilungs- und Ermessensspielraum ausgeschöpft werden.[425]

1. Schwere Verfehlung

a) Unterschiede zwischen den Vergabe- und Vertragsordnungen

Die genannten Normen der VOB/A, VOL/A und VOF fordern zunächst eine schwere Verfehlung. Im Gegensatz zu den beiden anderen Vergabe- und Vertragsordnungen spaltet die VOF den Tatbestand in § 4 Abs. 9 lit. b und c VOF auf. Hiernach können Teilnehmer ausgeschlossen werden, „die aufgrund eines rechtskräftigen Urteils aus Gründen bestraft worden sind, die ihre berufliche Zuverlässigkeit in Frage stellen" oder „die im Rahmen ihrer beruflichen Tätigkeit eine schwere Verfehlung begangen haben, die vom Auftraggeber nachweislich festgestellt wurde". Die VOF orientiert sich hierbei unmittelbar an den Vorgaben der VKR, die in Art. 45 Abs. 2 lit. c und d VKR gleichermaßen differenziert. Die Unterscheidung betrifft zwar im Kern das Merkmal der schweren Verfehlung, inhaltlich ergeben sich hieraus jedoch keine Unterschiede zu den Regelungen der VOB/A und VOL/A. Das in § 4 Abs. 9 lit. b VOF normierte Merkmal der rechtskräftigen Verurteilung aus Gründen, die die berufliche Zuverlässigkeit des Bewerbers in Frage stellen, lässt sich zwanglos unter die in § 16 Abs. 1 Nr. 2 lit. c VOB/A, § 6 Abs. 5 lit. c VOL/A genannte schwere Verfehlung subsumieren. Dies mag im Rahmen einer europarechtskonformen Auslegung geboten sein, ergibt sich aber gleichermaßen aus einem Erst-recht-Schluss.[426] Da für eine nachweislich schwere Verfehlung keine rechtskräftige Verurteilung notwendig ist, wird im Fall des Vorliegens eines Urteils erst recht eine nachweislich schwere Verfehlung anzunehmen sein.

b) Rechtsverstöße als schwere Verfehlung

Der Begriff der schweren Verfehlung ist ein unbestimmter Rechtsbegriff, der im Rahmen des bestehenden Beurteilungsspielraums von der Vergabestelle auszule-

---

[425] *Werner*, in: Willenbruch/Bischoff (Hrsg.), Kompaktkommentar Vergaberecht, 2008, Los 4 § 8 VOB/A Rn. 49; *Hausmann/Hoff, von*, in: Kulartz/Marx/Portz/Prieß (Hrsg.), Kommentar zur VOL/A, 2. Aufl. 2011, § 6 EG Rn. 94. *Tomerius*, in: Pünder/Schellenberg (Hrsg.), Vergaberecht, 2011, VOB/A § 16 Rn. 28; *Martini*, in: Pünder/Schellenberg (Hrsg.), Vergaberecht, 2011, VOF § 4 Rn. 24.
[426] *Orthmann*, Korruption im Vergaberecht – Konsequenzen und Prävention – Teil 1, Ausschlussgründe, NZBau 2007, S. 201, 202.

gen[427] und nur eingeschränkt überprüfbar ist.[428] Allgemein lässt sich zu dem Tatbestandsmerkmal sagen, dass es sich in der Regel um einen Verstoß gegen Straf- oder Ordnungswidrigkeitsvorschriften handeln wird. Beispiele hierfür lassen sich aus dem letzten Entwurf für ein bundesweites Korruptionsregister[429] und aus den in einzelnen Ländern bereits bestehenden Vorschriften für vergleichbare Verzeichnisse entnehmen.[430] Auf diese Weise erhält man einen recht umfangreichen Katalog von Wirtschaftsstraftaten und –ordnungswidrigkeiten. Der Katalog ist einerseits nicht abschließend. Es sind ohne Weiteres andere Rechtsverstöße vorstellbar, die die Zuverlässigkeit eines Wirtschaftsteilnehmers in Frage stellen können. Andererseits sind die Delikte bereits durch den Filter ihres Potentials zur Beeinträchtigung der Zuverlässigkeit eines Teilnehmers betrachtet.[431] Der Wortlaut der Normen legt es indes nahe, die Beeinträchtigung der Zuverlässigkeit neben der Schwere der Verfehlung als ein eigenständiges Tatbestandsmerkmal zu prüfen.[432] Unter an dieser Stelle zunächst konsequenter Auslassung der Frage, ob die Zuverlässigkeit des Wirtschaftsteilnehmers beeinträchtigt ist oder nicht, ist in einem ersten Schritt zunächst jede Straftat und jede schwerwiegende Ordnungswidrigkeit als schwere Verfehlung anzusehen.[433] Darüber hinaus kommen auch Verstöße gegen das GWB und UWG sowie gravierende zivil- und arbeitsrechtliche Verstöße als schwere Verfehlungen in Betracht.[434] Hierbei ist ein Fehlverhalten zu verlangen, welches deutlich über das Niveau einer Vertragsverletzung hinausgeht.[435] Ebenso können bloße sachliche Meinungsverschiedenheiten, auch über die ordnungsge-

---

427 *VK Düsseldorf*, Beschluss v. 31.10.2005, VK 30/2005-B; *Hausmann/Hoff, von*, in: Kulartz/Marx/Portz/Prieß (Hrsg.), Kommentar zur VOL/A, 2. Aufl. 2011, § 6 EG Rn. 103.
428 *Müller-Wrede*, in: Müller-Wrede (Hrsg.), Verdingungsordnung für Leistungen, Kommentar zur VOL/A, 3. Aufl. 2010, § 6 EG Rn. 57.
429 Entwurf zur Neuregelung des Vergaberechts v. 29.3.2005, BMWA I B 3 – 26 05 13, dort § 4 Mitteilungspflicht.
430 Siehe § 5 des Gesetzes zur Verbesserung der Korruptionsbekämpfung und zur Errichtung und Führung eines Vergaberegisters in Nordrhein-Westfalen (Korruptionsbekämpfungsgesetz – KorruptionsbG) vom 16.12.2004 sowie § 3 KRG Berlin. Dieses Vorgehen wählt auch *Orthmann*, Korruption im Vergaberecht – Konsequenzen und Prävention – Teil 1, Ausschlussgründe, NZBau 2007, S. 201, 202.
431 So auch *Frister*, in: Kapellmann/Messerschmidt (Hrsg.), VOB Teile A und B, 3. Aufl. 2010, VOB/A § 16 Rn. 32, der solche Verstöße als „schwere Verfehlung" anerkennt, die sich gegen strafrechtliche Bestimmungen richten, oder gegen Normen, die grundlegende Vergabeprinzipien schützen, wie den Wettbewerb und die Gleichbehandlung.
432 Vgl. *Hausmann/Hoff, von*, in: Kulartz/Marx/Portz/Prieß (Hrsg.), Kommentar zur VOL/A, 2. Aufl. 2011, § 6 EG Rn. 114.
433 *Prieß/Pünder/Stein*, in: Pünder/Prieß/Arrowsmith (Hrsg.), Self-Cleaning in Public Procurement Law, 2009, S. 65.
434 *Weyand*, Vergaberecht, letzte Aktualisierung 23.12.2010, Kapitel 70 Rn. 148; *Tomerius*, in: Pünder/Schellenberg (Hrsg.), Vergaberecht, 2011, VOB/A § 16 Rn. 32; weitere Beispiele aus der Rechtsprechung bei *Müller-Wrede*, in: Müller-Wrede (Hrsg.), Verdingungsordnung für Leistungen, Kommentar zur VOL/A, 3. Aufl. 2010, § 6 EG Rn. 58.
435 *Tomerius*, in: Pünder/Schellenberg (Hrsg.), Vergaberecht, 2011, VOB/A § 16 Rn. 31.

mäße Ausführung vergangener Aufträge[436], den Anforderungen nicht genügen.[437] In keinem Fall darf der Ausschluss dazu genutzt werden, vergangenes vertragliches Fehlverhalten des Wirtschaftsteilnehmers gegenüber dem öffentlichen Auftraggeber zu bestrafen.[438]

Teilweise wird Zurückhaltung in der Bejahung einer schweren Verfehlung angemahnt.[439] Nur solche Verstöße, die eine eklatante Missachtung des Grundsatzes des freien Marktes und der Rechtsordnung erkennen lassen und von erheblicher Tragweite sind, sollen den Tatbestand erfüllen.[440] Ob diese Einschränkung bereits beim Merkmal der schweren Verfehlung erforderlich ist, kann bezweifelt werden. Eine sachgerechte und verhältnismäßige Anwendung des obligatorischen Ausschlusstatbestandes lässt sich, wie noch zu zeigen ist, über eine entsprechende Auslegung der Anforderungen an die Beeinträchtigung der Zuverlässigkeit erzielen.

c) Position der Rechtsprechung

Während eine trennscharfe Differenzierung nach schweren und nicht schweren Verstößen nicht erkennbar ist, verfolgt die Rechtsprechung einen pragmatischen Ansatz. Ihr zufolge wiegt eine Verfehlung immer dann schwer, wenn sie schuldhaft begangen wurde und erhebliche Auswirkungen hat.[441] Voraussetzung ist weiter, dass das Vertrauensverhältnis zwischen Auftraggeber und Teilnehmer schwerwiegend gestört ist.[442] Neben Straftaten und Ordnungswidrigkeiten kann auch das Verhalten des Bieters während eines Aufklärungsgesprächs eine schwere Verfehlung begründen.[443]

---

436 *LG Düsseldorf*, Urteil v. 16.3.2005, 12 O 225/04, WuW 2005, S. 976, 978.
437 *Weyand*, Vergaberecht, letzte Aktualisierung 23.12.2010, Kapitel 70 Rn. 151.
438 *VK Sachsen*, Beschluss v. 25.6.2003, 1/SVK/051-03; zur Straffunktion des Ausschlusses siehe S. 143 ff.
439 *Prieß/Pünder/Stein*, in: Pünder/Prieß/Arrowsmith (Hrsg.), Self-Cleaning in Public Procurement Law, 2009, S. 65.
440 *Prieß/Pünder/Stein*, in: Pünder/Prieß/Arrowsmith (Hrsg.), Self-Cleaning in Public Procurement Law, 2009, S. 65.
441 *LG Düsseldorf*, Urteil v. 16.3.2005, 12 O 225/04, WuW 2005, S. 976, 978.
442 *LG Düsseldorf*, Urteil v. 16.3.2005, 12 O 225/04, WuW 2005, S. 976, 978; *Prieß*, in: Motzke/Pietzcker/Prieß (Hrsg.), Beck'scher VOB-Kommentar, VOB/A, 2002, VOB/A § 8 Rn. 100 f.
443 *Glahs*, in: Kapellmann/Messerschmidt (Hrsg.), VOB Teile A und B, 3. Aufl. 2010, VOB/A § 2 Rn. 18.

d) Verstoß gegen die Verpflichtung zur Zahlung von Steuern und Abgaben

§§ 16 Abs. 1 Nr. 2 lit. d VOB/A, 6 Abs. 5 lit. d VOL/A, 4 Abs. 9 lit. d VOF nennen als eigenständigen fakultativen Ausschlussgrund einen Verstoß gegen die Verpflichtung zur Zahlung von Steuern und Abgaben seitens der Teilnehmer. Hierbei handelt es sich regelmäßig um Unterfälle der §§ 16 Abs. 1 Nr. 2 lit. c VOB/A, 6 Abs. 5 lit. c VOL/A, 4 Abs. 9 lit. b, c VOF, da die Steuerhinterziehung nach § 370 AO eine Straftat und mit einem Strafrahmen von bis zu fünf Jahren Freiheitsstrafe und in besonders schweren Fällen bis zu zehn Jahren eine schwere Verfehlung im Sinne dieser Normen darstellt. Die unvorsätzliche Steuerhinterziehung steht nicht unter Strafe. Sie kann einen Ausschluss wegen fehlender Zuverlässigkeit daher nur in solchen Fällen begründen, die eine den übrigen fakultativen Ausschlussgründen vergleichbare Intensität erreichen. Ein fehlender Vorsatz wird durch eine besondere Schwere an Säumigkeit, also eine Steuerverkürzung in großem Umfang oder eine hohe Frequenz der Vorfälle, kompensiert werden müssen.[444] Die unvorsätzliche Steuerhinterziehung kann auch ein Hinweis auf eine unsachgemäße Führung des Unternehmens sein und daher ggf. die kaufmännische Fachkunde der Verantwortlichen in Frage stellen.

2. Zurechnung der Verfehlung

Wie bereits dargestellt, hat der Normgeber die Frage der Zurechnung im Fall des obligatorischen Ausschlusses in § 6a Abs. 1 Nr. 1 S. 3 VOB/A, § 6 EG Abs. 4 S. 3 VOL/A und § 4 Abs. 6 S. 3 VOF normiert. In Bezug auf den fakultativen Ausschluss nach §§ 16 Abs. 1 Nr. 2 lit. c VOB/A, 6 Abs. 5 lit. c VOL/A, 4 Abs. 9 lit. b, c VOF findet sich keine vergleichbare Regelung. Gleichwohl ist bei juristischen Personen und Personengesellschaften sowie beim Einsatz von Nachunternehmern eine Zurechnung notwendig.[445] Naheliegend ist eine Übertragung der Regeln des obligatorischen Ausschlusses.[446] Verfehlungen, die keine Ordnungswidrigkeit oder Straftat darstellen, lassen sich nach allgemeinen zivilrechtlichen Grundsätzen zurechnen.[447]

Was im Rahmen des obligatorischen Verfahrensausschluss zur Zurechnung von Verfehlungen im Konzern gesagt wurde, gilt in gleicher Weise für den fakultativen

---

444 *Hausmann/Hoff, von*, in: Kulartz/Marx/Portz/Prieß (Hrsg.), Kommentar zur VOL/A, 2. Aufl. 2011, § 6 EG Rn. 122.
445 *Hausmann/Hoff, von*, in: Kulartz/Marx/Portz/Prieß (Hrsg.), Kommentar zur VOL/A, 2. Aufl. 2011, § 6 EG Rn. 107.
446 *Hausmann/Hoff, von*, in: Kulartz/Marx/Portz/Prieß (Hrsg.), Kommentar zur VOL/A, 2. Aufl. 2011, § 6 EG Rn. 108.
447 *Fehling*, in: Pünder/Schellenberg (Hrsg.), Vergaberecht, 2011, GWB § 97 Rn. 121.

Ausschluss. Auch hier ist anhand der allgemeinen Regeln im Einzelfall zu prüfen, ob die Verfehlung einer Tochtergesellschaft der Muttergesellschaft oder einem anderen Konzernunternehmen zugerechnet werden kann. Eine Zurechnung kann sich insbesondere aus lenkenden Eingriffen ergeben.

3. Nachweis der Verfehlung

Entsprechend den Vergabe- und Vertragsordnungen muss die schwere Verfehlung nachweislich sein. Die Vorschriften schweigen sich zu den Einzelheiten dieses Nachweises aus. Nicht zuletzt in einem Umkehrschluss aus § 6a Abs. 1 Nr. 1 S. 1 VOB/A, § 6 EG Abs. 4 S. 1 VOL/A und § 4 Abs. 6 VOF lässt sich folgern, dass eine rechtskräftige Verurteilung wegen eines der Delikte, die eine schwere Verfehlung begründen, jedenfalls genügt offenbar jedoch nicht erforderlich ist.[448]

Auch eine Auslegung von Art. 45 Abs. 2 lit. c und d VKR führt zu keinem anderen Schluss. Art. 45 Abs. 2 lit. d VKR, deren Umsetzung die Normen der Vergabe- und Vertragsordnungen sind, erweist sich bei der Suche nach den Anforderungen an den Nachweis der Verfehlung nicht als Hilfestellung. Hiernach genügt es, dass der öffentliche Auftraggeber die Verfehlung „nachweislich feststellt". Der Wortlaut ist etwas unglücklich und lässt die Auslegung zu, dass allein die Feststellung der Verfehlung von der Vergabestelle nachzuweisen ist. Naheliegender ist die Auslegung, dass die Feststellung der Verfehlung nur aufgrund von Nachweisen erfolgen darf. Dies ergibt sich auch aus einem Vergleich mit der englischen Fassung der Richtlinie: *„Any economic operator may be excluded from participation in a contract where that economic operator (...) has been guilty of grave professional misconduct proven by any means which the contracting authorities can demonstrate"*[449].

a) Verfassungsrechtliches Erfordernis eines rechtskräftigen Urteils

Weder die Vergabe- und Vertragsordnungen noch die VKR fordern also eine rechtskräftige Verurteilung für den Ausschluss. Die Anklageerhebung oder die Eröffnung des Hauptverfahrens müssen nicht abgewartet werden.[450] In Hinblick auf

---

[448] So die einhellige Meinung, *OLG Frankfurt*, Beschluss v. 20.7.2004, 11 Verg 6/04, ZfBR 2004, S. 822, 824; *Weyand*, Vergaberecht, letzte Aktualisierung 23.12.2010, Kapitel 70 Rn. 145; *Hausmann/Hoff, von*, in: Kulartz/Marx/Portz/Prieß (Hrsg.), Kommentar zur VOL/A, 2. Aufl. 2011, § 6 EG Rn. 112; *Müller-Wrede*, in: Müller-Wrede (Hrsg.), Verdingungsordnung für Leistungen, Kommentar zur VOL/A, 3. Aufl. 2010, § 6 EG Rn. 67.
[449] Englische Fassung von Art. 45 Abs. 2 lit. d VKR.
[450] *Weyand*, Vergaberecht, letzte Aktualisierung 23.12.2010, Kapitel 70 Rn. 145.

die Ordnungswidrigkeiten, die zu einem Ausschluss führen können, leuchtet dies ein: Über eine Ordnungswidrigkeit wird nur im Fall eines Widerspruchs durch den Betroffenen überhaupt im Wege eines Gerichtsverfahrens entschieden. Freilich ließe sich hier wenigstens Bestandskraft fordern. Zu erörtern ist, welche Anforderungen aus dem höherrangigen Recht über den Wortlaut der Normen hinaus besteht. Als Rechtsquellen hierfür kommen die Unschuldsvermutung und der allgemeine Gleichbehandlungsgrundsatz in Betracht.

1) Unschuldsvermutung

Verschiedentlich wird im Fall eines Verfahrensausschlusses ohne rechtskräftiges Urteil ein Verstoß gegen die Unschuldsvermutung diskutiert.[451] Die Unschuldsvermutung findet ihre Normierung allein in Art. 6 Abs. 2 EMRK: „Jede Person, die einer Straftat angeklagt ist, gilt bis zum gesetzlichen Beweis ihrer Schuld als unschuldig". Seit der Ratifizierung der Europäischen Menschenrechtskonvention gilt sie in Deutschland als einfaches Bundesrecht.[452] Darüber hinaus entnimmt das Bundesverfassungsgericht die Unschuldsvermutung als ungeschriebenen, aber unmittelbar geltenden Rechtssatz den Art. 1 Abs. 1 und 2, Art. 20 Abs. 3 GG.[453] Somit hat sie trotz fehlender verfassungsrechtlicher Positivierung in ihrer Wirkung Verfassungsrang.[454]

Ihre hauptsächliche Bedeutung erhält die Unschuldsvermutung im Bereich der Freiheitsstrafe. Maßnahmen, die einer solchen in ihrer Wirkung gleichkommen, sind im Vorgriff auf die Strafe unzulässig.[455] Bereits hier zeigen sich auch die Grenzen der Unschuldsvermutung: In dem Umfang, wie es die Sicherung eines geordneten Strafverfahrens und die spätere Vollstreckung eines auf freiheitsentziehende Folgen gerichteten Urteils verlangen[456], bietet § 112 Abs. 1 S. 1 StPO durch die Möglichkeit der Untersuchungshaft, eine gewichtige Einschränkung der

---

451 *Weyand*, Vergaberecht, letzte Aktualisierung 23.12.2010, Kapitel 70 Rn. 167; *Hausmann/ Hoff, von*, in: Kulartz/Marx/Portz/Prieß (Hrsg.), Kommentar zur VOL/A, 2. Aufl. 2011, § 6 EG Rn. 113; *Orthmann*, Korruption im Vergaberecht – Konsequenzen und Prävention – Teil 1, Ausschlussgründe, NZBau 2007, S. 201, 203.
452 Konvention zum Schutz der Menschenrechte und Grundfreiheiten in der Fassung der Bekanntmachung vom 17.5.2002, BGBl. II S. 1055.
453 *BVerfG*, Beschluss v. 15.12.1965, 1 BvR 513/65, NJW 1966, S. 243, 244; *BVerfG*, Beschluss v. 26.3.1987, 2 BvR 589/79 u.a., NJW 1987, S. 2427, 2428.
454 Ausführlich *Paeffgen*, in: Rudolphi (Begr.), Systematischer Kommentar zur Strafprozessordnung, 4. Aufl. 2011, EMRK, Art. 6 Rn. 176.
455 *BVerfG*, Beschluss v. 16.5.1973, 2 BvR 590/71, NJW 1974 S. 26, 27.
456 *Gärtner*, Untersuchungshaft zur Sicherung der Zurückgewinnungshilfe?, NStZ 2005, S. 544, 545 m.w.N.

Unschuldsvermutung.[457] Dieser Aspekt ist für das Vergaberecht von geringer Bedeutung.

Interessanter ist die Ausprägung, die besagt, dass die Unschuldsvermutung auch dann verletzt ist, wenn in einer Erklärung eines Vertreters des Staates Aussagen zu der Schuld einer Person getroffen werden, die noch nicht verurteilt worden ist.[458] Die Kriminalstrafe ist *ultima ratio* des Rechtsgüterschutzes und kommt dann zum Tragen, wenn ein Verhalten über ein bloßes Verbotensein hinaus besonders sozialschädlich ist.[459] Eine Strafnorm enthält ein sozialethisches Unwerturteil über die pönalisierte Handlung. Dieses Unwerturteil berührt den Wert- und Achtungsanspruch des Verurteilten und damit seine Menschenwürde nach Art. 1 Abs. 1 GG[460], weshalb der Schuldspruch selbst Teil des Strafübels ist. Es stellt sich die Frage, ob der fakultative Ausschluss aus einem Verfahren – gerade wenn dieser Ausschluss auf dem Verdacht einer Straftat fußt – die Aussage eines Vertreters des Staates über die Schuld einer Person darstellt.

Die Rechtsprechung sieht die Unschuldsvermutung durch einen fakultativen Ausschluss aus einem Vergabeverfahren nicht tangiert. Unter Berufung auf die Rechtsprechung des *BGH* verweist das *Saarländische OLG* darauf, dass keine Maßnahmen getroffen werden dürfen, die den vollen Nachweis der Schuld erfordern, bevor dieser erbracht ist.[461] Nach dieser Feststellung verweist der Senat darauf, dass Verstöße nach § 6 Abs. 5 lit. c VOL/A nicht notwendig strafrechtlich erheblich sein müssen und dass ihre Feststellung keinen vollen Nachweis strafrechtlicher Schuld voraussetzt.

Ein strafrechtlich bedingter Ausschluss kann faktisch eine ähnliche Wirkung entfalten wie eine strafrechtliche Sanktion. Die faktischen Ähnlichkeiten der zwei Maßnahmen dürfen nicht darüber hinwegtäuschen, dass ein Ausschluss nicht darauf zielt, als Sanktion einem Teilnehmer einen Nachteil zuzufügen. Wie unterschiedlich die Voraussetzungen eines Ausschlusses und einer Strafe trotz ihrer ähnlichen Wirkung sind, lässt sich am Beispiel der Schuldfähigkeit illustrieren. Für einen fakultativen Verfahrensausschluss ist es unerheblich, ob ein Teilnehmer, dem ein seine Unzuverlässigkeit begründendes Verhalten tatbestandlich zugerechnet werden kann, tatsächlich strafbar ist oder ob er beispielsweise in Folge fehlender

---

[457] *OLG Saarbrücken*, Beschluss v. 29.12.2003, 1 Verg 4/03, NZBau 2004, S. 346, 347; *Orthmann*, Korruption im Vergaberecht – Konsequenzen und Prävention – Teil 1, Ausschlussgründe, NZBau 2007, S. 201, 203.
[458] *EGMR*, Urteil v. 3.10.2002, 37568/97, NJW 2004, S. 43, 44.
[459] *BVerfG*, Urteil v. 28.5.1993, 2 BvF 2/90 u.a., NJW 1993, S. 1751, 1754.
[460] *BVerfG*, Beschluss v. 9.7.1997, 2 BvR 1371/96, NJW 1998, S. 443.
[461] *OLG Saarbrücken*, Beschluss v. 29.12.2003, 1 Verg 4/03, NZBau 2004, S. 346, 347; *BGH*, Urteil v. 5.5.1975, III ZR 43/73, NJW 1975, S. 1829, 1831; *Schmitt*, in: Meyer-Goßner, Strafprozessordnung, 54. Aufl. 2011, MRK Art. 6 Rn. 12.

Schuldfähigkeit nach § 20 StGB[462] straflos bleibt. In beiden Fällen wird die Vergabestelle von einer Auftragsvergabe an den Betroffenen Abstand nehmen wollen.[463] Aus dem Beispiel lassen sich zwei Schlüsse ziehen: Einerseits ist ein strafrechtlicher Freispruch nicht in allen Fällen geeignet, Bedenken an der Zuverlässigkeit eines Teilnehmers auszuräumen.[464] Die Vergabestelle kann ihr Ermessen unabhängig von strafgerichtlichen Entscheidungen frei ausüben.[465] Andererseits bedeutet es aber auch, dass ein strafrechtliches Urteil selbst im Fall des Vorwurfs eines strafrechtlich relevanten Verstoßes nicht erforderlich sein muss, um einen Ausschluss nach den § 16 Abs. 1 Nr. 2 lit. c VOB/A, § 6 Abs. 5 lit. c VOL/A, § 4 Abs. 9 lit. c VOF zu begründen. Die Anforderungen an einen Verfahrensausschluss und an eine strafrechtliche Verurteilung sind schlichtweg unterschiedliche. Hierdurch lässt sich nun die Ausgangsfrage beantworten, nämlich ob der Ausschluss wegen einer schweren Verfehlung eine Aussage über die Schuld des Betroffenen darstellt. Da die Voraussetzungen eines Verfahrensausschlusses und einer strafrechtlichen Verurteilung unterschiedlich sind, lässt die Bejahung dieser keinen Rückschluss auf das Vorliegen jener, also der strafrechtlichen Schuld, zu.

In der Aussage zur Zuverlässigkeit eines Teilnehmers, auch wenn sie sich auf den begründeten Verdacht einer Straftat stützt, liegt daher keine Aussage zu seiner strafrechtlichen Schuld. Die Unschuldsvermutung ist nicht verletzt.[466]

2) Gleichbehandlungsgrundsatz

Einer Berücksichtigung nicht rechtskräftig abgeurteilter Straftaten durch einen fakultativen Verfahrensausschluss könnte der vergaberechtliche Gleichbehandlungsgrundsatz entgegenstehen. Die Pflicht zur Beachtung des Grundsatzes der Gleichbehandlung gehört zum Wesen der europäischen Vergaberichtlinien[467] und findet

---

462 *Perron*, in: Schönke (Begr.)/Schröder (fortgef.), Strafgesetzbuch, 28. Aufl. 2010, § 20 Rn. 1 ff.
463 Hier zeigt sich erneut die Nähe von Verfahrensausschlüssen zum Berufsverbot als Maßregel zur Sicherung und Besserung, welches auch dann verhängt werden kann, wenn der Täter wegen erwiesener oder nicht auszuschließender Schuldunfähigkeit nicht verurteilt wurde, *StreeKinzig*, in: Schönke (Begr.)/Schröder (fortgef.), Strafgesetzbuch, 28. Aufl. 2010, § 70 Rn. 8.
464 *VK Düsseldorf*, Beschluss v. 13.3.2006, VK 08/2006 – L. Hier stand ein strafrechtlicher Freispruch der Annahme der Unzuverlässigkeit des Betroffenen nicht entgegen.
465 *Prieß/Pünder/Stein*, in: Pünder/Prieß/Arrowsmith (Hrsg.), Self-Cleaning in Public Procurement Law, 2009, S. 67.
466 *Weyand*, Vergaberecht, letzte Aktualisierung 23.12.2010, Kapitel 70 Rn. 167.
467 *EuGH*, Urteil v. 22.6.1993, Rs. C-243/89 (Storebaelt), Slg. 1993, I-3353 R. 33; *EuGH*, Urteil v. 25.4.1996, Rs. C-87/94, Slg. 1996, I-2043 Rn. 51; *BGH*, Urteil v. 3.6.2004, X ZR 30/03, NZBau 2004, S. 517, 518; *Dreher*, in: Immenga/Mestmäcker (Hrsg.), Wettbewerbsrecht, Bd. 2, GWB, 4. Aufl. 2007, § 97 Rn. 57.

sich u.a. in § 97 Abs. 2 GWB.[468] Hiernach sind Wirtschaftsteilnehmer über die gesamte Verfahrensdauer[469] nach objektiven, nachvollziehbaren und am Auftrag orientierten Kriterien gleich zu behandeln.[470] Allen Teilnehmern sind die gleichen Chancen einzuräumen; Unterscheidungen sind nur anhand von sachlichen Kriterien zulässig.[471] Der dringende Verdacht einer strafbaren Handlung stellt ein solches sachliches Unterscheidungskriterium dar, welches den Ausschluss rechtfertigt.[472] Somit liegt in dem fakultativen Verfahrensausschluss auch keine Verletzung des Gleichbehandlungsgrundsatzes.

b) Erforderliche Verdachtsmomente

Nachdem festgestellt wurde, dass ein Verfahrensausschluss wegen Unzuverlässigkeit auch ohne rechtskräftige Verurteilung rechtmäßig sein kann, stellt sich die Frage, welche Anforderungen stattdessen an den Nachweis der Unzuverlässigkeit zu stellen sind. Die Rechtsprechung arbeitet überwiegend mit Begriffen, die teils selbstverständlich und teils zu allgemein formuliert sind, als dass sie sich im Einzelfall für eine Subsumtion eignen. Einigkeit herrscht darüber, dass unspezifizierte Vorwürfe, vage Vermutungen und Verdachtsmomente nicht ausreichen.[473] Die Verfehlung muss folglich nach objektiven Kriterien beweisbar sein.[474] Diese Tatsachen müssen einer kritischen Prüfung durch das mit der Sache befasste Gericht standhalten und die Zuverlässigkeit des Bieters nachvollziehbar in Frage stellen.[475] Voraussetzung für einen Ausschluss ist, dass konkrete, z.B. durch schriftlich fixierte Zeugenaussagen, sonstige Aufzeichnungen, Belege oder Schriftstücke objektivierte Anhaltspunkte für schwere Verfehlungen bestehen.[476] Die Verdacht be-

---

468 Wegen der einfachgesetzlichen Normierung kommt es an dieser Stelle auf die Frage, ob Art. 3 GG auf fiskalisches Handeln des Staates Anwendung findet, nicht an. Zu einer Darstellung des Streits vgl. *Dreher*, in: Immenga/Mestmäcker (Hrsg.), Wettbewerbsrecht, Bd. 2, GWB, 4. Aufl. 2007, Vorbemerkung vor §§ 97 ff. Rn. 113 ff.
469 *Dreher*, in: Immenga/Mestmäcker (Hrsg.), Wettbewerbsrecht, Bd. 2, GWB, 4. Aufl. 2007, § 97 Rn. 60.
470 *Marx*, in: Motzke/Pietzcker/Prieß (Hrsg.), Beck'scher VOB-Kommentar, VOB/A, 2002, GWB § 97 Rn. 20.
471 *OLG Saarbrücken*, Beschluss v. 29.12.2003, 1 Verg 4/03, NZBau 2004, S. 346, 347.
472 *Weyand*, Vergaberecht, letzte Aktualisierung 23.12.2010, Kapitel 70 Rn. 168.
473 *OLG Bremen*, Beschluss v. 24.5.2006, Verg 1/06, ZfBR 2006, S. 719, 726; *OLG Düsseldorf*, Beschluss v. 28.7.2005, VII Verg 42/05, Rn. 12.
474 *OLG Düsseldorf*, Beschluss v. 28.7.2005, VII Verg 42/05, Rn. 12.
475 *OLG Saarbrücken*, Beschluss v. 29.12.2003, 1 Verg 4/03, NZBau 2004, S. 346, 347; *Weyand*, Vergaberecht, letzte Aktualisierung 23.12.2010, Kapitel 70 Rn. 145.
476 *OLG Saarbrücken*, Beschluss v. 29.12.2003, 1 Verg 4/03, NZBau 2004, S. 346, 347; *Weyand*, Vergaberecht, letzte Aktualisierung 23.12.2010, Kapitel 70 Rn. 145.

gründenden Umstände müssen zudem aus seriösen Quellen stammen, und der Verdacht muss einen gewissen Grad an Erhärtung erfahren haben.[477]

Die Vielzahl von Formulierungen zeigt, dass der Grund für das Fehlen von aussagekräftigen Kriterien darin zu suchen ist, dass die ausschlussbegründende Verfehlung der Literatur und Rechtsprechung zufolge wie jede andere Tatsache zur Überzeugung der Vergabestelle vorliegen muss. Der Auftraggeber handelt daher – entsprechend den allgemeinen Regeln – ermessensfehlerhaft, wenn er eine Entscheidung nach unvollständiger oder fehlerhafter Wertung der zur Verfügung stehenden Informationen trifft. Nichts anderes verlangt der *BGH*, wenn er fordert, dass bei einer Vergabeentscheidung zum Nachteil eines Teilnehmers nur solche Umstände berücksichtigt werden können, die auf gesicherten eigenen Erkenntnissen des Ausschreibenden beruhen.[478] Liegt der Entscheidung über den Ausschluss eines Wirtschaftsteilnehmers keine rechtskräftige gerichtliche oder bestandskräftige behördliche Entscheidung zugrunde, so ist freilich die Anhörung des Betroffenen von besonderer Bedeutung. Ihm muss Gelegenheit zur Stellungnahme zu den Vorwürfen gegeben werden.[479]

4. Beeinträchtigung der Zuverlässigkeit

Nachdem die schwere Verfehlung einmal nachgewiesen wurde, muss in einem nächsten Schritt festgestellt werden, dass hierdurch die Zuverlässigkeit des Wirtschaftsteilnehmers in Frage gestellt ist.[480] Die Feststellung der gegenwärtigen Unzuverlässigkeit ist eine Prognose dahingehend, ob der Teilnehmer in Zukunft in der Lage sein wird, den Auftrag sorgfältig auszuführen.

Art. 45 Abs. 2 lit. d VKR legt nahe, dass die Zuverlässigkeit immer dann beeinträchtigt ist, wenn die Verfehlung im Rahmen der beruflichen Tätigkeit des Teilnehmers begangen wurde.[481] Unklar ist, ob dies bedeutet, dass jede schwere Verfehlung mit Berufsbezug zu einer Beeinträchtigung der Zuverlässigkeit führt. Teilweise wird die Nähe des Verhaltens, welches den Verstoß begründet, zu der beruflichen Tätigkeit tatsächlich als maßgebliche Größe angesehen, um die Beeinträchtigung der Zuverlässigkeit zu ermitteln.[482] Daneben soll auch die Nähe der

---

477 *OLG Saarbrücken*, Beschluss v. 29.12.2003, 1 Verg 4/03, NZBau 2004, S. 346, 347.
478 *BGH*, Urteil v. 26.10.1999, X ZR 30/98, NJW 2000, S. 661, 662.
479 *Hausmann/Hoff, von*, in: Kulartz/Marx/Portz/Prieß (Hrsg.), Kommentar zur VOL/A, 2. Aufl. 2011, § 6 EG Rn. 116.
480 Vgl. §§ 16 Abs. 1 Nr. 2 lit. c VOB/A, 6 Abs. 5 lit. c VOL/A, 4 Abs. 9 lit. c VOF.
481 So auch *Orthmann*, Korruption im Vergaberecht – Konsequenzen und Prävention – Teil 1, Ausschlussgründe, NZBau 2007, S. 201, 203; *Kulartz/Röwekamp*, in: Müller-Wrede (Hrsg.), Kommentar zur VOF, 3. Aufl. 2008, § 11 Rn. 17.
482 *Prieß/Pünder/Stein*, in: Pünder/Prieß/Arrowsmith (Hrsg.), Self-Cleaning in Public Procurement Law, 2009, S. 67.

Verfehlung zu der ausgeschriebenen Leistung eine Rolle spielen.[483] Bestimmte Aufträge können zudem ein höheres Maß an Zuverlässigkeit erfordern als andere.[484] Diese Indizien müssen in die Bewertung einbezogen werden. Das Merkmal der Beeinträchtigung der Zuverlässigkeit dient als Korrektiv für diejenigen Fälle, in denen einem Wirtschaftsteilnehmer zwar eine schwere Verfehlung – etwa in Form einer Straftat – zugerechnet werden kann, dies jedoch keinen Einfluss auf die Beurteilung seiner vergaberechtlichen Zuverlässigkeit hat. Die Vergabestelle muss hierzu alle relevanten Informationen sammeln und abwägen, ob eine Beeinträchtigung der Zuverlässigkeit im konkreten Fall gegeben ist.[485] Bei Straftaten und Ordnungswidrigkeiten ohne erheblichen wirtschaftlichen Bezug, also Bezug zur beruflichen Tätigkeit des Betroffenen, ist der notwendige Einfluss auf die Zuverlässigkeit nicht gegeben. Daneben ist auch das für die konkrete Leistung erforderliche Zuverlässigkeitsniveau zu berücksichtigen. Erst wenn ein Wirtschaftsteilnehmer dieses unterschreitet, liegt eine Beeinträchtigung der Zuverlässigkeit im Einzelfall vor.

Neben der Qualität der Verfehlung und ihrem Bezug zur beruflichen Tätigkeit des Wirtschaftsteilnehmers kann auch eine im Vorfeld des Vergabeverfahrens erfolgte Selbstreinigung durch den Betroffenen dazu führen, dass eine Verfehlung in der Vergangenheit keinen Einfluss mehr auf die gegenwärtigen Möglichkeiten einer vertragsgemäßen Leistungserbringung hat und damit die Zuverlässigkeit unberührt lässt.[486] Aus diesem Grund ist dem Wirtschaftsteilnehmer rechtliches Gehör insbesondere im Hinblick auf zwischenzeitlich erfolgte Selbstreinigungsmaßnahmen zu gewähren.[487]

Die Ausnahmetatbestände der § 6 a Abs. 1 Nr. 3 VOB/A, § 6 EG Abs. 5 VOL/A und § 4 Abs. 8 VOF, die im Fall des obligatorischen Ausschlusses eine Berücksichtigung von Selbstreinigungsmaßnahmen überhaupt erst ermöglichen, spielen für die fakultativen Ausschlüsse keine Rolle. Da Vergabestellen im Einzelfall im Rahmen ihres Ermessensspielraums entscheiden können und müssen, ist ihnen ein Ausschluss nicht vorgegeben. Die Vergabe- und Vertragsordnungen sehen auch keine Mindestsperrfrist vor. Unabhängig von der oben vorgetragenen Auslegung der Ausnahmetatbestände des obligatorischen Ausschlusses sind Selbstreinigungs-

---

483 *Prieß/Pünder/Stein*, in: Pünder/Prieß/Arrowsmith (Hrsg.), Self-Cleaning in Public Procurement Law, 2009, S. 67.
484 So etwa zu den Anforderungen an die Zuverlässigkeit im Fall von BSE-Pflichttests *OLG München*, Beschluss v. 21.4.2006, Verg 8/06, ZfBR 2006, S. 507, 509.
485 *Zdzieblo*, in: Daub/Meierose (Begr.)/Eberstein (Hrsg.), Kommentar zur VOL-A, 5. Aufl. 2000, § 7 Rn. 67; *Orthmann*, Korruption im Vergaberecht – Konsequenzen und Prävention – Teil 1, Ausschlussgründe, NZBau 2007, S. 201, 204.
486 *Tomerius*, in: Pünder/Schellenberg (Hrsg.), Vergaberecht, 2011, VOB/A § 16 Rn. 32.
487 *Hausmann/Hoff, von*, in: Kulartz/Marx/Portz/Prieß (Hrsg.), Kommentar zur VOL/A, 2. Aufl. 2011, § 6 EG Rn. 116 f.

maßnahmen daher beim fakultativen Ausschluss unmittelbar zu berücksichtigen, sobald sie eine ausreichende Wirkung entfaltet haben.

5. Zeitliches Verhältnis von Verfehlung und Ausschluss

Überwiegend wird auch zum fakultativen Ausschluss vertreten, neben der Selbstreinigung auch die Zeitspanne seit dem Verstoß in Abhängigkeit zu seiner Schwere als Kriterium für eine Rehabilitation anzuerkennen. Hiernach soll ein Verstoß, der längere Zeit zurückliegt, keine Aussage mehr über die Zuverlässigkeit eines Teilnehmers zulassen und einen Vergabeausschluss nicht rechtfertigen können.[488] Die Ansichten über die Dauer einer solchen Aussagekraft einer Verfehlung divergieren ganz erheblich. Teilweise wird die Grenze bereits bei drei bis vier Jahren gesehen.[489] Für eine Drei-Jahres-Frist lässt sich mit § 6 Abs. 3 Nr. 2 lit. a bis c VOB/A argumentieren.[490] Andere sehen selbst nach zehn Jahren ohne besondere Selbstreinigungsmaßnahmen keinen Grund, die Zuverlässigkeit des Wirtschaftsteilnehmers als wiederhergestellt anzuerkennen.[491] Unterschiedlich lässt sich auch der Zeitpunkt bewerten, ab dem die Frist zu laufen beginnt. Denkbar ist hier der Zeitpunkt der letzten Verfehlung oder seine Entdeckung durch unterschiedliche Institutionen. Bei einem gerichtlichen Verfahren kommt der Zeitpunkt des Urteils hinzu. Der Zeitpunkt der Entdeckung ist in gewissem Umfang von Zufällen abhängig, die außerhalb des Einflusses des Teilnehmers liegen.[492] Dies gilt umso mehr für den Zeitpunkt der Verurteilung. Erachtet man jedoch den Zeitpunkt der letzten Verfehlung als maßgeblich[493], werden solche Teilnehmer begünstigt, die in der Lage sind, ihre Straftaten besser zu vertuschen.[494] Ein solcher Anreiz, Straftaten möglichst lange zu verdecken, ist mit dem Zweck des Verfahrensausschlusses un-

---

488 *Kreßner*, Die Auftragssperre im Vergaberecht, 2006, S. 123.
489 Für eine Grenze von vier Jahren *1. VK Bund*, Beschluss v. 11.10.2002, VK 1-75/02; *Prieß/Pünder/Stein*, in: Pünder/Prieß/Arrowsmith (Hrsg.), Self-Cleaning in Public Procurement Law, 2009, S. 67 sehen drei bis vier Jahre als Regeldauer für die Berücksichtigungsfähigkeit von Verstößen an; für drei Jahre auch *Müller-Wrede*, in: Müller-Wrede (Hrsg.), Verdingungsordnung für Leistungen, Kommentar zur VOL/A, 3. Aufl. 2010, § 6 EG Rn. 72.
490 Nach diesen Vorschriften können Angaben u.a. der letzten drei Geschäftsjahre als Eignungsnachweise verlangt werden; *Rusam/Weyand*, in: Heiermann/Riedl/Rusam/Kuffer, Handkommentar zur VOB, 11. Aufl. 2008, VOB/A § 2 Rn. 10; *Quardt*, Die Auftragssperre im Vergaberecht, BB 1997, S. 477, 479; *Hertwig*, Praxis der öffentlichen Auftragsvergabe, 4. Aufl. 2009, Rn. 477; *Kreßner*, Die Auftragssperre im Vergaberecht, 2006, S. 123.
491 *LG Berlin*, Urteil v. 22.3.2006, 23 O 118/04, NZBau 2006, S. 397, 398 f.; in diesem Fall handelte es sich sogar um die Aufrechterhaltung einer Auftragssperre.
492 *Stein/Friton*, Internationale Korruption, zwingender Ausschluss und Selbstreinigung, VergabeR 2010, S. 151, 157.
493 So im Grundsatz *Müller-Wrede*, in: Müller-Wrede (Hrsg.), Verdingungsordnung für Leistungen, Kommentar zur VOL/A, 3. Aufl. 2010, § 6 EG Rn. 73 f.
494 *Stein/Friton*, Internationale Korruption, zwingender Ausschluss und Selbstreinigung, VergabeR 2010, S. 151, 157.

vereinbar. Daher ist, trotz aller damit verbundenen Unsicherheiten, auf den Zeitpunkt der Entdeckung abzustellen. Dieses Ergebnis steht mit der noch zu erörternden Obliegenheit der Teilnehmer, im Rahmen der Selbstreinigung ihre Straftaten selbst offenzulegen, am besten in Einklang.[495]

Im Grundsatz erscheint es richtig, auch ohne besondere Selbstreinigungsmaßnahmen nach einiger Zeit wieder von der Zuverlässigkeit eines Teilnehmers auszugehen. Die Anforderungen an die Selbstreinigung sind von Fall zu Fall sehr unterschiedlich. Bei geringfügigen Verstößen kann genügen, dass ein Unternehmen die verantwortlichen Mitarbeiter von sensiblen Positionen entfernt. Haben die Verantwortlichen seit dem Verstoß ihre Position im Unternehmen unabhängig von Rehabilitationsmaßnahmen aufgegeben, so liegt faktisch eine Selbstreinigung vor. Weitergehende Maßnahmen wären ohnehin von dem Teilnehmer nicht zu verlangen. Gleiches erscheint angemessen, wenn sich das betroffene Unternehmen oder die konkret verantwortlichen Arbeitnehmer über eine lange Zeit keine neuen Verstöße haben zu Schulden kommen lassen.[496] Bei dem zweiten Fall handelt es sich um eine Frage der Selbstreinigung natürlicher Personen. Würde ein Angestellter auf unbeschränkte Zeit mit dem Stigma der Unzuverlässigkeit versehen, so wäre er selbst nach seiner Kündigung in jedem anderen Unternehmen untragbar.

Auch die Rechtsprechung erkennt mittlerweile die zeitliche Distanz, um die eine Verfehlung in der Vergangenheit liegt, als einen berücksichtigungsfähigen Faktor bei der Beurteilung der Zuverlässigkeit eines Wirtschaftsteilnehmers an. So entschied das KG im Jahr 2008, dass eine um vier Jahre zurückliegende Schmiergeldzahlung an ein privates Unternehmen der erforderlichen Zuverlässigkeit für die Abwicklung eines Bauauftrags nicht notwendigerweise entgegensteht – selbst wenn eine Selbstreinigung nicht stattgefunden hat.[497]

Festzuhalten ist, dass absolute Fristen einer Berücksichtigungsfähigkeit von Verstößen im Rahmen eines fakultativen Verfahrensausschlusses nur eine geringe Bedeutung haben. Verfehlungen von sehr unterschiedlicher Qualität und Ausmaß und Aufträge von sehr unterschiedlicher Sensibilität eröffnen einen weiten Rahmen von Zeiträumen, innerhalb derer eine Entscheidung für oder gegen die Zuverlässigkeit des Bewerbers zumindest nicht ermessensfehlerhaft ist.[498] Schließlich ist in jedem einzelnen Vergabeverfahren diese Entscheidung unabhängig und pflichtge-

---

495 A.A. *Stein/Friton*, Internationale Korruption, zwingender Ausschluss und Selbstreinigung, VergabeR 2010, S. 151, 157, die den Zeitpunkt der Verurteilung vorschlagen, jedoch für den Fall, dass die Begehung der Straftat sehr lange zurückliegt auf die Ausnahmetatbestände der obligatorischen Ausschlusstatbestände verweisen.
496 So auch zur Verwendung von Verstößen zur Begründung einer Gewerbeuntersagung nach § 35 GewO *Marcks*, in: Landmann, von/Rohmer (Begr.), Gewerbeordnung, Bd. 1, 57. Ergänzungslieferung 2010, § 35 Rn. 174.
497 *KG Berlin*, Urteil v. 13.3.2008, 2 Verg 18/07, NZBau 2008, S. 466, 470.
498 Der Beurteilungsspielraum der Vergabestellen wird gerade von der neueren Rechtsprechung hervorgehoben, vgl. etwa *OLG Koblenz*, Beschluss v. 4.10.2010, 1 Verg 8/10, Rn. 21.

mäß am Maßstab des Grundsatzes der Verhältnismäßigkeit zu treffen.[499] Es ergeben sich daher nicht die gleichen prinzipiellen Bedenken wie sie in Fällen der Auftragssperren geäußert werden.[500] Gleichwohl ist auch hier rechtsstaatliche Vorsicht geboten. Die Konsequenzen, die ein allein auf vergangenen und verbüßten Strafverstößen und Ordnungswidrigkeiten begründeter Verfahrensausschluss für einen Unternehmer bedeuten, unterscheiden sich in Branchen, die auf öffentliche Aufträge angewiesen sind, nur unbedeutend von einem Berufsverbot nach §§ 70 ff. StGB.[501] Dies unterstreicht, dass die Begehung einer schweren Verfehlung selbst nicht genügt, um einen Bewerber auszuschließen. Vielmehr müssen die Zweifel an der Zuverlässigkeit in der Prognose des zukünftigen Verhaltens liegen.[502]

II. Unzutreffende Erklärungen in Bezug auf die Eignung

§ 6 Abs. 5 lit. e VOL/A erweitert die Möglichkeit des Ausschlusses auf Fälle, in denen Teilnehmer „im Vergabeverfahren vorsätzlich unzutreffende Erklärungen in Bezug auf ihre Eignung abgegeben haben". § 11 Abs. 4 lit. e VOF enthält eine inhaltlich vergleichbare Regelung. Die entsprechende Regelung der VOB/A[503] ist als obligatorischer Ausschlusstatbestand formuliert und steht damit im Widerspruch zu den Vorgaben der VKR. Unzutreffende Erklärungen in Bezug auf die Eignung sind beispielsweise unrichtige Eigenerklärungen und die Vorlage veralteter Gewerberegisterauszüge.[504]

Inhaltlich handelt es sich bei den Vorschriften um Unterfälle der oben behandelten § 16 Abs. 1 Nr. 2 lit. c VOB/A, § 6 Abs. 5 lit. c VOL/A, § 4 Abs. 9 lit. c VOF. Sie sollen den Ausschluss von Wirtschaftsteilnehmern ermöglichen, die sich durch ihr Verhalten im Vergabeverfahren selbst gegenüber dem öffentlichen Auftraggeber als nicht vertrauenswürdig erwiesen haben.[505] Da auch nicht strafbares Handeln während des Vergabeverfahrens eine die Zuverlässigkeit in Frage stellende Verfehlung darstellen kann, kommt auch die Täuschung über die eigene Eignung als eine schwere Verfehlung im Sinne der § 16 Abs. 1 Nr. 2 lit. c VOB/A, § 6 Abs. 5 lit. c VOL/A, § 4 Abs. 9 lit. c VOF in Frage. Somit lassen sich die Ausführungen zum fakultativen Ausschluss wegen einer schweren Verfehlung auf die hier be-

---

499 *Kreßner*, Die Auftragssperre im Vergaberecht, 2006, S. 123.
500 Vgl. S. 120.
501 Ähnlich zur Untersagung der Gewerbetätigkeit *Leisner*, Unzuverlässigkeit im Gewerberecht (§ 35 Abs 1 S 1 GewO), GewArch 2008, S. 225, 231.
502 *Prieß/Stein*, Nicht nur sauber, sondern rein: Die Wiederherstellung der Zuverlässigkeit durch Selbstreinigung, NZBau 2008, S. 230 m.w.N.
503 § 16 Abs. 1 Nr. 1 lit. g VOB/A.
504 *VK Arnsberg*, Beschluss v. 22.10.2001, VK 2-13/2001.
505 *VK Nordbayern*, Beschluss v. 21.5.2003, 320.VK-3194-14/03; *Hausmann/Hoff, von*, in: Kulartz/Marx/Portz/Prieß (Hrsg.), Kommentar zur VOL/A, 2. Aufl. 2011, § 6 EG Rn. 126.

handelten Tatbestände übertragen. Die vorsätzliche Täuschung über das Vorliegen eines Eignungskriteriums wird in Ermangelung eines beabsichtigten Vermögensschadens regelmäßig kein (versuchter) Eingehungsbetrug[506] im Sinne des § 263 StGB sein. Dieser würde unter der Voraussetzung, dass sich die Straftat gegen den Haushalt der EG oder gegen Haushalte richtet, die von der EG oder in ihrem Auftrag verwaltet werden und dem Vorliegen eines rechtskräftigen Urteils, sogar zu einem obligatorischen Ausschluss nach § 6 a Abs. 1 Nr. 1 S. 1 VOB/A, § 6 EG Abs. 4 S. 1 VOL/A, § 4 Abs. 6 S. 1 VOF führen.

Im Rahmen des Ausschlusstatbestands der § 6 Abs. 5 lit. e VOL/A, § 4 Abs. 9 lit. e VOF lässt sich diskutieren, ob auch vorsätzlich unzutreffende Erklärungen in früheren Vergabeverfahren zu einem Ausschluss führen können.[507] Unabhängig davon, ob diese Möglichkeit wirklich einer Auftragssperre gleichkäme[508], ist dieses Verständnis der Vorschriften zugunsten einer engen Auslegung abzulehnen.[509]

III. Rechtsfolge des fakultativen Verfahrensausschlusses

Auf der Rechtsfolgenseite besteht bei den soeben behandelten Tatbeständen ein vom Auftraggeber auszufüllender und gerichtlich nur eingeschränkt überprüfbarer Ermessensspielraum. Die Entscheidung ist nur dann rechtmäßig, wenn sie dem aus dem Rechtsstaatsprinzip folgenden Grundsatz der Verhältnismäßigkeit genügt.[510] Dies ist dann nicht der Fall, wenn die Entscheidung ermessensfehlerhaft ist, wenn also ein vorgeschriebenes Verfahren nicht eingehalten wurde, nicht von einem zutreffenden oder vollständig ermittelten Sachverhalt ausgegangen wurde, sachfremden Erwägungen Einzug in die Entscheidung erhalten haben und wenn Beurteilungsmaßstäbe im Rahmen des Beurteilungsspielraum unzutreffend angewandt

---

506 S. zum Eingehungsbetrug *Cramer/Perron*, in: Schönke (Begr.)/Schröder (fortgef.), Strafgesetzbuch, 28. Aufl. 2010, § 263 Rn. 125 ff.
507 *Hausmann/Hoff, von*, in: Kulartz/Marx/Portz/Prieß (Hrsg.), Kommentar zur VOL/A, 2. Aufl. 2011, § 6 EG Rn. 127; bejahend *Kratzenberg*, in: Ingenstau/Korbion (Begr.), VOB Teile A und B, 17. Aufl. 2010, § 16 Rn. 37.
508 *Hausmann/Hoff, von*, in: Kulartz/Marx/Portz/Prieß (Hrsg.), Kommentar zur VOL/A, 2. Aufl. 2011, § 6 EG Rn. 127. Dies kann bezweifelt werden, da der – fakultative – Ausschluss aus einem konkreten Verfahren auch in diesem Fall noch in der Hand der Vergabestelle läge. Wesensmerkmal einer Auftragssperre ist jedoch, dass die Vergabestelle für die Dauer der Sperre keine Entscheidung im Enzelfall trifft.
509 *Hausmann/Hoff, von*, in: Kulartz/Marx/Portz/Prieß (Hrsg.), Kommentar zur VOL/A, 2. Aufl. 2011, § 6 EG Rn. 127.
510 Vgl. zum Grundsatz der Verhältnismäßigkeit im Vergaberecht *Dreher*, in: Immenga/Mestmäcker (Hrsg.), Wettbewerbsrecht, Bd. 2, GWB, 4. Aufl. 2007, Vorbemerkung zu § 97, Rn 120 f.

wurden.[511] Wie auch im Fall des obligatorischen Ausschlusses unterscheiden sich die Folgen eines Ausschlusses je nach der Verfahrensart. Bei der öffentlichen Ausschreibung kann dem Wirtschaftsteilnehmer bereits die Aushändigung der Verdingungsunterlagen verweigert werden. Im Fall der beschränkten Ausschreibung und der freihändigen Vergabe muss der Betroffene nicht zur Abgabe eines Angebots aufgefordert werden.[512] Nach den für Ermessensentscheidungen geltenden Kriterien kann es im Einzelfall vorkommen, dass nur eine vertretbare Lösung in den Bereich des pflichtgemäßen Ermessens fällt.[513] Durch eine solche Ermessensreduzierung auf Null kann ein Auftraggeber dazu gezwungen sein, den betroffenen Teilnehmer auszuschließen.[514]

4. Abschnitt Verhältnis der fakultativen zu den obligatorischen Ausschlussgründen

Die behandelten obligatorischen Ausschlussgründe knüpfen in allen Fällen an eine rechtskräftige strafrechtliche Verurteilung des betroffenen Wirtschaftsteilnehmers (oder einer Person, deren Verhalten diesem zugerechnet werden kann) an. Die Strafnormen, die einen Ausschlussautomatismus auslösen können, entstammen vornehmlich dem Wirtschaftsstrafrecht.[515] Außerhalb des Anwendungsbereichs der a-Paragraphen unterfallen die von ihnen erfassten Fälle sämtlich den fakultativen Ausschlusstatbeständen der § 16 Abs. 1 Nr. 2 lit. c VOB/A, § 6 Abs. 5 lit. c VOL/A, § 4 Abs. 9 lit. c VOF.[516] Die schwerwiegenden Straftaten stellen, gerade wenn sie durch ein rechtskräftiges Urteil festgestellt wurden, eine nachweisliche schwere Verfehlung dar, die regelmäßig die Zuverlässigkeit eines Wirtschaftsteilnehmers in Frage stellt. Daraus ergibt sich, dass die obligatorischen Ausschlusstatbestände Unterfälle der fakultativen sind, die jedoch aufgrund der vertypten Intensität der Verfehlung und der besonderen Aussagekraft in Hinblick auf die Teil-

---

511 *Wirner*, Die Eignung von Bewerbern und Bietern bei der Vergabe öffentlicher Bauaufträge, ZfBR 2003, S. 545, 547; *Weyand*, Vergaberecht, letzte Aktualisierung 23.12.2010, Kapitel 86 Rn. 291.
512 *Kullack/Zeiss*, in: Heiermann/Zeiss/Kullack/Blaufuß (Hrsg.), Juris Praxiskommentar Vergaberecht, 2005, VOB/A § 8 Rn. 86.
513 *Prieß/Pünder/Stein*, in: Pünder/Prieß/Arrowsmith (Hrsg.), Self-Cleaning in Public Procurement Law, 2009, S. 69.
514 *Freund*, Korruption in der Auftragsvergabe, VergabeR 2007, S. 311, 315; *Prieß/Pünder/Stein*, in: Pünder/Prieß/Arrowsmith (Hrsg.), Self-Cleaning in Public Procurement Law, S. 69; *Weyand*, Vergaberecht, letzte Aktualisierung 23.12.2010, Kapitel 86 Rn. 290; *Martini*, in: Pünder/Schellenberg (Hrsg.), Vergaberecht, 2011, VOF § 4 Rn. 24.
515 So etwa der Betrug, die Geldwäsche und die Korruption in allen erdenklichen Ausprägungen, nicht jedoch die Bildung terroristischer Vereinigungen nach § 129 a StGB.
516 S. *Hausmann/Hoff, von*, in: Kulartz/Marx/Portz/Prieß (Hrsg.), Kommentar zur VOL/A, 2. Aufl. 2011, § 6 EG Rn. 41, 46.

nehmerzuverlässigkeit[517] keinen Ermessensspielraum auf Seiten der öffentlichen Auftraggeber belassen. Scheitert der obligatorische Ausschluss am Fehlen bestimmter Tatbestandsvoraussetzungen, so kommt weiterhin ein fakultativer Ausschluss in Betracht.[518] Liegt beispielsweise kein rechtskräftiges Urteil gegen den betroffenen Wirtschaftsteilnehmer wegen einer der in § 6 a Abs. 1 Nr. 1 S. 1 VOB/A, § 6 EG Abs. 4 S. 1 VOL/A, § 4 Abs. 6 S. 1 VOF genannten Delikte vor, so kann eine überwältigende Beweislage einen fakultativen Ausschluss begründen.[519] Ob der fakultative Ausschlusstatbestand erfüllt ist, ist von dem jeweiligen öffentlichen Auftraggeber zu prüfen.[520] Die fakultativen und obligatorischen Ausschlusstatbestände sind somit selbständig nebeneinander anwendbar.

Die Auffassung, dass es sich bei den obligatorischen Ausschlusstatbeständen um Unterfälle der fakultativen handelt, ist nicht unumstritten. *Schranner* vertritt, dass bei dem obligatorischen Ausschluss die Zuverlässigkeit des betroffenen Wirtschaftsteilnehmers nicht im Vordergrund steht.[521] In erster Linie werde die öffentliche Auftragsvergabe als Mittel zur vorbeugenden Kriminalitätsbekämpfung eingesetzt. Es handele sich daher um vergabefremde Aspekte, da sie mit den zu vergebenden Leistungen nicht unbedingt in Bezug stehen.[522] Dem kann freilich nicht gefolgt werden. Die in § 6 a Abs. 1 Nr. 1 S. 1 VOB/A, § 6 EG Abs. 4 S. 1 VOL/A, § 4 Abs. 6 S. 1 VOF genannten Strafnormen beeinträchtigen die Zuverlässigkeit eines Wirtschaftsteilnehmers zunächst unabhängig vom Inhalt der im Einzelfall zu erbringenden Leistung. Der geschäftliche Umgang mit dem öffentlichen Auftraggeber verlangt von dem Wirtschaftsteilnehmer ein bestimmtes Mindestmaß an Gesetzestreue, welche bei einer Verurteilung wegen bestimmter Wirtschaftsstraftaten nicht gewährleistet ist und erst durch Selbstreinigungsmaßnahmen zurückgewonnen werden kann.

---

517 Vgl. *Müller-Wrede*, in: Müller-Wrede (Hrsg.), Verdingungsordnung für Leistungen, Kommentar zur VOL/A, 3. Aufl. 2010, § 6 EG Rn. 27.
518 *Glahs*, in: Kapellmann/Messerschmidt (Hrsg.), VOB Teile A und B, 3. Aufl. 2010, VOB/A § 6 a Rn. 7; *Hausmann/Hoff, von*, in: Kulartz/Marx/Portz/Prieß (Hrsg.), Kommentar zur VOL/A, 2. Aufl. 2011, § 6 EG Rn. 42; *Kulartz/Röwekamp*, in: Müller-Wrede (Hrsg.), Kommentar zur VOF, 3. Aufl. 2008, § 11 Rn. 7.
519 *Kratzenberg*, in: Ingenstau/Korbion (Begr.), VOB Teile A und B, 17. Aufl. 2010, VOB/A § 16 Rn. 54.
520 *Hausmann/Hoff, von*, in: Kulartz/Marx/Portz/Prieß (Hrsg.), Kommentar zur VOL/A, 2. Aufl. 2011, § 6 EG Rn. 94.
521 *Schranner*, in: Ingenstau/Korbion (Begr.), VOB Teile A und B, 17. Aufl. 2010, VOB/A § 6 a Rn. 4.
522 *Schranner*, in: Ingenstau/Korbion (Begr.), VOB Teile A und B, 17. Aufl. 2010, VOB/A § 6 a Rn. 4.

5. Abschnitt Drittschutz der Ausschlusstatbestände

Der Rechtsschutz von Bewerbern und Bietern im Vergabeverfahren fand seinen Ursprung im Zweiten Gesetz zur Änderung des Gesetzes über die Grundsätze des Haushaltsrechts des Bundes und der Länder[523] aus dem Jahre 1993. Das Haushaltsrecht verlieh den Teilnehmern zuvor keinen Rechtsschutz.[524] Inzwischen normiert § 97 Abs. 7 GWB einen Anspruch der Teilnehmer gegen die Vergabestelle auf Einhaltung der Bestimmungen des Vergabeverfahrens und damit die „grundsätzliche Anerkennung von subjektiven Rechten für Teilnehmer an einem Vergabeverfahren"[525].

Fraglich ist, ob das Eignungsprinzip[526] den konkurrierenden Wirtschaftsteilnehmern eigene subjektive Rechte vermittelt. Das Eignungsprinzip dient unter anderem dazu, den öffentlichen Auftraggeber zu schützen: Er soll nicht mit ungeeigneten Auftragnehmern kontrahieren, was einer ordnungsgemäßen Erbringung der ausgeschriebenen Leistung dient. Darüber hinaus besteht weitestgehend Einigkeit, dass die Normen des Eignungsprinzips zumindest in gewissem Umfang bieterschützenden Charakter haben.[527] An dem rein haushaltsrechtlichen Ansatz, demzufolge das Eignungsprinzip allein den öffentlichen Auftraggeber schützt, lässt sich angesichts der Entwicklungen des Vergaberechts oberhalb der Schwellenwerte nicht mehr festhalten.[528]

Hinsichtlich des Umfangs des Bieterschutzes wird in der Literatur unterschiedlich differenziert. *Prieß* verweist zu Recht darauf, dass ungeeignete Teilnehmer den Wettbewerb verfälschen, was schützenswerte Interessen der geeigneten Teilnehmer beeinträchtigt. Denn gerade die Nichteinhaltung von gesetzlichen Pflichten, wie der Zahlung von Steuern oder Sozialabgaben, kann eine Kalkulation ermöglichen, die von redlichen Teilnehmern nicht zu erreichen ist.[529] Der Autor folgert daraus, dass zwischen Bietern und Bewerbern zu unterscheiden ist. Während Bieter vom Schutz der Normen umfasst sind, sollen Bewerber hiervon ausgenommen sein, da ihre Beteiligung an einem offenen Vergabeverfahren einer Eignungs-

---

523 Zweites Gesetz zur Änderung des Haushaltsgrundsätzegesetzes v. 26.11.1993, BGBl. I S. 1928.
524 *Dreher*, in: Immenga/Mestmäcker (Hrsg.), Wettbewerbsrecht, Bd. 2, GWB, 4. Aufl. 2007, Vorbemerkung vor §§ 97 ff. Rn. 73.
525 Begründung zum Regierungsentwurf des Vergaberechtsänderungsgesetzes, BT-Drucks. 13/9340, S. 14.
526 Vgl. § 97 Abs. 4 GWB, § 2 Nr. 1 S. 1 VOB/A, § 2 Nr. 3 VOL/A, § 4 Abs. 1 VOF.
527 *Stein/Friton*, Internationale Korruption, zwingender Ausschluss und Selbstreinigung, VergabeR 2010, S. 151, 162.
528 *Bungenberg*, in: Loewenheim/Meessen/Riesenkampff (Hrsg.), Kartellrecht, 2. Aufl. 2009, GWB § 97 Rn. 77.
529 *Prieß*. in: Motzke/Pietzcker/Prieß (Hrsg.), Beck'scher VOB-Kommentar, VOB/A, 2002, VOB/A § 2 Rn. 15.

prüfung vorausgeht.[530] Dies gilt nicht für Bewerber in einer beschränkten Ausschreibung oder freihändigen Vergabe. *Lantermann* unterscheidet nach Vergabeverfahren oberhalb und unterhalb der Schwellenwerte.[531] Im Bereich des Kartellvergaberechts verweist der Autor darauf, dass allenfalls ein Anspruch nach § 97 Abs. 7 GWB gegeben sein kann, der sich auf die ordnungsgemäße Einhaltung der Vergabevorschriften seitens des Auftraggebers richtet.[532]

Das Kammergericht unterscheidet bei der Frage, ob ein Teilnehmer einen Anspruch auf Ausschluss eines Konkurrenten hat, zwischen dem Vorliegen von fakultativen und obligatorischen Ausschlussgründen.[533] Im Fall eines fakultativen Ausschlussgrundes soll ein Anspruch aus § 97 Abs. 7 GWB nur dann bestehen, wenn hinsichtlich der Bewertung der Zuverlässigkeit eine Ermessensreduzierung auf Null vorliegt. Dies sei aber nur dann der Fall, „wenn besondere Umstände vorliegen, die eine zuverlässige Leistungserbringung konkret unwahrscheinlich machen (etwa bei Dienstleistungen, die hohe persönliche Zuverlässigkeit voraussetzen, die angesichts der Straftaten leitender Personen konkret fraglich erscheint), oder die ähnliche Straftaten im Rahmen der hiesigen Auftragsdurchführung erwarten lassen"[534]. Der obligatorische Ausschluss, führt das Gericht aus, verfolge erkennbar generalpräventive Zwecke, die nicht dem Schutz anderer Bieter dienen.[535] Dem kann nicht gefolgt werden. Sowohl der fakultative als auch der obligatorische Verfahrensausschluss verfolgt neben dem Schutz der Haushalte auch die Gewährleistung eines fairen Teilnehmerwettbewerbs. Er dient damit der Durchsetzung des Eignungsprinzips, dessen bieterschützender Charakter anerkannt ist.[536] Wirtschaftsteilnehmern steht daher die Möglichkeit offen, sich auf das Vorliegen von Ausschlussgründen bei Konkurrenten zu berufen.[537]

---

530 *Prieß,* in: Motzke/Pietzcker/Prieß (Hrsg.), Beck'scher VOB-Kommentar, VOB/A, 2002, VOB/A § 2 Rn. 15.
531 *Lantermann*, Vergaberegister, 2007, S. 248 ff. S. inzwischen *BVerwG*, Beschluss v. 2.5.2007, 6 B 10/07, NVwZ 2007, S. 820 ff. Hiernach ist auch für Streitigkeiten über die Vergabe von öffentlichen Aufträgen unterhalb der Schwellenwerte der Verwaltungsrechtsweg nicht eröffnet; *Burgi*, Von der Zweistufenlehre zur Dreiteilung des Rechtsschutzes im Vergaberecht, NVwZ 2007, S. 737 ff.
532 *Lantermann*, Vergaberegister, 2007, S. 249.
533 *KG Berlin*, Urteil v. 13.3.2008, 2 Verg 18/07, NZBau 2008, S. 466, 470.
534 *KG Berlin*, Urteil v. 13.3.2008, 2 Verg 18/07, NZBau 2008, S. 466, 470.
535 *KG Berlin*, Urteil v. 13.3.2008, 2 Verg 18/07, NZBau 2008, S. 466, 470.
536 *Stein/Friton*, Internationale Korruption, zwingender Ausschluss und Selbstreinigung, VergabeR 2010, S. 151, 162.
537 *Müller-Wrede*, in: Müller-Wrede (Hrsg.), Verdingungsordnung für Leistungen, Kommentar zur VOL/A, 3. Aufl. 2010, § 6 EG Rn. 93; ähnlich *Zdzieblo*, in: Daub/Meierrose (Begr.)/Eberstein (Hrsg.), Kommentar zur VOL-A, 5. Aufl. 2000, § 7 Rn. 20; *Stein/Friton*, Internationale Korruption, zwingender Ausschluss und Selbstreinigung, VergabeR 2010, S. 151, 162.

3. Teil Präqualifikationsverfahren und Vergaberegister

1. Abschnitt Präqualifikationverfahren

Die Überprüfung der Eignung von Wirtschaftsteilnehmern im Vergabeverfahren stellt für die Vergabestellen einen hohen bürokratischen Aufwand dar.[538] Auch für die Unternehmen ist der in jedem Verfahren erneut zu erbringende Eignungsnachweis mit hohen Kosten verbunden. Abhilfe versprechen Register, in denen Wirtschaftsteilnehmer geführt werden, die ihre Eignung periodisch gegenüber einer kompetenten Stelle nachweisen.[539] Hierdurch „präqualifizieren" sie sich unabhängig von konkreten Vergabefällen für die Erbringung bestimmter Leistungen und können in konkreten Vergabeverfahren für den Nachweis ihrer Eignung auf ihren Eintrag in einem Präqualifikationsverzeichnis verweisen.[540] Diese Möglichkeit ist inzwischen in § 97 Abs. 4 a GWB ausdrücklich vorgesehen.

Seinen wesentlichen Anwendungsbereich hat die Präqualifikation im Bereich der VOB/A. Als Nachweis der Eignung sah § 8 Nr. 3 Abs. 2 VOB/A 2006 insbesondere auch die vom Auftraggeber direkt abrufbare Eintragung in die allgemein zugängliche Liste des Vereins für die Präqualifikation von Bauunternehmen e.V. vor. § 6 Abs. 3 Nr. 2 VOB/A geht darüber hinaus. Hier wird die Präqualifikation noch vor den übrigen Möglichkeiten zur Erbringung von Eignungsnachweisen genannt. Aus dem Umstand, dass die Reihenfolge, in der die Präqualifikation und die übrigen Nachweise genannt werden in der aktuellen Fassung der VOB/A umgekehrt wurde, lässt sich schließen, dass die Präqualifikation im Anwendungsbereich der VOB/A als Regelfall zu verstehen ist.[541] Für eine bereits jetzt überragende Wichtigkeit der Präqualifikation im Baubereich spricht auch ein Runderlass des Bundesministeriums für Verkehr, Bau und Stadtentwicklung vom 17. Januar 2008. Hiernach sind im Bereich von Vergaben des Bundeshochbaus bei beschränkten Ausschreibungen ohne öffentlichen Teilnahmewettbewerb und bei freihändigen

---

538 Zum Bürokratieabbau *Weyand*, Vergaberecht, letzte Aktualisierung 23.12.2010, Kapitel 70 Rn. 90 ff.
539 Eine vom Bundesministerium für Wirtschaft und Arbeit in Auftrag gegebene Studie ergab im September 2003, dass seitens der Unternehmen durch ein Präqualifikationsverzeichnis Kosten in Höhe von 580 Mio. Euro eingespart werden können, *Plewnia/Antweiler*, in: Bundesministerium für Wirtschaft und Arbeit (Hrsg.), Öffentliches Vergabewesen – Bürokratieabbau durch Präqualifikation?, 2004, S. 24. Auf Seiten der Auftraggeber ergab sich ein Potential zur Einsparung von 70 Mio. Euro jährlich.
540 *Werner*, Einführung eines nationalen Präqualifizierungssystems am deutschen Baumarkt, NZBau 2006, S. 12.
541 *Braun/Petersen*, Präqualifikation und Prüfungssysteme, VergabeR 2010, S. 433, 434; *Weyand*, Vergaberecht, letzte Aktualisierung 23.12.2010, Kapitel 70 Rn. 88.

Vergaben grundsätzlich nur präqualifizierte Teilnehmer zur Abgabe eines Angebots aufzufordern.[542] Als einzige Ausnahme von diesem Grundsatz ist der Fall genannt, dass nicht genügend in Betracht kommende Unternehmen präqualifiziert sind. „Nur in diesem Fall dürfen auch nicht präqualifizierte Unternehmen zur Angebotsabgabe aufgefordert werden, wobei ihre Eignung durch Einzelnachweise zu belegen ist"[543].

In ihrer Neufassung aus dem Jahr 2009 sieht auch die VOL/A die Präqualifikation von Teilnehmern vor.[544] Hier wurde eine dem Verein für Präqualifikation von Bauunternehmen vergleichbare Struktur geschaffen.[545] Soweit ersichtlich, spielt Präqualifikation außerhalb der Vergabe von Bauleistungen noch eine untergeordnete Rolle.

A. Präqualifikation nach der VOB/A

Bei dem Präqualifikationsverfahren der VOB/A handelt es sich nicht um den ersten Vorstoß für ein Präqualifikationsverzeichnis. Das Unternehmer- und Lieferantenverzeichnis für öffentliche Aufträge des Landes Berlin führt bereits seit 1953 Bauunternehmen und Unternehmen, die Lieferungen und Leistungen im Sinne der VOL anbieten. Durch die Eintragung gelten die von den Vergabe- und Vertragsordnungen geforderten Eignungsnachweise als erbracht, soweit sie auftragsunabhängig sind.[546] Auch in einigen der europäischen Nachbarländer gehören Präqualifikationsverzeichnisse teilweise seit längerer Zeit zum vergaberechtlichen Alltag.[547] Im Bereich der VOB/A war die Präqualifikation lange Zeit nur für Auf-

---

542 Erlass des Bundesministeriums für Verkehr, Bau und Stadtentwicklung über Eignungsnachweise durch Präqualifikationen bei Beschränkten Ausschreibungen und Freihändigen Vergaben v. 17.1.2008, Az. B 15 – 0 1082 – 102/11.
543 Erlass des Bundesministeriums für Verkehr, Bau und Stadtentwicklung über Eignungsnachweise durch Präqualifikationen bei Beschränkten Ausschreibungen und Freihändigen Vergaben v. 17.1.2008, Az. B 15 – 0 1082 – 102/11.
544 § 6 Abs. 4 VOL/A und § 7 EG Abs. 4 VOL/A.
545 *Müller-Wrede*, in: Müller-Wrede (Hrsg.), Verdingungsordnung für Leistungen, Kommentar zur VOL/A, 3. Aufl. 2010, § 7 EG Rn. 10; s. hierzu http://www.pq-vol.de/, abgerufen am 2.6.2011.
546 Senatsverwaltung für Stadtentwicklung Berlin sowie des Ministeriums für Infrastruktur und Raumordnung des Landes Brandenburg, Unternehmer- und Lieferantenverzeichnis für öffentliche Aufträge (ULV) – VOB und VOL -,
https://ssl.stadtentwicklung.berlin.de/ULVAuskunft/index.jsp, abgerufen am 2.6.2011.
547 Für einen Überblick über die Regelungen in Belgien, Frankreich, Großbritannien und Österreich siehe *Plewnia/Antweiler*, in: Bundesministerium für Wirtschaft und Arbeit (Hrsg.), Öffentliches Vergabewesen – Bürokratieabbau durch Präqualifikation?, 2004, S. 26 ff.

tragsvergaben im Sektorenbereich vorgesehen.[548] Art. 52 VKR bietet explizit die Möglichkeit, Präqualifizierungsyteme auch in anderen Kontexten einzuführen.

Das Präqualifizierungsverfahren von Bauunternehmen erfolgt auf Grundlage der Leitlinie des Bundesministeriums für Verkehr, Bau und Stadtentwicklung (BMVBS) für die Durchführung eines Präqualifizierungsverfahrens vom 25. April 2005[549]. Hiernach führt der Verein für die Präqualifikation von Bauunternehmen e.V. die bundesweit einheitliche Liste präqualifizierter Unternehmen und beauftragt und überwacht die Präqualifizierungsstellen.[550] Die Vereinsmitglieder sind Vertreter einer Vielzahl öffentlicher Auftraggeber von Bund, Ländern und Kommunen. Die Auftragnehmerseite ist durch Vertreter der Bauwirtschaftsverbände vertreten.[551] Dem Verein ist ein beim Deutschen Vergabe- und Vertragsausschuss für Bauleistungen eingerichteter Beirat zur Seite gestellt, der bei der Auslegung der Leitlinie und bei ihrer Weiterentwicklung der Leitlinie mitwirkt. Die eigentliche Präqualifizierung erfolgt durch Präqualifizierungsstellen, die vom Verein für die Dauer von sieben Jahren beauftragt werden.[552] Hierbei handelt es sich um private Unternehmen, die im Auftrag des Vereins für die Präqualifikation von Bauunternehmen e.V. tätig sind.[553] Gegen die Entscheidungen der Präqualifizierungsstellen kann innerhalb eines Monats eine Beschwerde bei dem hierfür eingerichteten Beschwerdeausschuss eingelegt werden.[554] Gegen die Entscheidung des Beschwerdeausschusses ist der Weg zu den Zivilgerichten eröffnet.

Die Teilnahme an der Präqualifikation ist grundsätzlich noch freiwillig.[555] Der Anreiz für Wirtschaftsteilnehmer, an dem Verfahren teilzunehmen, liegt in der erwarteten Kosteneinsparung. Vorstöße, wie der Runderlass des Bundesministeriums für Verkehr, Bau und Stadtentwicklung und die Änderungen durch die VOB/

---

548 Vgl. Art. 30 Richtlinie 93/38/EWG des Rates v. 14.6.1993 zur Koordinierung der Auftragsvergabe durch Auftraggeber im Bereich der Wasser-, Energie- und Verkehrsversorgung sowie im Telekommunikationssektor, ABl. Nr. L 199 S. 84, zuletzt geändert durch Art. 73 ÄndRL 2004/17/EG v. 31.03. 2004, ABl. Nr. L 134 S. 1 sowie § 8 b Nr. 9 VOB/A.
549 In der Fassung v. 14.9.2007, abrufbar unter http://www.pq-verein.de/anlage6560binary, abgerufen am 2.6.2011.
550 Nr. 3.2.1 der Leitlinie des BMVBS für die Durchführung eines Präqualifizierungsverfahrens.
551 Zur vollständigen Liste der Mitglieder s. http://www.pq-verein.de/wir_ueber_uns/mitgliedschaft,id=1575.html, abgerufen am 2.6.2011.
552 Nr. 4 der Leitlinie des BMVBS für die Durchführung eines Präqualifizierungsverfahrens.
553 Z.Zt. handelt es sich um insgesamt fünf Unternehmen, vgl. http://www.pq-verein.de/praequalifizierungsstellen/index.html, abgerufen am 2.6.2011.
554 Nr. 10 der Leitlinie des BMVBS für die Durchführung eines Präqualifizierungsverfahrens.
555 *Fehling*, in: Pünder/Schellenberg (Hrsg.), Vergaberecht, 2011, GWB § 97 Rn. 131. Hierbei handelt es sich um keine Selbstverständlichkeit. In Belgien, Italien und Spanien ist die Eintragung in die nationalen Präqualifikationsverzeichnisse Voraussetzung für die Teilnahme an bestimmten Vergabeverfahren, *Werner*, Einführung eines nationalen Präqualifizierungssystems am deutschen Baumarkt, NZBau 2006, S. 12 f.; *Plewnia/Antweiler*, in: Bundesministerium für Wirtschaft und Arbeit (Hrsg.), Öffentliches Vergabewesen – Bürokratieabbau durch Präqualifikation?, 2004, S. 26 ff.

A 2009, zeigen, dass Präqualifikation in Zukunft erheblich an Bedeutung gewinnen wird.

B. Eintragung in das Präqualifikationsverzeichnis

Das Präqualifizierungsverfahren erfolgt auf Antrag der natürlichen oder juristischen Person oder Personengesellschaft, die die Eintragung begehrt. Im Rahmen des Präqualifizierungsverfahrens prüfen die Präqualifizierungsstellen die Eignung des Antragsstellers. Hierzu sind von dem Antragsteller 14 Kriterien zu erfüllen, die in Anlage 1 der Leitlinie im Einzelnen bezeichnet sind. So scheitert die Präqualifizierung im Fall eines Insolvenzverfahrens (§ 6 Abs. 3 Nr. 2 lit. e VOB/A), wenn sich das Unternehmen in der Liquidation befindet (§ 6 Abs. 3 Nr. 2 lit. f VOB/A) oder der Verpflichtung zur Zahlung von Steuern und Abgaben nicht nachgekommen ist (§ 6 Abs. 3 Nr. 2 lit. h VOB/A).

Interessant für die Zuverlässigkeit ist insbesondere die Überprüfung der Voraussetzungen des § 16 Abs. 1 Nr. 2 lit. c VOB/A. Wie bereits dargestellt, können Wirtschaftsteilnehmer nach dieser Norm von der Teilnahme an Vergabeverfahren ausgeschlossen werden, wenn sie „nachweislich eine schwere Verfehlung begangen haben, die ihre Zuverlässigkeit als Bewerber in Frage stellt".[556] Sinn und Zweck der Präqualifizierung ist es, unter anderem die Zuverlässigkeit im einzelnen Vergabeverfahren nicht mehr nachweisen zu müssen. Hier ist eine Vielzahl unterschiedlicher Leistungsprofile denkbar, und die Anforderungen an die Zuverlässigkeit können sich, wie gezeigt, je nach Leistungsinhalt unterscheiden. Da eine Eintragung eine pauschale Bejahung der Zuverlässigkeit bedeutet und weitere Nachweise in einem späteren konkreten Vergabeverfahren grundsätzlich ersetzt, ist es erforderlich, den Rahmen der Verstöße, die zu einer Unzuverlässigkeit führen können, sehr weit zu spannen. Daher führt Anlage 1 der Leitlinie neben der Formulierung des § 6 Abs. 3 Nr. 2 lit. g VOB/A eine umfangreiche, jedoch nicht abschließende Liste von Straftatbeständen auf. Antragsteller, die wegen einer dieser Normen innerhalb der letzten zwei Jahre rechtskräftig zu mehr als drei Monaten Freiheitsstrafe oder einer Geldstrafe von mehr als neunzig Tagessätzen verurteilt wurden, können sich nicht präqualifizieren. Zudem versucht die Leitlinie über weitere Kriterien die Zuverlässigkeit des Antragsstellers abzusichern. Zu nennen sind vor allem die Abfrage von Eintragungen in das Gewerbezentralregister nach § 150a GewO und Eintragungen in Landeskorruptionsregister sowie Eigenerklärungen zum Vorliegen von Berufsverboten und Gewerbeuntersagungen.

---

556 Siehe oben, S. 91 ff.

Neben dem ursprünglichen Antrag auf Eintragung wird die Eignung auch in anderen Fällen überprüft. Hierzu zählen insbesondere die Aufrechterhaltung[557] und die Erweiterung der Präqualifizierung[558].

C. Streichung aus dem Präqualifikationsverzeichnis und Selbstreinigung

Die Austragung, in Nr. 9.3 Abs. 1 der Leitlinie als Streichung bezeichnet[559], erfolgt auf Antrag des Wirtschaftsteilnehmers, nach Ablauf der Gültigkeitsdauer der Nachweise und wenn der Betroffene die erforderlichen Eignungskriterien nicht mehr erfüllt.[560] Ab diesem Zeitpunkt ist dem Betroffenen der Eignungsnachweis durch den Verweis auf das Präqualifikationsverzeichnis nicht mehr möglich; es steht ihm frei, durch Einreichen der erforderlichen Anträge und Unterlagen erneut einen Eintrag ins Register zu erwirken.

Deutlich schwerer wiegt die Streichung nach Nr. 9.3 Abs. 2 der Leitlinie. Hier ist ein besonderer Ausschluss vorgesehen, wenn der Betroffene eine der im Einzelnen aufgeführten Pflichten verletzt. In diesen Fällen wird der Eintrag gänzlich, also nicht allein für bestimmte Leistungsbereiche, gestrichen, und ein neuer Antrag kann innerhalb der nächsten 24 Monate nicht gestellt werden.[561] Zu diesen Pflichtverletzungen zählen die Vorlage unzutreffender Nachweise und der Einsatz ungeeigneter Nachunternehmer. Eine zweijährige Sperre erfolgt auch im Fall der Ablehnung eines Eintragungsantrags wegen Vorlage unzutreffender Nachweise. Ausnahmen von der Sperre sind – auch für den Fall der Selbstreinigung des betroffenen Wirtschaftsteilnehmers – nicht vorgesehen.

Es stellt sich die Frage, wie diese obligatorische und ausnahmslose Sperre im Lichte der unten näher erörterten Pflicht zur Berücksichtigung von Selbstreinigungsmaßnahmen zu bewerten ist.[562] Die Sperre im soeben behandelten Leitfaden des BMVBS führt nicht zu einem Ausschluss aus Vergabeverfahren und ist somit keine Auftragssperre.[563] Es steht den gesperrten Wirtschaftsteilnehmern weiterhin offen, ihre Eignung in den konkreten Vergabeverfahren nachzuweisen, weshalb die Sperre nicht den gleichen verfassungsrechtlichen und unionsrechtlichen Bedenken ausgesetzt ist, wie eine Auftragssperre. Allein die Möglichkeit einer Präqualifikation ist ihnen versagt. Zwar mag die Präqualifizierung in manchen

---

557 Die Eingungskriterien werden in der Regel jährlich überprüft.
558 Nr. 6.3 der Leitlinie des BMVBS für die Durchführung eines Präqualifizierungsverfahrens.
559 Andere Register bezeichnen die Austragung auch als Löschung oder Tilgung.
560 Nr. 9.3 der Leitlinie des BMVBS für die Durchführung eines Präqualifizierungsverfahrens.
561 Nr. 9.3 der Leitlinie des BMVBS für die Durchführung eines Präqualifizierungsverfahrens.
562 Zu der verfassungsrechtlichen und unionsrechtlichen Pflicht der Vergabestellen, Selbstreinigungsmaßnahmen zu berücksichtigen siehe unten, S. 137 ff.
563 *Kreßner*, Die Auftragssperre im Vergaberecht, 2006, S. 31.

Branchen den Wert eines Statussymbols mit sich bringen und den Nachweis der Eignung erleichtern, rechtliche Nachteile hat ein hiervon ausgeschlossenes Unternehmen grundsätzlich nicht zu befürchten. Die fehlende Eintragung lässt – ebenso wie die fehlende Eintragung in ein Vergaberegister – keine Aussage über die Zuverlässigkeit des Betroffenen zu.

Dennoch lassen sich die Nachteile, die durch den Verlust der Zuverlässigkeit eintreten, unter Beachtung der Möglichkeit einer Präqualifizierung durch eine Selbstreinigung nicht in allen Fällen aufheben. In dem Fall, dass sich die Verstöße, die die Zuverlässigkeit entfallen lassen, gegen Präqualifizierungsstellen richten (etwa im Wege von unzutreffenden Eigenerklärungen), bleibt auch im Fall der Rehabilitation der Zuverlässigkeit eine obligatorische Sperre von zwei Jahren ab Ablehnung oder Streichung der Eintragung bestehen. Ohne die Möglichkeit einer Präqualifikation entstehen den Betroffenen erhebliche Mehrkosten, die mit der Erbringung der Eignungsnachweise in jedem einzelnen Vergabeverfahren verbunden sind. Dies bedeutet einen wirtschaftlichen und damit wettbewerblichen Nachteil. Darüber hinaus hat ein Teilnehmer ohne Präqualifikation nahezu keine Aussicht, Aufträge im Bereich des Bundeshochbaus zu erhalten, was der bereits angesprochenen Vorgabe des Runderlasses des Bundesministeriums für Verkehr, Bau und Stadtentwicklung vom 17. Januar 2008 zuzuschreiben ist.[564]

Zwar ist das Interesse der Präqualifizierungsstellen, Wirtschaftsteilnehmer auszuschließen, die durch Täuschungsversuche aufgefallen sind, nachvollziehbar. Auch ist die Regelung rechtlich nicht zu beanstanden. Angesichts der ansonsten europaweit vorbildlichen Berücksichtigung von Selbstreinigungsmaßnahmen in Deutschland[565] ist diese unflexible Regelung jedoch überaus bedauerlich. Wünschenswert wäre die Möglichkeit einer Aufhebung der Sperre im Fall nachgewiesener Rehabilitation.

2. Abschnitt Vergaberegister

Zentrale Informationsstellen können helfen, konkrete Verfahren zu vereinfachen und die öffentlichen Auftraggeber in ihren Entscheidungen unterstützen. Das soeben behandelte Präqualifikationsverzeichnis ist eine solche Informationsstel-

---

564 Aus diesem Grund lässt sich argumentieren, dass der zeitliche Ausschluss aus dem Präqualifikationsverzeichnis sehr wohl den Verlust einer durch Art. 3 Abs. 1 GG und Art. 12 Abs. 1 GG grundrechtlich geschützten Rechtsposition bedeutet.
565 Vgl. *Prieß/Pünder/Stein*, in: Pünder/Prieß/Arrowsmith (Hrsg.), Self-Cleaning in Public Procurement Law, 2009, S. 52.

le.[566] Eine weitere Hilfestellung für Vergabestellen zur Einschätzung der Eignung von Wirtschaftsteilnehmern sind Vergaberegister. Während das Präqualifikationsverzeichnis eine „weiße Liste" für die Bestimmung der Eignung von Wirtschaftsteilnehmern darstellt, handelt es sich bei Vergaberegistern um „schwarze Listen", die eine Aussage allein über die fehlende Zuverlässigkeit der Eingetragenen treffen. Ein Eintrag kann beispielsweise dadurch begründet werden, dass ein Unternehmen in einem vergangenen Verfahren wegen Unzuverlässigkeit ausgeschlossen wurde.[567]

Die Zwecke von Vergaberegistern sind weitestgehend identisch mit den Zwecken des Ausschlusses von Wirtschaftsteilnehmern aus konkreten Vergabeverfahren. Auch hier steht der Schutz der öffentlichen Auftraggeber vor ungeeigneten Unternehmen an erster Stelle. Hinzu tritt unter anderem die Kriminalitätsbekämpfung,[568] die in der Terminologie der Vergaberegister allgegenwärtig ist.[569] Die drohenden Konsequenzen sollen rechtswidriges Handeln wirtschaftlich unattraktiv machen.[570] Als Vorteil insbesondere einer koordinierten Auftragssperre gegenüber den möglichen strafrechtlichen Sanktionen wird eine stärkere abschreckende Wirkung angeführt.[571] So soll die Sorge um die wirtschaftliche Existenz seines Betriebs einen größeren Eindruck auf den Unternehmer machen als die bloße strafrechtliche Sanktion gegen den individuell Verantwortlichen.[572] Auch der Schutz des Wettbewerbs lässt sich durch Vergaberegister fördern. Eine Vorbildwirkung für die private Wirtschaft wird sich hingegen schwerlich erreichen lassen, da die Register in der Regel nicht öffentlich einsehbar sind.[573]

Ebenso wie im konkreten Verfahrensausschluss[574] stellt sich auch bei den Vergaberegistern die Frage, welche Bedeutung Selbstreinigungsmaßnahmen beigemessen werden kann und ob die Bestrafung von Wirtschaftsteilnehmern durch ei-

---

566 „Zentralisierter verwaltungsinterner Informations-Pool", vgl. die amtliche Begründung zum KorruptionsbG NRW, LT-Drs. 13/5952 vom 4. 9. 2004, S. 12; ähnlich *Müller-Wrede*, in: Müller-Wrede (Hrsg.), Verdingungsordnung für Leistungen, Kommentar zur VOL/A, 3. Aufl. 2010, § 6 EG Rn. 64.
567 So Art. 6 § 4 Abs. 1 S. 1, § 7 Abs. 1 S. 1 Entwurf zur Neuregelung des Vergaberechts v. 29.3.2005, BMWA I B 3 – 26 05 13; § 3 Abs. 1 KRG Berlin.
568 *Mestmäcker/Bremer*, Die koordinierte Sperre im deutschen und europäischen Recht der öffentlichen Aufträge, BB 1995, Beilage 19 zu Heft 50 S. 1, 7 f.
569 Vgl. nur § 1 S. 1 KRG Berlin oder das KorruptionsbG NRW.
570 *Ax/Schneider/Scheffen*, Rechtshandbuch Korruptionsbekämpfung, 2. Aufl. 2010, Rn. 410.
571 *Mestmäcker/Bremer*, Die koordinierte Sperre im deutschen und europäischen Recht der öffentlichen Aufträge, BB 1995, Beilage 19 zu Heft 50 S. 1 24.
572 *Mestmäcker/Bremer*, Die koordinierte Sperre im deutschen und europäischen Recht der öffentlichen Aufträge, BB 1995, Beilage 19 zu Heft 50 S. 1, 24.
573 Eine bemerkenswerte Ausnahme bildet das das *World Bank Listing of Ineligible Firms* der Weltbankgruppe, einzusehen unter http://web.worldbank.org/external/default/main?theSitePK=84266&contentMDK=64069844&menuPK=116730&pagePK=64148989&piPK=64148984, abgerufen am 2.6.2011.
574 Siehe zum konkreten Verfahrensausschluss oben, S. 66 ff.

nen Registereintrag ein rechtmäßiges Vorgehen ist.[575] Angesichts der Androhung monate- oder gar jahrelanger koordinierter Auftragssperren besteht auf Seiten der Wirtschaftsteilnehmer im Anwendungsbereich der Register mindestens in ebenso hohem Maße ein Bedürfnis nach Rehabilitation.

Verschiedentlich wird der Begriff Korruptionsregister synonym mit dem Begriff Vergaberegister verwendet.[576] Diese Gleichstellung – wenngleich in der Sache in der überwiegenden Zahl der Fälle richtig – erweist sich als ungenau. Ziel des Vergaberegisters ist nicht eine Aufstellung von korrupten, sondern von vergaberechtlich unzuverlässigen Unternehmern. Die korrupten bilden nur eine Teilmenge der unzuverlässigen Unternehmen, wie ein Blick auf die bereits behandelten Zuverlässigkeitsvoraussetzungen zeigt. Zahlreiche korruptionsfremde Delikte können ebenfalls eine Unzuverlässigkeit begründen.

Die Ungenauigkeit zeigt sich auch in der Gesetzgebung. So spricht der Referentenentwurf des Bundesministeriums für Wirtschaft und Arbeit aus dem Jahr 2005[577] in der Überschrift des Art. 6 von der „Einrichtung eines zentralen Registers über den Ausschluss unzuverlässiger Unternehmen von der Vergabe öffentlicher Aufträge aus korruptionsbezogenen Gründen". Gleichwohl enthält die Auflistung der eine Eintragungspflicht begründenden Straftaten in Art. 6 § 4 Abs. 1 zwar in erster Linie, aber eben bei weitem nicht ausschließlich korruptionsbezogene Straftatbestände, wie etwa § 333 StGB (Vorteilsgewährung) und § 334 StGB (Bestechung). Ebenfalls genannt sind unter anderem § 129 StGB (Bildung krimineller Vereinigungen), § 129 a StGB (Bildung terroristischer Vereinigungen), welche keinen Korruptionsbezug aufweisen. Es fehlt den Tatbeständen nicht zuletzt an dem erforderlichen Missbrauchselement. Auch das KRG Berlin vom 19. April 2006[578] weist in einem umfangreichen Katalog in § 3 Abs. 1 eine Reihe von gänzlich korruptionsfremden Tatbeständen auf. Zu nennen sind etwa § 370 AO[579] (Steuerhinterziehung), §§ 19, 20, 20 a KrWaffKontrG[580] (Strafvorschriften gegen Atom-, biologische und chemische Waffen und Antipersonenminen) und § 261 StGB (Geldwäsche; Verschleierung unrechtmäßig erlangter Vermögenswerte).

---

575 Dafür wohl *Bannenberg*, in: Wabnitz/Janovsky (Hrsg.), Handbuch des Wirtschafts- und Steuerstrafrechts, 3. Aufl. 2007, Kapitel 10, Rn. 39, der aber die bestehende Regelungen einiger Bundesländer hierfür als unzureichend hält.
576 Vgl. § 1 S. 1 und 2 KRG Berlin.
577 Entwurf zur Neuregelung des Vergaberechts v. 29.3.2005, BMWA I B 3 – 26 05 13.
578 Gesetz zur Einrichtung und Führung eines Registers über korruptionsauffällige Unternehmen in Berlin (KRG Berlin) v. 19.4.2006, GVBl. S. 358, zuletzt geändert durch Art. 1 Erstes ÄndG v. 1.12.2010, GVBl. S. 535.
579 Abgabenordnung in der Fassung der Bekanntmachung v. 1.10.2002, BGBl. I S. 3866; 2003 I S. 61, zuletzt geändert durch Art. 9 Gesetz v. 8.12.2010, BGBl. I S. 1768.
580 Gesetz über die Kontrolle von Kriegswaffen in der Fassung der Bekanntmachung v. 22.11.1990, BGBl. I S. 2506, zuletzt geändert durch Art. 2 Gesetzes v. 6.6.2009, BGBl. 2009 II S. 502.

Da der Umstand maßgeblich ist, ob ein Unternehmen zuverlässig und nicht ob es korrupt ist, ist im Rahmen der vergaberechtlichen Diskussion zu Gunsten des Begriffs Vergaberegister auf den Begriff des Korruptionsregister zu verzichten.

A. Differenzierung der Registerarten nach ihren Rechtsfolgen

Eine Annäherung an den Begriff des Vergaberegisters erfolgte bislang im Wesentlichen über seinen Zweck, nämlich die Hilfestellung für Vergabestellen bei der Beurteilung der Zuverlässigkeit und die Bekämpfung von Kriminalität. Als entscheidendes Differenzierungskriterium für die unterschiedlichen Registertypen kann die Rechtsfolge dienen, die das Register an den Eintrag anknüpft. Da die zu behandelnden Register trotz ihrer Unterschiede alle die Zuverlässigkeit von Wirtschaftsteilnehmern in Vergabeverfahren adressieren, ist es gerechtfertigt, sie unter dem Begriff des Vergaberegisters zusammenzufassen.

I. Vergaberegister im engeren Sinne

Auf der einen Seite stehen Register, bei denen es sich um verwaltungsinterne Informationspools[581] handelt. Sie können als Vergaberegister im engeren Sinne bezeichnet werden.[582] Ein typisches Beispiel ist das vom KorruptionsbG NRW[583] geschaffene Register.[584] Solche Register stehen öffentlichen Auftraggebern zur Einsichtnahme zur Verfügung. Die Vergabestellen können – und müssen unter bestimmten Voraussetzungen – darauf zugreifen, wenn sie die Zuverlässigkeit von Wirtschaftsteilnehmern in einem Vergabeverfahren überprüfen.[585] Zu diesem Zweck fragt die Vergabestelle das Register nach Einträgen zu den an einem konkreten Verfahren beteiligten Unternehmen ab. Findet sich zu einem oder mehreren Teilnehmern ein Eintrag, so führt dies nicht zu einem automatischen Ausschluss des Betroffenen aus dem Verfahren. Der Eintrag ist allein ein Warnsignal für die Vergabestelle.[586] Mittels dieser Informationen ist es nun Aufgabe der Vergabe-

---

581 S. die amtliche Begründung zum KorruptionsbG NRW, LT-Drs. 13/5952 vom 4. 9. 2004, 12.
582 Teilweise ist auch von „schwarzen Listen" die Rede, *Prieß*, in: Motzke/Pietzcker/Prieß (Hrsg.), Beck'scher VOB-Kommentar, VOB/A, 2002, VOB/A § 8, Rn. 123; vgl. *Kreßner*, Die Auftragssperre im Vergaberecht, 2006, S. 29 f.
583 Gesetz zur Verbesserung der Korruptionsbekämpfung und zur Errichtung und Führung eines Vergaberegisters in Nordrhein-Westfalen (KorruptionsbG), v. 16.12.2004, GV NRW S. 8, zuletzt geändert durch Art. 1 BefristungsÄndG MfIK v. 16.11.2010, GV. NRW S. 600.
584 *Ax/Schneider/Scheffen*, Rechtshandbuch Korruptionsbekämpfung, 2. Aufl. 2010, Rn. 418.
585 Vgl. § 8 KorruptionsbG NRW.
586 *Orthmann*, Korruption im Vergaberecht – Konsequenzen und Prävention – Teil 2, Konsequenzen und Selbstreinigung, NZBau 2007, S. 278, 279.

stelle, im Wege einer Ausfüllung der ihr zustehenden Beurteilungs- und Ermessensspielräume und in Rücksprache mit dem betroffenen Teilnehmer zu entscheiden, ob die Voraussetzungen für einen Ausschluss vorliegen oder nicht. Dem *VG Düsseldorf* zufolge lässt daher die Meldung eines Unternehmens durch die Vergabestelle an das registerführende Amt die Rechtsposition des gemeldeten Unternehmers unberührt. Allenfalls „mittelbar wirkende Ausstrahlungen" auf die Rechtsposition der gemeldeten Person seien denkbar.[587]

Über die wirtschaftlichen Folgen eines Eintrags in ein Vergaberegister im engeren Sinne lässt sich keine definitive Aussage treffen. Nur wenige der bestehenden Vergaberegisterstellen dokumentieren, soweit ersichtlich, „Trefferquoten", also den Anteil der Anfragen an das Register, die zur Herausgabe eines Eintrags führen.[588] Darüber hinaus wird keine Dokumentation hinsichtlich der eintragsbegründeten Nichtvergaben geführt.[589] Es erscheint nicht anmaßend anzunehmen, dass ein der Vergabestelle durch die registerführende Behörde gemeldeter Eintrag den Ausschluss des Unternehmers aus weiteren Vergaben fördern wird[590] – nicht zuletzt ist dieses Ergebnis Sinn und Zweck eines solchen Registers. Darüber, ob ein Ausschluss die „regelmäßige Folge"[591] sein wird, lässt sich nur spekulieren.

II. Auftragssperren

Von den Vergaberegistern im engeren Sinne sind einfache und koordinierte Auftragssperren zu unterscheiden. Eine einfache Auftragssperre oder auch Vergabesperre[592] ist die Erklärung einer Vergabestelle, innerhalb eines bestimmten Zeitraums[593] keine Vertragsbeziehung zu einem bestimmten Wirtschaftsteilnehmer eingehen zu wollen.[594] Sie kann sowohl anlässlich eines Ausschlusses aus einem

---

587 *VG Düsseldorf*, Beschluss v. 13.4.2006, 26 L 464/06.
588 Landtag Rheinland-Pfalz, Kleine Anfrage der Abgeordneten *Thomas* v. 21.3.2005 Frage 6, Drs. 14/4037 v. 13.4.2005. Hiernach war in den Jahren 2002 bis 2004 keine der insgesamt 939 Anfragen von den Kommunen in Rheinland-Pfalz an die das Register führende Melde- und Informationsstelle positiv.
589 Abgeordnetenhaus Berlin, Kleine Anfrage des Abgeordneten *Behrendt*, 29. April 2008, Drucksache 16/12103, Antwort zu 7.
590 So auch *Orthmann*, Korruption im Vergaberecht – Konsequenzen und Prävention – Teil 2, Konsequenzen und Selbstreinigung, NZBau 2007, S. 278, 279.
591 *Stoye*, Korruptionsregistergesetz, der zweite Versuch – Besser, aber nicht gut genug, ZRP 2005, S. 265, 266.
592 Die beiden Begriffe werden synonym verwendet, vgl. *Kreßner*, Die Auftragssperre im Vergaberecht, 2006, S. 29; *Dähne/Schelle*, VOB von A-Z, 2001, S. 240; *Dreher*, in: Immenga/Mestmäcker (Hrsg.), Wettbewerbsrecht, Bd. 2, GWB, 4. Aufl. 2007, § 97 Rn. 160.
593 Es kann sich hier um erhebliche Zeiträume handeln, vgl. etwa *LG Berlin*, Urteil v. 22.3.2006, 23 O 118/04, NZBau 2006, S. 397, 398 f.: vier Jahre.
594 *Kreßner*, Die Auftragssperre im Vergaberecht, 2006, S. 29; *Sterner*, Rechtsschutz gegen Auftragssperren, NZBau 2001, S. 423; *Dreher*, in: Immenga/Mestmäcker (Hrsg.), Wettbewerbsrecht, Bd. 2, GWB, 4. Aufl. 2007, § 97 Rn. 160.

konkreten Vergabeverfahren als auch unabhängig davon ausgesprochen werden. Den eingetragenen Wirtschaftsteilnehmern ist regelmäßig auch eine Beteiligung als Nachunternehmer versagt.[595] Der Begriff taucht weder im Unionsrecht noch in den Vergabe- und Vertragsordnungen auf, was einem einheitlichen Begriffsverständnis abträglich ist.[596] Im Wesentlichen unterscheidet sich eine Auftragssperre von dem oben beschriebenen Vergaberegister im engeren Sinne in zweierlei Hinsicht. Erstens handelt es sich bei einer einfachen Auftragssperre nicht notwendigerweise um ein Register, welches anderen Auftraggebern zur Verfügung steht oder ihnen sogar die Pflicht zum Datenabgleich der Teilnehmerdaten aufgibt. Zweitens gibt es auch keine unabhängige Stelle, die das Register verwaltet. Vielmehr wird eine behördeninterne Liste geführt.[597] Aus diesem Grund soll die einfache Auftragssperre nicht als Ausprägung des Vergaberegisters behandelt werden. Darüber hinaus führt die Auftragssperre zu einem automatischen Ausschluss des eingetragenen Teilnehmers aus allen Vergabeverfahren des sperrenden öffentlichen Auftraggebers, während das Vergaberegister die Entscheidung über den Verbleib im Verfahren anhand des konkreten Einzelfalls in die Hand der jeweiligen Vergabestelle legt.

Die einfache Auftragssperre lässt sich mit einem Vergaberegister im engeren Sinne zu einer Mischform verbinden. In diesem Fall wird die Vergabestelle ermächtigt, unzuverlässige Wirtschaftsteilnehmer zu sperren, und gleichzeitig verpflichtet, die Information über Sperrungen an eine zentrale registerführende Stelle weiterzureichen, wodurch die Sperre anderen Vergabestellen einsehbar wird. Diese sind an die Entscheidung der sperrenden Vergabestelle jedoch nicht gebunden, sie dient lediglich als Warnung.[598]

Einen besonderen Fall der Auftragssperre stellt die koordinierte Auftragssperre dar. Es handelt sich um eine vergabestellenübergreifende Auftragssperre[599], die je

---

595 *Höß/Chevalier*, (Un-)Zulässigkeit koordinierter Vergabesperren?, IBR 2011, S. 1005 (nur online) Rn. 2.
596 So beschränkt *Pietzcker*, in: Motzke/Pietzcker/Prieß (Hrsg.), Beck'scher VOB-Kommentar, VOB/A, 2002, Systematische Darstellung VIII, Rn. 1 f. den Begriff der Auftragssperre allein auf Unzuverlässigkeit wegen vorangegangenen Fehlverhaltens während andere Autoren auch „beschaffungsfremde Ziele" in die Diskussion einbeziehen.
597 Vgl. etwa zur Rechtmäßigkeit einer Auftragssperre der Deutschen Bahn AG *LG Berlin*, Urteil v. 22.3.2006, 23 O 118/04, NZBau 2006, S. 397.
598 Im Bereich der Tariftreue hat Bremen für die Vergabe von öffentlichen Aufträgen auf dem Gebiet des Bauwesens und des öffentlichen Personennahverkehrs diese Form von Register gewählt, s. Vergabegesetz für das Land Bremen v. 17.12.2002, Gesetzblatt der Freien Hansestadt Bremen 2002, S. 549. Hiernach sind öffentliche Auftraggeber ermächtigt, Auftragssperren von bis zu einem Jahr zu verhängen. Die Sperre ist an ein zentrales Register zu melden. Gleichzeitig sind öffentliche Auftraggeber zur Prüfung der Zuverlässigkeit von Unternehmen verpflichtet, Auskünfte aus dem Register einzuholen, § 9 Abs. 3, 4 Vergabegesetz für das Land Bremen.
599 *Mestmäcker/Bremer*, Die koordinierte Sperre im deutschen und europäischen Recht der öffentlichen Aufträge, BB 1995, Beilage 19 zu Heft 50 S. 1, 4.

nach Reichweite die Ausschreibungen der Vergabestellen eines Landes[600] oder die Vergaben des Bundes durch die Verwaltung der Länder[601] umfasst.[602] Sie weist Verwandtschaft mit der einfachen Auftragssperre und dem Vergaberegister im engeren Sinne auf: Wie im Fall der einfachen Auftragssperre wird den Vergabestellen, die in den Regelungsbereich der koordinierten Sperre fallen, für die Dauer des Bestehens des Eintrags[603] die Entscheidung über den Verbleib des betroffenen Teilnehmers im Verfahren abgenommen. Er wird automatisch ausgeschlossen. Seine Eigenschaft als Vergaberegister erhält die koordinierte Auftragssperre durch das Erfordernis, an zentraler Stelle ein Sperrregister zu führen.

Die wirtschaftlichen Folgen eines Eintrags sind im Fall der koordinierten Auftragssperren offenkundig. Die Register sehen einen Ausschlussautomatismus vor, sodass ein Eintrag notwendigerweise dazu führt, dass ein eingetragenes Unternehmen für die Dauer des Bestehens des Eintrags keinen Auftrag von den an der Auftragssperre beteiligten Vergabestellen erhalten wird. An Märkten, bei denen die öffentliche Hand einen überwiegenden Teil der Nachfrage stellt oder über eine marktbeherrschende Stellung verfügt, kommt die koordinierte Auftragssperre so einem Berufsverbot nach §§ 70 ff. StGB oder dem Entzug der Gewerbeerlaubnis nach § 35 GewO nahe.[604]

Die bereits oben dargestellte Position des *VG Düsseldorf*, wonach ein Vergaberegister im engeren Sinne die Rechtsposition der Eingetragenen nicht unmittelbar berührt[605], lässt sich auf eine Auftragssperre kaum übertragen. Für die Versicherung, dass ausschließlich zuverlässige Teilnehmer bei der Vergabe öffentlicher Aufträge berücksichtigt werden, genügt es, Informationen über tatsächliche Anhaltspunkte auszutauschen, die auf eine mangelnde Zuverlässigkeit bestimmter

---

600 Vgl. Gemeinsamer hessischer Runderlass über Vergabesperren zur Korruptionsbekämpfung v. 1.07.1997, Staatsanzeiger für das Land Hessen v. 1.09.1997, 2590 f. unter 4.1.
601 Vgl. Erlass des Bundesministeriums für Raumordnung, Bauwesen und Städtebau v. 5.12.1994, BI2A – 0 1082-102/21.
602 *Kreßner*, Die Auftragssperre im Vergaberecht, 2006, S. 29; *Ax/Schneider/Scheffen*, Rechtshandbuch Korruptionsbekämpfung, 2. Aufl. 2010, Rn. 304; *Pietzcker*, in: Motzke/Pietzcker/Prieß (Hrsg.), Beck'scher VOB-Kommentar, VOB/A, 2002, Systematische Darstellung VIII, Rn. 59; *Müller-Wrede*, in: Müller-Wrede (Hrsg.), Verdingungsordnung für Leistungen, Kommentar zur VOL/A, 3. Aufl. 2010, § 6 EG Rn. 76.
603 Vgl. etwa den Gemeinsamen hessischen Runderlass über Vergabesperren zur Korruptionsbekämpfung v. 1.07.1997, Staatsanzeiger für das Land Hessen v. 1.09.1997, 2590 f. unter 4.1. Die eingetragenen Unternehmen sind auf unbestimmte Zeit bis zur Wiederherstellung ihrer Zuverlässigkeit von allen Aufträgen, die von Dienststellen des Landes erteilt werden oder im Wesentlichen aus Zuwendungen des Landes bezahlt werden, ausgeschlossen. Die Mindestsperrdauer beträgt sechs Monate, vgl. Nr. 6.2 Abs. 2.
604 *Mestmäcker/Bremer*, Die koordinierte Sperre im deutschen und europäischen Recht der öffentlichen Aufträge, BB 1995, Beilage 19 zu Heft 50 S. 1, 30.
605 *VG Düsseldorf*, Beschluss v. 13.4.2006, 26 L 464/06.

Teilnehmer hinweisen[606], wie es ein Vergaberegister im engeren Sinne vorschreibt. Hierbei lässt es eine Auftragssperre jedoch gerade nicht bewenden.

B. Rechtsgrundlagen

I. Gesetze und Gesetzentwürfe von Bund und Ländern

Europarechtliche Vorschriften zu Vergaberegistern gibt es nicht. Auch ein bundesweites Vergaberegister existiert bis heute nicht. Bestrebungen hierfür gab es immer wieder, und es sind weitere für die Zukunft zu erwarten.[607] Daneben haben einige der Länder erfolgreiche Gesetzgebungsverfahren unternommen, um Vergaberegister einzurichten.

Am 11. Juni 2002 beschloss der Deutsche Bundestag die Errichtung eines Bundeskorruptionsregisters.[608] Am 27. September 2002 folgte jedoch die Ablehnung des Gesetzes durch den Bundesrat.[609] Wegen der konkurrierenden Gesetzgebungskompetenz nach Art. 74 Abs. 1 Nr. 11 GG nahmen es daraufhin einige Länder selbst in die Hand, entsprechende Gesetze zu erlassen. So erließ der nordrheinwestfälische Landtag am 16. Dezember 2004 das Gesetz zur Verbesserung der Korruptionsbekämpfung und zur Errichtung und Führung eines Vergaberegisters in Nordrhein-Westfalen[610], welches am 1. März 2005 in Kraft trat.[611] Zu diesem Zeitpunkt hatte der hamburgische Senat bereits das Hamburgische Gesetz zur Einrichtung und Führung eines Korruptionsregisters erlassen[612], welches am 19. Februar 2004 in Kraft getreten war. Am 29. März 2005 legte das damalige Bundesministerium für Wirtschaft und Arbeit einen neuen Gesetzentwurf vor, um in einem

---

606 *Mestmäcker/Bremer*, Die koordinierte Sperre im deutschen und europäischen Recht der öffentlichen Aufträge, BB 1995, Beilage 19 zu Heft 50 S. 1, 29.
607 *Ax/Schneider/Scheffen*, Rechtshandbuch Korruptionsbekämpfung, 2. Aufl. 2010, Rn. 439.
608 Gesetz zur Errichtung eines Registers über unzuverlässige Unternehmen, BT-Drucksache 14/9356 v. 11.6.2002.
609 Zur Kritik am Gesetzentwurf *Ax/Schneider/Scheffen*, Rechtshandbuch Korruptionsbekämpfung, 2. Aufl. 2010, Rn. 410; *Lantermann*, Vergaberegister, 2007, S. 18.
610 Gesetz zur Verbesserung der Korruptionsbekämpfung und zur Errichtung und Führung eines Vergaberegisters in Nordrhein-Westfalen, v. 16.12.2004, GV. NRW. S. 8, SGV. NRW. 20020, zuletzt geändert durch Art. 1 BefristungsÄndG MfIK v. 16.11.2010, GV. NRW. S. 600.
611 Die besondere Motivation für die Gesetzgebung in Nordrhein-Westfalen resultierte aus dem sogenannten *Kölner Müllskandal* und dem aus diesem Anlass gegründeten Untersuchungsstab Antikorruption, *Ax/Schneider/Scheffen*, Rechtshandbuch Korruptionsbekämpfung, 2. Aufl. 2010, Rn. 415.
612 Hamburgisches Gesetz zur Einrichtung und Führung eines Korruptionsregisters (HmbKorRegG) v. 18.2.2004, HmbGVBl. S. 98.

neuen Anlauf ein Bundesvergaberegister zu schaffen.[613] Die parlamentarische Umsetzung scheiterte an den vorzeitigen Neuwahlen.

Am 4. Mai 2006 erließ das Land Berlin das Gesetz zur Einrichtung und Führung eines Registers über korruptionsauffällige Unternehmen in Berlin[614]. Zu diesem Zeitpunkt war mit Wirkung zum 1. März 2006 das HmbKorRegG bereits außer Kraft getreten.[615] Der hamburgische Senat begründete diesen Schritt wie folgt: „Das HmbKorRegG ist insbesondere mit Blick auf die zeitnah auf Bundesebene angestrebte Regelung aufzuheben, da allein die auf Bundesebene vorgesehene Einführung einer Regelung für ein Korruptionsregister geeignet erscheint, auf einschlägige Verfehlungen wirksam zu reagieren"[616]. Zudem sei „eine [Landes-] Regelung unter Gleichbehandlungsgesichtspunkten nicht unbedenklich"[617]. Am 25. Juni 2008 brachte die Bundestagsfraktion von Bündnis 90/Die Grünen erneut einen ausformulierten Gesetzentwurf zur Einrichtung eines Registers über unzuverlässige Unternehmen ein[618], der erneut scheiterte. Die Rechtslage in den Ländern ist inzwischen als unübersichtlich zu bezeichnen.[619]

---

613 Entwurf zur Neuregelung des Vergaberechts v. 29.3.2005, BMWA I B 3 – 26 05 13.
614 Gesetz zur Einrichtung und Führung eines Registers über korruptionsauffällige Unternehmen in Berlin v. 19.4.2006, GVBl. S. 358, zuletzt geändert durch Art. 1 Erstes ÄndG v. 1.12.2010, GVBl. S. 535.
615 S. § 3 Abs. 4 Gesetz zum Neuerlass des Hamburgischen Vergabegesetzes sowie zur Aufhebung und Änderung anderer Rechtsvorschriften auf dem Gebiet des Vergaberechts v. 13.2.2006, HmbGVBl. S. 57.
616 *Bürgerschaft der Freien und Hansestadt Hamburg*, Drucks. 18/2619, S. 4.
617 *Bürgerschaft der Freien und Hansestadt Hamburg*, Drucks. 18/2619, S. 6.
618 BT-Drucks. 16/9780.
619 *Höß/Chevalier*, (Un-)Zulässigkeit koordinierter Vergabesperren?, IBR 2011, S. 1005 (nur online) Rn. 3. Zur aktuellen Verbreitung von Registern auf landesgesetzlicher Grundlage s. *Höß/Chevalier*, (Un-)Zulässigkeit koordinierter Vergabesperren?, IBR 2011, S. 1005 (nur online) Rn. 8 ff.; für einen Überblick s. *Weyand*, Vergaberecht, letzte Aktualisierung 23.12.2010, Kapitel 6 Rn. 883 ff.

II. Verwaltungsvorschriften der Länder und Ausschlussvorschriften der Vergabe- und Vertragsordnungen

Neben den zwei Ländern, die im Wege eines Gesetzes ein Vergaberegister führen, wählten eine Reihe andere Länder das Mittel der Verwaltungsvorschrift.[620] Oftmals geschah dies im Rahmen von Maßnahmenbündeln zur Korruptionsbekämpfung. Einige der Länder orientieren sich an dem hessischen Runderlass über Vergabesperren zur Korruptionsbekämpfung für die gesamte Landesverwaltung.[621] Dieser wurde bereits am 16. Februar 1995 von der hessischen Landesregierung beschlossen. In seiner Fassung vom 1. Juli 1997 und seiner Überarbeitung vom 14. November 2007 ist er gemäß § 55 der hessischen Landeshaushaltsordnung[622] von allen Behörden des Landes Hessen anzuwenden. In der Sache handelt es sich um eine koordinierte Auftragssperre.

---

620 *Baden-Württemberg*: Verwaltungsvorschrift der Landesregierung und der Ministerien zur Verhütung unrechtmäßiger und unlauterer Einwirkungen auf das Verwaltungshandeln und zur Verfolgung damit zusammenhängender Straffraren und Dienstvergehen v. 19.12.2005, GABl. Nr. 2/2006, S. 125, Nr. 3.3.3 f.;
Bayern: Richtlinie zur Verhütung und Bekämpfung von Korruption in der öffentlichen Verwaltung, Bekanntmachung der Bayerischen Staatsregierung v. 13.4.2004 – B III 2-515-238, Nr. 7.1.7;
Hamburg: Richtlinie über den Ausschluss der Vergabe öffentlicher Aufträge wegen schwerer Verfehlungen (RL Schwere Verfehlungen) v. 1.11.2008 in der Fassung v. 1.6.2010;
Hessen: Erlass über Vergabesperren zur Korruptionsbekämpfung, überarbeitet am 14.11.2007, StAnz. Nr. 48 v. 26.11.2007 S. 2327;
Niedersachsen: Verwaltungsvorschrift zur Bekämpfung von Korruption in der Landesverwaltung, gemeinsamer Runderlass des MW, der Staatskanzlei und der übrigen Ministerien v. 31.8.2000 – 32-32567/2, Nds. Ministerialblatt Nr. 29/2000, S. 611, Nr. 2.1;
Rheinland-Pfalz: Verwaltungsvorschrift der Landesregierung zur Bekämpfung der Korruption in der öffentlichen Verwaltung v. 7.11.2000 in der Fassung v. 29.4.2003 – FM – O 1559 A – 411, MinBl. 2001, S. 86, Nr. 17;
Schleswig-Holstein: Richtlinie zur Korruptionsprävention und Korruptionsbekämpfung in der Landesverwaltung Schleswig-Holstein v. 16.4.2008, Amtsbl. Schl.-H. 2008 S. 414, Nr. 4.7;
Thüringen: Richtlinie zur Mittelstandsförderung und Berücksichtigung freier Berufe sowie zum Ausschluss ungeeigneter Bewerber bei der Vergabe öffentlicher Aufträge v. 22.6.2004 in der zweiten Änderung 10/2009;
keine Maßnahmen zur Einrichtung eines Vergaberegisters haben somit die Länder Brandenburg, Mecklenburg-Vorpommern, Sachsen und Sachsen-Anhalt getroffen. Einen Überblick über die Maßnahmen der Länder zur Bekämpfung von Korruption bietet *Tiehl/Löhe*, Ressourcen der Korruptionsbekämpfung in Deutschland, abrufbar unter http://www.transparency.de/ressourcen-der-Korruptionsbeka.987.0.html, abgerufen am 2.5.2011; sowie *Höß/Chevalier*, (Un-)Zulässigkeit koordinierter Vergabesperren?, IBR 2011, S. 1005 (nur online) Rn. 24 ff.
621 Hessischer Erlass über Vergabesperren zur Korruptionsbekämpfung v. 16.2.1995, StAnz. S. 1308, neugefasst mit Erlassdatum v. 14.11.2007, StAnz. S. 2327, erneut bekannt gemacht am 13.12.2010, StAnz. S. 2831.
622 Hessische Landeshaushaltsordnung in der Fassung v. 15.3.1999, GVBl. I S. 248, zuletzt geändert durch Art. 4 des Finanzausgleichsänderungsgesetzes 2008 v. 17.12.2007, GVBl. I S. 908-910.

Teilweise anerkennt die Rechtsprechung die Ausschlusstatbestände der Vergabe- und Vertragsordnungen als ausreichende gesetzliche Grundlage für die Verhängung von einfachen Auftragssperren.[623] Diese Auffassung ist in der Literatur auf Kritik gestoßen.[624] Die Bedeutung der Ausschlusstatbestände und ihre Grenzen wurden bereits aufgezeigt. Sie erfassen nur die jeweils einzelne Vergabeentscheidung und sind daher keine taugliche Grundlage für eine Auftragssperre.[625] Das ergibt sich daraus, dass es sich bei den Vorschriften um die Umsetzung der Vorgaben aus der VKR handelt. Diese sehen, wie gezeigt, keine andauernde Verfahrenssperre vor. Wie unten zu zeigen ist, können der Verfahrensausschluss und die Auftragssperre zudem einen Eingriff in die Grundrechte der betroffenen Teilnehmer darstellen.[626] Jedenfalls unterhalb der Schwellenwerte genügen die Vergabe- und Vertragsordnungen nicht dem erforderlichen Gesetzesvorbehalt, um einen Grundrechtseingriff zu rechtfertigen.[627] Hier finden die Vergabe- und Vertragsordnungen allein infolge haushaltsrechtlicher Bestimmungen oder werden durch ministerielle Einführungserlasse von Bund und Ländern in Kraft gesetzt.[628]

Sofern den „gesperrten" Unternehmen jedoch die Möglichkeit verbleibt, ohne erhebliche Sonderbelastung ihre erneute Zuverlässigkeit nachzuweisen und dadurch wieder am Verfahren teilzunehmen[629], so handelt es sich bei der Maßnahme eher um ein Vergaberegister im engeren Sinne, welches mangels Grundrechtseingriffs keiner gesetzlichen Ermächtigungsgrundlage bedarf.

---

623 Zu einer einfachen Auftragssperre der Deutschen Bahn *LG Frankfurt*, Urteil v. 26.11.2003, 2-06 O 345/03, NZBau 2004, S. 630 f.; *LG Berlin*, Urteil v. 22.3.2006, 23 O 118/04, NZBau 2006, S. 397.
624 *Hausmann/Hoff, von*, in: Kulartz/Marx/Portz/Prieß (Hrsg.), Kommentar zur VOL/A, 2. Aufl. 2011, § 6 EG Rn. 96; *Kulartz/Röwekampf*, in: Kulartz/Portz/Düsterdiek/Röwekamp, VOL/A und VOL/B, 5. Aufl. 2007, § 11 Rn. 26; *Tomerius*, in: Pünder/Schellenberg (Hrsg.), Vergaberecht, 2011, VOB/A § 16 Rn. 36; *Quardt*, Die Auftragssperre im Vergaberecht, BB 1997, S. 477 ff.; *Ohle/Gregoritza*, Grenzen des Anwendungsbereichs von Auftragssperren der öffentlichen Hand, ZfBR 2003, S. 16, 18 f.; a.A. *Buck*, Die Vergabe sogenannter nachrangiger Dienstleistungsaufträge, 2010, S. 182.
625 *Höß/Chevalier*, (Un-)Zulässigkeit koordinierter Vergabesperren?, IBR 2011, S. 1005 (nur online) Rn. 6.
626 Siehe unten, S. 139.
627 Siehe unten, S. 141.
628 *Leinemann*, Die Vergabe öffentlicher Aufträge, 4. Aufl.2007, Rn. 33; *Pache*, in: Pünder/Schellenberg (Hrsg.), Vergaberecht, 2011, BHO § 55 Rn. 86.
629 Vgl. *LG Berlin*, Urteil v. 22.3.2006, 23 O 118/04, NZBau 2006, S. 397. Hier wird die Möglichkeit der Selbstreinigung ausdrücklich angesprochen. Anders *LG Frankfurt*, Urteil v. 26.11.2003, 2-06 O 345/03, NZBau 2004, S. 630 f.

III. Schwarzarbeitsbekämpfungsgesetz und Arbeitnehmer-Entsendegesetz

Das SchwarzArbG[630] sieht in § 21 die Sperre von Wettbewerben um öffentliche Bauaufträge vor. Wirtschaftsteilnehmer sollen im Fall einer Verurteilung zu einer Freiheitsstrafe von mehr als drei Monaten oder einer Geldstrafe von mehr als neunzig Tagessätzen oder einer Geldbuße von wenigstens 2.500 Euro wegen Verstoßes gegen eine der in S. 1 genannten Normen bis zu einer Dauer von drei Jahren von Vergabeverfahren für Bauaufträge ausgeschlossen werden. Adressat des § 21 SchwarzArbG sind die in § 98 Nr. 1 bis 3 und 5 GWB genannten öffentlichen Auftraggeber. Dies umfasst im Wesentlichen Gebietskörperschaften.[631] In der Sache handelt es sich damit um eine koordinierte Auftragssperre.[632] Der Begriff des Bauauftrags ist in § 99 Abs. 3 GWB legal definiert. Die Beschränkung auf Bauaufträge erklärt sich aus dem Umstand, dass Schwarzarbeit besonders im Bauwesen anzutreffen ist.[633]

Der Katalog von Normen, gegen die ein Verstoß zum Ausschluss führen kann, umfasst § 8 Abs. 1 Nr. 2, §§ 9 bis 11 SchwarzArbG, § 404 Abs. 1 oder 2 Nr. 3 SGB III[634], §§ 15, 15 a, 16 Abs. 1 Nr. 1, 1 b oder 2 AÜG[635] und § 266 a Abs. 1 bis 4 StGB. Es handelt sich bei der Norm um eine Soll-Vorschrift; nach der Intention des Gesetzgebers führen Verstöße also regelmäßig zu einem Ausschluss. Allein in atypischen Fällen kann von einem Ausschluss abgesehen werden.[636] Die Entschei-

---

630 Schwarzarbeitsbekämpfungsgesetz (SchwarzArbG) v. 23.7.2004, BGBl. I S. 1842, zuletzt geändert durch Art. 2 Gesetzes v. 22.4.2009, BGBl. I S. 818.
631 Z.B. Bund, Länder, Kreise und Gemeinden, deren Sondervermögen und die aus Gebietskörperschaften bestehenden Verbände und von diesen finanzierte oder bestimmte Körperschaften und Verbände, *Marschall*, Bekämpfung illegaler Beschäftigung, 3. Aufl. 2003, Rn. 689; *Berwanger*, in: Fehn (Hrsg.), Schwarzarbeitsbekämpfungsgesetz, 2006, § 21 Rn. 3. Sektorenauftraggeber nach § 98 Nr. 4 GWB sind von der Vorschrift ausgenommen.
632 *Berwanger*, in: Fehn (Hrsg.), Schwarzarbeitsbekämpfungsgesetz, 2006, § 21 Rn. 5.
633 *Erdmann*, Gesetz zur Bekämpfung der Schwarzarbeit, 1996, § 5 Rn. 2; *Berwanger*, in: Fehn (Hrsg.), Schwarzarbeitsbekämpfungsgesetz, 2006, § 21 Rn. 9. Die Beschränkung auf das Baugewerbe wurde erst mit der Neufassung zum 1.8.2002 eingeführt, BGBl. I 2002, S. 2787.
634 Drittes Buch Sozialgesetzbuch – Arbeitsförderung v. 24.3.1997, BGBl. I S. 594.
635 Arbeitnehmerüberlassungsgesetz in der Fassung der Bekanntmachung v. 3.02.1995, BGBl. I S. 158.
636 *Erdmann*, Gesetz zur Bekämpfung der Schwarzarbeit, 1996, § 5 Rn. 5; *Marschall*, Bekämpfung illegaler Beschäftigung, 3. Aufl. 2003, Rn. 695; *Berwanger*, in: Fehn (Hrsg.), Schwarzarbeitsbekämpfungsgesetz, 2006, § 21 Rn. 15.

dung, ob im Einzelfall ein Ausschluss erfolgen soll, muss frei von Ermessensfehlern sein.[637]

Es zeigt sich, dass diese Vorschriften sich nicht mit den obligatorischen Ausschlussgründen des Art. 45 Abs. 1 VKR decken. Wie bereits festgestellt wurde, verbietet der *EuGH* eine Aufwertung der fakultativen Ausschlussgründe zu obligatorischen in Bezug auf die berufliche Eignung des Wirtschaftsteilnehmers.[638]

§ 21 Abs. 1 SchwarzArbG fordert einen Ausschluss im Fall von Verstößen gegen einige der Ordnungswidrigkeiten und Strafvorschriften des SchwarzArbG, bei illegaler Ausländerbeschäftigung und dem Vorenthalten und Veruntreuen von Arbeitsentgelt. Nach der vom *EuGH* aufgestellten Differenzierung zwischen Maßnahmen zur Förderung des Grundsatzes des freien und lauteren Wettbewerbs einerseits und der Gewährleistung der beruflichen Eignung andererseits, handelt es sich bei den Ausschlussgründen des § 21 SchwarzArbG zumindest auch um Fälle der zweiten Kategorie. Verstöße gegen die aufgelisteten Bußgeldvorschriften können zu einer Verzerrung des Wettbewerbs führen, da Wirtschaftsteilnehmer, die Abgaben oder Steuern nicht in ausreichender Höhe bezahlen, im Wettbewerb regelmäßig einen Vorteil gegenüber redlichen Wettbewerbern haben werden. Gleichzeitig können die Verstöße aber auch die Zuverlässigkeit des Betroffenen in Frage stellen. Ist die Zuverlässigkeit nicht mehr gewährleistet, so ist auch die berufliche Eignung nicht mehr gegeben. § 21 Abs. 1 SchwarzArbG ist daher unionsrechtskonform dahingehend auszulegen, dass ein Ausschluss nur dann möglich ist, wenn im Einzelfall die Zuverlässigkeit des Wirtschaftsteilnehmers nicht gegeben ist. Ein vom Gesetzgeber intendiertes Regel-Ausnahme-Verhältnis, wie es die Formulierung als „Soll-Vorschrift" nahelegt, kann aufgrund des unionsrechtlichen Ausweitungsverbots nicht aufrecht erhalten bleiben. Maßgeblich ist allein Art. 45 Abs. 2 VKR bzw. die nationale Umsetzung in den Vergabe- und Vertragsordnungen. Wie bereits festgestellt, ist für die Entscheidung über den Ausschluss in jedem Fall zu

---

637 Welche Gesichtspunkte im Einzelnen zu berücksichtigen sind, legt der Gesetzentwurf zur Änderung des Gesetzes zur Bekämpfung der Schwarzarbeit und zur Änderung anderer Gesetze v. 17.5.1994, BT-Drs. 12/7563 nahe. Insbesondere handelt es sich um die absolute und relative Zahl der illegal Beschäftigten, die Dauer der Beschäftigung illegaler Arbeitnehmer, die Häufigkeit etwaiger Verstöße, eine bestehende Wiederholungsgefahr, der seit dem Rechtsverstoß verstrichene Zeitraum, der Umfang der Auswirkungen eines Normverstoßes auf den öffentlichen Auftraggeber, eine Beschränkung des Verstoßes auf nur einen Tätigkeitsbereich des Unternehmens sowie die Fragen, ob illegale Beschäftigung zu Wettbewerbsverzerrungen geführt hat, ob der Ausschluss von öffentlichen Aufträgen die Wirtschaftslage des Unternehmens gefährdet, ob der Ausschluss zu einer relevanten Verengung des Bewerber-/Bieterkreises führt, und ob gleichzeitig gegen Steuer- oder Abgabenvorschriften verstoßen wurde. Ebenfalls ist zu berücksichtigen, ob der Wirtschaftsteilnehmer organisatorische Maßnahmen ergriffen hat, um einen weiteren Normverstoß zu vermeiden. Hier zeigt sich, dass Selbstreinigungsmaßnahmen wenigstens vor dem Zeitpunkt der Sperrentscheidung berücksichtigungsfähig sind.
638 *EuGH*, Urteil v. 16.12.2008, Rs. C-213/07 (Michaniki), Slg. 2008, I-9999, s. zum Ausweitungsverbot bereits S. 54 ff.

berücksichtigen, ob der Wirtschaftsteilnehmer in ausreichendem Umfang Selbstreinigungsmaßnahmen durchgeführt hat, um sicherzustellen, dass Verstöße gegen die einschlägigen Vorschriften in Zukunft ausgeschlossen sind.[639]

Ein Ausschluss ist bereits vor Durchführung eines Straf- oder Bußgeldverfahrens möglich, „wenn im Einzelfall angesichts der Beweislage kein vernünftiger Zweifel an einer schwerwiegenden Verfehlung (...) besteht"[640]. Ähnlich wie im Fall des fakultativen Ausschlusses nach den Vergabe- und Vertragsordnungen ist hier weder ein rechtskräftiges Urteil noch ein bestandkräftiger Verwaltungsakt erforderlich.[641] Nicht einmal die Einleitung eines Straf- oder Bußgeldverfahrens wird gefordert.[642] Für den konkreten Verfahrensausschluss kann für die verfassungsrechtlichen Bedenken gerade in Bezug auf die Unschuldsvermutung[643] und den Gleichbehandlungsgrundsatz auf oben verwiesen werden. Die Besonderheiten, die sich aus der Konsequenz einer koordinierten Auftragssperre ergeben, wurden ebenfalls bereits erörtert. § 21 Abs. 1 S. 5 SchwarzArbG normiert die Pflicht zur Anhörung des Betroffenen vor der Entscheidung über die Sperre.[644] Die unionsrechtliche und verfassungsrechtliche Pflicht zur Berücksichtigung von Selbstreinigungsmaßnahmen ist auch im Anwendungsbereich des SchwarzArbG von erheblicher Bedeutung.

Einen aus Sicht der Selbstreinigung begrüßenswerten Ansatz verfolgt das Arbeitnehmer-Entsendegesetz[645]. § 21 Abs. 1 S. 1 AEntG schreibt vor, dass Wirtschaftsteilnehmer von Wettbewerben um Liefer-, Bau- oder Dienstleistungsaufträge der in § 98 GWB genannten Auftraggeber für eine angemessene Zeit ausgeschlossen werden sollen, sofern sie wegen eines Verstoßes nach § 23 AEntG mit einer Geldbuße von wenigstens 2.500 Euro belegt worden sind. Dies gilt aber ausdrücklich nur bis zur nachgewiesenen Wiederherstellung ihrer Zuverlässigkeit.

C. Mindesteintragsfristen

Vergaberegister gehören seit geraumer Zeit zum vergaberechtlichen Alltag. Dennoch werfen sie eine große Anzahl von Fragen in Bezug auf ihre Vereinbarkeit mit

---

639 So i.E. auch bereits der Gesetzentwurf zur Änderung des Gesetzes zur Bekämpfung der Schwarzarbeit und zur Änderung anderer Gesetze v. 17.5.1994, BT-Drs. 12/7563.
640 § 21 Abs. 1 S. 2 ScharzArbG.
641 *Marschall*, Bekämpfung illegaler Beschäftigung, 3. Aufl. 2003, Rn. 691; *Berwanger*, in: Fehn (Hrsg.), Schwarzarbeitsbekämpfungsgesetz, 2006, § 21 Rn. 13.
642 *Marschall*, Bekämpfung illegaler Beschäftigung, 3. Aufl. 2003, Rn. 692; *Berwanger*, in: Fehn (Hrsg.), Schwarzarbeitsbekämpfungsgesetz, 2006, § 21 Rn. 13.
643 Vgl. hierzu auch *Marschall*, Bekämpfung illegaler Beschäftigung, 3. Aufl. 2003, Rn. 692; *Salditt*, Aus Schwarz Weiß, BB-Special 2/2004, S. 1 f.
644 Das Anhörungserfordernis wird zu Recht als Selbstverständlichkeit bezeichnet, *Buchner*, Neuerlicher Anlauf zur Bewältigung der „Schwarzarbeit", GewArch 2004, S. 393, 403.
645 Arbeitnehmer-Entsendegesetz (AEntG) v. 20.4.2009, BGBl. I S. 799.

höherrangigem Recht auf. In der Literatur wird insbesondere die Vereinbarkeit mit den unionsrechtlichen Wettbewerbsregeln[646] und den Grundfreiheiten[647] diskutiert. Auf nationaler Ebene stellen die Grundrechte[648] und die Normen des GWB[649] die Rechtmäßigkeit in Frage. Eine Darstellung sämtlicher Streitstände kann und soll im Rahmen dieser Arbeit nicht erfolgen. Die Ausführungen beschränken sich allein auf die Bedeutung von Selbstreinigungsmaßnahmen im Bereich der Vergaberegister. Zu zeigen ist, welche Anforderungen in Hinblick auf die Möglichkeit einer Berücksichtigung von Selbstreinigung an Vergaberegister zu stellen sind.

Für den Verfahrensausschluss wird noch festzustellen sein, dass Selbstreinigungsmaßnahmen bei der Bewertung der Zuverlässigkeit eines Wirtschaftsteilnehmers zu berücksichtigen sind. Eine solche Pflicht ergibt sich aus dem Unionsrecht und dem deutschen Verfassungsrecht.[650] Dies gilt nach der hier vertretenen Auffassung ebenfalls für Vergaberegister. Hat ein Wirtschaftsteilnehmer nach einem Verhalten, welches zu einem Eintrag in ein solches Register geführt hat, Maßnahmen unternommen, um seine Zuverlässigkeit wiederherzustellen, so sind sie von der registerführenden Behörde zu würdigen und der Eintrag ist aufzuheben.[651] Dieser Anforderung werden die Register überwiegend gerecht: Nach einer Selbstreinigung kann der Betroffene regelmäßig eine Neubewertung seiner Zuverlässigkeit beantragen und dadurch eine Löschung des Eintrags herbeiführen.[652]

Eine Besonderheit stellen Mindesteintragsfristen dar. Hierbei handelt es sich um Fristen, vor deren Ablauf eine Löschung ausgeschlossen ist. Im Fall von koordinierten Auftragssperren ist eine Beteiligung des Betroffenen an Vergabeverfahren für die Dauer der Frist ausgeschlossen. Eine solche Mindestsperrfrist findet sich beispielsweise im hessischen Runderlass über Vergabesperren zur Korruptionsbekämpfung. Nach Nr. 6.1 ist eine Wiederzulassung zwar möglich, wenn erwartet werden kann, dass die Zuverlässigkeit des Betroffenen wieder gegeben ist. Dies ist nach Nr. 6.2 jedoch in der Regel erst nach Selbstreinigungsmaßnahmen und einer „angemessenen Sperrfrist von sechs Monaten" zu erwarten. Die prinzipielle Zulässigkeit von Mindesteintragsfristen und insbesondere Mindestsperrfristen wird in der Literatur unterschiedlich bewertet. Teilweise wird hierin ein besonders gro-

---

646 Ausführlich *Kreßner*, Die Auftragssperre im Vergaberecht, 2006, S. 49 ff.
647 *Kreßner*, Die Auftragssperre im Vergaberecht, 2006, S. 54 ff.
648 *Kreßner*, Die Auftragssperre im Vergaberecht, 2006, S. 61 ff.
649 *Kreßner*, Die Auftragssperre im Vergaberecht, 2006, S. 69 ff.
650 Siehe S. 137 ff.
651 *Prieß/Pünder/Stein*, in: Pünder/Prieß/Arrowsmith (Hrsg.), Self-Cleaning in Public Procurement Law, 2009, S. 74.
652 Vgl. etwa § 7 Abs. 4 S. 1 KorruptionsbG NRW. Die Norm ist als Kann-Vorschrift formuliert. Im Fall einer wirksamen Selbstreinigung ist davon auszugehen, dass das Ermessen der Behörde auf Null reduziert ist.

ber Verstoß gegen § 20 Abs. 1 GWB gesehen.[653] Andere sehen keine grundsätzlichen Bedenken, Wirtschaftsteilnehmer für eine bestimmte Mindestdauer in Vergaberegistern zu führen; die Abschreckung sei als generalpräventiver Gesichtspunkt wichtiger Zweck einer Sperre. Anderenfalls könnten Unternehmen relativ risikolos Verfehlungen begehen. Allein der Grundsatz der Verhältnismäßigkeit sei im Einzelfall zu wahren.[654]

Dreh- und Angelpunkt dieses Streits ist erneut die Frage, ob der Gesetzgeber und der öffentliche Auftraggeber Selbstreinigungsmaßnahmen eines Wirtschaftsteilnehmers – auch nur für die Dauer einer Mindestsperrfrist von sechs Monaten – außer Acht lassen dürfen oder ob die Bestrafung eines Wirtschaftsteilnehmers durch einen Ausschluss oder eine Sperre unzulässig ist. Vorliegend wird vertreten, dass das Unionsrecht und das deutsche Verfassungsrecht eine Berücksichtigung von Selbstreinigungsmaßnahmen vorschreiben.[655] Die Generalprävention ist kein tragfähiger Zweck, um einen Wirtschaftsteilnehmer, der sich nachweislich selbstgereinigt hat, für eine Mindestsperrdauer von der Teilnahme an Vergabeverfahren auszuschließen. Die Mindestsperrfristen stellen damit einen Verstoß insbesondere gegen die Dienstleistungsfreiheit dar. Auch stehen sie im Widerspruch zu den in Art. 12 Abs. 1 und Art. 3 Abs. 1 GG verbürgten Grundrechten und sind damit unzulässig. Dem Betroffenen muss auf Antrag die Möglichkeit gegeben werden, die von ihm getroffenen Maßnahmen zur Wiederherstellung seiner Zuverlässigkeit darzustellen und wieder an öffentlichen Vergabeverfahren teilnehmen zu können.[656]

D. Rechtsschutz gegen Vergaberegistereinträge

Bei der Eintragung in ein Vergaberegister im engeren Sinne handelt es sich nicht um einen Eingriff in die Rechte des betroffenen Teilnehmers. Dem *VG Düsseldorf* zufolge stellt der Eintrag keinen Verwaltungsakt nach § 35 S. 1 VwVfG dar.[657] Die Meldung und der anschließende Eintrag zielten nicht auf eine unmittelbare Rechtswirkung nach außen, da sie die Rechtsposition einer gemeldeten

---

653 Noch zu § 26 Abs. 2 GWB a.F. *Mestmäcker/Bremer*, Die koordinierte Sperre im deutschen und europäischen Recht der öffentlichen Aufträge, BB 1995, Beilage 19 zu Heft 50 S. 1, 24.
654 *Kreßner*, Die Auftragssperre im Vergaberecht, 2006, S. 121.
655 Siehe S. 137 ff.
656 Für alle weiteren Bedenken zur Rechtmäßigkeit von Vergaberegistern muss an dieser Stelle auf die umfangreiche Literatur verwiesen werden, vgl. *Lantermann*, Vergaberegister, 2007, S. 1 ff.; *Kreßner*, die Auftragssperre im Vergaberecht, S. 1 ff.; *Mestmäcker/Bremer*, Die koordinierte Sperre im deutschen und europäischen Recht der öffentlichen Aufträge, BB 1995, Beilage 19 zu Heft 50 S. 1, 20 ff.
657 *VG Düsseldorf*, Beschluss v. 13.4.2006, 26 L 464/06, Rn. 4. Das Gericht beruft sich auf § 35 S. 1 VwVfG NRW. Ebenso denkbar wäre eine Anknüpfung an § 35 S. 1 VwVfG Bund, da Fragen des Rechtswegs nicht der Gestaltung durch das Landesrecht unterliegen.

Person als solche zunächst unberührt ließen.[658] Aus diesem Grund ist gegen eine Registermeldung oder einen Registereintrag im vorläufigen Rechtsschutz ein Antrag nach § 80 Abs. 5 VwGO und im Hauptverfahren eine Anfechtungsklage unstatthaft. Ein Antrag nach § 123 VwGO im Verfahren des einstweiligen Rechtsschutzes und eine Leistungs- oder Anfechtungsklage in der Hauptsache sind hingegen zulässig.[659] Dieses Vorgehen kann dann Erfolg haben, wenn der Teilnehmer einen Anspruch auf das Unterlassen der Meldung oder Eintragung hat. Ein solcher ist gegeben, wenn die Voraussetzungen der Meldung oder Eintragung nach dem jeweiligen Registergesetz nicht erfüllt sind und das Verhalten folglich rechtswidrig ist. Im Rahmen von Ermessensentscheidungen seitens der meldenden Stelle ist die gerichtliche Überprüfung auf das Vorliegen von Ermessensfehlern beschränkt.

Im Fall von Auftragssperren ist zwischen dem Vorgehen wegen eines Ausschlusses aus einem konkreten Verfahren und der Verteidigung gegen einen sperrenden Eintrag außerhalb eines Vergabeverfahrens zu unterscheiden.[660] Gegen einen Verfahrensausschluss kann – auch wenn er wegen einer Auftragssperre erfolgt – ein Nachprüfungsverfahren vor der zuständigen Vergabekammer angestrengt werden, soweit der Wirtschaftsteilnehmer den Ausschluss zuvor als Vergabeverstoß gegenüber der Vergabestelle gerügt hat, § 107 GWB. Außerhalb eines Vergabeverfahrens sind die Nachprüfungsbehörden nicht zuständig. Für die Frage des Rechtswegs ist dann maßgeblich, ob die Auftragssperre einen Verwaltungsakt im Sinne des § 35 S. 1 VwVfG oder eine privatrechtliche Erklärung darstellt. Da die Vergabestellen bei der Auswahl ihrer Vertragspartner privatrechtlich handeln[661], wird die Auftragssperre überwiegend als privatrechtliche Willensbekundung verstanden.[662] Damit ist der Rechtsweg zu den Zivilgerichten eröffnet.

---

658 *VG Düsseldorf*, Beschluss v. 13.4.2006, 26 L 464/06, Rn. 4.
659 *VG Düsseldorf*, Beschluss v. 13.4.2006, 26 L 464/06, Rn. 9.
660 *Sterner*, Rechtsschutz gegen Auftragssperren, NZBau 2001, S. 423, 426.
661 So zu Abschleppunternehmen *BGH*, Urteil v. 14.12.1976, VI ZR 251/73, NJW 1977, S. 628, 629.
662 *OVG Lüneburg*, Beschluss v. 19.1.2006, 7 OA 168/05, NZBau 2006, S. 396; *Pietzcker*, in: Motzke/Pietzcker/Prieß (Hrsg.), Beck'scher VOB-Kommentar, VOB/A, 2002, Systematische Darstellung VIII Auftragssperre, Rn. 13. ff; *Sterner*, Rechtsschutz gegen Auftragssperren, NZBau 2001, S. 423, 426.

4. Teil Selbstreinigung

Selbstreinigung ist im Vergaberecht von zunehmend größerer Bedeutung, was teilweise auf die ansteigende Zahl der Verfahrensausschlüsse wegen fehlender Zuverlässigkeit zurückgeführt wird.[663] Freilich ist es ein in vielen Bereichen und Rechtskreisen noch unzureichend beachtetes Konzept.[664] Bei der Selbstreinigung im Vergaberecht handelt es sich um die Wiederherstellung der Zuverlässigkeit eines Wirtschaftsteilnehmers durch eigene Maßnahmen.[665] Diese müssen darauf gerichtet sein, eine Begehung schwerer Verfehlungen in der Zukunft zu verhindern und so Gewähr für eine einwandfreie Ausführung des zu vergebenden Auftrags zu bieten.[666] Bei der Selbstreinigung handelt es sich um keine Pflicht, da es jedem Wirtschaftsteilnehmer freisteht, auf eine Durchführung der erforderlichen Maßnahmen und dadurch auf eine Wiederherstellung seiner Zuverlässigkeit zu verzichten. Die Selbstreinigung ist damit eine Obliegenheit.[667]

Die Selbstreinigung kann allein die Wiederherstellung der Zuverlässigkeit im Sinne der vergaberechtlichen Eignung leisten. Andere Merkmale, die die Eignung eines Wirtschaftsteilnehmers in Frage stellen, und Gründe für einen Verfahrensausschluss, die nicht an die Eignung des Teilnehmers anknüpfen, können durch eine Selbstreinigung nicht überwunden werden. Eine Selbstreinigung hat daher keinen Einfluss auf die übrigen Eignungskriterien.

1. Abschnitt Normative Anhaltspunkte der Selbstreinigung

Gesetzliche Hinweise auf das Konzept der Selbstreinigung sind rar. Die § 6a Abs. 1 Nr. 3 VOB/A, § 6 EG Abs. 5 VOL/A und § 4 Abs. 8 VOF sehen vor, dass ein Teilnehmer nach einer rechtskräftigen Verurteilung wieder am Verfahren teilnehmen darf, wenn wegen „besonderer Umstände des Einzelfalls der Verstoß die Zuverlässigkeit des Unternehmens nicht in Frage stellt", was, wie gezeigt, ein Ein-

---

663 *Prieß/Pünder/Stein*, in: Pünder/Prieß/Arrowsmith (Hrsg.), Self-Cleaning in Public Procurement Law, 2009, S. 52.
664 *Arrowsmith/Prieß/Friton*, in: Pünder/Prieß/Arrowsmith (Hrsg.), Self-Cleaning in Public Procurement Law, 2009, S. 3.
665 *Leinemann*, Die Vergabe öffentlicher Aufträge, 4. Aufl. 2007, Rn. 1237; *Ax/Schneider/Scheffen*, Rechtshandbuch Korruptionsbekämpfung, 2. Aufl. 2010, Rn. 399.
666 *Müller-Wrede*, in: Müller-Wrede (Hrsg.), Verdingungsordnung für Leistungen, Kommentar zur VOL/A, 3. Aufl. 2010, § 6 EG Rn. 63.
667 Vgl. *Müller-Wrede*, in: Müller-Wrede (Hrsg.), Verdingungsordnung für Leistungen, Kommentar zur VOL/A, 3. Aufl. 2010, § 6 EG Rn. 70.

fallstor für die Berücksichtigung der Selbstreinigung ist. Die VKR bietet ebenfalls nur einen sehr vorsichtigen Anhaltspunkt. Nach Art. 44 Abs. 1 UAbs. 3 VKR kann „aus zwingenden Gründen des Allgemeininteresses" von einem obligatorischen Ausschluss abgesehen werden.[668] Dem Wortlaut der Richtlinie ist somit das Konzept der Selbstreinigung nicht unmittelbar anzusehen. Dies war freilich nicht immer so, wie ein Blick auf die Gesetzgebungsmaterialien verrät. Auf Anregung des Ausschusses der Regionen[669] wurde in einigen Entwürfen der VKR eine Klausel in Art. 42 aufgenommen, wonach von einem obligatorischen Ausschluss abgesehen werden konnte, wenn der Teilnehmer nachwies, „dass der Grund für eine solche Verurteilung dadurch weggefallen ist, dass zum Beispiel ein Arbeitnehmer, der ohne Wissen des Wirtschaftsteilnehmers eine der unter Buchstabe a bis c genannten strafbaren Handlungen begangen hat, bestraft worden ist"[670]. Diese Formulierung findet sich zuletzt in einem Entwurf vom 8. Januar 2002[671].[672] Teilweise wird argumentiert, dass die Vorschrift nicht etwa aus der Richtlinie gestrichen wurde, weil die Möglichkeit der Selbstreinigung verworfen werden sollte.[673] Vielmehr sei es Ziel gewesen, sie durch den allgemeinen Ausnahmetatbestand des heutigen Art. 44 Abs. 1 UAbs. 3 VKR zu erweitern. Die „zwingenden Gründe des Allgemeininteresses" sollten nach diesem Verständnis gerade eine umfassende Möglichkeit zur Berücksichtigung von Selbstreinigungsmaßnahmen der Wirtschaftsteilnehmer durch die Mitgliedstaaten erfassen.[674] Dem ist zuzustimmen. Wie ge-

---

668 Die Berücksichtigung von Selbstreinigungsmaßnahmen liegt nach der hier vertretenen Auslegung im Allgemeininteresse, siehe S. 87 ff.
669 Zu Vorschlag des Ausschusses vgl. *Arrowsmith/Prieß/Friton*, in: Pünder/Prieß/Arrowsmith (Hrsg.), Self-Cleaning in Public Procurement Law, 2009, S. 7 f.
670 Vorschlag für eine Richtlinie des Europäischen Parlaments und des Rates über die Koordinierung der Verfahren zur Vergabe öffentlicher Lieferaufträge, Dienstleistungsaufträge und Bauaufträge, Rat der Europäischen Union, Vermerk v. 27.6.2001, 10269/01; *Hebly*, European Public Procurement, History of the 'Classic' Directive 2004/18/EC, 2007, S. 1105 ff.
671 Vorschlag für eine Richtlinie des Europäischen Parlaments und des Rates über die Koordinierung der Verfahren zur Vergabe öffentlicher Bauaufträge, Lieferaufträge und Dienstleistungsaufträge, Rat der Europäischen Union, Vermerk v. 8.01.2002, 15381/01.
672 *Arrowsmith/Prieß/Friton*, in: Pünder/Prieß/Arrowsmith (Hrsg.), Self-Cleaning in Public Procurement Law, 2009, S. 8.
673 Die Vorschrift wurde als zu restriktiv kritisiert, *Arrowsmith/Prieß/Friton*, in: Pünder/Prieß/ Arrowsmith (Hrsg.), Self-Cleaning in Public Procurement Law, 2009, S. 9 m.w.N. aus dem Gesetzgebungsverfahren.
674 *Arrowsmith/Prieß/Friton*, in: Pünder/Prieß/Arrowsmith (Hrsg.), Self-Cleaning in Public Procurement Law, 2009, S. 9 m.w.N.

zeigt wurde,[675] liegt die Berücksichtigung von Selbstreinigungsmaßnahmen im allgemeinen Interesse.[676]

2. Abschnitt Anwendungsfälle der Selbstreinigung

Um die Bedeutung der Selbstreinigung in der Praxis zu illustrieren, soll zunächst dargestellt werden, in welchen Situationen selbstreinigende Maßnahmen aus vergaberechtlicher Sicht[677] erforderlich oder anzuraten sind. Es handelt sich um drei unterschiedliche Szenarien, die einem Unternehmen Maßnahmen Selbstreinigung nahe legen.

A. Registereintrag

Die enormen wirtschaftlichen Gefahren, die für einen Wirtschaftsteilnehmer von einem Eintrag in ein Vergaberegister ausgehen, wurden bereits beschrieben. Die Notwendigkeit einer Selbstreinigung drängt sich in diesen Fällen auf. Für die Dauer des Bestehens des Registereintrags sind die Chancen für ein Unternehmen, erfolgreich an einer Ausschreibung teilzunehmen, erheblich vermindert, in einigen Fällen ist eine Teilnahme gänzlich ausgeschlossen.

B. Verfahrensausschluss wegen fehlender Zuverlässigkeit

Der zweite Fall ist der eines Ausschlusses aus einem konkreten Verfahren wegen fehlender Zuverlässigkeit. Die Umstände, die dem Ausschluss zugrunde lagen, werden in zukünftigen Vergabeverfahren regelmäßig zu demselben Ergebnis füh-

---

675 Siehe oben, S. 87 ff.
676 Dennoch vertritt die wohl herrschende Literatur die Auffassung, dass ohne die Berücksichtigung der historischen Auslegung viel dafür spricht, „zwingende Gründe des Allgemeininteresses" in Fällen anzunehmen, in denen der dringende Bedarf nach einer bestimmten Leistung nicht ohne Einbeziehung des an sich auszuschließenden Teilnehmers gedeckt werden kann; *Arrowsmith/Prieß/Friton*, in: Pünder/Prieß/Arrowsmith (Hrsg.), Self-Cleaning in Public Procurement Law, 2009, S. 9 m.w.N. Die herrschende Meinung geht davon aus, dass „zwingende Gründe des Allgemeininteresses" nur dann vorliegen, wenn besonders dringliche Situationen die Beschaffung einer bestimmten Leistung zum Schutz der öffentlichen Sicherheit erfordern.
677 Im Rahmen der Selbstreinigung natürlicher Personen wird aufgezeigt, dass eine Selbstreinigung in vielen Fällen auch zur Aufhebung eines Berufsverbots nach § 70 StGB und einer Gewerbeuntersagung nach § 35 GewO führen kann. In dieser Arbeit soll der Schwerpunkt jedoch bei den Implikationen der Selbstreinigung auf die vergaberechtliche Zuverlässigkeit liegen.

ren. Im Fall eines obligatorischen Verfahrensausschlusses hat die Vergabestelle nicht einmal die Möglichkeit, eine abweichende Entscheidung zu treffen. Solange sich die Zustände innerhalb des Unternehmens nicht ändern, wird sich eine zweite Vergabestelle auch im Fall eines fakultativen Ausschlusses im Wege ihrer eigenen Beurteilung anhand der vom Teilnehmer vorzulegenden Unterlagen erneut für einen Ausschluss entscheiden. Zudem kann der Ausschluss wegen Unzuverlässigkeit durch eine Vergabestelle den Ruf eines Unternehmens weit über die Bedeutung innerhalb eines konkreten Verfahrens auf lange Zeit beschädigen.

C. Verfehlungen ohne vergaberechtlichen Kontext

Schließlich ist einem Unternehmen, welches auf eigene Verfehlungen aufmerksam geworden ist, die zu einer Entscheidung gegen die Zuverlässigkeit führen können, unabhängig von einem jeden Vergabeverfahren zu Selbstreinigungsmaßnahmen zu raten. Eine solche präventive Selbstreinigung kann helfen, einem späteren Ausschluss zuvorzukommen. Hierbei handelt es sich in nahezu allen Fällen, wirtschaftlich betrachtet, um die einzige vertretbare Vorgehensweise. Eine Selbstreinigung kann mit hohen Kosten und die Aufdeckung von vergaberelevanten Verstößen wie Steuerhinterziehung und Kartell- oder Korruptionsstraftaten mit einem Fiasko aus Sicht der unternehmerischen Außendarstellung verbunden sein. Freilich wird eine eigeninitiierte Selbstreinigung regelmäßig dazu führen, dass sich die Zeitspanne, innerhalb derer das Unternehmen als unzuverlässig anzusehen ist, wesentlich verringert wird oder sogar ganz entfällt. Adressiert der Teilnehmer die eigenen Verstöße bevor eine Vergabestelle hierauf aufmerksam geworden ist, so sind die vom Unternehmen vorgenommenen Maßnahmen zum Zeitpunkt der nächsten Prüfung der Zuverlässigkeit bereits zu berücksichtigen.[678] In einigen Fällen kann ein Unternehmen trotz laufender Selbstreinigungsbemühungen als zuverlässig angesehen werden.[679] Gleiches gilt für mögliche Einträge in Vergaberegister.

Hinzu kommt, dass die zu erwartenden Straf- und Bußgelder im Fall einer Selbstaufklärung wesentlich geringer ausfallen werden als anderenfalls zu befürchten. Dies gilt für Bußgelder von deutschen Kartellbehörden gleichermaßen wie für Bußgelder von der Europäischen Kommission, der US-Börsenaufsicht *Securities Exchange Commission* sowie dem US-Justizministerium *United States Department of Justice*.[680] Die Kosten der Selbstreinigung sind denjenigen gegen-

---

[678] *OLG Brandenburg*, Beschluss v. 14.12.2007, Verg W 21/07, NZBau 2008, S. 277, 279; Stein/Friton, Internationale Korruption, zwingender Ausschluss und Selbstreinigung, VergabeR 2010, S. 151, 158.
[679] Vgl. *OLG Düsseldorf*, Beschluss v. 9.4.2003, VII Verg 43/02, NZBau 2003, S. 578, 580.
[680] *N. Wimmer*, Haftungsrisiken und Compliance Maßnahmen nach dem »Foreign Corrupt Practices Act« der USA, 2011, S. 116.

über zu stellen, die im Falle einer Fremdaufdeckung durch Ermittlungsbehörden entstehen. Es handelt sich um eine wirtschaftliche Realität, dass die Kosten im zweiten Fall mit dem Faktor der Wahrscheinlichkeit einer Aufdeckung und damit der Anwendung der Sanktion zu berücksichtigen sind. Dennoch ist angesichts der im Fall der Aufdeckung zu erwartenden Konsequenzen allein zur Selbstreinigung zu raten.

D. Ergebnis

Zusammenfassend ist daher jedem Unternehmen, welchem ein Ausschluss wegen Unzuverlässigkeit droht oder drohen könnte oder welches bereits durch Unzuverlässigkeit auffällig geworden ist, also jedem Unternehmen, welches aus vergaberechtlicher Sicht als unzuverlässig anzusehen ist, dringend zu den in diesem Teil behandelten Selbstreinigungsmaßnahmen zu raten.

3. Abschnitt Verfassungsrechtliche Vorgaben für die Berücksichtigung von Selbstreinigungsmaßnahmen

Im Verfahrensausschluss wegen Unzuverlässigkeit liegt regelmäßig kein Verstoß gegen die Grundrechte der Betroffenen, insbesondere nicht gegen die Berufsfreiheit und den allgemeinen Gleichheitssatz.[681] Es lässt sich jedoch eine verfassungsrechtliche und unionsrechtliche Pflicht ausmachen, selbstgereinigte Unternehmen wieder an Vergabeverfahren zu beteiligen. Diese erstreckt sich auf die öffentlichen Auftraggeber, die über einen Verfahrensausschluss zu entscheiden haben, und auf Stellen, die den Eintrag und die Streichung eines Teilnehmers in und aus einem Vergaberegister veranlassen. Im Fall einer erfolgreichen Selbstreinigung ist ein gegebenenfalls bestehendes Ermessen hinsichtlich eines Verfahrensausschlusses bzw. eines Registereintrags auf null reduziert. Ebenfalls betroffen sind die Gesetzgeber des Bundes und der Länder. Ihnen ist es verwehrt, legislative Maßnahmen zu treffen, die Wirtschaftsteilnehmer in ihren Grundrechten und Grundfreiheiten verletzen.[682]

---

681 Auch an einen Eingriff in das Recht am eingerichteten und ausgeübten Gewerbebetrieb ist zu denken, *Ax/Schneider/Scheffen*, Rechtshandbuch Korruptionsbekämpfung, 2. Aufl. 2010, Rn. 410; zur Verletzung der Grundrechte aus Art. 3 und Art. 12 GG durch vergabefremde Zwecke s. auch *Seidel/Mertens*, in: Dauses (Hrsg.), Handbuch des EU-Wirtschaftsrechts, Bd. 2, 27. Ergänzungslieferung 2011, H. Wettbewerbsregeln IV. Öffentliches Auftragswesen Rn. 297 f.
682 *Fehling*, in: Pünder/Schellenberg (Hrsg.), Vergaberecht, 2011, GWB § 97 Rn. 42.

A. Grundrechtsbindung öffentlicher Auftraggeber

Um die Rechtmäßigkeit des Ausschlusses an den Grundrechten zu messen, ist zunächst erforderlich, dass öffentliche Auftraggeber in ihrem Handeln einer Grundrechtsbindung unterliegen. Bei den öffentlichen Auftraggebern handelt es sich zu einem großen Anteil um die öffentliche Hand.[683] Diese unterliegt nach Art. 1 Abs. 3 GG grundsätzlich auch im Bereich der öffentlichen Auftragsvergabe der Bindung an die Grundrechte.[684] Gleiches gilt für Auftraggeber, die als juristische Personen des Privatrechts organisiert sind, wenn sie sich ausschließlich in der Hand von Hoheitsträgern befinden.[685]

In materieller Hinsicht[686] ergibt sich die Besonderheit, dass die Vergabestellen beim Einkauf von Leistungen nicht typisch hoheitlich sondern fiskalisch handeln, indem sie nach Abschluss des Vergabeverfahrens mit den Wirtschaftsteilnehmern kontrahieren.[687] Überwiegend vertreten Literatur[688] und Rechtsprechung[689] inzwischen eine Grundrechtsbindung sämtlichen staatlichen Handelns.

---

683 Private Unternehmen können als Sektorenauftraggeber öffentliche Auftraggeber sein, vgl. hierzu ausführlich *Jochum*, in: Grabitz (Begr.)/Hilf (fortgef.), Das Recht der Europäischen Union, Bd. 4, Sekundärrecht, 40. Ergänzungslieferung 2009, B 21. B Rn. 1 ff.
684 *Fehling*, in: Pünder/Schellenberg (Hrsg.), Vergaberecht, 2011, GWB § 97 Rn. 40 f.; *Pünder*, Zu den Vorgaben des grundgesetzlichen Gleichheitssatzes für die Vergabe öffentlicher Aufträge, Bd. 95 (2004), S. 38, 40 f.; *Höß/Chevalier*, (Un-)Zulässigkeit koordinierter Vergabesperren?, IBR 2011, S. 1005 (nur online) Rn. 55 f.
685 Vgl. *BVerwG*, Beschluss v. 21.7.1989, 7 B 184/88, NJW 1990, S. 134, 135 zur Vermietung von Räumlichkeiten durch eine GmbH im Eigentum der Stadt Hamburg; *Buck*, Die Vergabe sogenannter nachrangiger Dienstleistungsaufträge, 2010, S. 119 m.w.N. auch zu Gegenansicht. Problematisch ist die Beurteilung von gemischt-wirtschaftlichen Unternehmen, die sich nur zu einem Teil in der Hand von Hoheitsträgern befinden. Gegen eine Grundrechtsbindung *Dreier*, in: Dreier (Hrsg.), Grundgesetz Kommentar, Bd. 1, 2. Aufl. 2004, Art. 1 Abs. 3 Rn. 70; für ein „Durchschlagen" der Grundrechtsbindung jedenfalls bei einer mehrheitlichen Beteiligung des Hoheitsträgers *BGH*, Urteil v. 5.4.1984, III ZR 12/83, NJW 1985, S. 197; *BVerwG*, Beschluss v. 6.3.1990, 7 B 120/89, NVwZ 1990, S. 754. Zu den unterschiedlichen Differenzierungen in der Literatur s. *Buck*, Die Vergabe sogenannter nachrangiger Dienstleistungsaufträge, 2010, S. 119 ff. m.w.N.
686 Zur Unterscheidung der formellen und materiellen Funktion des Art. 1 Abs. 3 GG s. Stern, Das Staatsrecht der Bundesrepublik Deutschland, Bd. 3/1, 1988, S. 1204.
687 *OLG Brandenburg*, Beschluss v. 3.8.1999, 6 Verg 1/99, NVwZ 1999, S. 1142, 1146.
688 *Badura*, Die Wirtschaftstätigkeit der öffentlichen Hand und die neue Sicht des Gesetzesvorbehalts, in: Baur/Hopt/Mailänder (Hrsg.), Festschrift für Ernst Steindorff zum 70. Geburtstag am 13. März 1990, 1990, S. 835, 841; *Dörr*, Das deutsche Vergaberecht unter dem Einfluß von Art. 19 Abs. 4 GG, DÖV 2001, S. 1014, 1015; *Pietzcker*, Vergaberechtliche Sanktionen und Grundrechte, NZBau 2003, S. 242, 243 m.w.N.
689 Zur Bindung der Auftragsvergabe durch staatliche Vergabestellen an die Grundrechte *OLG Brandenburg*, Beschluss v. 3.8.1999, 6 Verg 1/99, NVwZ 1999, S. 1142, 1146; zu Art. 3 GG s. *OLG Düsseldorf*, Urteil v. 12.2.1980, U (Kart) 8/79, NJW 1981, S. 585, 587; *OLG Stuttgart*, Urteil v. 11.4.2002, 2 U 240/01, NZBau 2002, S. 395, 397; zur Bindung an Art. 19 Abs. 4 GG und dem Justizgewährungsanspruch offen gelassen *BGH*, Beschluss v. 19.12.2000, X ZB 14/00, NJW 2001, S. 1492, 1494; offen gelassen für den Eingriff in Art. 12 GG durch den Ausschluss aus einem Vergabeverfahren zuletzt *BVerfG*, Beschluss v. 13.6.2006, 1 BvR 1160/03, NJW 2006, S. 3701, 3702.

B. Berufsfreiheit, Art. 12 Abs. 1 GG

I. Schutzbereich

Art. 12 Abs. 1 S. 1 GG statuiert für alle Deutschen das Recht, Beruf, Arbeitsplatz und Ausbildungsstätte frei zu wählen. Beruf ist hierbei jede Tätigkeit, die auf gewisse Dauer angelegt ist und der Schaffung und dem Erhaltung einer Lebensgrundlage dient.[690] Umfasst ist auch die sogenannte Wettbewerbsfreiheit[691], also die Teilnahme am Markt in der Ausführung öffentlicher Aufträge.[692] Damit kann durch einen Verfahrensausschluss in die Berufsfreiheit eingegriffen werden. Teilweise wird dem entgegen gehalten, die Wettbewerbsfreiheit schütze nicht vor dem Wettbewerb durch Konkurrenten. Durch einen Verfahrensausschluss würden nur andere Teilnehmer begünstigt.[693] Dieser Auffassung ist nicht zu folgen, da der Verfahrensausschluss und die Auftragssperren einzelnen Wirtschaftsteilnehmern bereits die Möglichkeit nehmen, am Wettbewerb teilzunehmen.[694]

II. Eingriff

Solange sich der öffentliche Auftraggeber wettbewerbskonform verhält[695], ist nicht von einem Eingriff in die Berufsfreiheit in der Ausprägung der Wettbewerbsfreiheit auszugehen.[696] Die Konkurrenten verlieren durch die für sie nachteilige Vergabeentscheidung ihre Wettbewerbschance, was sie mittelbar-faktisch trifft.[697] Ihnen

---

690 *BVerfG*, Beschluss v. 18.6.1980, 1 BvR 697/77, BVerfGE 54, S. 301, 313; *BVerfG*, Urteil v. 11.6.1958, 1 BvR 596/56, BVerfGE 7, S. 377, 397; statt vieler und zu der Frage, ob die Tätigkeit „erlaubt" und nicht „sozialunwert" sein muss *Scholz*, in Maunz/Dürig (Begr.), Grundgesetz, 60. Ergänzungslieferung 2010, Art. 12 Rn. 29.
691 Ausführlich *Buck*, Die Vergabe sogenannter nachrangiger Dienstleistungsaufträge, 2010, S. 164.
692 *BVerfG*, Urteil v. 17.12.2002, 1 BvL 28/95 u.a., BVerfGE 106, S. 275, 299; *Battis/Bultmann*, Rechtsprobleme eines Korruptionsregisters, ZRP 2003, S. 152 ff.; a.A. *Breloer*, Europäische Vorgben und das deutsche Vergaberecht, 2004, S. 25; *Burgi*, Vergabefremde Zwecke und Verfassungsrecht, NZBau 2001, S. 64, 66; ähnlich *Pietzcker*, Vergaberechtliche Sanktionen und Grundrechte, NZBau 2003, S. 242, 244.
693 *Kreßner*, Die Auftragssperre im Vergaberecht, 2006, S. 64.
694 *Höß/Chevalier*, (Un-)Zulässigkeit koordinierter Vergabesperren?, IBR 2011, S. 1005 (nur online) Rn. 60.
695 *Kraft-Lehner*, Subjektive Rechte und Rechtsschutz des Bieters im Vergaberecht unterhalb der EU-Schwellenwerte, 2002, S. 219; *Buck*, Die Vergabe sogenannter nachrangiger Dienstleistungsaufträge, 2010, S. 170.
696 *BVerfG*, Beschluss v. 13.6.2006, 1 BvR 1160/03, BVerfGE 116, S. 135, 152 f.; *Huber*, Konkurrenzschutz im Verwaltungsrecht, 1991, S. 506; a.A. *Puhl*, Der Staat als Auftraggeber, VVDStRL 60 (2001), S. 456, 481.
697 *Burgi*, Vergabefremde Zwecke und Verfassungsrecht, NZBau 2001, S. 64, 66; *Pietzcker*, Vergaberechtliche Sanktionen und Grundrechte, NZBau 2003, S. 242, 244.

wird jedoch regelmäßig keine grundrechtlich geschützte Rechtsposition genommen.[698] Daraus folgt, dass der Ausschluss jedenfalls dann keinen Eingriff in die Berufsfreiheit darstellt, wenn der Ausschluss aus Gründen der Beschaffungszwecke erfolgt.

Besondere Umstände können zu einem abweichenden Ergebnis führen[699], wenn eine Nichtberücksichtigung „nach Ziel und Wirkungen Ersatz für eine staatliche Maßnahme ist, die als Grundrechtseingriff zu qualifizieren" wäre.[700] Diskutiert werden unterschiedliche Fälle.[701] Tritt der Staat als monopolistischer oder zumindest marktbeherrschender Auftraggeber auf, so hat er es in der Hand, die Berufsausübung einzelner Wirtschaftsteilnehmer (nahezu) zu verhindern.[702] In diesem Fall kann ein Eingriff in die Berufsfreiheit des betroffenen Teilnehmers zu bejahen sein.[703] Darüber hinaus kann die Entscheidung über eine öffentliche Auftragsvergabe durch die Berücksichtigung vergabefremder Aspekte zu einem Eingriff werden.[704] Die öffentlichen Auftraggeber sind bei der Auswahl und Beschreibung der auszuschreibenden Leistung weitgehend frei.[705] Die Verfolgung von Umweltschutzkriterien in der Leistungsbeschreibung etwa lässt den Schutzbereich von Art. 12 Abs. 1 GG unberührt.[706] Etwas anderes gilt freilich dann, wenn die vergabefremden Aspekte an die Person des Wirtschaftsteilnehmers anknüpfen und so seine Teilnahme am Vergabeverfahren verhindern.[707] Ein Eingriff liegt damit vor, wenn die Vergabeentscheidung an bieterbezogene vergabefremde Aspekte anknüpft.

Diese Grundsätze lassen sich auf den Kontext der Selbstreinigung anwenden. Vergabefremde Aspekte, die sich über die Verkleinerung des Teilnehmerfeldes,

---

698 *Burgi*, Vergabefremde Zwecke und Verfassungsrecht, NZBau 2001, S. 64, 66; *Pietzcker*, Vergaberechtliche Sanktionen und Grundrechte, NZBau 2003, S. 242, 244.
699 *Huber*, Konkurrenzschutz im Verwaltungsrecht, 1991, S. 442.
700 BVerfG, Beschluss v. 13.6.2006, 1 BvR 1160/03, BVerfGE 116, S. 135, 153.
701 S. *Kraft-Lehner*, Subjektive Rechte und Rechtsschutz des Bieters im Vergaberecht unterhalb der EU-Schwellenwerte, 2002, S. 216 ff.; *Buck*, Die Vergabe sogenannter nachrangiger Dienstleistungsaufträge, 2010, S. 171 ff.
702 *Huber*, Konkurrenzschutz im Verwaltungsrecht, 1991, S. 445; *Wittig*, Wettbewerbs- und verfassungsrechtliche Probleme des Vergaberechts, 1999, S. 161; *Stein/Friton*, Internationale Korruption, zwingender Ausschluss und Selbstreinigung, VergabeR 2010, S. 151, 159.
703 *Huber*, Konkurrenzschutz im Verwaltungsrecht, 1991, S. 445; *Buck*, Die Vergabe sogenannter nachrangiger Dienstleistungsaufträge, 2010, S. 171 ff.; *Stein/Friton*, Internationale Korruption, zwingender Ausschluss und Selbstreinigung, VergabeR 2010, S. 151, 159.
704 *Kraft-Lehner*, Subjektive Rechte und Rechtsschutz des Bieters im Vergaberecht unterhalb der EU-Schwellenwerte, 2002, S. 219.
705 *Huber*, Konkurrenzschutz im Verwaltungsrecht, 1991, S. 444.
706 *Kraft-Lehner*, Subjektive Rechte und Rechtsschutz des Bieters im Vergaberecht unterhalb der EU-Schwellenwerte, 2002, S. 219.
707 Zur Auftragssperre *Huber*, Konkurrenzschutz im Verwaltungsrecht, 1991, S. 444; *Kraft-Lehner*, Subjektive Rechte und Rechtsschutz des Bieters im Vergaberecht unterhalb der EU-Schwellenwerte, 2002, S. 219; *Buck*, Die Vergabe sogenannter nachrangiger Dienstleistungsaufträge, 2010, S. 174 f.

also einen Verfahrensausschluss fördern lassen, sind die Kriminalitätsbekämpfung, die Vorbildwirkung, der Schutz des Wettbewerbs und die Bestrafung. Solange sich ein Verfahrensausschluss auch auf die Beschaffungszwecke stützen lässt, schwingen diese vergabefremden Aspekte nur als Motivbündel mit. Das gilt solange, wie der Wirtschaftsteilnehmer unzuverlässig ist. Sobald die Zuverlässigkeit durch eine Selbstreinigung wiederhergestellt ist, lässt sich ein anschließender Verfahrensausschluss oder eine Auftragssperre nur durch die bieterbezogenen vergabefremden Aspekte, insbesondere den Sanktionszweck, begründen. In diesem Fall liegt ein Eingriff in die Berufsfreiheit des betroffenen Teilnehmers vor.

III. Rechtfertigung

1. Gesetzesvorbehalt

Das Grundrecht des Art. 12 Abs. 1 GG steht unter dem Gesetzesvorbehalt des Art. 12 Abs. 1 S. 2 GG.[708] Oberhalb der Schwellenwerte genügen die Vorschriften des GWB den Anforderungen. Insbesondere findet sich in § 97 Abs. 4 GWB eine Vorschrift zum Eignungsgrundsatz und der Berücksichtigungsfähigkeit vergabefremder Aspekte. Über den Verweis der §§ 4 bis 6 VgV finden auch die Vergabe- und Vertragsordnungen Anwendung. Hier gelten die Ausschlusstatbestände als gesetzliche Grundlage für einen konkreten Verfahrensausschluss. Deutlich anders stellt sich die Situation unterhalb der Schwellenwerte dar. Hier finden nur die Basisparagrafen der Vergabe- und Vertragsordnungen Anwendung. Sie genügen dem Gesetzesvorbehalt freilich nicht, da sie ohne den Anwendungsbefehl der §§ 4 bis 6 VgV keinen Gesetzesrang erlangen.[709] Da sie allein infolge haushaltsrechtlicher Bestimmungen bzw. durch ministerielle Erlässe in Kraft gesetzt werden, wirken sie nur als Verwaltungsvorschriften und können einen Eingriff in die Berufsfreiheit nicht rechtfertigen.[710]

Die bereits behandelten Registergesetze und § 21 SchwarzArbG dienen als Grundlage für die Auftragssperre. Von der Rechtsprechung werden teilweise auch die Ausschlussnormen der Vergabe- und Vertragsordnungen als Rechtsgrundlage für eine – in diesem Fall nicht koordinierte – Auftragssperre vorgeschlagen.[711] Der

---

[708] Zum einheitlichen Grundrecht der Berufswahl und der Berufsausübung s. *Hufen*, Staatsrecht II, 2. Aufl. 2009, § 35 Rn. 26 f.
[709] *Buck*, Die Vergabe sogenannter nachrangiger Dienstleistungsaufträge, 2010, S. 177.
[710] Vgl. *Pünder*, Vorgaben des grundgesetzlichen Gleichheitssatzes für die Vergabe öffentlicher Aufträge, VerwArch Bd. 95 (2004), S. 38, 49; *Buck*, Die Vergabe sogenannter nachrangiger Dienstleistungsaufträge, 2010, S. 176 m.w.N.
[711] *LG Berlin*, Urteil v. 22.3.2006, 23 O 118/04, NZBau 2006, S. 397; *LG Frankfurt*, Urteil v. 26.11.2003, 2-06 O 345/03, NZBau 2004, S. 630; *OLG Frankfurt*, Urteil v. 3.12.1996, 11 U Kart 64/95, WRP 1997, S. 203, 210 f.

Auffassung ist nicht zu folgen.[712] Runderlasse und Verwaltungsvorschriften genügen den Anforderungen des Art. 12 Abs. 1 S. 2 GG nicht.[713]

2. Verhältnismäßigkeit

Das *BVerfG* prüft die Schranken des Art. 12 Abs. 1 GG traditionell anhand der im sogenannten *Apothekenurteil* entwickelten *Dreistufentheorie*.[714] Anstelle der Unterscheidung zwischen Berufsausübungsregelungen, Berufswahlregelungen nach subjektiven Kriterien und Berufswahlregelungen nach objektiven Kriterien[715] ist das *BVerfG* in der jüngeren Vergangenheit jedoch mehr und mehr zu einer Verhältnismäßigkeitsprüfung übergegangen, wie sie bei anderen Grundrechten vorgenommen wird.[716] Hiernach setzt die Verhältnismäßigkeit voraus, dass eine Maßnahme ein rechtmäßiges Ziel verfolgt. Sie muss geeignet sein, also den gewünschten Erfolg zumindest fördern. Zudem muss sie erforderlich sein, es darf also kein milderes Mittel zur Verfügung stehen, welches gleichermaßen geeignet ist. Schließlich muss die Maßnahme auch angemessen, also verhältnismäßig im engeren Sinne sein. Das setzt eine Abwägung der widerstreitenden Interessen voraus.

a) Rechtmäßige Ziele

Grundsätzlich sind alle Gemeinwohlbelange legitime Ziele, um Einschränkungen der Berufsfreiheit zu rechtfertigen.[717] Die möglichen Ziele des Verfahrensausschlusses wurden oben bereits erörtert. Der Ausschluss unzuverlässiger Wirtschaftsteilnehmer dient primär dem Schutz der Funktionsfähigkeit der Verwaltung und der öffentlichen Haushalte. Hinzu können vergabefremde Aspekte treten, nämlich die Bekämpfung von Wirtschaftskriminalität, eine Vorbildwirkung für die private Wirtschaft und der Schutz des Wettbewerbs. All diese Ziele sind dazu bestimmt, dem Gemeinwohl zu dienen, und damit rechtmäßig.

---

712 S. bereits oben, S. 125 f.
713 *Höß/Chevalier*, (Un-)Zulässigkeit koordinierter Vergabesperren?, IBR 2011, S. 1005 (nur online) Rn. 65.
714 *BVerfG*, Urteil v. 11.6.1958, 1 BvR 596/56, BVerfGE 7, S. 377, 397.
715 Vgl. hierzu *Hufen*, Staatsrecht II, 2. Aufl. 2009, § 35 Rn. 17 ff., 29 ff.
716 Vgl. *BVerfG*, Beschluss v. 16.3.1971, 1 BvR 52/66 u.a., BVerfGE 30, S. 292, 315; *BVerfG*, Beschluss v. 11.7.2006, 1 BvL 4/00, NJW 2007, 51, 54 f.; *Hufen*, Staatsrecht II, 2. Aufl. 2009, § 35 Rn. 34.
717 *Hufen*, Staatsrecht II, 2. Aufl. 2009, § 35 Rn. 35.

b) Geeignetheit des Ausschlusses zur Förderung der Ziele

An der Geeignetheit des Verfahrensausschlusses für die Erreichung der genannten Ziele besteht kein Zweifel, solange der betroffene Wirtschaftsteilnehmer unzuverlässig ist.[718] Durch den Ausschluss lässt sich die Wahrscheinlichkeit verringern, dass die öffentlichen Haushalte durch eine fehlerhafte oder nicht fristgerechte Erbringung der ausgeschriebenen Leistungen geschädigt werden. Eine durch Korruption begünstigte Bevorzugung an sich unwirtschaftlicher Angebote wird vermieden. Auch kann der Korruption und der korruptionsnahen Wirtschaftskriminalität wirksam entgegengetreten werden, indem die Teilnahme von als kriminell erkannten Wirtschaftsteilnehmern an öffentlichen Ausschreibungen unterbunden wird. In welchem Umfang es dem Staat tatsächlich gelingt, durch Vertragsabschlüsse mit gesetzestreuen Unternehmen ein positives Vorbild für die private Wirtschaft abzugeben, mag unterschiedlich zu bewerten sein. Angesichts der weiten Einschätzungsprärogative des Gesetzgebers erscheint es bei Weitem nicht ausgeschlossen, dass durch die Signalwirkung des Ausschlusses positive Impulse gesetzt werden. Jedenfalls liegt der Umkehrschluss auf der Hand, dass der Staat durch Vergabeentscheidungen zugunsten krimineller Wirtschaftsteilnehmer die Moral und das Bewusstsein für die Schädlichkeit von Korruption in der Bevölkerung mindern würde. Darüber hinaus kann der Ausschluss von unfair agierenden Wirtschaftsteilnehmern zu einer Verbesserung des Wettbewerbs führen.[719]

Dieser Grundsatz findet seine Grenze in Fällen, in denen ein Teilnehmer zum fraglichen Zeitpunkt bereits Selbstreinigungsmaßnahmen durchgeführt und damit seine Zuverlässigkeit wiederhergestellt hat.[720] Es besteht keine Veranlassung, die öffentlichen Haushalte vor zuverlässigen Wirtschaftsteilnehmern zu schützen. Eine Berücksichtigung der ehemals unzuverlässigen Teilnehmer kann umgekehrt die Position der Vergabestellen stärken, denn es versetzt sie in die Lage, ein weiteres, potentiell besseres Angebot bewerten zu können. Der Ausschluss eines gereinigten Unternehmens wird auch nicht zur Bekämpfung von Kriminalität beitragen können. Denn eine erfolgreiche Selbstreinigung setzt regelmäßig nicht nur voraus, dass alle Straftaten, die zu der Unzuverlässigkeit geführt haben, aufgearbeitet sind und die Beteiligten zur Verantwortung gezogen wurden. Zur Wiederherstellung der Zuverlässigkeit ist es in vielen Fällen erforderlich, dass Maßnahmen ergriffen werden, die ähnliche Vorfälle für die Zukunft ausschließen oder zumindest ganz er-

---

718 *Arrowsmith/Prieß/Friton*, in: Pünder/Prieß/Arrowsmith (Hrsg.), Self-Cleaning in Public Procurement Law, 2009, S. 23 f.
719 *Arrowsmith/Prieß/Friton*, in: Pünder/Prieß/Arrowsmith (Hrsg.), Self-Cleaning in Public Procurement Law, 2009, S. 24.
720 *Arrowsmith/Prieß/Friton*, in: Pünder/Prieß/Arrowsmith (Hrsg.), Self-Cleaning in Public Procurement Law, 2009, S. 24 f., die freilich vorschlagen, dass es sich bei der Selbstreinigung um ein milderes Mittel gegenüber dem Verfahrensausschluss handelt.

heblich unwahrscheinlicher machen. Der Prozess der Selbstreinigung ist somit darauf ausgerichtet, zukünftiges Fehlverhalten zu vermeiden. Darüber hinaus unterstützt die Berücksichtigung von Selbstreinigungsmaßnahmen im Vergabeverfahren die positive Signalwirkung an die private Wirtschaft, nur mit rechtschaffenden Teilnehmern zu kontrahieren, wesentlich deutlicher, als es der fortdauernde Ausschluss ermöglicht. Durch die Berücksichtigung der Maßnahmen können Vergabestellen signalisieren, dass Anstrengungen, die Wirtschaftsteilnehmer zur Wahrung ihrer Redlichkeit unternommen haben, honoriert werden. Genau hierin liegt das vorbildliche Verhalten. Schließlich ergibt sich auch kein Bedürfnis, die Wettbewerber vor einem inzwischen wieder zuverlässigen Konkurrenten zu schützen. Umgekehrt liegt in dem Ausschluss eines Teilnehmers, der (inzwischen wieder) alle Voraussetzungen für die Teilnahme an einem Vergabeverfahren erfüllt, eine eigenständige Verzerrung des Wettbewerbs zu Ungunsten des erneut zuverlässigen Teilnehmers.[721] Auch die Vergabestellen können von einem Mehr an Wettbewerb profitieren.

Keines der vier genannten Ziele des Verfahrensausschlusses kann somit im Fall der Selbstreinigung erreicht werden. Der Ausschluss eines zuverlässigen Wirtschaftsteilnehmers, der allein auf diesen Zwecken beruht, ist ungeeignet und damit unverhältnismäßig.

c) Strafe und Strafzwecke

Die Bestrafung von Wirtschaftsteilnehmern wurde bereits als ein weiteres Ziel des Verfahrensausschlusses diskutiert. Die Darstellung erweist sich bei näherer Betrachtung als ungenau, denn Strafe ist kein Selbstzweck. Dieser noch von den sogenannten absoluten Straftheorien[722] verfolgte Ansatz gilt heute als überholt.[723] Die absolut herrschende Meinung sieht den Sinn von Strafe in der Individual- oder Spezialprävention und der Generalprävention in unterschiedlichen Ausprägungen und Gewichtungen. Die Individualprävention ist auf die Einwirkung auf den Täter gerichtet. Ziel ist es, den Täter durch das Wegsperren an der Begehung weiterer Straftaten zu hindern (negative Individualprävention) und im Rahmen des Straf-

---

721 *Arrowsmith/Prieß/Friton*, in: Pünder/Prieß/Arrowsmith (Hrsg.), Self-Cleaning in Public Procurement Law, 2009, S. 25; *Pünder*, in: Pünder/Prieß/Arrowsmith (Hrsg.), Self-Cleaning in Public Procurement Law, 2009, S. 201 f.
722 *Joecks*, in: Heintschel-Heinegg, von/Joecks/Miebach (Hrsg.), Münchener Kommentar zum Strafgesetzbuch, Bd. 1, 2003, Einleitung Rn. 48 ff.
723 „Die Verwirklichung der absoluten Sittlichkeit auf Erden ist nicht Aufgabe des Staates und kann dies nach seinen Zwecken und Machtmitteln auch nicht sein.", *Jescheck/Weigend*, Lehrbuch des Strafrechts. Allgemeiner Teil, 5. Aufl. 1996, § 8 III 4. Ausführlich zu den absoluten Straftheorien *Stratenwerth/Kuhlen*, Strafrecht Allgemeiner Teil, 6. Aufl. 2011, § 1 Rn. 4 ff.

vollzugs bessernd auf ihn einzuwirken (positive Individualprävention).[724] Die Generalprävention beschäftigt sich mit der Einwirkung auf die Allgemeinheit. Auch sie lässt sich in eine negative und eine positive Komponente zerlegen. Einerseits soll die Allgemeinheit durch die Strafe ermahnt werden. Potentielle Täter sollen so von der Begehung von Straftaten abgeschreckt werden.[725] Andererseits soll die Strafe im Interesse des allgemeinen Rechtsempfindens das Vertrauen der Bevölkerung in die Unverbrüchlichkeit des Rechts und in den Schutz der Rechtsordnung vor kriminellen Angriffen[726] stärken. Neben diesem „Vertrauenseffekt" soll auch ein „Befriedungseffekt" erzielt werden. Dieser liegt in der Erledigung des durch die Straftat geschaffenen sozialen Konflikts.[727]

1) Spezialprävention und Selbstreinigung

Im Fall eines selbstgereinigten Wirtschaftsteilnehmers lässt sich die überwiegende Anzahl der Zwecke von Strafe nicht mehr erreichen. Ein Weg- oder – im Bereich der öffentlichen Vergabe – Aussperren im Sinne einer negativen Spezialprävention ist nicht dazu geeignet, die Begehung weiterer Straftaten zu verhindern, da diese von dem Betroffenen allerhöchstens in dem gleichen Maße zu erwarten sind, wie von allen anderen Teilnehmern.[728] Gleiches gilt für die positive Spezialprävention. Ein erzieherisches Einwirken, wie es eine Haftstrafe im Idealfall ermöglicht, ist mit dem Verfahrensausschluss ohnehin nicht zu bewirken. Darüber hinaus ist eine Besserung zu diesem Zeitpunkt gar nicht mehr notwendig sofern die Selbstreinigung erfolgreich war. Es ist dabei zu berücksichtigen, dass es sich bei der Selbstreinigung nicht einfach um ein Lippenbekenntnis handelt. Soll sie erfolgversprechend sein, setzt die Selbstreinigung regelmäßig handfeste und insbesondere nach-

---

724 *Stratenwerth/Kuhlen*, Strafrecht Allgemeiner Teil, 6. Aufl. 2011, § 1 Rn. 17.
725 „Alle Uebertretungen haben ihren psychologischen Entstehungsgrund in der Sinnlichkeit, inwiefern das Begehrungsvermögen des Menschen durch die Lust an oder aus der Handlung zur Begehung derselben angetrieben wird. Dieser sinnliche Antrieb kann dadurch aufgehoben werden, dass Jeder weiss, auf seine That werde unausbleiblich ein Uebel folgen, welches größer ist, als die Unlust, die aus dem nicht befriedigten Antrieb zur That entspringt.", *v. Feuerbach*, Lehrbuch des gemeinen in Deutschland gültigen peinlichen Rechts, 14. Aufl. 1847, S. 38; hierzu *Joecks*, in: Heintschel-Heinegg, von/Joecks/Miebach (Hrsg.), Münchener Kommentar zum Strafgesetzbuch, Bd. 1, 2003, Einleitung Rn. 65.
726 *BGH*, Urteil v. 8.12.1970, 1 Str 353/70, NJW 1971, S. 439, 440; ebenfalls zur Unverbrüchlichkeit der Rechtsordnung *BVerfG*, Urteil v. 21.6.1977, 1 BvL 14/76, NJW 1977, S. 1525, 1531.
727 *Stratenwerth/Kuhlen*, Strafrecht Allgemeiner Teil, 6. Aufl. 2011, § 1 Rn. 26.
728 Teilweise wird argumentiert, dass die Wahrscheinlichkeit, dass ein selbstgereinigter Wirtschaftsteilnehmer erneut durch Korruption auffällig wird, aufgrund der durchgeführten Maßnahmen sogar als geringer einzuschätzen sein könnte als bei einem Wettbewerber, der keinerlei Complianceprogramme eingeführt hat, *Pünder*, in: Pünder/Prieß/Arrowsmith (Hrsg.), Self-Cleaning in Public Procurement Law, 2009, S. 201.

prüfbare Maßnahmen voraus, die verhindern, dass kriminelles Verhalten innerhalb der Unternehmensstruktur überhaupt wieder möglich wird.

2) Generalprävention und Selbstreinigung

Die Generalprävention in ihrer positiven Ausprägung lässt sich ebenfalls nicht mehr erzielen. Die Bestands- und Durchsetzungskraft der Rechtsordnung[729] hat sich gerade nicht an erneut redlichen Wirtschaftsteilnehmern zu beweisen. Dieselben Gründe, die dagegen sprechen, dass vom Ausschluss selbstgereinigter Teilnehmer eine Vorbildwirkung für die Privatwirtschaft ausgehen kann, lassen sich auch hier anführen: Indem die Vergabestellen nur solche Wirtschaftsteilnehmer an Vergabeverfahren teilnehmen lassen, die als rechtstreu identifiziert sind, können ohnehin kriminelle Angriffe auf die Rechtsordnung[730] ausgeschlossen werden. Zweifel ergeben sich auch an dem zu erzielenden Befriedungseffekt.[731] Die Selbstreinigung ist regelmäßig mit einer Vielzahl von Sanktionen begleitet, die sich gegen die Verantwortlichen im Unternehmen und auch das Unternehmen selbst richten. Im ersten Fall handelt es sich um strafrechtliche und arbeitsrechtliche Sanktionen, im zweiten Fall vornehmlich um Geldbußen. Diese Sanktionen müssen – unabhängig von der Absicht des Wirtschaftsteilnehmers, später an Vergabeverfahren teilnehmen zu wollen – der Schuld[732] angemessen sein, sodass eine Befriedung darüber hinaus gar nicht mehr erforderlich sein darf. Aufgrund der vorangegangenen Sanktionen sollte sich das allgemeine Rechtsbewusstsein über den Rechtsbruch beruhigt haben und der Konflikt mit dem Täter als erledigt anzusehen sein.[733]

Die Befürworter eines selbstreinigungsunabhängigen Verfahrensausschluss führen überwiegend die negative Generalprävention als Argument ins Feld. Die Sorge davor, über längere Zeit hinweg nicht mehr an öffentlichen Vergabeverfahren teilnehmen zu können, soll Wirtschaftsteilnehmer von der Begehung zuverlässigkeitsrelevanter Delikte abschrecken.[734] Dem wird teilweise entgegengehalten, die Berücksichtigung von Selbstreinigungsmaßnahmen mindere nicht die ab-

---

729 *BGH*, Urteil v. 8.12.1970, 1 Str 353/70, NJW 1971, S. 439, 440; *BVerfG*, Urteil v. 21.6.1977, 1 BvL 14/76, NJW 1977, S. 1525, 1531.
730 *BGH*, Urteil v. 8.12.1970, 1 Str 353/70, NJW 1971, S. 439, 440.
731 *Roxin*, Strafrecht, Bd. 1, Allgemeiner Teil, 4. Aufl. 2006, § 3 Rn. 27.
732 Zum Erfordernis der Schuld bei der Verhängung von Geldbußen gegen juristische Personen vgl. ausführlich *Rogall*, in: Boujong(Begr.)/Senge (Hrsg.), Karlsruher Kommentar zum Gesetz über Ordnungswidrigkeiten, 3. Aufl. 2006, § 30 Rn. 3 ff.
733 *Roxin*, Strafrecht, Bd. 1, Allgemeiner Teil, 4. Aufl. 2006, § 3 Rn. 27. Diese Argumentation gilt nicht, im Fall einer Vergabesperre, die im Urteil durch ein Strafgericht ausgesprochen wird, wie dies nach dem code pénal möglich ist.
734 *Kreßner*, Die Auftragssperre im Vergaberecht, 2006, S. 121.

schreckende Wirkung des Verfahrensausschlusses.[735] Der Ausschluss sei weiterhin regelmäßige Folge einer Verfehlung im Sinne der Ausschlusstatbestände. Zudem sei die Selbstreinigung mit einem hohen organisatorischen und finanziellen Aufwand verbunden, der keine Gewähr einer Würdigung der Bemühungen biete.[736] Letzterem kann nicht in Gänze gefolgt werden. Richtig ist, dass eine Selbstreinigung tatbestandlich nicht immer erfolgreich sein wird. Denkbar sind Fälle, in denen das Vertrauen in ein Unternehmen, trotz aufwendiger Aufklärungs- und Restrukturierungsmaßnahmen, nur unzureichend wiederhergestellt worden ist, die Selbstreinigung also gescheitert oder jedenfalls unvollständig ist.[737] Hierfür ist in der Tat keine Gewähr zu erlangen. Davon ist freilich zu unterscheiden, ob die zuständigen Stellen, sofern sie die Wiederherstellung der Zuverlässigkeit tatbestandlich bejaht haben, rechtsfolgenseitig dazu gezwungen sind, von einem Verfahrensausschluss Abstand zu nehmen. Sollte dies der Fall sein – wie vorliegend argumentiert wird – so wäre den Ausschlussvorschriften insoweit ihre abschreckende Wirkung genommen, als dass Wirtschaftsteilnehmer darauf vertrauen könnten, nach einer erfolgreichen Selbstreinigung wieder an Verfahren teilnehmen zu können.

Damit ist es erforderlich, einen genaueren Blick auf die Abschreckung zu werfen. Für die Wirksamkeit der Lehre der negativen Generalprävention spricht ihre „gewisse laienpsychologische Evidenz"[738]. Aus diesem Grund kommt dem Gedanken gerade in der Öffentlichkeit eine besondere Bedeutung zu. Dennoch lässt sich der negativen Generalprävention eine Reihe von Argumenten entgegen halten, die an ihrer grundsätzlichen Richtigkeit zweifeln lassen.

Der erste Einwand richtet sich bereits gegen die Annahme, dass Entscheidungen bei der Begehung einer Straftat auf einer Abwägung der zu erwartenden Vor- und Nachteile getroffen werden.[739] Der Umfang, in dem externer Druck in Form von Strafandrohung beim Erwerb von Wertüberzeugungen und Verhaltensdispositionen eine Rolle spielt, gilt als völlig unbekannt.[740] Es lässt sich zwar ausmachen, dass die Ahndung eines Verhaltens durch Strafe an sich eine verhaltenssteuernde

---

735 *Prieß*, Exclusio corruptoris? – Die gemeinschaftsrechtlichen Grenzen des Ausschlusses vom Vergabeverfahren wegen Korruptionsdelikten, NZBau 2009, S. 587, 591.
736 *Prieß*, Exclusio corruptoris? – Die gemeinschaftsrechtlichen Grenzen des Ausschlusses vom Vergabeverfahren wegen Korruptionsdelikten, NZBau 2009, S. 587, 591; ähnlich *Arrowsmith/Prieß/Friton*, in: Pünder/Prieß/Arrowsmith (Hrsg.), Self-Cleaning in Public Procurement Law, 2009, S. 25.
737 Für ein Beispiel einer unvollständigen Selbstreinigung s. *OLG Düsseldorf*, Beschluss v. 28.7.2005, VII Verg 42/05.
738 *Roxin*, Strafrecht, Bd. 1, Allgemeiner Teil, 4. Aufl. 2006, § 3 Rn. 24.
739 *Stratenwerth/Kuhlen*, Strafrecht Allgemeiner Teil, 6. Aufl. 2011, § 1 Rn. 24. Dem Vorstand eines Bauunternehmens mag das Grundmodell des nutzenmaximierenden *homo oeconomicus* freilich näher liegen als einem im Affekt handelnden Gewalttäter, vgl. *Baurmann*, Vorüberlegungen zu einer empirischen Theorie der positiven Generalprävention, GA 1994, S. 368, 371.
740 *Stratenwerth/Kuhlen*, Strafrecht Allgemeiner Teil, 6. Aufl. 2011, § 1 Rn. 24.

Wirkung hat. Art und Maß der Sanktion ist hingegen weitestgehend unerheblich[741] und tritt jedenfalls hinter Faktoren wie der Effizienz der Strafverfolgung zurück.[742] Wie bereits beschrieben, ersetzt der Verfahrensausschluss keine Strafe sondern stellt allenfalls neben den Strafen gegen die verantwortlichen natürlichen Personen und Geldbußen gegen das Unternehmen eine weitere Sanktion dar. Das möglicherweise einen Ausschluss begründende Verhalten wird bereits durch Normen des StGB, GWB und OWiG sanktioniert. Dieser Umstand legt den Schluss nahe, dass der Verfahrensausschluss in bislang nicht erkennbarem, bestenfalls jedoch nur geringem Maß eine abschreckende Wirkung erzielen kann und daher zur Erreichung der Strafzwecke ungeeignet ist.

Ein weiterer Vorwurf gegen den Ansatz der negativen Generalprävention liegt darin, dass er die persönliche Vorwerfbarkeit der Tat, also die Schuld im eigentlichen Sinne, nicht berücksichtigt.[743] In ihrer reinen Form kann die negative Generalprävention nicht zwischen der Beurteilung einer Tat durch einen psychisch kranken, und damit schuldunfähigen, und einem gesunden Täter unterscheiden. Eine gänzliche Abkehr von dem Schuldprinzip kann nicht gewollt sein; sie würde einen Verstoß gegen die Menschenwürde desjenigen Täters bedeuten, der zum Objekt der abschreckenden Einwirkung auf die Gesellschaft gemacht wird. Es wird versucht, diese Schwäche der negativen Generalprävention durch die sogenannten Vereinigungstheorien zu überwinden. Hiernach verfolgt die Strafe eine Kombination aus sowohl individual- als auch spezialpräventiven Zwecken.[744] Erst in diesem Zusammenspiel, so die heute überwiegende Auffassung, kann die negative Generalprävention rechtmäßig berücksichtigt werden. Im Konfliktfall verdient die Spezialprävention – unter Beachtung eines „generalpräventiven Minimums"[745] – den Vorrang.[746]

Auch diese Erkenntnis weckt Zweifel daran, ob die Bestrafung eines Wirtschaftsteilnehmers im Fall der Selbstreinigung geeignet ist, die Strafzwecke zu fördern. Vorliegend wurde erläutert, dass eine Spezialprävention und eine positive Generalprävention im Fall der Selbstreinigung durch einen Ausschluss nicht erzielt werden können. Der verbleibende Zweck der Abschreckung kann allein jedoch

---

741 „Austauschbarkeit der Sanktionen", *Kaiser*, Kriminologie, Eine Einführung in die Grundlagen, 10. Aufl. 1997, S. 65.
742 *Roxin*, Strafrecht, Bd. 1, Allgemeiner Teil, 4. Aufl. 2006, § 3 Rn. 25.
743 *Stratenwerth/Kuhlen*, Strafrecht Allgemeiner Teil, 6. Aufl. 2011, § 1 Rn. 25.
744 *Joecks*, in: Heintschel-Heinegg, von/Joecks/Miebach (Hrsg.), Münchener Kommentar zum Strafgesetzbuch, Bd. 1, 2003, Einleitung Rn. 70 ff.
745 *Roxin*, Strafrecht, Bd. 1, Allgemeiner Teil, 4. Aufl. 2006, § 3 Rn. 41.
746 Zu den Wechselwirkungen von spezial- und generalpräventiven Zielsetzungen s. *Roxin*, Strafrecht, Bd. 1, Allgemeiner Teil, 4. Aufl. 2006, § 3 Rn. 39 ff.

nicht rechtmäßig bestehen.[747] Aus diesem Grund liegt in der Bestrafung eines selbstgereinigten Teilnehmers kein legitimer Zweck eines Verfahrensausschlusses. Ob die Europäische Kommission diese Auffassung teilt, kann nicht mit Sicherheit beantwortet werden. Die Kommission wurde im Jahr 2008 durch eine parlamentarische Anfrage aufgefordert, zu dem Umstand Stellung zu nehmen, dass Selbstreinigungsmaßnahmen in den Mitgliedstaaten unterschiedlich stark bei der Beurteilung der Zuverlässigkeit berücksichtigt werden.[748] Sie äußerte hiergegen grundsätzlich keine Bedenken. Insbesondere sei keine Diskriminierung erkennbar, solange die einzelnen Mitgliedstaaten die betroffenen Wirtschaftsteilnehmer einheitlichen Kriterien unterwerfen. Die Antwort schließt mit einem Absatz, der Fragen aufwirft. Die Selbstreinigungsmaßnahmen dürften nicht dazu führen, dass Art. 45 Abs. 1 VKR, welcher den obligatorischen Ausschluss normiert, seiner rechtlichen Wirkung beraubt werde. Zweck der Norm sei es, Vertragsschlüsse mit kriminellen und insbesondere korrupten Wirtschaftsteilnehmern zu verhindern. Selbstreinigungsmaßnahmen könnten jedoch als mildernde Umstände bei der Beurteilung der Ausschlussdauer berücksichtigt werden.[749] Diese Formulierung lässt nicht erkennen, ob die Kommission überhaupt anerkennt, dass Wirtschaftsteilnehmer durch eigene Maßnahmen wieder zuverlässig werden können oder ob dies allein durch eine gegebenenfalls zu verkürzende Sperre zu leisten ist. Sollte die Kommission die Selbstreinigung als Wiederherstellung der Zuverlässigkeit verstehen, so ist unverständlich, weshalb eine Berücksichtigung der Maßnahmen die Vermeidung von Vertragsschlüssen mit kriminellen Wirtschaftsteilnehmern gefährden sollte.

---

747 Teilweise wird vertreten, dass in Fällen, in denen es unmöglich ist, general- und spezialpräventiver Zwecke in einem Urteil zu verfolgen, die Generalprävention Vorrang haben muss. Das wird damit begründet, dass eine Einwirkung auf die Allgemeinheit allein der Duldung durch den Täter bedarf, während seine Besserung der Mitwirkung des Betroffenen bedarf. Dieses Argument gilt freilich in gleicher Weise für die negative Spezialprävention, da auch das „Wegsperren" über den Kopf des Täters erfolgen kann, *Joecks*, in: Heintschel-Heinegg, von/Joecks/Miebach (Hrsg.), Münchener Kommentar zum Strafgesetzbuch, Bd. 1, 2003, Einleitung Rn. 72 f. Damit ist letztlich nur gesagt, dass bei einem besserungsunwilligen Täter zugunsten seiner Menschenwürde auf eine positive Spezialprävention verzichtet werden muss.
748 Parlamentarische Anfrage v. 2.10.2008, E-5304/08.
749 „*However, it has to be kept in mind that the self-cleansing measures taken by the companies concerned may not deprive Article 45(1) of its legal effects. Indeed, this provision was adopted precisely to avoid public contracts being awarded to economic operators who have been involved in the enumerated offences, such as corruption. However, the measures taken may be considered as mitigating factors while deciding on the length of the exclusion*", Antwort auf die Parlamentarische Anfrage E-5304/08 v. 6.11.2008.

d) Erforderlichkeit und Angemessenheit

Der Verfahrensausschluss unzuverlässiger Teilnehmer ist regelmäßig ein erforderliches und angemessenes Mittel zur Erreichung der oben genannten Zwecke. Wie bereits festgestellt wurde, ist der Verfahrensausschluss eines selbstgereinigten Wirtschaftsteilnehmers hingegen nicht geeignet, einen legitimen Zweck zu fördern. Aus diesem Grund erübrigt sich in diesen Fällen die Beurteilung der Erforderlichkeit und der Angemessenheit.[750]

C. Recht am eingerichteten und ausgeübten Gewerbebetrieb, Art. 14 Abs. 1 GG

Bei dem Verfahrensausschluss ließe sich an einen Eingriff in Art. 14 Abs. 1 GG in seiner Ausprägung als Recht am eingerichteten und ausgeübten Gewerbebetrieb denken. Ob dieses Recht tatsächlich von Art. 14 Abs. 1 GG umfasst ist, hat das *BVerfG* in der jüngeren Vergangenheit wiederholt betont offengelassen.[751] Angesichts dieser Position soll auf eine weitere Prüfung verzichtet werden.

D. Allgemeiner Gleichheitssatz, Art. 3 Abs. 1 GG

I. Dogmatik des allgemeinen Gleichheitssatzes

Nach dem allgemeinen Gleichheitssatz des Art. 3 Abs. 1 GG sind alle Menschen vor dem Gesetz gleich. Art. 19 Abs. 3 GG erweitert diesen Schutz auf juristische Personen des Inlands. Der Gleichheitssatz schreibt vor, dass „Gleiches gleich, Ungleiches seiner Eigenart entsprechend verschieden"[752] zu behandeln ist.[753] Um überhaupt einen Vergleich anstellen zu können, sind die wesentlichen Gemein-

---

[750] Teilweise wird die Selbstreinigung auch als eine weniger beeinträchtigende Maßnahme gegenüber dem Ausschluss angesehen, was die Erforderlichkeit des Verfahrensausschluss in Frage stellt, *Stein/Friton*, Internationale Korruption, zwingender Ausschluss und Selbstreinigung, VergabeR 2010, S. 151, 160; ebenso *Prieß*, Exclusio corruptoris? – Die gemeinschaftsrechtlichen Grenzen des Ausschlusses vom Vergabeverfahren wegen Korruptionsdelikten, NZBau 2009, S. 587, 591. Diese Auffassung verkennt freilich, dass es sich bei der Selbstreinigung nicht um eine Maßnahme der Vergabestelle handelt, die eine Alternative zum Verfahrensausschluss darstellt.
[751] *BVerfG*, Beschluss v. 26.6.2002, 1 BvR 558/91 u.a., NJW 2002, S. 2621, 2655; *BVerfG*, Beschluss v. 31.1.2008, 1 BvR 1806/02, NVwZ 2008, S. 772, 773; *BVerfG*, Beschluss v. 10.6.2009, 1 BvR 198/08, NVwZ 2009, S. 1426, 1428. Vgl. ausführlich *Papier*, in: Maunz/Dürig (Begr.), Grundgesetz, 60. Ergänzungslieferung 2010, Art. 14 Rn. 95 ff.
[752] *BVerfG*, Urteil v. 17.12.1953, 1 BvR 147/52, BVerfGE 3, S. 58, 135.
[753] *Kischel*, Systembindung des Gesetzgebers und Gleichheitssatz, AöR 124 (1999), S. 174, 180.

samkeiten oder Verschiedenheiten der Vergleichsgegenstände in Bezug auf ein Drittes, ein *tertium comparationis*, herauszuarbeiten.[754] Nachdem die zwei Vergleichsgruppen identifiziert sind, ist im Wege des Vergleichs festzustellen, ob eine Gleich- oder Ungleichbehandlung vorliegt, und sodann, ob die Gleich- oder Ungleichbehandlung gerechtfertigt ist.[755] Probleme bereitet hierbei die Bestimmung des Rechtfertigungsmaßstabs. Im Sinne des sogenannten Willkürverbots ließ es das *BVerfG* früher genügen, dass wesentlich Gleiches nicht willkürlich ungleich oder wesentlich Ungleiches nicht willkürlich gleich behandelt wurde.[756] Das ist dann der Fall, wenn eine Maßnahme unter keinem sachlich vertretbaren Gesichtspunkt gerechtfertigt erscheint.[757] Gemeinhin wird das Willkürverbot von der später entwickelten sogenannten *Neuen Formel* abgegrenzt. Hiernach liegt immer dann eine Verletzung des allgemeinen Gleichheitssatzes vor, „wenn eine Gruppe von Normadressaten im Vergleich zu anderen Normadressaten anders behandelt wird, obwohl zwischen beiden Gruppen keine Unterschiede von solcher Art und solchem Gewicht bestehen, dass sie die ungleiche Behandlung rechtfertigen könnten" [758]. Die Neue Formel zeigt damit einen Zusammenhang zwischen dem Gewicht der Ungleichbehandlung und der notwendigen Rechtfertigung auf.[759] In Abhängigkeit von der Schwere der Ungleichbehandlung kann dies bis hin zu einer strengen Verhältnismäßigkeitsprüfung führen.[760] Der jeweils anzulegende Maßstab lässt sich aus der Rechtsprechung des *BVerfG* nur schwer herauslesen. Teilweise geht das Gericht von einer Einteilung in vier Stufen in ansteigender Prüfungsdichte aus. An erster Stelle stehen Merkmale, die allein verhaltensbezogen sind. Anschließend folgen Merkmale, die nicht persönlich beeinflussbar sind. An dritter Stelle stehen unmittelbar oder mittelbar personenbezogene Merkmale und an vierter Stelle personenbezogene Merkmale, die eine Nähe zu Art. 3 Abs. 3 GG aufweisen.[761] Teil-

---

754 *Dürig/Scholz*, in: Maunz/Dürig (Begr.), Grundgesetz, 60. Ergänzungslieferung 2010, Art. 3 Abs. 1 Rn. 1.
755 In der Literatur wird vielfach zugunsten der sprachlichen Klarheit allein die Konstellation betrachtet, in der eine Ungleichbehandlung zu rechtfertigen ist. Dogmatisch ergeben sich keine Unterschiede zum Fall der zu rechtfertigenden Gleichbehandlung, weshalb im Folgenden ebenso vorgegangen werden soll; hierzu *Kischel*, in: Epping/Hillgruber (Hrsg.), Beck'scher Online-Kommentar zum Grundgesetz, Edition 9 Stand 15.1.2011, Art. 3 Rn. 16.
756 *BVerfG*, Urteil v. 23.10.1951, 2 BvG 1/51, BVerfGE 1, S. 14, 52; *Kannengießer*, in: Schmidt-Bleibtreu (Begr.)/Hofmann/Hopfauf (Hrsg.), Kommentar zum Grundgesetz, 12. Aufl. 2011, Art. 3 Rn. 16.
757 *BVerfG*, Urteil v. 5.3.1958, 2 BvL 18/56, BVerfGE 7, S. 282, 315.
758 *BVerfG*, Beschluss v. 7.10.1980, 1 BvL 50/79 u.a., BVerfGE 55, S. 72, 88.
759 *Kischel*, in: Epping/Hillgruber (Hrsg.), Beck'scher Online-Kommentar zum Grundgesetz, Edition 9 Stand 15.1.2011, Art. 3 Rn. 29, der darauf hinweist, dass dieser Zusammenhang bereits in der Willkürformel angelegt war.
760 *Kannengießer*, in: Schmidt-Bleibtreu (Begr.)/Hofmann/Hopfauf (Hrsg.), Kommentar zum Grundgesetz, 12. Aufl. 2011, Art. 3 Rn. 17 m.w.N.
761 *BVerfG*, Beschluss v. 26.1.1993, 1 BvL 38/92 u.a., BVerfGE 88, S. 87, 96; *BVerfG*, Beschluss v. 14.12.1994, 1 BvR 720/90, BVerfGE 91, S. 346, 363.

weise werden nur drei Stufen ausgemacht.[762] Unabhängig von den verbleibenden Unsicherheiten, ist das Maß der Beeinflussung grundrechtlich geschützter Freiheiten[763] ein gewichtiges Indiz für die Strenge des Prüfungsmaßstabs.[764]

II. Bedeutung für die Selbstreinigung

Bezogen auf die Selbstreinigung fallen zwei Personengruppen ins Auge, die sich für einen Vergleich mit selbstgereinigten Wirtschaftsteilnehmern anbieten: die redlichen und die unredlichen Wirtschaftsteilnehmer. In der Literatur wird teilweise auf die zweite Gruppe abgestellt und ein Vergleich zwischen solchen Wirtschaftsteilnehmern gezogen, die nach dem Verlust ihrer Zuverlässigkeit Selbstreinigungsmaßnahmen vorgenommen haben, und solchen, die entsprechende Maßnahmen unterlassen haben.[765] In Fällen, in denen diese beiden Gruppen gleichbehandelt werden, beispielsweise bei einem Verfahrensausschluss, wäre diese Gleichbehandlung am Maßstab des Art. 3 Abs. 1 GG zu rechtfertigen. Zwingend ist die Wahl des *tertium comparationis* nicht. Ebenso gut lässt sich eine Ungleichbehandlung von redlichen Wirtschaftsteilnehmern und durch Selbstreinigung nunmehr ebenfalls wieder zuverlässigen Wirtschaftsteilnehmern prüfen. Aufbauend auf der Prämisse, dass sich die Zuverlässigkeit durch Selbstreinigung restlos wiederherstellen lässt, zeigt sich, dass die zwei Ansätze sich in der Sache nicht unterscheiden. Bis zur Selbstreinigung zählt der betroffene Wirtschaftsteilnehmer zu den unzuverlässigen, anschließend ist er wieder zuverlässig. Das jeweilige Differenzierungsmerkmal ist die in der Vergangenheit vorgenommene Wiederherstellung der Zuverlässigkeit. Die vorliegende Prüfung soll sich auf die Frage konzentrieren, ob in dem Ausschluss eines selbstgereinigten Teilnehmers eine nicht gerechtfertigte Ungleichbehandlung gegenüber einem redlichen Teilnehmer besteht.

Eine Ungleichbehandlung dieser beiden Gruppen liegt immer dann vor, wenn an die ehemalige Unzuverlässigkeit der Selbstgereinigten negative Konsequenzen anknüpfen, denen die ursprünglich Zuverlässigen nicht ausgesetzt sind.

Fraglich ist, welcher Rechtfertigungsmaßstab an die Ungleichbehandlung anzulegen ist. Er bemisst sich nach der Schwere der Ungleichbehandlung, jedenfalls darf sie nicht willkürlich erfolgen. Die Ungleichbehandlung von selbstgereinigten Wirtschaftsteilnehmern liegt regelmäßig in einem Verfahrensausschluss oder einer Auftragssperre. Mit einem Verfahrensausschluss können für den Betroffenen er-

---

762 *BVerfG*, Beschluss v. 8.2.1994, 1 BvR 1237/85, NJW 1994, S. 2410 f.
763 *BVerfG*, Beschluss v. 6.7.2004, 1 BvL 4/97, NVwZ 2005, S. 201.
764 *Kischel*, in: Epping/Hillgruber (Hrsg.), Beck'scher Online-Kommentar zum Grundgesetz, Edition 9 Stand 15.1.2011, Art. 3 Rn. 48.
765 *Stein/Friton*, Internationale Korruption, zwingender Ausschluss und Selbstreinigung, VergabeR 2010, S. 151, 161.

hebliche wirtschaftliche Einbußen verbunden sein. Die Maßnahmen stellen zudem einen Eingriff in die Berufsfreiheit dar. Angesichts dessen erscheint es gerechtfertigt, einen Prüfungsmaßstab anzulegen, der über eine bloße Willkürkontrolle hinausgeht.[766] Die Ungleichbehandlung muss sich daher in gewissem Umfang am Grundsatz der Verhältnismäßigkeit messen lassen. Hier kann auf die Prüfung im Rahmen des Art. 12 Abs. 1 GG verwiesen werden: Zweifel ergeben sich bereits daran, dass die Ungleichbehandlung ein legitimes Ziel verfolgt. Der Ausschluss oder die Sperre eines selbstgereinigten Wirtschaftsteilnehmers lässt sich nicht mit dem fraglos legitimen[767] Differenzierungskriterium der Teilnehmereignung begründen. Selbst wenn man die Bestrafung von kriminellen Wirtschaftsteilnehmern entgegen der vorliegend vertretenen Auffassung als ein rechtmäßiges Ziel akzeptiert, so sprechen die besseren Argumente dafür, dass die Ungleichbehandlung nicht zu seiner Förderung beiträgt und damit ungeeignet ist. Die Ungleichbehandlung von selbstgereinigten Wirtschaftsteilnehmern und solchen Teilnehmern, die nicht durch eine Beeinträchtigung ihrer Zuverlässigkeit aufgefallen sind, verstößt damit gegen den allgemeinen Gleichheitssatz des Art. 3 Abs. 1 GG.

E. Das Schuldprinzip als Grenze der Verbandsstrafe

Das deutsche Strafrecht sieht Sanktionen nur gegen natürliche Personen vor. Der Verfahrensausschluss richtet sich oberhalb der Schwellenwerte freilich in aller Regel gegen juristische Personen und Personenhandelsgesellschaften. Hieraus lässt sich folgern, dass ein strafender Ausschluss nur dann zulässig sein kann, wenn die Bestrafung von Verbänden überhaupt mit dem deutschen Verfassungsrecht vereinbar ist.

Die Kritiker sehen in der Verbandsstrafe einen Verstoß gegen das Schuldprinzip *nulla poena sine culpa*.[768] Das verfassungsrechtlich garantierte[769] und dem Rechtsstaatsprinzip zugeordnete[770] Schuldprinzip erstreckt sich auf Kriminalstrafen im

---

766 Vgl. *Pünder*, Vorgaben des grundgesetzlichen Gleichheitssatzes für die Vergabe öffentlicher Aufträge, VerwArch Bd. 95 (2004), S. 38, 48.
767 *Buck*, Die Vergabe sogenannter nachrangiger Dienstleistungsaufträge, 2010, S. 135 ff.
768 S. *Lewisch/Parker*, Strafbarkeit der juristischen Person?, 2001, S. 137 ff.
769 *Lenckner/Eisele*, in: Schönke (Begr.)/Schröder (fortgef.), Strafgesetzbuch, 28. Aufl. 2010, Vorbemerkungen zu den §§ 13 ff. Rn. 103/104.
770 *BVerfG*, Beschluss v. 26.5.1981, 2 BvR 215/81, BVerfGE 57, S. 250, 275; *BVerfG*, Beschluss v. 14.7.1981, 1 BvR 575/80, BVerfGE 58, S. 159, 163; *BVerfG*, Beschluss v. 14.1.2004, 2 BvR 564/95, BVerfGE 110, S. 1, 13; *Grzeszick*, in: Maunz/Dürig (Begr.), Grundgesetz, 60. Ergänzungslieferung 2010, Art. 20 VII. Art. 20 und die allgemeine Rechtsstaatlichkeit Rn. 124.

eigentlichen Sinne und auf strafähnliche Sanktionen[771], wie sie das OWiG in Form der Geldbuße vorsieht.[772] Inhaltlich besagt es, dass in der Verhängung von Strafe ein sozialethischer Tadel liegt, weshalb ihre Verhängung eine persönliche Verantwortung im Sinne eines „Dafür-Könnens" voraussetzt.[773] Nur wer durch seine Tat eine persönliche Schuld verwirklicht, kann überhaupt bestraft werden.[774] Hierdurch unterscheidet sich die Strafe von anderen staatlichen Unrechtsfolgen[775] – insbesondere von Maßnahmen zur Gefahrenabwehr. Der höchstpersönliche Vorwurf einer fehlerhaften Gewissensentscheidung[776] kann nach der Auffassung von Teilen der Literatur, einem Verband jedoch nicht gemacht werden. Ein Verband selbst sei nicht schuldfähig.[777] Darüber hinaus gehe der Versuch, über die Anknüpfung an die von den Organen des Verbands begangenen Handlungen und der damit verwirklichten Schuld eine Strafbarkeit zu begründen, fälschlicherweise von einer Zurechenbarkeit der strafrechtlichen Schuld aus.[778]

Die Gegenansicht tritt diesen Argumenten damit entgegen, dass die Handlungsfähigkeit des Verbands selbst gewährleistet ist, da er ein „eigenständiges Subjekt der sozialen Realität"[779] ist.[780] Teilweise wird eine Zurechnung des rechtswidrigen Verhaltens der Organe als möglich erachtet.[781] In eine ähnliche Richtung geht die Argumentation, dass im Sinne der Systemtheorie keine wesentlichen Unterschiede zwischen dem rechtswidrigen Verhalten von natürlichen Personen und Verbänden bestehen. Dieses eigene Handeln des Verbands rechtfertige den Vorwurf einer ei-

---

771 *BVerfG*, Beschluss v. 30.6.1976, 2 BvR 435/76, BVerfGE 42, S. 261; *Grzeszick*, in: Maunz/Dürig (Begr.), Grundgesetz, 60. Ergänzungslieferung 2010, Art. 20 VII. Art. 20 und die allgemeine Rechtsstaatlichkeit Rn. 124.
772 *Lemke/Mosbacher*, Ordnungswidrigkeitengesetz, 2. Aufl. 2005, § 30 Rn. 9.
773 *Lenckner/Eisele*, in: Schönke (Begr.)/Schröder (fortgef.), Strafgesetzbuch, 28. Aufl. 2010, Vorbemerkungen zu den §§ 13 ff. Rn. 103/104. Teilweise wird auch auf das Erfordernis eines Gewissens abgestellt, *Eidam*, Die Verbandsgeldbuße des § 30 Abs. 4 OWiG – eine Bestandsaufnahme, wistra 2003, S. 447, 448.
774 *Kindler*, Das Unternehmen als haftender Täter, 2008, S. 223.
775 *Lewisch/Parker*, Strafbarkeit der juristischen Person?, 2001, S. 137.
776 *Kindler*, Das Unternehmen als haftender Täter, 2008, S. 223.
777 *Lewisch/Parker*, Strafbarkeit der juristischen Person?, 2001, S. 137 f.
778 *Lewisch/Parker*, Strafbarkeit der juristischen Person?, 2001, S. 138 ff.
779 *Rogall*, in: Boujong(Begr.)/Senge (Hrsg.), Karlsruher Kommentar zum Gesetz über Ordnungswidrigkeiten, 3. Aufl. 2006, § 30 Rn. 10.
780 Die juristische Person „kann – wie ein Mensch – wachsen und gedeihen, aber auch kränkeln und dahinsiechen. (…) Und ein solcher mitten im Leben stehender Organismus sollte nicht straffähig sein? Nicht Strafvorschriften verletzen können?", *Eidam*, Die Verbandsgeldbuße des § 30 Abs. 4 OWiG – eine Bestandsaufnahme, wistra 2003, S. 447, 449.
781 *Eidam*, Die Verbandsgeldbuße des § 30 Abs. 4 OWiG – eine Bestandsaufnahme, wistra 2003, S. 447, 448 f.

genen Schuld.[782] Andere Befürworter der Verbandsstrafbarkeit argumentieren, dass der Vorwurf gegen das Unternehmen in der Unterlassung ausreichender Vorsorgemaßnahmen zur Vermeidung von Rechtsverstößen liegen muss. Die Strafbarkeit rechtfertige sich daher aus einem Organisationsverschulden.[783] Diesem Ansatz ist zuzugeben, dass diese Organisationspflichten grundsätzlich zumindest auch einer juristischen Person obliegen können, wie sich am Beispiel des § 130 Abs. 1 S. 1 OWiG zeigt. Er geht dennoch fehl, da auch die Organisationspflichten allein durch die hinter dem Verband stehenden natürlichen Personen wahrgenommen werden können und eine Fehlorganisation daher auch von ihnen verschuldet ist.[784] Liegt der Vorwurf zudem in der Fehlerhaftigkeit der Organisation, so müsste sich der Verband exkulpieren, also damit verteidigen können, dass hinreichende Maßnahmen zur Vermeidung von Verstößen unternommen wurden und dass die Rechtsverletzung trotz dessen erfolgte.[785] Ein so verstandener Schuldbegriff entfernt sich weitestgehend von dem traditionellen Verständnis und nähert sich den Begriffen der zivilrechtlichen und gefahrenabwehrrechtlichen Haftung an.[786]

Die Frage der Vereinbarkeit von Verbandsstrafe und Schuldprinzip kann im Rahmen dieser Arbeit nicht beantwortet werden.[787] Will man an dem Erfordernis der persönlichen Vorwerfbarkeit als Voraussetzung für Strafe festhalten, so konzentriert sich die Frage darauf, wie weit ein normatives Verständnis von Schuld mit der Verfassung vereinbar ist. Gute Argumente sprechen dafür, eine originäre Schuld des Verbands als eine Fiktion abzulehnen, die strafrechtlichen Ansprüchen nicht genügt. Versteht man die Schuld in strenger Form als höchstpersönliches Merkmal, so scheidet auch die Zurechnung fremden Verschuldens aus. Fest steht, dass die Anhänger der Auffassung, die in der Verbandsstrafe einen Verstoß gegen

---

782 *Rogall*, in: Boujong(Begr.)/Senge (Hrsg.), Karlsruher Kommentar zum Gesetz über Ordnungswidrigkeiten, 3. Aufl. 2006, § 30 Rn. 11. Dieser Ansatz ist der Frage ausgesetzt, wo in diesen Fällen noch Platz für die strafrechtliche Haftung der als Organ handelnden natürlichen Person bleibt. Ein Vergleich zur mathematischen Mengenlehre drängt sich auf, *Rogall*, in: Boujong(Begr.)/Senge (Hrsg.), Karlsruher Kommentar zum Gesetz über Ordnungswidrigkeiten, 3. Aufl. 2006, § 30 Rn. 8; ähnlich *Jakobs*, Strafbarkeit juristischer Personen?, in: Prittwitz/Baurmann/Günther/Kuhlen/Merkel/Nestler/Schulz (Hrsg.), Festschrift für Klaus Lüderssen zum 70. Geburtstag am 2. Mai 2002, 2002, S. 559, 564.
783 *Tiedermann*, Die "Bebußung" von Unternehmen nach dem 2. Gesetz zur Bekämpfung der Wirtschaftskriminalität, NJW 1988, S. 1169, 1172.
784 *Roxin*, Strafrecht, Bd. 1, Allgemeiner Teil, 4. Aufl. 2006, § 8 Rn. 63.
785 *Rogall*, in: Boujong(Begr.)/Senge (Hrsg.), Karlsruher Kommentar zum Gesetz über Ordnungswidrigkeiten, 3. Aufl. 2006, § 30 Rn. 6.
786 Zu den Maßregelmodellen, die auf die Schuld als Voraussetzung für eine Sanktion verzichten wollen s. *Rogall*, in: Boujong(Begr.)/Senge (Hrsg.), Karlsruher Kommentar zum Gesetz über Ordnungswidrigkeiten, 3. Aufl. 2006, § 30 Rn. 7 m.w.N.
787 Weiterführend s. *Kaufmann*, Das Unrechtsbewusstsein in der Schuldlehre des Strafrechts, 1949, S. 21 ff. zur grundsätzlichen Bedeutung des Schuldprinzips; zu der Vereinbarkeit der Verbandsstrafe mit dem Schuldprinzip s. *Kindler*, Das Unternehmen als haftender Täter, 2008, S. 223 ff.

das Schuldprinzip sieht, auch den Ausschluss von Unternehmen zum Zweck der Bestrafung, namentlich also im Fall der Selbstreinigung, ablehnen müssen.

4. Abschnitt Vorgaben für die Berücksichtigung von Selbstreinigungsmaßnahmen aus dem Primärrecht der Europäischen Union

A. Anwendbarkeit des Primärrechts auf den Verfahrensausschluss

I. Geltung des Primärrechts bei grenzüberschreitendem Bezug

Allein solche Vorgänge, die einen grenzüberschreitenden Bezug aufweisen, sind an den Grundsätzen des Primärrechts zu messen.[788] Gewichtiges Indiz für die Binnenmarktrelevanz ist das Erreichen der Schwellenwerte. Oberhalb der Werte wird die Binnenmarktrelevanz vermutet, unterhalb der Schwellenwerte ist eine solche nicht von vornherein ausgeschlossen.[789] Neben dem Auftragswert können Umstände wie der Auftragsgegenstand und die übliche Praxis im entsprechenden Wirtschaftszweig[790] den Auftrag für einen Kreis von Wirtschaftsteilnehmern interessant machen, der über die nationalen Grenzen hinausgeht.

II. Keine Sperrwirkung des Sekundärrechts

Das Primärrecht gibt nur spärliche Hinweise zur Vergabe öffentlicher Aufträge[791], ein unionsrechtliches Vergaberechtsregime ist ihm nicht zu entnehmen.[792] Aus dem Sekundärrecht lässt sich keine ausnahmsweise Sperrwirkung gegenüber dem Primärrecht wegen einer abschließenden Regelung herauslesen.[793] Für die

---

788 *Epiney*, in: Calliess/Ruffert (Hrsg.), EUV/AEUV, 4. Aufl. 2011, AEUV Art. 18 Rn. 31 f.
789 Vgl. zur Warenverkehrsfreiheit *EuGH*, Beschluss v. 3.12.2001, Rs. C-59/00, Slg. 2001, I-9505 Rn. 19. Zur Niederlassungs- und Dienstleistungsfreiheit *EuGH*, Urteil v. 15.5.2008, Rs. C-147/06 u.a., Slg. 2008, I-3565 Rn. 26 ff.
790 Vgl. Mitteilung der Kommission zu Auslegungsfragen in Bezug auf das Gemeinschaftsrecht, das für die Vergabe öffentlicher Aufträge gilt, die nicht oder nur teilweise unter die Vergaberichtlinien fallen v. 1.8.2006, C 179/02, Ziffer 2.1.2.
791 Vgl. Art. 179 Abs. 2 AEUV zur Nutzung des Binnenmarktes durch Forschungszentren und Hochschulen und Art. 199 Nr. 4 AEUV zur Beteiligung an Ausschreibungen und Lieferungen, die in assoziierten überseeischen Ländern und Hoheitsgebieten von der Union finanziert werden.
792 Zur alten Vertragsfassung *Schmitz*, Das Recht der öffentlichen Aufträge im Gemeinsamen Markt, 1972, S. 126 f.; *Stolz*, Das öffentliche Auftragswesen in der EG, 1991, S. 5; zur Fassung durch den Vertrag von Lissabon ebenso *Buck*, Die Vergabe sogenannter nachrangiger Dienstleistungsaufträge, 2010, S. 115 f.
793 *Krohn*, Öffentliche Auftragsvergabe und Umweltschutz, 2003, S. 64.

Vergaberichtlinien hat der *EuGH* wiederholt entschieden, dass das Primärrecht neben den Richtlinien anwendbar bleibt.[794] Dies wird auch aus den Erwägungen zur VKR deutlich.[795] Für den Verfahrensausschluss betont Art. 45 UAbs. 2 VKR schließlich, dass der Ausschluss eines Wirtschaftsteilnehmers nur im Einklang mit den nationalen Rechtsvorschriften und unter Beachtung des Unionsrechts erfolgen darf.

B. Grundfreiheiten

I. Bindung öffentlicher Auftraggeber an die Grundfreiheiten

Das Unionsrecht bindet die Mitgliedstaaten umfassend.[796] Die im Rahmen der Grundrechte erörterte Frage der Grundrechtsbindung im Fall nichthoheitlichen Handelns stellt sich bei den Grundfreiheiten folglich nicht.[797] Einen Hinweis auf die persönliche Reichweite der Bindungswirkung enthält Art. 106 Abs. 1 AEUV. Hiernach ist es den Mitgliedstaaten untersagt „in Bezug auf öffentliche Unternehmen und auf Unternehmen, denen sie besondere oder ausschließliche Rechte gewähren, den Verträgen (…) widersprechende Maßnahmen" zu treffen oder beizubehalten. Die Vorschrift soll verhindern, dass Mitgliedstaaten sich durch die Zwischenschaltung von Unternehmen ihren Pflichten aus den Verträgen entziehen.[798] Damit sind solche Unternehmen erfasst, auf die „die öffentliche Hand aufgrund Eigentums, finanzieller Beteiligung, Satzung oder sonstiger Bestimmungen, die die Tätigkeit des Unternehmens regeln, unmittelbar oder mittelbar einen beherrschenden Einfluss ausüben kann"[799]. Davon abgesehen kann sich eine Bindung

---

794 *EuGH*, Urteil v. 27.10.2005, Rs. C-234/03 (Contse), Slg. 2003, I-12139 Rn. 47 ff. m.w.N.
795 "Die Vergabe von Aufträgen in den Mitgliedstaaten auf Rechnung des Staates, der Gebietskörperschaften und anderer Einrichtungen des öffentlichen Rechts ist an die Einhaltung der im Vertrag niedergelegten Grundsätze gebunden, insbesondere des Grundsatzes des freien Warenverkehrs, des Grundsatzes der Niederlassungsfreiheit und des Grundsatzes der Dienstleistungsfreiheit sowie der davon abgeleiteten Grundsätze", Erwägungsgrund 2 VKR.
796 Zum EG-Vertrag *Randelzhofer/Forsthoff*, in: Grabitz (Begr.)/Hilf (fortgef.), Das Recht der Europäischen Union, Bd. 2, EUV/EGV, 40. Ergänzungslieferung 2009, EGV Vorbemerkung zu den Art. 39–55 EGV, Rn. 63.
797 *Buck*, Die Vergabe sogenannter nachrangiger Dienstleistungsaufträge, 2010, S. 202.
798 *Grill*, in: Lenz/Borchardt (Hrsg.), EU-Verträge, 5. Aufl. 2010, AEUV Art. 106 Rn. 3.
799 Art. 2 lit. b Richtlinie 2006/111/EG der Kommission vom 16. November 2006 über die Transparenz der finanziellen Beziehungen zwischen den Mitgliedstaaten und den öffentlichen Unternehmen sowie über die finanzielle Transparenz innerhalb bestimmter Unternehmen, ABl. Nr. L 318 v. 17.11.2006, S. 17. Zuvor bereits ebenso Art. 2 Abs. 1 lit. b Richtlinie 80/723/EWG der Kommission vom 25. Juni 1980 über die Transparenz der finanziellen Beziehungen zwischen den Mitgliedstaaten und den öffentlichen Unternehmen sowie über die finanzielle Transparenz innerhalb bestimmter Unternehmen, ABl. Nr. L 195 S. 35.

durch die Drittwirkung der Grundfreiheiten ergeben.[800] Für die Bindung öffentlicher Auftraggeber wird gefolgert, dass allein die Sektorenauftraggeber vom Anwendungsbereich der Grundfreiheiten ausgenommen sind, soweit der Staat keinen Einfluss auf sie hat.[801]

II. Funktionen der Grundfreiheiten

Die Grundfreiheiten dienen in erster Linie als Diskriminierungsverbote. Sie untersagen die Ungleichbehandlung von Waren und Personen aus anderen Mitgliedstaaten.[802] Sie sind damit spezielle Ausprägungen des allgemeinen Diskriminierungsverbots des Art. 18 AEUV.[803] Wegen des Umstands, dass Regelungen, die für In- und Ausländer gleichermaßen anwendbar sind, ebenfalls die Grundfreiheiten beschränken können, dienen die Grundfreiheiten heute auch als Beschränkungsverbote.[804] Daneben begründen sie einen Anspruch auf hoheitliche Schutzgewähr[805] und wirken als abgeleitete Teilhaberechte[806]. Hiernach sind die Mitgliedstaaten positiv zum Handeln verpflichtet, um Unionsbürgern anderer Staaten den Zugang zum Markt zu öffnen.[807] Die Grundfreiheiten garantieren damit eine gleiche Chance im Vergabeverfahren.[808] Auch die objektiv-rechtliche Wirkung der Grundfreiheiten spielt im Vergaberecht eine Rolle[809], indem das sekundäre Unionsrecht und das nationale Recht grundfreiheitskonform auszulegen sind.[810]

---

800 Ausführlich zum Begriff der Drittwirkung *Randelzhofer/Forsthoff*, in: Grabitz (Begr.)/Hilf (fortgef.), Das Recht der Europäischen Union, Bd. 2, EUV/EGV, 40. Ergänzungslieferung 2009, Vorbemerkung zu den Art. 39–55 EGV Rn. 53 ff. m.w.N.
801 *Dreher*, Vergaberechtsschutz unterhalb der Schwellenwerte, NZBau 2002, S. 419, 422 f.; *Buck*, Die Vergabe sogenannter nachrangiger Dienstleistungsaufträge, 2010, S. 204; ausdrücklich offengelassen von *Meyer*, Die Einbeziehung politischer Zielsetzungen bei der öffentlichen Beschaffung, 2002, S. 179.
802 *Pache*, in: Schulze/Zuleeg/Kadelbach (Hrsg.), Europarecht, 2. Aufl. 2010, § 10 Rn. 21.
803 *Ehlers*, in: Ehlers (Hrsg.), Europäische Grundrechte und Grundfreiheiten, 3. Aufl. 2009, § 7 Rn. 13.
804 *Pache*, in: Schulze/Zuleeg/Kadelbach (Hrsg.), Europarecht, 2. Aufl. 2010, § 10 Rn. 23 ff.
805 *Pache*, in: Schulze/Zuleeg/Kadelbach (Hrsg.), Europarecht, 2. Aufl. 2010, § 10 Rn. 29 ff.
806 Vgl. *Schäfer*, Öffentliche Belange im Auftragswesen und Europarecht, 2003, S. 293; *Buck*, Die Vergabe sogenannter nachrangiger Dienstleistungsaufträge, 2010, S. 205.
807 *Kingreen*, Die Struktur der Grundfreiheiten des Europäischen Gemeinschaftsrechts, 1999, S. 191; *Pache*, in: Schulze/Zuleeg/Kadelbach (Hrsg.), Europarecht, 2. Aufl. 2010, § 10 Rn. 28.
808 *Buck*, Die Vergabe sogenannter nachrangiger Dienstleistungsaufträge, 2010, S. 205.
809 Vgl. *Schäfer*, Öffentliche Belange im Auftragswesen und Europarecht, 2003, S. 293; *Buck*, Die Vergabe sogenannter nachrangiger Dienstleistungsaufträge, 2010, S. 206.
810 *Ehlers*, in: Ehlers (Hrsg.), Europäische Grundrechte und Grundfreiheiten, 3. Aufl. 2009, § 7 Rn. 39.

III. Dienstleistungsfreiheit

1. Die Bedeutung des Schutzbereichs der Dienstleistungsfreiheit im Vergaberecht

Der AEUV unterscheidet die Warenverkehrsfreiheit (Art. 28 ff. AEUV), die Arbeitnehmerfreizügigkeit (Art. 45 ff. AEUV), die Niederlassungsfreiheit (Art. 49 ff. AEUV), die Dienstleistungsfreiheit (Art. 56 ff. AEUV) und die Kapital- und Zahlungsverkehrsfreiheit (Art. 63 ff. AEUV). Die Dienstleistungsfreiheit wurde ursprünglich als „Auffangfreiheit"[811] angesehen, was sich noch heute in der negativen Definition ihres sachlichen Schutzbereichs in Art. 57 Abs. 1 AEUV zeigt. Damit kommt sie grundsätzlich nur subsidiär hinter den anderen Grundrechten zur Anwendung.[812] Ihre Bedeutung im Vergaberecht erlangt die Dienstleistungsfreiheit dadurch, dass bereits die Abgabe eines Angebots den Schutzbereich der Art. 56 ff. AEUV eröffnet.[813] Dieser Umstand erlaubt es, die Ausführungen in dieser Arbeit auf die Dienstleistungsfreiheit zu konzentrieren. Der Verfahrensausschluss und die Auftragssperre betreffen im Kern die Möglichkeit, Angebote im Rahmen einer Ausschreibung abzugeben.

2. Eingriff

Die Dienstleistungsfreiheit schützt vor offenen[814] und versteckten Diskriminierungen.[815] Unzulässig sind darüber hinaus alle sonstigen Beschränkungen, also „alle Anforderungen, die an den Leistenden (…) gestellt werden und (…) geeignet sind, die Tätigkeiten des Leistenden zu unterbinden oder zu behindern"[816].[817] Der

---

811 *Pache*, in: Schulze/Zuleeg/Kadelbach (Hrsg.), Europarecht, 2. Aufl. 2010, § 10 Rn. 130; teilweise wird von einer „Restfreiheit" gesprochen, *Kluth*, in: Calliess/Ruffert (Hrsg.), EUV/AEUV, 4. Aufl. 2011, AEUV Art. 56, 57 Rn. 6 m.w.N.
812 *Pache*, in: Schulze/Zuleeg/Kadelbach (Hrsg.), Europarecht, 2. Aufl. 2010, § 10 Rn. 131.
813 *Brenner*, Die Einwirkungen der EG-Vergaberichtlinien auf die Struktur der Auftragsvergabe in Deutschland, in: Ziemske/Langheid/Wilms/Haverkate (Hrsg.), Staatsphilosophie und Rechtspolitik. Festschrift für Martin Kriele, 1997, S. 1431 ff.; *Kluth*, in: Calliess/Ruffert (Hrsg.), EUV/AEUV, 4. Aufl. 2011, AEUV Art. 56, 57 Rn. 28 m.w.N. Die Europäische Union ordnet das gesamte öffentliche Auftragswesen dem Sachbereich „Niederlassungsrecht und freier Dienstleistungsverkehr" zu, obgleich die zu erbringende Leistung oftmals in der Lieferung von Waren liegt, die der Warenverkehrsfreiheit zuzurodnen wären, *Buck*, Die Vergabe sogenannter nachrangiger Dienstleistungsaufträge, 2010, S. 201.
814 *Kluth*, in: Calliess/Ruffert (Hrsg.), EUV/AEUV, 4. Aufl. 2011, AEUV Art. 56, 57 Rn. 54 f. m.w.N.
815 *Kluth*, in: Calliess/Ruffert (Hrsg.), EUV/AEUV, 4. Aufl. 2011, AEUV Art. 56, 57 Rn. 56 m.w.N; *Pache*, in: Schulze/Zuleeg/Kadelbach (Hrsg.), Europarecht, 2. Aufl. 2010, § 10 Rn. 143.
816 *EuGH*, Urteil v. 3.12.1974, Rs. C-33/74 (van Binsberger), Slg. 1974, 1299 Rn. 10.
817 *Kluth*, in: Calliess/Ruffert (Hrsg.), EUV/AEUV, 4. Aufl. 2011, AEUV Art. 56, 57 Rn. 57 f. m.w.N. zur Kritik im Schrifttum.

EuGH hat zur Warenverkehrsfreiheit eine Differenzierung herausgebildet, die als *Keck*-Rechtsprechung bezeichnet wird.[818] Sie ist eine Eingrenzung des Beschränkungsverbots[819] der *Dassonville*-Formel[820], nach der jede mitgliedstaatliche Regelung, die „geeignet ist, den innergemeinschaftlichen Handel unmittelbar oder mittelbar, tatsächlich oder potentiell zu behindern, (…)als Maßnahme mit gleicher Wirkung wie eine mengenmäßige Beschränkung anzusehen" ist.[821] Nach der *Keck*-Entscheidung entfallen absatzbezogene Regelungen und solche, die allein Verkaufsmodalitäten betreffen, nicht unter den Begriff der Beschränkung.[822] In der Literatur finden sich Ansätze, diese Rechtsprechungslinie auf andere Grundfreiheiten, insbesondere auch die Dienstleistungsfreiheit, zu übertragen.[823] Auch die Rechtsprechung des *EuGH* geht in diese Richtung.[824]

Der Ausschluss von Wirtschaftsteilnehmern wegen Verfehlungen in der Vergangenheit knüpft weder unmittelbar noch mittelbar an die Nationalität der Betroffenen an. Eine strafrechtliche Verurteilung ist kein Merkmal, welches geeignet ist, in- und ausländische Wirtschaftsteilnehmer ausdrücklich oder faktisch unterschiedlich zu behandeln. Wohl aber liegt in dem Verfahrensausschluss eine Beschränkung: Wie durch jedes Auswahlkriterium – insbesondere durch vergabefremde Kriterien – kann auf diese Weise bestimmten Unternehmen der Marktzugang gänzlich versperrt werden.[825]

Teilweise wird versucht, *richtige* Kriterien zur Eingrenzung des Teilnehmerfeldes herauszuarbeiten.[826] Hierbei handelt es sich um solche Anforderungen, die der Auftraggeber an die Teilnehmer stellen darf, ohne dass er damit in die Dienstleistungsfreiheit der Teilnehmer eingreift. Die Teilnehmereignung wird dabei als *richtiges* Kriterium erkannt.[827] Dem ist in Anlehnung an die Argumentation zu Art. 12 Abs. 1 GG zu folgen. Auch hier wurde vertreten, dass eine Ausschlussent-

---

818 *EuGH*, Urteil v. 24.11.1993, Rs. C-267/91 u.a. (Keck), Slg. 1993, I-6097.
819 *Randelzhofer/Forsthoff*, in: Grabitz (Begr.)/Hilf (fortgef.), Das Recht der Europäischen Union, Bd. 2, EUV/EGV, 40. Ergänzungslieferung 2009, EGV Art. 50, Rn. 100; ausführlich *Leible/T. Streinz*, in: Grabitz (Begr.)/Hilf (fortgef.)/Nettesheim (Hrsg.), Das Recht der Europäischen Union, 43. Aufl. 2011, AEUV Art. 34 Rn. 72 ff.
820 *EuGH*, Urteil v. 11.7.1974, Rs. 8/74 (Dassonville), Slg. 1974, 837.
821 *EuGH*, Urteil v. 11.7.1974, Rs. 8/74 (Dassonville), Slg. 1974, 837 Rn. 5.
822 *EuGH*, Urteil v. 24.11.1993, Rs. C-267/91 u.a. (Keck), Slg. 1993, I-6097 Rn. 16 ff.
823 Einen Überblick bieten *Randelzhofer/Forsthoff*, in: Grabitz (Begr.)/Hilf (fortgef.), Das Recht der Europäischen Union, Bd. 2, EUV/EGV, 40. Ergänzungslieferung 2009, Art. 50 Rn. 102 ff., die eine strikte Übertragung der *Keck*-Rechtsprechung i.E. ablehnen.
824 *EuGH*, Urteil v. 10.5.1995, Rs. C-384/93 (Alpine Investments), Slg. 1995, I-1141; *Pache*, in: Schulze/Zuleeg/Kadelbach (Hrsg.), Europarecht, 2. Aufl. 2010, § 10 Rn. 145; *Buck*, Die Vergabe sogenannter nachrangiger Dienstleistungsaufträge, 2010, S. 211.
825 *Schäfer*, Öffentliche Belange im Auftragswesen und Europarecht, 2003, S. 314; *Arrowsmith/Prieß/Friton*, in: Pünder/Prieß/Arrowsmith (Hrsg.), Self-Cleaning in Public Procurement Law, 2009, S. 12.
826 *Schäfer*, Öffentliche Belange im Auftragswesen und Europarecht, 2003, S. 314 f.; *Buck*, Die Vergabe sogenannter nachrangiger Dienstleistungsaufträge, 2010, S. 215 f.
827 *Buck*, Die Vergabe sogenannter nachrangiger Dienstleistungsaufträge, 2010, S. 216.

scheidung wegen fehlender Eignung keinen Eingriff in den grundrechtlichen Schutzbereich darstellt. Entscheidungen, die an die Wirtschaftlichkeit des Angebots anknüpfen, stellen keine Beeinträchtigung der Dienstleistungsfreiheit dar. Jedes weitere Auswahlkriterium – nämlich vergabefremde Aspekte – bedarf somit einer Rechtfertigung.[828] Der Ausschluss von erneut zuverlässigen Teilnehmern lässt sich nicht mit einem Verweis auf ihre fehlende Eignung begründen und stellt daher einen Eingriff in die Dienstleistungsfreiheit des Betroffenen dar.

3. Rechtfertigung

Eingriffe in die Grundfreiheit können vor allem unter den Voraussetzungen des Art. 62 i.V.m. Art. 52 Abs. 1 AEUV, also aus Gründen der öffentlichen Ordnung, Sicherheit oder Gesundheit, gerechtfertigt sein. Dies gilt für offene und versteckte Diskriminierungen ebenso wie für unterschiedslos wirkende Beschränkungen.[829] Die Rechtfertigungstatbestände sind als Ausnahmen von den Grundfreiheiten eng auszulegen.[830] Zum Schutz der öffentlichen Ordnung können Eingriffe erfolgen, wenn eine Gesetzesverletzung und eine hinreichend schwere Gefährdung vorliegt, die ein Grundinteresse der Gesellschaft berührt.[831] Die öffentliche Sicherheit umfasst die Existenz des Staates.[832] Daneben gelten für beschränkende Eingriffe als ungeschriebene Rechtfertigungsgründe die zwingenden Gründe des Allgemeininteresses.[833] Beispiele hierfür finden sich in den in Art. 7 ff. AEUV beschriebenen Unionsaufgaben.[834] Hervorzuheben ist die Lauterkeit des Handelsverkehrs und des unverfälschten Wettbewerbs[835], die gelegentlich als Rechtfertigung für die Ausschlusstatbestände des Vergaberechts herangezogen werden.[836] Die ungeschriebenen Rechtfertigungsgründe haben durch die Europäische Dienstleistungsrichtli-

---

828 Ähnlich *Schäfer*, Öffentliche Belange im Auftragswesen und Europarecht, 2003, S. 314; *Buck*, Die Vergabe sogenannter nachrangiger Dienstleistungsaufträge, 2010, S. 217 f.
829 *EuGH*, Urteil v. 9.7.1997, Rs. C-34/95 (De Agostini), Slg. 1997, I-3843 Rn. 52 ff.
830 *EuGH*, Urteil v. 4.12.1974, Rs. C-41/74 (Van Duyn), Slg. 1974, 1337 Rn. 18.
831 *EuGH*, Urteil v. 27.10.1977, Rs. C-30/77 (Bouchereau), Slg. 1977, 1999 Rn. 35.
832 *EuGH*, Urteil v. 10.7.1984, Rs. C-72/83 (Campus Oil), Slg. 1984, 2727 Rn. 34.
833 *EuGH*, Urteil v. 3.12.1974, Rs. C-33/74 (van Binsberger), Slg. 1974, 1299 Rn. 10 ff.; *Pache*, in: Schulze/Zuleeg/Kadelbach (Hrsg.), Europarecht, 2. Aufl. 2010, § 10 Rn. 147.
834 *Buck*, Die Vergabe sogenannter nachrangiger Dienstleistungsaufträge, 2010, S. 217. Für eine – nicht abschließende – Liste der Gründe des Allgemeininteresses vgl. *Schäfer*, Öffentliche Belange im Auftragswesen und Europarecht, 2003, S. 343 ff.
835 *EuGH*, Urteil v. 26.11.1996, Rs. C-313/94 (Graffione), Slg. 1996, I-6039 Rn. 17; *Schäfer*, Öffentliche Belange im Auftragswesen und Europarecht, 2003, S. 356 ff. jeweils m.w.N.
836 *Schäfer*, Öffentliche Belange im Auftragswesen und Europarecht, 2003, S. 358.

nie[837] eine erhebliche Einschränkung erfahren[838], die Strafverfolgung und die Strafrechtspflege bleiben hiervon freilich unberührt.[839]

Übertragen auf den Verfahrensausschluss bedeutet dies, dass der Ausschluss unzuverlässiger Teilnehmer – soweit man ihn entgegen der hier vertretenen Ansicht als rechtfertigungsbedürftig ansieht – jedenfalls durch zwingende Gründe des Allgemeininteresses gerechtfertigt sein kann. Der Ausschluss selbstgereinigter Teilnehmer als strafende Maßnahme wäre möglicherweise aus Gründen der öffentlichen Ordnung ebenfalls zu rechtfertigen.[840] Hierfür müsste er freilich den Anforderungen der Schranken-Schranken, insbesondere dem vergabespezifischen[841] Verhältnismäßigkeitsgrundsatz[842], genügen.

4. Verhältnismäßigkeit

Überwiegend wird in der deutschen Literatur der europäische Verhältnismäßigkeitsgrundsatz im Sinne der deutschen Dogmatik verstanden[843] und als deutsche Erfindung gefeiert.[844] Diese Annahme ist nicht zwingend, und es lässt sich anhand von Entscheidungen des europäischen Gerichtshofs zeigen, dass die Auslegung sich in vielen Fällen unterscheidet.[845] Gleichzeitig ist der Impuls, auch bei der Beurteilung unionsrechtlicher Sachverhalte an der deutschen Verhältnismäßigkeitsdogmatik festzuhalten, überaus nachvollziehbar, weist doch die Herangehensweise des *EuGH* in manchen Entscheidungen dogmatische Widersprüche auf.[846] Aus diesem Grund soll für die vorliegende Arbeit auch für die Prüfung des euro-

---

837 Richtlinie 2006/123/EG des Europäischen Parlaments und des Rates vom 12. Dezember 2006 über Dienstleistungen im Binnenmarkt, ABl. EU Nr. L 376 v. 27.12.2006.
838 S. ausführlich *Pache*, in: Schulze/Zuleeg/Kadelbach (Hrsg.), Europarecht, 2. Aufl. 2010, § 10 Rn. 156 f.
839 Das Strafrecht der Mitgliedstaaten ist nach Art. 1 Abs. 5 S. 1 der Richtlinie 2006/123/EG explizit von der Anwendung der Richtlinie ausgenommen.
840 Vgl. *Schäfer*, Öffentliche Belange im Auftragswesen und Europarecht, 2003, S. 363 f., der den Verfahrensausschluss als Sanktion aus Gründen der öffentlichen Ordnung als gerechtfertigt ansieht.
841 *Frenz*, Unterschwellenvergaben, VergabeR 2007 S. 1, 2; *Buck*, Die Vergabe sogenannter nachrangiger Dienstleistungsaufträge, 2010, S. 232. Hiermit ist gemeint, dass die Besonderheiten der konkreten Ausschreibung bei der Beurteilung der Verhältnismäßigkeit berücksichtigt werden müssen, *EuGH*, Urteil v. 13.10.2005, Rs. C-458/03 (Parking Brixen), Slg. 2005, I-8612 Rn. 50.
842 *Pache*, in: Schulze/Zuleeg/Kadelbach (Hrsg.), Europarecht, 2. Aufl. 2010, § 10 Rn. 149 ff.
843 Noch zu Art. 5 EG s. *Koch*, Der Grundsatz der Verhältnismäßigkeit in der Rechtsprechung des Gerichtshofs der Europäischen Gemeinschaften, 2003, S. 199 m.w.N.
844 *Emiliou*, The principle of proportionality in European law, 1996, S. 129.
845 Vgl. *Koch*, Der Grundsatz der Verhältnismäßigkeit in der Rechtsprechung des Gerichtshofs der Europäischen Gemeinschaften, 2003, S. 199 ff. m.w.N. A.A. wohl *Schlag*, Grenzüberschreitende Verwaltungsbefugnisse im EG-Binnenmarkt, 1998, S. 157 f.
846 *Koch*, Der Grundsatz der Verhältnismäßigkeit in der Rechtsprechung des Gerichtshofs der Europäischen Gemeinschaften, 2003, S. 254 ff. m.w.N.

päischen Verhältnismäßigkeitsgrundsatzes auf die deutsche Dogmatik zurückgegriffen werden.[847]

Für die vorliegende Prüfung bedeutet dies, dass dieselben Argumente, die im Rahmen der Verhältnismäßigkeitsprüfung des Art. 12 Abs. 1 GG entwickelt wurden, auch im Anwendungsbereich der Dienstleistungsfreiheit gegen die Verhältnismäßigkeit des Ausschlusses eines selbstgereinigten Wirtschaftsteilnehmers sprechen.[848] Es bestehen erhebliche Zweifel daran, dass der Ausschluss selbstgereinigter Wirtschaftsteilnehmer ein legitimes Ziel verfolgt.[849] Jedenfalls muss die Geeignetheit zur Erreichung der Ziele verneint werden.[850]

C. Verbandsstrafen im Unionsrecht

In der deutschen Literatur wird in der Bestrafung von juristischen Personen und Personengesellschaften ein Verstoß gegen das Schuldprinzip diskutiert. Aus unionsrechtlicher Sicht ergeben sich keine derartigen Bedenken. Überwiegend wird die Rechtsprechung des *EuGH* zwar so verstanden, dass es sich bei der persönlichen Vorwerfbarkeit eines Rechtsverstoßes um eine Voraussetzung für seine Sanktionierung handelt.[851] Dogmatisch wird dies mit der unionsrechtlichen Unschuldsvermutung und Art. 6 EMRK begründet.[852] Die Kommission und der Gerichtshof sehen jedoch in dem Umstand, dass ein Unternehmen nur durch seine Organe handeln kann, kein Argument gegen die Schuldfähigkeit von Verbänden. Die Rechtsprechung des *EuGH* orientiert sich dabei an einem stark normativen Schuldbegriff,

---

847 In diesem Sinne auch *Lienbacher*, in: Schwarze (Hrsg.), EU-Kommentar, 2. Aufl. 2009, EG Art. 5 Rn. 44; *Schlag*, Grenzüberschreitende Verwaltungsbefugnisse im EG-Binnenmarkt, 1998, S. 157 f.; *Kilian*, Europäisches Wirtschaftsrecht, 4. Aufl. 2010, Rn. 319. Ebenso *Langgut*, in: Lenz/Borchardt (Hrsg.), EU-Verträge, 5. Aufl. 2010, EUV Art. 5 Rn. 36; *Lienbacher*, in: Schwarze (Hrsg.), EU-Kommentar, 2. Aufl. 2009, EGV Art. 5 Rn. 44. jeweils m.w.N.
848 Zur Verhältnismäßigkeitsprüfung im Rahmen des Art. 12 Abs. 1 GG siehe oben, S. 142 ff.
849 Ob es sich bei der Feststellung eines legitimen Ziels auf europäischer Ebene strenggenommen um einen Prüfungspunkt der Verhältnismäßigkeit oder um eine Vorfrage der Verhältnismäßigkeitskontrolle handelt, kann vorliegend dahinstehen, vgl. hierzu *Koch*, Der Grundsatz der Verhältnismäßigkeit in der Rechtsprechung des Gerichtshofs der Europäischen Gemeinschaften, 2003, S. 56 f.
850 Zur Geeignetheitsprüfung im Rahmen des Art. 12. Abs. 1 GG siehe oben, S. 143 ff.
851 *EuGH*, Urteil v. 16.11.1983, Rs. C-188/82 (Thyssen), Slg. 1983, 3721, Rn. 13 ff.; *Dannecker*, Sanktionen und Grundsätze des Allgemeinen Teils im Wettbewerbsrecht der Europäischen Gemeinschaft, in: Schünemann/González (Hrsg.), Bausteine des Europäischen Wirtschaftsstrafrechts, 1994, S. 331, 341 f.; *Prieß/Spitzer*, in: Groeben, von der/Schwarze (Hrsg.), Kommentar zum Vertrag über die Europäische Union und zur Gründung der Europäischen Gemeinschaft, 6. Aufl. 2003, EG Art. 280, Rn. 44 m.w.N. zur Gegenansicht.
852 *Prieß/Spitzer*, in: Groeben, von der/Schwarze (Hrsg.), Kommentar zum Vertrag über die Europäische Union und zur Gründung der Europäischen Gemeinschaft, 6. Aufl. 2003, EG Art. 280, Rn. 45.

der einerseits an die Verletzung von Organisations- und Aufsichtspflichten und andererseits an die Zurechnung des Wissens der verantwortlichen natürlichen Personen anknüpft.[853]

D. Unionsrechtlicher Gleichbehandlungsgrundsatz

Die herrschende Meinung vertritt, dass der Wortlaut des Art. 18 AEUV inzwischen eine Subsidiarität des allgemeinen Diskriminierungsverbots gegenüber anderen Vorschriften des Vertrags, insbesondere den Grundfreiheiten, vorschreibt.[854] Weitergehende Erkenntnisse als aus der Prüfung der Dienstleistungsfreiheit sind ohnehin von einer Prüfung des Art. 18 AEUV nicht zu erwarten, da der Prüfungsmaßstab des allgemeinen Diskriminierungsverbots nicht über den der Dienstleistungsfreiheit hinaus geht.[855]

E. Europäisches Wettbewerbsrecht

In der Literatur finden sich zahlreiche Ausführungen zur Vereinbarkeit vergabefremder Aspekte mit den europäischen Wettbewerbsvorschriften.[856] Beim zuverlässigkeitsbedingten Ausschluss von Wirtschaftsteilnehmern werden insbesondere eine Wettbewerbsbeeinträchtigung im Sinne der Art. 101 Abs. 1, 102 S. 1 AEUV und ein Verstoß gegen die Beihilfevorschriften der Art. 107 ff. AEUV diskutiert.

---

853 *Tiedemann*, Europäisches Gemeinschaftsrecht und Strafrecht, NJW 1993, S. 23, 30; *Dannecker*, Sanktionen und Grundsätze des Allgemeinen Teils im Wettbewerbsrecht der Europäischen Gemeinschaft, in: Schünemann/Gonález (Hrsg.), Bausteine des Europäischen Wirtschaftsstrafrechts, 1994, S. 331, 342 m.w.N.
854 Der *EuGH* erkennt hierin eine ständige Rechtsprechung, *EuGH*, Urteil v. 29.2.1996, Rs. C-193/94 (Skanavi und Chryssanthakopoulos), Slg. 1996, I-929 Rn. 20 m.w.N. Anders noch *EuGH*, Urteil v. 20.9.1988, Rs. C-31/87 (Beentjes), Slg. 1988, I-4635 Rn. 30 ff.
855 *Buck*, Die Vergabe sogenannter nachrangiger Dienstleistungsaufträge, 2010, S. 248 m.w.N. Gleiches gilt auch für die ungeschriebenen Grundsätze des Unionsrechts, insbesondere den Grundsatz der Gleichbehandlung, *Buck*, Die Vergabe sogenannter nachrangiger Dienstleistungsaufträge, 2010, S. 249 m.w.N. Zum Grundsatz der Gleichbehandlung beim Verfahrensausschluss vgl. *Prieß*, Exclusio corruptoris? – Die gemeinschaftsrechtlichen Grenzen des Ausschlusses vom Vergabeverfahren wegen Korruptionsdelikten, NZBau 2009, S. 587, 591.
856 Vgl. *Schäfer*, Öffentliche Belange im Auftragswesen und Europarecht, 2003, S. 450 ff.; zu Vergaberegistern *Lantermann*, Vergaberegister, 2007, S. 61 ff.; *Buck*, Die Vergabe sogenannter nachrangiger Dienstleistungsaufträge, 2010, S. 250 ff. jeweils m.w.N.

I. Kartellverbot, Art. 101 Abs. 1 AEUV

In der Benachteiligung von selbstgereinigten Wirtschaftsteilnehmern kann ein Verstoß gegen das Kartellverbot des Art. 101 Abs. 1 AEUV liegen. Dies gilt freilich nur, sofern eine Koordinierung zwischen verschiedenen Vergabestellen erfolgt. Art. 101 Abs. 1 AEUV verbietet umfassend wettbewerbsbeschränkende Koordinierungen zwischen Unternehmen.[857] Vereinbarungen und Beschlüsse, die dagegen verstoßen, sind nach Art. 101 Abs. 2 AEUV nichtig. Der Begriff des Unternehmens wird funktional ausgelegt und umfasst jede eine wirtschaftliche Tätigkeit ausübende Einheit, unabhängig von ihrer Rechtsform und der Art ihrer Finanzierung.[858] Damit kann auch der Staat Adressat des Kartellverbots sein, sofern er eine wirtschaftliche Tätigkeit industrieller oder kommerzieller Art ausübt[859], insbesondere bei der Vergabe öffentlicher Aufträge.[860]

1. Koordinierung durch Vergaberegister

Eine Vereinbarung zwischen Unternehmen liegt vor, wenn die Parteien ihren gemeinsamen Willen, sich auf dem Markt in bestimmter Weise zu verhalten, zum Ausdruck gebracht haben.[861] Aufeinander abgestimmte Verhaltensweisen liegen vor, wenn bewusst eine praktische Zusammenarbeit an die Stelle des mit Risiken verbundenen Wettbewerbs tritt.[862] Sie sind nicht bereits dann gegeben, wenn das Verhalten allein die vernünftige Reaktion auf Marktbedingungen oder öffentliche Belange darstellt.[863] Im Ausschluss unzuverlässiger Wirtschaftsteilnehmer liegt regelmäßig eine solche vernünftige Reaktion. Koordinierte Vergaberegister können hingegen unter den Begriff der Vereinbarung zwischen Unternehmen fallen,

---

857 *Aicher/Schuhmacher/Stockenhuber/Schroeder*, in: Grabitz (Begr.)/Hilf (fortgef.), Das Recht der Europäischen Union, Bd. 2, EUV/EGV, 40. Ergänzungslieferung 2009, EGV Art. 81 Rn. 1; *Weiß*, in: Calliess/Ruffert (Hrsg.), EUV/AEUV, 4. Aufl. 2011, AEUV Art. 101 Rn. 46 ff. Zur Bereichsausnahme des Art. 106 Abs. 2 S. 1 AEUV vgl. *Jung*, in: Calliess/Ruffert (Hrsg.), EUV/AEUV, 4. Aufl. 2011, AEUV Art. 106 Rn. 33 ff. m.w.N.
858 *EuGH*, Urteil v. 11.12.1997, Rs. C-55/96 (Job Centre Coop), Slg. 1997, I-7119 Rn. 21; *EuGH*, Urteil v. 16.11.1995, Rs. C-244/94 (Fédération Française des Sociétés d'Assurance), Slg. 1995, I-4013 Rn. 14.
859 *EuGH*, Urteil v. 18.3.1997, Rs. C-343/95 (Diego Calì & Figli), Slg. 1997, I-1547 Rn. 16; *Aicher/Schuhmacher/Stockenhuber/Schroeder*, in: Grabitz (Begr.)/Hilf (fortgef.), Das Recht der Europäischen Union, Bd. 2, EUV/EGV, 40. Ergänzungslieferung 2009, EGV Art. 81 Rn. 67 ff. m.w.N.
860 *Sterner*, Rechtsbindungen und Rechtsschutz bei der Vergabe öffentlicher Aufträge, 1996, S. 42, *Mestmäcker/Bremer*, Die koordinierte Sperre im deutschen und europäischen Recht der öffentlichen Aufträge, BB 1995, Beilage zu Heft 50, S. 1, 13.
861 *EuG*, Urteil v. 6.4.1995 – Rs.: T-141/89 (Tréfileurope Sales), Slg. 1995 II-791 Rn. 91.
862 *EuGH*, Urteil v. 31.3.1993, Rs. C-89/85 (Ahlström Osakeyhtiö), Slg. 1993, I-1307 Rn. 63.
863 *Schäfer*, Öffentliche Belange im Auftragswesen und Europarecht, 2003, S. 463 ff.

sofern sie eine Abstimmung unterschiedlicher öffentlicher Auftraggeber bewirken.[864]

2. Wettbewerbsbeeinträchtigung

Der Tatbestand des Art. 101 Abs. 1 AEUV setzt eine bezweckte oder bewirkte Wettbewerbsbeeinträchtigung voraus. Sie ist dann gegeben, wenn die geschäftliche Handlungsfreiheit von Marktteilnehmern eingeschränkt wird.[865] Umfasst ist unter anderem ihre Marktzugangs-, Absatz- oder Versorgungsmöglichkeit.[866] Abhängig von der Ausgestaltung des Vergaberegisters sind erhebliche Beeinträchtigungen der Möglichkeit, Leistungen am Markt anbieten zu können, und damit Wettbewerbsbeeinträchtigungen im Sinne der Vorschrift die Folge eines Eintrags.[867] Solange der Eintrag zum Nachteil eines unzuverlässigen Wirtschaftsteilnehmers erfolgt, führt dies zu der Frage, ob Kartellmaßnahmen, die zu einer Förderung des Wettbewerbs führen, von dem Kartellverbot umfasst sind. Hier wird vertreten, dass solche Maßnahmen zulässig sind, wenn die Bekämpfung des unlauteren Wettbewerbs nicht nur eine Nebenfolge ist.[868] Eng damit verbunden ist die Möglichkeit, Maßnahmen zu ergreifen, um das Funktionieren der Geschäftstätigkeit zu gewährleisten.[869] Übertragen auf die öffentliche Beschaffung können damit Maßnahmen erlaubt sein, die eine ordnungsgemäße Leistungserbringung sichern, insbesondere also die Beschaffungszwecke fördern.[870]

Damit ist jedoch nichts über die Rechtmäßigkeit eines Ausschlusses gesagt, der sich gegen einen geeigneten Wirtschaftsteilnehmer richtet. Vorbehaltlich einer Beeinträchtigung des zwischenstaatlichen Handels[871] und der Spürbarkeit[872] der Kartellmaßnahme ist daher anzunehmen, dass der Eintrag selbstgereinigter Wirt-

---

864 So auch *Schäfer*, Öffentliche Belange im Auftragswesen und Europarecht, 2003, S. 465.
865 *EuGH*, Urteil v. 28.4.1998, Rs. C-306/96 (Javico), Slg. 1998, I-1983 Rn. 13.
866 *Schäfer*, Öffentliche Belange im Auftragswesen und Europarecht, 2003, S. 467 f.
867 Vgl. *Schäfer*, Öffentliche Belange im Auftragswesen und Europarecht, 2003, S. 469.
868 *EuGH*, Urteil v. 17.1.1984, Rs. C-43/82 (VBVB und VBBB), Slg. 1984, 19 Rn. 37; *Schäfer*, Öffentliche Belange im Auftragswesen und Europarecht, 2003, S. 481.
869 *EuGH*, Urteil v. 15.12.1994, Rs. C-250/92 (Goettrup-Klim), Slg. 1994, I-5641 Rn. 34 f.; Entscheidung d. Kommission v. 19.12.1988, Rs. 89/95/EWG (Eurocheques), ABl. EG 1989 Nr. L36, S. 16 Rn. 37.
870 Vgl. *Schäfer*, Öffentliche Belange im Auftragswesen und Europarecht, 2003, S. 483 f.
871 Hierzu allgemein *Aicher/Schuhmacher/Stockenhuber/Schroeder*, in: Grabitz (Begr.)/Hilf (fortgef.), Das Recht der Europäischen Union, Bd. 2, EUV/EGV, 40. Ergänzungslieferung 2009, EGV Art. 81, Rn. 205 ff.; zur öffentlichen Beschaffung *Schäfer*, Öffentliche Belange im Auftragswesen und Europarecht, 2003, S. 489 f.
872 Hierzu allgemein *Aicher/Schuhmacher/Stockenhuber/Schroeder*, in: Grabitz (Begr.)/Hilf (fortgef.), Das Recht der Europäischen Union, Bd. 2, EUV/EGV, 40. Ergänzungslieferung 2009, EGV Art. 81, Rn. 215 ff.; zur öffentlichen Beschaffung *Schäfer*, Öffentliche Belange im Auftragswesen und Europarecht, 2003, S. 491 ff.

schaftsteilnehmer in Vergaberegister einen Verstoß gegen das Kartellverbot des Art. 101 Abs. 1 AEUV darstellen kann.

II. Missbrauchsverbot, Art. 102 AEUV

Art. 102 AEUV verbietet die missbräuchliche Ausnutzung einer beherrschenden Stellung auf dem Binnenmarkt oder auf einem wesentlichen Teil desselben durch ein oder mehrere Unternehmen, soweit dies dazu führen kann, den Handel zwischen Mitgliedstaaten zu beeinträchtigen. Das Verbot ist unabhängig von der Vorschrift des Art. 101 AEUV.[873] Der Unternehmensbegriff ist mit dem des Kartellverbots identisch.[874]

1. Marktbeherrschende Stellung

Voraussetzung für einen Verstoß gegen das Missbrauchsverbot ist eine marktbeherrschende Stellung auf dem gemeinsamen Markt oder einem wesentlichen Teil desselben.[875] Der Markt ist sachlich und räumlich zu definieren.[876] In sachlicher Hinsicht setzt dies eine Bestimmung der Produkte oder Dienstleistungen voraus, die eine echte Alternative zu dem Vergleichsgegenstand darstellen.[877] Räumlich ist die territoriale Ausdehnung der betroffenen Wirtschaftsmacht zu ermitteln.[878] Die Märkte, auf denen öffentliche Auftraggeber als Nachfrager auftreten, unterscheiden sich erheblich nach der konkreten Leistung. Die Auftragssumme ist für die Bestimmung des Marktes unerheblich.[879] Eine Stellung im Markt ist beherrschend, wenn zwei Voraussetzungen erfüllt sind, nämlich die Fähigkeit, sich am Markt unabhängig von Handelspartnern und Verbrauchern zu verhalten und die

---

[873] *Jung*, in: Grabitz (Begr.)/Hilf (fortgef.)/Nettesheim (Hrsg.), Das Recht der Europäischen Union, 43. Aufl. 2011, AEUV Art. 102 Rn. 22; *Weiß*, in: Calliess/Ruffert (Hrsg.), EUV/AEUV, 4. Aufl. 2011, AEUV Art. 102 Rn. 2.
[874] *Jung*, in: Grabitz (Begr.)/Hilf (fortgef.)/Nettesheim (Hrsg.), Das Recht der Europäischen Union, 43. Aufl. 2011, AEUV Art. 102 Rn. 28; *Weiß*, in: Calliess/Ruffert (Hrsg.), EUV/AEUV, 4. Aufl. 2011, AEUV Art. 102 Rn. 4.
[875] *Jung*, in: Grabitz (Begr.)/Hilf (fortgef.)/Nettesheim (Hrsg.), Das Recht der Europäischen Union, 43. Aufl. 2011, AEUV Art. 102 Rn. 33.
[876] Hinzu tritt eine zeitliche Komponente, *Jung*, in: Grabitz (Begr.)/Hilf (fortgef.)/Nettesheim (Hrsg.), Das Recht der Europäischen Union, 43. Aufl. 2011, AEUV Art. 102 Rn. 54 f.
[877] Ausführlich *Jung*, in: Grabitz (Begr.)/Hilf (fortgef.)/Nettesheim (Hrsg.), Das Recht der Europäischen Union, 43. Aufl. 2011, AEUV Art. 102 Rn. 36 ff.
[878] *Jung*, in: Grabitz (Begr.)/Hilf (fortgef.)/Nettesheim (Hrsg.), Das Recht der Europäischen Union, 43. Aufl. 2011, AEUV Art. 102 Rn. 48 ff.
[879] *Schäfer*, Öffentliche Belange im Auftragswesen und Europarecht, 2003, S. 504.

Möglichkeit, Wettbewerb durch Konkurrenten zu verhindern.[880] Dies gilt gleichermaßen für die Anbieterseite wie, spiegelbildlich, für die Nachfrageseite.[881] Als Indikatoren dienen die Zahl der Marktteilnehmer und die Verteilung der Marktanteile.[882]

Überträgt man diese Grundsätze auf öffentliche Auftraggeber, wird im Ergebnis nur in wenigen Märkten eine marktbeherrschende Stellung des Staates anzunehmen sein.[883] Eine beherrschende Stellung ergibt sich nicht bereits aus dem Umstand, dass Vergabestellen über die Verwendung öffentlicher Mittel entscheiden und sich damit gegenüber potentiellen und aktuellen Bietern unabhängig verhalten können.[884] Vielmehr unterliegt die öffentliche Hand den haushaltsrechtlichen Grundsätzen der Wirtschaftlichkeit und Sparsamkeit.[885] Allenfalls die erhebliche finanzielle Stärke, die sich aus dem Rückgriff auf öffentliche Finanzmittel ergibt, kann ein Indiz für die beherrschende Stellung sein.[886]

2. Gemeinsame Beherrschung

Art. 102 S. 1 AEUV legt nahe, dass auch mehrere Unternehmen einen Markt gemeinsam beherrschen können. In Abgrenzung zum Kartellverbot ist für eine gemeinsame Beherrschung erforderlich, dass betroffene Unternehmen „so eng miteinander verflochten sind, dass sie auf dem Markt in gleicher Weise vorgehen

---

880 *EuGH*, Urteil v. 14.2.1978, Rs. C-27/76 (United Brands), Slg. 1978, 207 Rn. 63/66; *Jung*, in: Grabitz (Begr.)/Hilf (fortgef.)/Nettesheim (Hrsg.), Das Recht der Europäischen Union, 43. Aufl. 2011, AEUV Art. 102 Rn. 63 f.
881 So *EuG*, Urteil v. 17.12.2003 – Rs.: T-219/99 (British Airways), Slg. 2003, II-5917 Rn. 101; vgl. nicht zuletzt Art. 102 S. 2 lit. a AEUV, der die Erzwingung unangemessener Einkaufspreise als Regelbeispiel für einen Verstoß gegen das Missbrauchsverbot nennt.
882 *Schäfer*, Öffentliche Belange im Auftragswesen und Europarecht, 2003, S. 505.
883 So etwa im Rüstungssektor und Bereichen der Luft- und Raumfahrttechnologie, *Sterner*, Rechtsbindungen und Rechtsschutz bei der Vergabe öffentlicher Aufträge, 1996, S. 42; *Kayser*, Nationale Regelungsspielräume im öffentlichen Auftragswesen und gemeinschaftsrechtliche Grenzen, 1999, S. 22; *Kling*, Die Zulässigkeit vergabefremder Regelungen, 2000, S. 348; *Schäfer*, Öffentliche Belange im Auftragswesen und Europarecht, 2003, S. 507 f. Zur Rechtslage bei der Vergabe von Aufträgen im Rüstungssektor und zur Richtlinie 2009/81/EG des Europäischen Parlaments und des Rates v. 13.7.2009 über die Koordinierung der Verfahren zur Vergabe bestimmter Bau-, Liefer- u. Dienstleistungsaufträge in den Bereichen Verteidigung und Sicherheit und zur Änderung der Richtlinien 2004/17/EG u. 2007/18/EG (ABlEG v. 20. 8. 2009 Nr. L 216, S. 76) s. *Hertel/Schöning*, Der neue Rechtsrahmen für die Auftragsvergabe im Rüstungssektor, NZBau 2009, S. 684 ff. m.n.N.
884 A.A *Mestmäcker/Bremer*, Die koordinierte Sperre im deutschen und europäischen Recht der öffentlichen Aufträge, BB 1995, Beilage zu Heft 50, S. 1, 18; offen gelassen von *OLG Frankfurt*, Urteil v. 3.12.1996, 11 U Kart 64/95, WRP 1997, S. 203, 206.
885 *Schäfer*, Öffentliche Belange im Auftragswesen und Europarecht, 2003, S. 507 m.w.N.
886 *Schäfer*, Öffentliche Belange im Auftragswesen und Europarecht, 2003, S. 507.

können"[887], insbesondere kein wirksamer Innenwettbewerb stattfindet.[888] Für die Beurteilung öffentlicher Auftraggeber wird in der Literatur teilweise unter Verweis auf zentrale Informationsstellen, wie sie der hessische Runderlass über Vergabesperren zur Korruptionsbekämpfung vorsieht, ein Wettbewerb zwischen den öffentlichen Auftraggebern verneint.[889] Informationsstellen sprechen freilich nicht gegen einen wirksamen Wettbewerb. Die Vergabestellen betreiben damit keine einheitliche Einkaufsorganisation, sondern konkurrieren als individuelle Teilnehmer um geeignete Leistungserbringer.[890] Damit ist eine gemeinsame Beherrschung regelmäßig nicht gegeben.

3. Missbräuchliche Ausnutzung

Verboten ist nicht die Marktbeherrschung selbst, sondern der Missbrauch der beherrschenden Stellung.[891] Erforderlich ist jedenfalls die Eignung des Verhaltens, beschränkend auf den Wettbewerb einzuwirken. Die Beschränkung muss darüber hinaus durch den Einsatz produkt- oder dienstleistungsfremder Mittel erfolgen.[892] Das Missbrauchsverbot sanktioniere freilich allein Handeln, welches zum eigenen wirtschaftlichen Vorteil erfolge.[893] Dies begründet sich aus dem Telos der Norm, was sich an den Regelbeispielen des Art. 102 S. 2 AEUV zeigt.[894] Danach verstößt der Verfahrensausschluss selbstgereinigter Teilnehmer als Sanktion ebenso wie jeder andere vergabefremde Zweck nicht gegen das Verbot. Ein solcher Ausschluss verfolgt allenfalls gesellschaftspolitische Ziele und dient keinem wirtschaftlichen Eigennutz.[895]

---

887 *EuGH*, Urteil v. 27.4.1994, Rs. C-393/92 (Almelo), Slg. 1994, I-1477 Rn. 42.
888 *Jung*, in: Grabitz (Begr.)/Hilf (fortgef.)/Nettesheim (Hrsg.), Das Recht der Europäischen Union, 43. Aufl. 2011, AEUV Art. 102 Rn. 71; *Mestmäcker/Bremer*, Die koordinierte Sperre im deutschen und europäischen Recht der öffentlichen Aufträge, BB 1995, Beilage zu Heft 50, S. 1, 18.
889 *Mestmäcker/Bremer*, Die koordinierte Sperre im deutschen und europäischen Recht der öffentlichen Aufträge, BB 1995, Beilage zu Heft 50, S. 1, 18.
890 Ebenso *Schäfer*, Öffentliche Belange im Auftragswesen und Europarecht, 2003, S. 512.
891 *Jung*, in: Grabitz (Begr.)/Hilf (fortgef.)/Nettesheim (Hrsg.), Das Recht der Europäischen Union, 43. Aufl. 2011, AEUV Art. 102 Rn. 117.
892 *EuGH*, Urteil v. 13.2.1979, Rs. 85/76 (Hoffmann-La Roche), Slg. 1979, 461 Rn. 91; *EuG*, Urteil v. 10.7.1990, Rs. T-51/89 (Tetra Pak I), Slg. 1990, II-309 Rn. 23.
893 *Kämmerer/Thüsing*, Tariftreue im Vergaberecht, ZIP 2002, S. 596, 599 f.
894 *Kämmerer/Thüsing*, Tariftreue im Vergaberecht, ZIP 2002, S. 596, 599 f.
895 *Schäfer*, Öffentliche Belange im Auftragswesen und Europarecht, 2003, S. 516; a.A. *Mestmäcker/Bremer*, Die koordinierte Sperre im deutschen und europäischen Recht der öffentlichen Aufträge, BB 1995, Beilage zu Heft 50, S. 1, 18 f.

III. Beihilfevorschriften, Art. 107 Abs. 1 AEUV

Gemäß Art. 107 Abs. 1 AEUV sind, vorbehaltlich abweichender Bestimmungen in den Verträgen, staatliche oder aus staatlichen Mitteln gewährte Beihilfen gleich welcher Art, die durch die Begünstigung bestimmter Unternehmen oder Produktionszweige den Wettbewerb verfälschen oder zu verfälschen drohen, mit dem Binnenmarkt unvereinbar, soweit sie den Handel zwischen Mitgliedstaaten beeinträchtigen.

Das Verhältnis von den Beihilfevorschriften und den Grundfreiheiten ist Gegenstand reger Diskussion.[896] Teilweise wurde vertreten, die Art. 107 ff. AEUV seien neben den Grundfreiheiten nicht anzuwenden.[897] Umgekehrt finden sich Stimmen, nach denen das Beihilferecht gegenüber den Grundfreiheiten spezieller ist.[898] Der *EuGH* tendiert inzwischen zu einer parallelen Anwendung der beiden Rechtsbereiche.[899] Dem soll im Interesse des *effet utiles* gefolgt werden.[900]

In der Auftragsvergabe liegt keine Beihilfe, wenn sich die Vergabeentscheidung an der Wirtschaftlichkeit der Angebote, also allein an den Beschaffungszwecken orientiert.[901] Dies gilt auch dann, wenn neben den Beschaffungszwecken vergabefremde Zwecke verfolgt werden, solange sie keinen Einfluss auf die Wirtschaft-

---

[896] Ausführlich *Frenz*, Handbuch Europarecht, Bd. 2, Europäisches Kartellrecht, 2006, Rn. 33 ff.
[897] *Martin-Ehlers*, Die Unzulässigkeit vergabefremder Kriterien, WuW 1999, S. 685, 688 f.; *Seifert*, Rechtliche Probleme von Tariftreueerklärungen, ZfA 2001, S. 1, 25 ff.; *Sterner* Rechtsbindungen und Rechtsschutz bei der öffentlichen Auftragsvergabe, 1996, S. 45 f.
[898] *Schardt*, Öffentliche Aufträge und das Beihilferegime des Gemeinschaftsrechts, 2003, S. 192 ff., 226 m.w.N. Diese Position findet sich auch in der Rechtsprechung des *EuGH*, s. *EuGH*, Urteil v. 22.3.1977, Rs. 74/76 (Ianelli), Slg. 1977, S. 557 Rn. 9 f.; ähnlich *Pünder*, Die Vergabe öffentlicher Aufträge unter den Vorgaben des europäischen Beihilferechts, NZBau 2003, S. 530, 535 f., der in den beihilferechtlichen Vorschriften grundsätzlich eine Spezialregelung sieht, die Ausgestaltung der Beihilfe jedoch auch an den Grundfreiheiten misst.
[899] *EuGH*, Urteil v. 20.3.1990, Rs. C-21/88 (Du Pont), Slg. 1990, I-889 Rn. 20 f. Gelegentlich geht der *EuGH* überhaupt nicht auf die Voraussetzungen des Beihilferechts ein und prüft allein die Vereinbarkeit mit den Grundfreiheiten und dem Diskriminierungsverbot, vgl. *EuGH*, Urteil v. 26.9.2000, Rs. C-225/98, Slg. 2000, I-7445. Zum Ganzen *Bartosch*, Vergabefremde Kriterien und Art. 87 I EG: Sitzt das öffentliche Beschaffungswesen in Europa auf einem beihilferechtlichen Pulverfass?, EuZW 2001, S. 229 ff.
[900] Ähnlich *Bultmann*, Beihilfenrecht und Vergaberecht, 2004, S. 111; *Frenz*, Handbuch Europarecht, Bd. 3, Beihilfe- und Vergaberecht, 2007, Rn. 1773; *Kämmerer/Thüsing*, Tariftreue im Vergaberecht, ZIP 2002, S. 596, 600.
[901] *Dreher/Haas/Rintelen, von*, Vergabefremde Regelungen und Beihilferecht, 2002, S. 13; *Pünder*, Die Vergabe öffentlicher Aufträge unter den Vorgaben des europäischen Beihilferechts, NZBau 2003, S. 530, 533 f.; *Buck*, Die Vergabe sogenannter nachrangiger Dienstleistungsaufträge, 2010, S. 257.

lichkeit der Angebote haben.[902] Beeinflusst ein vergabefremder Aspekt jedoch die Vergabeentscheidung, so kann eine Beihilfe vorliegen.[903] Im Fall des Ausschlusses eines Teilnehmers aufgrund eines vergabefremden Aspekts liegt der Vorteil der verbleibenden Teilnehmer lediglich in der Möglichkeit der (weiteren) Teilnahme am Vergabeverfahren.[904]

Üblicherweise werden vergabefremde Aspekte im Zusammenhang mit den Beihilfevorschriften aus dem Blickwinkel diskutiert, dass einzelne Unternehmen wegen Berücksichtigung der Kriterien begünstigt werden. Für den Ausschluss wegen fehlender Zuverlässigkeit ergibt sich ein anderer Fall: Die Berücksichtigung von dem vergabefremden Zweck der Sanktion führt zunächst zu einer Benachteiligung des betroffenen Wirtschaftsteilnehmers. Die Verkleinerung des Teilnehmerfeldes bedeutet noch keinen geldwerten Vorteil und erfüllt damit nicht den Beihilfetatbestand.[905] Ein finanzieller Vorteil tritt erst durch den Zuschlag zugunsten eines Konkurrenten ein. Der Umstand, dass im zweistufigen Verfahren dieser Vorteil erst nach einem Zwischenschritt eintritt, wird teilweise als unerheblich angesehen.[906] Damit laufen Vergabestellen Gefahr, mit dem Ausschluss gegen die Beihilfevorschriften der Art. 107 ff. AEUV zu verstoßen.[907]

F. Fazit und Bewertung

Das Verfassungsrecht und das Unionsrecht bilden die Grenzen des Handlungsspielraums des deutschen Gesetzgebers und der Vergabestellen, selbstgereinigten Wirtschaftsteilnehmer weiter die Teilnahme an Vergabeverfahren zu verwehren. Vorliegend wird vertreten, dass dem Gesetzgeber versagt ist, eine Bestrafung von Wirtschaftsteilnehmern durch den Verfahrensausschluss zu normieren. Der Ver-

---

902 Auch in diesem Fall ergeben sich keine Probleme mit dem sogenannten *market-economy-investor*-Test, *Dippel/Zeiss*, Vergabefremde Aspekte – Rechtsschutz im Vergabenachprüfungsverfahren wegen Verstoßes gegen das EG-Beihilfenrecht, NZBau 2002, S. 376, 377; *Pünder*, Die Vergabe öffentlicher Aufträge unter den Vorgaben des europäischen Beihilferechts, NZBau 2003, S. 530, 533; *Buck*, Die Vergabe sogenannter nachrangiger Dienstleistungsaufträge, 2010, S. 258.
903 *Bartosch*, Vergabefremde Kriterien und Art. 87 I EG: Sitzt das öffentliche Beschaffungswesen in Europa auf einem beihilferechtlichen Pulverfass?, EuZW 2001, S. 229, 231 f.; *Dippel/Zeiss*, Vergabefremde Aspekte – Rechtsschutz im Vergabenachprüfungsverfahren wegen Verstoßes gegen das EG-Beihilfenrecht, NZBau 2002, S. 376, 377; *Burgi*, in: Grabitz (Begr.)/Hilf (fortgef.), Das Recht der Europäischen Union, Bd. 4, Sekundärrecht, 40. Ergänzungslieferung 2009, B. 13 R. 16; *Buck*, Die Vergabe sogenannter nachrangiger Dienstleistungsaufträge, 2010, S. 258 m.w.N.
904 *Dreher/Haas/Rintelen, von*, Vergabefremde Regelungen und Beihilferecht, 2002, S. 11 f.
905 *Dreher/Haas/Rintelen, von*, Vergabefremde Regelungen und Beihilferecht, 2002, S. 12.
906 *Dreher/Haas/Rintelen, von*, Vergabefremde Regelungen und Beihilferecht, 2002, S. 12 f.
907 Zu Tariftreuevereinbarungen als vergabefremder Zweck ebenso *Kämmerer/Thüsing*, Tariftreue im Vergaberecht, ZIP 2002, S. 596, 600.

fahrensausschluss durch Vergabestellen und die Auftragssperre verstoßen gegen die Grundrechte aus Art. 12 Abs. 1 GG und Art. 3 Abs. 1 GG der selbstgereinigten Teilnehmer. Auch ein Verstoß gegen das Schuldprinzip ist nicht fernliegend. Im Anwendungsbereich des unionsrechtlichen Primärrechts kommt vor allem ein Verstoß gegen die Dienstleistungsfreiheit in Betracht. Daneben stellt ebenfalls das europäische Wettbewerbsrecht Grenzen auf, die beim Verfahrensausschluss und der Auftragssperre zu berücksichtigen sind.

Zudem ist festzustellen, dass an dem Ausschluss selbstgereinigter Teilnehmer kein nachvollziehbares gesellschaftspolitisches und insbesondere kein volkswirtschaftliches Interesse besteht. Die Aussicht, durch eine Selbstreinigung seine Zuverlässigkeit wiederzugewinnen und damit alle Konsequenzen eines Rechtsverstoßes hinter sich zu lassen, ist ein gewichtiger Ansporn für Unternehmen, zum Pfad der Tugend zurückzufinden. Ein drohender Ausschluss trotz erfolgter Selbstreinigung macht diesen Anreiz zunichte[908] und fördert Bestrebungen, vergangenes Fehlverhalten zu verbergen.[909] Die gelegentlich als so wichtig empfundene Abschreckung kann regelmäßig nicht erreicht werden. Schließlich führt die Bestrafung als vergabefremder Zweck auch zu einer Verteuerung der zu beschaffenden Leistungen.

5. Abschnitt Tatbestand der Selbstreinigung

A. Maßnahmen zur Selbstreinigung

Auf der Tatbestandsseite verfügen die Vergabestellen über einen Beurteilungsspielraum bei der Frage, ob ein Wirtschaftsteilnehmer ausreichende Selbstreinigungsmaßnahmen unternommen hat.[910] Das bedeutet, dass die Vergabestelle die vom Wirtschaftsteilnehmer unternommenen Maßnahmen daraufhin beurteilen muss, ob angesichts der konkreten Rechtsverstöße die Zuverlässigkeit als wiederhergestellt gelten kann. Welche Maßnahmen im Einzelfall erforderlich sind, lässt sich nicht pauschal beantworten. Es lassen sich freilich – auch aus einer rechtsvergleichenden Perspektive[911] – vier Gruppen von Handlungsmöglichkeiten ausmachen, die typischerweise Elemente einer erfolgreichen Selbstreinigung sind: Auf-

---

908 *Pünder*, in: Pünder/Prieß/Arrowsmith (Hrsg.), Self-Cleaning in Public Procurement Law, 2009, S. 201.
909 *Pünder*, in: Pünder/Prieß/Arrowsmith (Hrsg.), Self-Cleaning in Public Procurement Law, 2009, S. 204.
910 *Leinemann*, Die Vergabe öffentlicher Aufträge, 4. Aufl. 2007, Rn. 1220; *Prieß/Pünder/Stein*, in: Pünder/Prieß/Arrowsmith (Hrsg.), Self-Cleaning in Public Procurement Law, 2009, S. 76.
911 *Pünder*, in: Pünder/Prieß/Arrowsmith (Hrsg.), Self-Cleaning in Public Procurement Law, 2009, S. 191 ff.

klärung des Sachverhalts, Wiedergutmachung des Schadens, personelle Konsequenzen und strukturelle sowie organisatorische Präventivmaßnahmen.[912]

Zunächst soll die Selbstreinigung von juristischen Personen und Personengesellschaften dargestellt werden, bevor anschließend kurz auf die Selbstreinigung von natürlichen Personen eingegangen werden soll.

I. Aufklärung des Sachverhalts

Ist ein Teilnehmer wegen Unzuverlässigkeit aus einem Verfahren ausgeschlossen oder in ein Vergaberegister eingetragen worden, so beruht diese Maßnahme auf einem vorangegangenen Fehlverhalten. Im Rahmen der Selbstreinigung ist es zunächst Aufgabe des Teilnehmers, den Umfang und die Hintergründe dieses Verhaltens im eigenen Unternehmen zu ermitteln[913] und den öffentlichen Auftraggeber bei der Sachverhaltsaufklärung zu unterstützen.[914] Sind Ermittlungsbehörden an der Aufklärung beteiligt, so trifft den Teilnehmer die Obliegenheit, mit diesen Behörden zu kooperieren.[915] Die Ermittlungen sollten schnell und umfassend vorgenommen werden. Das *LG Berlin* stellte im Jahr 2006 in einer Entscheidung, die sich im Grundsatz mit der Rechtmäßigkeit einer generellen Vergabesperre durch die *Deutsche Bahn AG* beschäftigte, fest, dass ein Abstreiten aller Vorwürfe und die Verweigerung einer aktiven Unterstützung bei der Sachverhaltsaufklärung eine erfolgreiche Selbstreinigung verhindern kann.[916] Eine Kooperation mit den Ermittlungsbehörden bedeutet nicht, dass dem betroffenen Wirtschaftsteilnehmer Möglichkeiten genommen werden sollen, sich gegen straf- und zivilrechtliche Vorwürfe zur Wehr zu setzen.[917] Die Pflicht zur Aufklärung beschränkt sich folglich auf die Tatsachen, die eine Unzuverlässigkeit begründen.

---

912 *Prieß/Stein*, Nicht nur sauber, sondern rein: Die Wiederherstellung der Zuverlässigkeit durch Selbstreinigung, NZBau 2008, S. 230; *Arrowsmith/Prieß/Friton*, in: Pünder/Prieß/Arrowsmith (Hrsg.), Self-Cleaning in Public Procurement Law, 2009, S. 4 ff.; *Prieß/Pünder/Stein*, in: Pünder/Prieß/Arrowsmith (Hrsg.), Self-Cleaning in Public Procurement Law, 2009, S. 76; *Breßler/Kuhnke/Schulz/Stein*, Inhalte und Grenzen von Amnestien bei Internal Investigations, NZG 2009, S. 725; ähnlich *Ax/Schneider/Scheffen*, Rechtshandbuch Korruptionsbekämpfung, 2. Aufl. 2010, Rn. 303; *Werner*, in: Willenbruch/Bischoff (Hrsg.), Kompaktkommentar Vergaberecht, 2008, Los 4 § 8 VOB/A Rn. 55.
913 *Arrowsmith/Prieß/Friton*, in: Pünder/Prieß/Arrowsmith (Hrsg.), Self-Cleaning in Public Procurement Law, 2009, S. 5; *Prieß/Pünder/Stein*, in: Pünder/Prieß/Arrowsmith (Hrsg.), Self-Cleaning in Public Procurement Law, 2009, S. 76 f.
914 *OLG Düsseldorf*, Beschluss v. 9.4.2003, VII Verg 66/02, Rn. 86 f.; *Weyand*, Vergaberecht, letzte Aktualisierung 23.12.2010, Kapitel 86 R. 309; *Ax/Schneider/Scheffen*, Rechtshandbuch Korruptionsbekämpfung, 2. Aufl. 2010, Rn. 400.
915 *Prieß/Stein*, Nicht nur sauber, sondern rein: Die Wiederherstellung der Zuverlässigkeit durch Selbstreinigung, NZBau 2008, S. 230.
916 *LG Berlin*, Urteil v. 22.3.2006, 23 O 118/04, NZBau 2006, S. 397, 399.
917 *Freund/Kallmayer/Kraft*, Korruption und Kartelle bei Auftragsvergaben, 2008, S. 160.

Die Aufklärung kann – soweit in dem betroffenen Unternehmen entsprechende Strukturen vorhanden sind oder zu diesem Zweck geschaffen werden – durch eine interne Revision geschehen.[918] Ist dies nicht der Fall, müssen unabhängige Prüfer für eine Sonderprüfung bestellt werden. Hierfür kommen Wirtschaftsprüfungsgesellschaften oder Anwaltskanzleien in Frage.[919] Der Prüfungsbericht ist den Ermittlungsbehörden zu überlassen[920], soweit die Rechte der betroffenen Mitarbeiter dies erlauben.[921] Diesen Weg beschritt die *Siemens AG* im so genannten „*Schmiergeld-Skandal*". Konfrontiert mit Ermittlungen seitens der deutschen Strafverfolgungsbehörden, der US-Börsenaufsicht *Securities and Exchange Commission* und der US-Justizbehörden (insbesondere dem *United States Department of Justice*), beauftragte das Unternehmen eine externe Anwaltskanzlei, um mittels eigener Ermittlungen den Sachverhalt, der den Korruptionsvorwürfen zugrunde lag, selbst aufklären zu lassen.[922] Soweit decken sich die Anstrengungen mit dem oben Gesagten. Dabei ließ es die *Siemens AG* freilich nicht bewenden. Darüber hinaus – sozusagen in vorauseilendem Gehorsam gegenüber den US-amerikanischen Behörden[923] – ließ das Unternehmen ermitteln, ob weitere, bislang unentdeckte Verstöße vorgefallen waren.[924] Dieses Verhalten entspricht dem üblichen Vorgehen im Fall einer SEC-Untersuchung und beinhaltet eine umfassende Sichtung sämtlicher Akten, Verträge und des Schriftverkehrs neben einer Überprüfung der Buchhaltung durch eine zusätzlich beauftragte Wirtschaftsprüfungsgesellschaft.[925] Eine nicht allein auf konkrete Verdachtsmomente beschränkte, sondern vielmehr all-

---

918 *Ax/Schneider/Scheffen*, Rechtshandbuch Korruptionsbekämpfung, 2. Aufl. 2010, Rn. 400.
919 *Ax/Schneider/Scheffen*, Rechtshandbuch Korruptionsbekämpfung, 2. Aufl. 2010, Rn. 401.
920 *OLG Düsseldorf*, Beschluss v. 9.4.2003, VII Verg 66/02, Rn. 87 f.; *Weyand*, Vergaberecht, letzte Aktualisierung 23.12.2010, Kapitel 86 Rn. 309.
921 *Ax/Schneider/Scheffen*, Rechtshandbuch Korruptionsbekämpfung, 2. Aufl. 2010, Rn. 400.
922 *N. Wimmer*, Haftungsrisiken und Compliance Maßnahmen nach dem »Foreign Corrupt Practices Act« der USA, 2011, S. 115.
923 *Wastl/Litzka/Pusch*, SEC-Ermittlungen in Deutschland – eine Umgehung rechtsstaatlicher Mindeststandards!, NStZ 2009, S. 68, 69.
924 Die Untersuchung erfolgt „vollständig und unabhängig". *Cromme*, Vorsitzender des Prüfungsausschusses des Aufsichtsrates der *Siemens AG* führt hierzu in einer Stellungnahme anlässlich der Hauptversammlung v. 25.1.2007 aus: „‚Vollständig' heißt breit angelegt und konsequent. Die Untersuchung ist nicht beschränkt auf die Vorwürfe im Zusammenhang mit dem Ermittlungsverfahren der Münchner Staatsanwaltschaft. Sie kann jeden Bereich, jede Region, jede Zentrale Einheit, jedes Projekt und jede Person einschließen. Maßgeblich ist allein die Aufklärung der Fakten (…) Neben der Vollständigkeit kommt es auf die ‚Unabhängigkeit' der Untersuchung an. (…) Umfang, Ausrichtung und Inhalte der Arbeit legt Debevoise & Plimpton (Anm.: die beauftragte Anwaltskanzlei) unabhängig fest", http://w1.siemens.com/press/pool/de/events/hauptversammlung/sie_hv_speech_cromme_1430860.pdf, abgerufen am 2.6.2011.
925 *Wastl/Litzka/Pusch*, SEC-Ermittlungen in Deutschland – eine Umgehung rechtsstaatlicher Mindeststandards!, NStZ 2009, S. 68, 69.

umfassende Aufklärung wird in der Literatur kritisiert, da sie dem deutschen Ermittlungsverständnis fremd ist.[926]

Der Einfluss der US-amerikanischen Behörden wirft eine Reihe von Fragestellungen auf, die an dieser Stelle nicht weiter behandelt werden können.[927] Für die Zwecke dieser Untersuchung ist festzuhalten, dass die Maßnahmen der *Siemens AG* für eine Minimierung der Sanktionen der *Securities and Exchange Commission* und des *United States Department of Justice* gut und richtig waren. Aus der Sicht einer Selbstreinigung des Konzerns in Deutschland schießen die Maßnahmen über das Ziel hinaus. Hierfür muss eine Aufdeckung des einem konkreten Vorwurf zugrundeliegenden Sachverhalts genügen. Bestehen weitere Verdachtsmomente, so müssen diese selbstverständlich ausgeräumt werden. Dies ist jedoch der gesamte Umfang der notwendigen Aufklärungsmaßnahmen. Von dem selbstreinigenden Wirtschaftsteilnehmer wird nicht zu erwarten sein, dass er sämtliche und somit eben auch bislang unbekannte Rechtsverstöße ermittelt, die möglicherweise seine Zuverlässigkeit beeinträchtigen können. Diese Aufgabe wäre wohl ein Verstoß gegen das Verhältnismäßigkeitsprinzip und den Grundsatz der Gleichbehandlung, da auch von anderen Teilnehmern an einer öffentlichen Ausschreibung keine unabhängige selbstinitiierte Untersuchung ihrer Zuverlässigkeit gefordert wird.

II. Wiedergutmachung des Schadens

In Literatur[928] und Rechtsprechung[929] herrscht weitestgehend Einigkeit, dass Teil der Selbstreinigung die Wiedergutmachung von entstandenen Schäden ist. Durch die Wiedergutmachung beweist der betroffene Wirtschaftsteilnehmer, dass er die Verantwortung für sein Verhalten übernimmt und Reue zeigt.[930] Die Wiedergutmachung wird regelmäßig in der Zahlung von Schadensersatz liegen.[931] Andere Formen der Wiedergutmachung – etwa durch eine Gegendarstellung oder Rich-

---

926 *Wastl/Litzka/Pusch*, SEC-Ermittlungen in Deutschland – eine Umgehung rechtsstaatlicher Mindeststandards!, NStZ 2009, S. 68, 69.
927 Zum US-amerikanischen *Foreign Corrupt Practices Act* s. *N. Wimmer*, Haftungsrisiken und Compliance Maßnahmen nach dem »Foreign Corrupt Practices Act« der USA, 2011, S. 17 ff.
928 *Kreßner*, Die Auftragssperre im Vergaberecht, 2005, S. 158; *Prieß/Stein*, Nicht nur sauber, sondern rein: Die Wiederherstellung der Zuverlässigkeit durch Selbstreinigung, NZBau 2008, S. 230; *Arrowsmith/Prieß/Friton*, in: Pünder/Prieß/Arrowsmith (Hrsg.), Self-Cleaning in Public Procurement Law, 2009, S. 5; *Prieß/Pünder/Stein*, in: Pünder/Prieß/Arrowsmith (Hrsg.), Self-Cleaning in Public Procurement Law, 2009, S. 77.
929 *LG Berlin*, Urteil v. 22.3.2006, 23 O 118/04, NZBau 2006, S. 397, 399.
930 *Prieß/Pünder/Stein*, in: Pünder/Prieß/Arrowsmith (Hrsg.), Self-Cleaning in Public Procurement Law, 2009, S. 77; kein Hinweis auf das Erfordernis der Schadenswiedergutmachung findet sich bei *Weyand*, Vergaberecht, letzte Aktualisierung 23.12.2010, Kapitel 86 Rn. 308 ff.
931 Vgl. *LG Berlin*, Urteil v. 22.3.2006, 23 O 118/04, NZBau 2006, S. 397, 399.

tigstellung im Fall einer Verletzung des allgemeinen Persönlichkeitsrechts – sind vorstellbar, werden aber eine seltene Ausnahme bleiben.[932]

1. Anerkennung der Verpflichtung zur Leistung von Schadensersatz

Es finden sich Stimmen, nach denen die Anerkennung der Verpflichtung zur Leistung von Schadensersatz genügt.[933] Diese Ansicht argumentiert mit dem hessischen Runderlass über Vergabesperren zur Korruptionsbekämpfung. Dieser lässt in Nr. 6.2 für die Wiederzulassung neben dem Ersatz des Schadens die „verbindliche Anerkennung der Schadensersatzverpflichtung dem Grund und der Höhe nach, verbunden mit der Vereinbarung eines Zahlungsplans" ausreichen. Diese Regelung (und ihre mögliche Übertragung auf den allgemeinen Verfahrensausschluss) wirft Fragen auf. Sie bietet keine Lösung in den Fällen, in denen trotz erschöpfender Aufklärung seitens des selbstreinigenden Unternehmens die Schadenssumme der Höhe nach nicht endgültig bestimmt werden kann. Soweit die genaue Bezifferung des Schadens an Umständen scheitert, die nicht dem selbstreinigenden Unternehmen zugerechnet werden können, erscheint es unbillig, dem Unternehmen dennoch eine Rehabilitation zu versagen. In solchen Fällen muss neben der Wiedergutmachung des Schadens auch auf das Erfordernis der Anerkennung der Schadensersatzverpflichtung der Höhe nach verzichtet werden können. Denkbar wäre es, eine möglichst akkurate Schätzung basierend auf den laufenden Untersuchungen genügen zu lassen.

2. Der Höhe nach streitige Schadensersatzforderungen

Schwierigkeiten ergeben sich auch dann, wenn die Höhe der Schadensersatzforderungen aus rechtlicher Sicht nicht eindeutig und streitig ist. Ein Teilnehmer könnte sich in diesem Fall dazu genötigt sehen, seine Position in ggf. laufenden Schadensersatzverhandlungen und -prozessen dadurch zu untergraben, dass er im Rahmen seiner Selbstreinigung diese Forderungen anerkennen muss. Der Wirtschaftsteilnehmer wäre dann in einer Zwickmühle. Entweder müsste er die gerichtliche Feststellung der behaupteten Schadensersatzforderung abwarten und auf eine erfolgversprechende Teilnahme an öffentlichen Ausschreibungen in dieser Zeit verzichten oder eine Schadensersatzforderung anerkennen und sich gleichzei-

---

932 *Prieß/Pünder/Stein*, in: Pünder/Prieß/Arrowsmith (Hrsg.), Self-Cleaning in Public Procurement Law, 2009, S. 77.
933 *Prieß/Stein*, Nicht nur sauber, sondern rein: Die Wiederherstellung der Zuverlässigkeit durch Selbstreinigung, NZBau 2008, S. 230; *Arrowsmith/Prieß/Friton*, in: Pünder/Prieß/Arrowsmith (Hrsg.), Self-Cleaning in Public Procurement Law, 2009, S. 5.

tig seiner Rechte begeben, die er in der Sache vor einem Gericht geltend machen könnte. Dem Teilnehmer wäre je nach Markt und Position des Unternehmens häufig nur zu raten, die Forderungen anzuerkennen, um eine sichere Insolvenz zu vermeiden. Aus rechtstaatlichen Gründen muss es einem Unternehmen jedoch erlaubt sein, sich gegen Schadensersatzforderungen wehren zu dürfen, ohne dem Nachteil des gegebenenfalls langfristigen Verfahrensausschlusses ausgesetzt zu sein.[934] Allenfalls ausnahmsweise kann in solchen Fällen im Rahmen einer Abwägung zum Schutz der Mitbewerber und der Vergabestelle eine unzureichende Selbstreinigung wegen fehlender Schadenswiedergutmachung angenommen werden.

III. Personelle Konsequenzen

1. Notwendigkeit personeller Konsequenzen

Die Selbstreinigung wird regelmäßig erfordern, dass die notwendigen personellen Konsequenzen gezogen werden.[935] Ein Unternehmen muss sich im Zuge der Selbstreinigungsmaßnahmen von unzuverlässigen Mitarbeitern distanzieren.[936] Im Regelfall bedeutet dies, dass die betroffenen Beschäftigungsverhältnisse aufzulösen sind.[937] Hierbei genügt es nicht, stellvertretend einen „Sündenbock" herauszugreifen[938]; ebenso wenig genügen rein symbolische Verwarnungen.[939] Die Maßnahmen müssen vielmehr der Schwere des Verstoßes angemessen sein. Diesen Grundsatz illustriert eine Entscheidung des *OLG Düsseldorf* aus dem Jahre 2005.[940] Zwar hatte der unzuverlässige Geschäftsführer der Komplementär-GmbH einer GmbH & Co. KG seine Aufgaben auf Treuhänder übertragen, die tatsächliche und sogar die rechtliche Möglichkeit zur Einflussnahme auf die Geschäftsführung verblieb jedoch bei ihm. Zu seinen Gunsten bestand ein jederzeitiges Rückforderungsrecht hinsichtlich der Geschäftsanteile, und alle Gewinne wurden an den ehemaligen Geschäftsführer ausgekehrt. Im Lichte der bestehenden Strafanzeige we-

---

934 Vgl. *Freund/Kallmayer/Kraft*, Korruption und Kartelle bei Auftragsvergaben, 2007, S. 160.
935 *Weyand*, Vergaberecht, letzte Aktualisierung 23.12.2010, Kapitel 86 Rn. 309; *Prieß/Stein*, Nicht nur sauber, sondern rein: Die Wiederherstellung der Zuverlässigkeit durch Selbstreinigung, NZBau 2008 S. 230, 231; *Arrowsmith/Prieß/Friton*, in: Pünder/Prieß/Arrowsmith (Hrsg.), Self-Cleaning in Public Procurement Law, 2009, S. 5; *Prieß/Pünder/Stein*, in: Pünder/Prieß/Arrowsmith (Hrsg.), Self-Cleaning in Public Procurement Law, 2009, S. 77.
936 *Ax/Schneider/Scheffen*, Rechtshandbuch Korruptionsbekämpfung, 2. Aufl. 2010, Rn. 402.
937 *OLG Frankfurt*, Urteil v. 3.12.1996, 11 U Kart 64/95, WRP 1997, S. 203, 210; zu den Voraussetzungen für eine ordentliche oder außerordentliche Kündigung s. *Ax/Schneider/Scheffen*, Rechtshandbuch Korruptionsbekämpfung, 2. Aufl. 2010, Rn. 144 ff.
938 *Ax/Schneider/Scheffen*, Rechtshandbuch Korruptionsbekämpfung, 2. Aufl. 2010, Rn. 402.
939 *Prieß/Pünder/Stein*, in: Pünder/Prieß/Arrowsmith (Hrsg.), Self-Cleaning in Public Procurement Law, 2009, S. 77 f.
940 *OLG Düsseldorf*, Beschluss v. 28.7.2005, VII Verg 42/05.

gen wettbewerbswidriger Absprachen im Sinne des § 298 StGB und der diesbezüglich überwältigenden Beweislage, betonte das Gericht, dass es für eine Wiederherstellung der Zuverlässigkeit des Unternehmens erforderlich gewesen wäre, sich unverzüglich und vollständig von der Person des Geschäftsführers zu trennen und ihm jeden Einfluss auf die Geschäftsführung zu verwehren.[941] Eine nur scheinbare Trennung von dem unzuverlässigen Mitarbeiter genügt nicht.[942]

Der Grund für das Erfordernis, sich von den betroffenen Personen zu trennen, liegt darin, dass sich das Unternehmen davor schützen muss, in Zukunft weiterhin dem Einfluss unzuverlässiger Angestellter zu unterliegen.[943] Mit dieser Problematik sah sich im Jahr 2001 das *OLG Düsseldorf* konfrontiert.[944] Hier hatten zwei Gesellschafter durch Verfehlungen im Sinne des § 6 Abs. 5 lit. c VOL/A[945] ihre Zuverlässigkeit und damit die ihres Unternehmens eingebüßt. Das Gericht entschied, dass sich die Unternehmer durch die Neugründung eines Unternehmens unter anderer Firma nicht rehabilitieren konnten und somit auch das neugegründete Unternehmen erheblichen Zuverlässigkeitsbedenken ausgesetzt war. Den Gesellschaftern selbst haftete der Makel der Unzuverlässigkeit an, den sie auf das neue Unternehmen übertrugen.[946]

2. Arbeitsrechtliche Maßnahmen als Zeichen an die Mitarbeiter

Neben der spezialpräventiven Wirkung einer Entlassung können arbeitsrechtliche Maßnahmen im Rahmen einer Selbstreinigung auch als Zeichen an die übrigen Arbeitnehmer, also generalpräventiv, wirken.[947] Das Unternehmen hat so die Möglichkeit zu signalisieren, dass vergaberechtlich unzuverlässiges Verhalten nicht toleriert wird. Dies ist auf den ersten Blick eine Selbstverständlichkeit. Es ist unmittelbar nachvollziehbar, dass einem Unternehmen daran gelegen ist, dass seine Angestellten zuverlässig handeln. Einer gesonderten Klarstellung kann es freilich in solchen Fällen bedürfen, in denen das in Frage stehende Verhalten keinerlei Schaden auf Seiten des Unternehmens bezweckte, sondern vielmehr im Dienste des Arbeitgebers erfolgte. Im Fall von Untreue gegenüber dem eigenen Arbeitgeber liegt es auf der Hand, dass das Unternehmen solche Verhaltensweisen nicht honorieren möchte. Auch Bestechlichkeit und Bestechung im geschäftlichen Verkehr

---

941 *OLG Düsseldorf*, Beschluss v. 28.7.2005, VII Verg 42/05, Rn. 24.
942 *Ax/Schneider/Scheffen*, Rechtshandbuch Korruptionsbekämpfung, 2. Aufl. 2010, Rn. 402.
943 *Prieß/Pünder/Stein*, in: Pünder/Prieß/Arrowsmith (Hrsg.), Self-Cleaning in Public Procurement Law, 2009, S. 77.
944 *OLG Düsseldorf*, Beschluss v. 18.7.2001, VII Verg 16/01, VergabeR 2001, S. 419 ff.
945 Die Entscheidung erging zum insoweit identischen § 7 Nr. 5 lit. c VOL/A 2006.
946 *OLG Düsseldorf*, Beschluss v. 18.7.2001, VII Verg 16/01, VergabeR 2001, S. 419, 422.
947 *Prieß/Pünder/Stein*, in: Pünder/Prieß/Arrowsmith (Hrsg.), Self-Cleaning in Public Procurement Law, 2009, S. 78.

nach § 299 StGB können Quelle erheblicher Schäden sein, wenn das Unternehmen selbst unmittelbar Opfer der Straftat wird[948] und darüber hinaus Gefahr läuft, wegen eines Verlusts seiner Zuverlässigkeit von der Teilnahme an öffentlichen Vergabeverfahren ausgeschlossen zu werden. Gerade korruptes Verhalten, wie die Auftragsakquise mittels sogenannter *kick-backs*[949] oder das Zahlen von Schmiergeldern, kann jedoch nicht nur von illoyalen sondern gewissermaßen von „überloyalen" Mitarbeitern ausgehen. Diese Täter können bei ihrem Handeln sogar mehr noch die Interessen des Unternehmens vor Augen haben als ihre eigenen. In diesen Fällen ist es erforderlich, dass sich das betroffene Unternehmen sowohl nach außen, als auch gegenüber den eigenen Angestellten von diesen Praktiken distanziert. Neben den arbeitsrechtlichen Schritten ist es ebenfalls erforderlich, dass unternehmensintern eindeutige Leitlinien bestehen, in denen diese Position von Anfang an und glaubhaft vermittelt wird.

Aus dem Prinzip der Verhältnismäßigkeit ergibt sich, dass von einem Wirtschaftsteilnehmer nur diejenigen arbeitsrechtlichen Schritte wie Kündigungen oder Abmahnungen gefordert werden können, die rechtlich zulässig sind. Wo eine fristlose Kündigung ausgeschlossen ist, muss eine ordentliche Kündigung genügen. Sollte eine Beendigung des Arbeitsverhältnisses gar nicht in Betracht kommen, so kann es der Arbeitgeber bei einer Abmahnung bewenden lassen.[950] Aber auch andere Maßnahmen sind vorstellbar. Hierzu zählen der Aufhebungsvertrag über das Arbeitsverhältnis[951], die Zwangspensionierung, die disziplinarische Versetzung an einen anderen Standort sowie Lohnkürzungen.[952]

3. Sonderfall unzuverlässiger Gesellschafter

Die bereits behandelte Entscheidung des *OLG Düsseldorf*[953] thematisiert die Schwierigkeit für ein selbstreinigendes Unternehmen, sich schnell und endgültig von einem unzuverlässigen Mitarbeiter zu distanzieren, der zugleich Gesellschafter oder Anteilseigner ist. Auch in diesen Fällen ist es für eine Selbstreinigung regelmäßig erforderlich, dass der Betroffene jeglichen Einfluss auf das Unternehmen

---

948 S. *Heine*, in: Schönke (Begr.)/Schröder (fortgef.), Strafgesetzbuch, 28. Aufl. 2010, § 301 Rn. 3, wonach neben den Mitbewerbern auch der Geschäftsherr als Verletzter hinsichtlich einer Tat nach § 299 StGB strafantragsberechtigt ist, sofern das Handeln ihm gegenüber pflichtwidrig war.
949 *Szebrowski*, Kick-Back, 2005, S. 1 f.
950 *Prieß/Pünder/Stein*, in: Pünder/Prieß/Arrowsmith (Hrsg.), Self-Cleaning in Public Procurement Law, 2009, S. 78 m.w.N. zu den Voraussetzungen für eine fristlose Kündigung im Fall von strafbarem Handeln seitens des Arbeitnehmers.
951 *OLG Düsseldorf*, Beschluss v. 9.4.2003, VII Verg 43/02, NZBau 2003, S. 578, 580.
952 *Prieß/Pünder/Stein*, in: Pünder/Prieß/Arrowsmith (Hrsg.), Self-Cleaning in Public Procurement Law, 2009, S. 78.
953 *OLG Düsseldorf*, Beschluss v. 18.7.2001, VII Verg 16/01, VergabeR 2001, S. 419 ff.

aufgibt.[954] Die konkret erforderlichen Maßnahmen unterscheiden sich dann je nach Gesellschaftsform und der Stellung des Betroffenen. Zu denken ist an eine Übertragung der von dem betroffenen Gesellschafter gehaltenen Gesellschaftsanteile auf einen Treuhänder[955] oder an einen unwiderruflichen Verzicht aller Gesellschafterrechte, wodurch ein Einfluss „auf Entscheidungen des Aufsichtsrats, der Geschäftsleitung oder sonstiger strategischer oder operativer Gremien"[956] des Unternehmens ausgeschlossen werden kann. Eine bloße finanzielle Beteiligung ist dann nicht zu beanstanden.[957]

4. Mitwirkung von Arbeitnehmern bei der Sachverhaltsaufklärung

a) Fehlende Anreize für die Mitarbeiter

Eine Betrachtung der bislang behandelten Pflichten im Rahmen einer Selbstreinigung lässt ein Spannungsfeld zwischen der Pflicht zur umfassenden Aufklärung des Sachverhalts und der Pflicht zu arbeitsrechtlichen Konsequenzen erkennen. In vielen Fällen wird das selbstreinigende Unternehmen zur Aufklärung der Verfehlungen, die die Zuverlässigkeit beeinträchtigen, auf die Mithilfe seiner Angestellten angewiesen sein. In Extremfällen wird es anderenfalls auch externen Prüfern nicht gelingen, komplexe Sachverhalte, wie etwa die in der näheren Vergangenheit immer wieder virulenten „Schwarzen Kassen"[958], aufzudecken. Angesichts der drohenden und zur Selbstreinigung oft erforderlichen arbeitsrechtlichen Maßnahmen wird die Kooperation im Unternehmen jedoch allenfalls zögerlich und unter Vorbehalten erfolgen. Hinzu kommt die Sorge vor strafrechtlichen Sanktionen etwa wegen Korruption, Steuerhinterziehung und schließlich der augenblicklich viel diskutierten Untreue.[959] So verwundert es nicht, dass teilweise von einer Mauer des Schweigens gesprochen wird.[960] Ein Vorgehen nach der oben genannten An-

---

954 *OLG Düsseldorf*, Beschluss v. 18.7.2001, VII Verg 16/01, VergabeR 2001, S. 419, 422.
955 *OLG Düsseldorf*, Beschluss v. 28.7.2005, VII Verg 42/05, Rn. 24 f.
956 *OLG Brandenburg*, Beschluss v. 14.12.2007, Verg W 21/07, NZBau 2008, S. 277, 278.
957 *Prieß/Pünder/Stein*, in: Pünder/Prieß/Arrowsmith (Hrsg.), Self-Cleaning in Public Procurement Law, 2009, S. 78.
958 Zum Begriff *Satzger*, „Schwarze Kassen" zwischen Untreue und Korruption, NStZ 2009, S. 297, 298.
959 Der *BGH* sah im Fall *Siemens* bereits in der Bildung „schwarzer Kassen" eine vollendete Untreue, Urteil v. 29.8.2008, 2 StR 587/07, NJW 2009, S. 89, 90 f. Vgl. hierzu die Anmerkungen *Ransiek*, NJW 2009, S. 95; *Knauer*, NStZ 2009, S. 151; *Rönnau*, StV 2009, S. 246 sowie die Besprechungen *Beukelmann*, Der Untreuenachteil, NJW-Spezial 2008, S. 600; Satzger, "Schwarze Kassen" zwischen Untreue und Korruption, NStZ 2009, S. 297 ff.; *Sünner*, Schwarze Kassen und Untreue – ein Synonym?, ZIP 2009, S. 937 ff.
960 *Göpfert/Merten/Siegrist*, Mitarbeiter als „Wissensträger" – Ein Beitrag zur aktuellen Compliance-Diskussion, NJW 2008, S. 1703, 1704.

leitung ist in solchen Fällen nicht zielführend: Eine Sachverhaltsaufklärung scheitert an der fehlenden Mitwirkung im Unternehmen, und personelle Konsequenzen lassen sich nicht ziehen, da schließlich der Sachverhalt und somit die Identität der Verantwortlichen nicht feststehen[961] – die Selbstreinigung schlägt fehl. In diesem Fall ist ein Umdenken notwendig.

b) Kronzeugen- und Amnestieregelungen

Neue Impulse lassen sich beispielsweise durch ein Entgegenkommen gegenüber den Mitarbeitern erzielen. Den Betroffenen muss ein Anreiz gegeben werden, im Interesse des Unternehmens vorhandene Informationen mitzuteilen. Denkbar sind sogenannte unternehmensinterne Kronzeugen- oder Amnestieregelungen.[962] Der Begriff der Kronzeugenregelung ist dem Strafprozessrecht entlehnt und bezeichnet Normen, die es ermöglichen, bei Straftätern die Strafe zu mildern oder von einer Bestrafung abzusehen, wenn sie durch die Preisgabe ihres Wissens gegenüber den Strafverfolgungsbehörden zur Verhinderung oder Aufdeckung von schweren Straftaten beitragen.[963] Kronzeugenregelungen im Rahmen von unternehmensinternen Untersuchungen unterscheiden sich von den strafprozessrechtlichen Regelungen dadurch, dass sie als Anreiz keine geringere strafrechtliche Sanktion anbieten. Es handelt sich vielmehr um Versprechen, die kooperativen Mitarbeitern keine oder wenigstens geringere negative berufliche Konsequenzen in Aussicht stellen und gegebenenfalls auf Schadensersatzansprüche zu verzichten.[964] Ein weiterer Anreiz kann in der Übernahme der Rechtsanwaltskosten durch das Unternehmen im Fall strafrechtlicher Ermittlungen liegen.[965] Von dem Angebot der Übernahme von möglicherweise zu erwartenden Geldstrafen für die Angestellten seitens des Unternehmens ist abzuraten. Neben den hierdurch möglicherweise verwirklichten Tatbeständen der Strafvollstreckungsvereitelung und der Untreue durch die Zah-

---

961 In diesen Fällen steht allenfalls eine Verdachtskündigung zur Verfügung, vgl. *Müller-Glöge*, in: Müller-Glöge/Preis/Schmidt (Hrsg.), Erfurter Kommentar zum Arbeitsrecht, 11. Aufl. 2011, BGB § 626 Rn. 173 ff.
962 *Breßler/Kuhnke/Schulz/Stein*, Inhalte und Grenzen von Amnestien bei Internal Investigations, NZG 2009, S. 721 f.
963 *Miebach/Schäfer*, in: Heintschel-Heinegg/Joecks/Miebach (Hrsg.), Münchener Kommentar zum Strafgesetzbuch, Bd. 2/2, 2005, § 129 a Rn. 94; *Beukelmann*, Strafrechtsgesetzgebung am laufenden Band, NJW-Spezial 2009, S. 456. Zum geschichtlichen Hintergrund von Kronzeugenregelungen im Strafrecht *Hoyer*, Die Figur des Kronzeugen, JZ 1994, 233 ff.; für die neueren Entwicklungen und die Neuauflage der sog. „großen Kronzeugenregelung" s. *Frank/Titz*, Die Kronzeugenregelung zwischen Legalitätsprinzip und Rechtsstaatlichkeit, ZRP 2009, S. 137 ff.
964 *Breßler/Kuhnke/Schulz/Stein*, Inhalte und Grenzen von Amnestien bei Internal Investigations, NZG 2009, S. 722.
965 *Göpfert/Merten/Siegrist*, Mitarbeiter als „Wissensträger" – Ein Beitrag zur aktuellen Compliance-Diskussion, NJW 2008, S. 1703, 1704.

lenden[966] muss auch die hiermit verbundene Unsicherheit über die rechtliche Wirksamkeit der Vereinbarung gemäß §§ 134, 138 BGB[967] die Parteien zögern lassen.[968] Wie im Fall der strafrechtlichen Kronzeugenregelung versteht es sich von selbst, dass ein Entgegenkommen nur für vergangenes Fehlverhalten gewährt werden kann.[969] Um mit der Kooperation der Angestellten den gewünschten Effekt erzielen zu können, darf im Unternehmen kein Zweifel bestehen, dass das angebotene Entgegenkommen verbindlich und überhaupt rechtlich wirksam ist. Hierbei sind offen gehaltene Formulierungen abträglich.[970] Zudem ist die Sorge zu überwinden, personelle Veränderungen, wie etwa eine neue Führungsebene oder die Bestellung eines Insolvenzverwalters, könnten vereinbarte Amnestien rechtlich oder faktisch unwirksam machen.[971]

c) Gesellschaftsrechtliche und vergaberechtliche Probleme von Amnestieregelungen

Die Adaption einer Kronzeugen- oder Amnestieregelung im Rahmen einer Selbstreinigung stößt auf eine Reihe weiterer Herausforderungen. Diese lassen sich in eine gesellschaftsrechtliche und eine vergaberechtliche Seite unterteilen. Im Zentrum der gesellschaftsrechtlichen Diskussion befindet sich die Frage, ob ein Entgegenkommen auf die genannte Weise mit dem Auftrag der Geschäftsführung, zum Wohle der Gesellschaft zu handeln, vereinbar ist[972], vgl. § 93 AktG, § 43 GmbHG. In einem Verzicht auf Schadensersatzforderungen könnte eine Pflichtverletzung der Geschäftsführer gegenüber der Gesellschaft liegen, welche ihrerseits wiederum Schadensersatzforderungen der Gesellschaft gegen den Vorstand oder die Ge-

---

[966] Der *BGH* hat eine Vollstreckungsvereitelung in solchen Fällen abgelehnt, Urteil v. 7.11.1990, 2 StR 439/90, NJW 1991, S. 990, 992; kritisch *Scholl*, Die Bezahlung einer Geldstrafe durch Dritte – ein altes Thema und nochimmer ein Problem, NStZ 1999 S. 599 ff. m.w.N.
[967] Bürgerliches Gesetzbuch in der Fassung der Bekanntmachung v. 2.1.2002, BGBl. I S. 42, 2909; 2003 I S. 738, zuletzt geändert durch Art. 1 Gesetz v. 17.1.2011, BGBl. I S. 34.
[968] *Breßler/Kuhnke/Schulz/Stein*, Inhalte und Grenzen von Amnestien bei Internal Investigations, NZG 2009, S. 723.
[969] Dies ergibt sich nicht zuletzt aus dem Zweck der Regelung, vergangene Sachverhalte aufzuklären und aus § 276 Abs. 3 BGB, wonach eine Haftung wegen Vorsatzes nicht im Voraus erlassen werden kann. So auch *Breßler/Kuhnke/Schulz/Stein*, Inhalte und Grenzen von Amnestien bei Internal Investigations, NZG 2009, S. 723.
[970] *Breßler/Kuhnke/Schulz/Stein*, Inhalte und Grenzen von Amnestien bei Internal Investigations, NZG 2009, S. 722.
[971] *Breßler/Kuhnke/Schulz/Stein*, Inhalte und Grenzen von Amnestien bei Internal Investigations, NZG 2009, S. 722.
[972] *Göpfert/Merten/Siegrist*, Mitarbeiter als „Wissensträger" – Ein Beitrag zur aktuellen Compliance-Diskussion, NJW 2008, S. 1703, 1704.

schäftsführung begründen könnte.⁹⁷³ Eine Pflichtverletzung ist dann ausgeschlossen, wenn sich der Betroffene auf die *Business Judgement Rule*⁹⁷⁴ berufen kann. Deren Voraussetzungen sind dann erfüllt, wenn der Geschäftsleiter aufgrund eines angemessenen Informationsstandes davon ausgehen kann zum Wohle der Gesellschaft zu handeln. Ist das Interesse der Gesellschaft an der Aufklärung des Sachverhalts größer als das Interesse an den anderenfalls möglichen Maßnahmen – also den arbeitsrechtlichen Sanktionen⁹⁷⁵ und Schadensersatzforderungen – so liegt keine Pflichtverletzung vor. Ein entsprechendes Interesse der Gesellschaft setzt jedenfalls voraus, dass ein Aufklärungsinteresse gerade in Bezug auf die Person vorliegt, die in den Genuss der Amnestie gelangen soll.⁹⁷⁶ Zudem sind die mittelbaren Auswirkungen, namentlich die auf die übrigen Mitarbeiter, zu berücksichtigen. Ihnen kann im Wege einer negativen Vorbildwirkung suggeriert werden, dass Rechtsverstöße ungesühnt bleiben.⁹⁷⁷ Auch kann die Signalwirkung, einige Mitarbeiter seien „gleicher als andere", zu einer erheblichen Verschlechterung des Arbeitsklimas führen. Die Lösung dieses Problems liegt also in einer genauen Abwägung des Einzelfalls um festzustellen, ob die Vorteile der Amnestie die Nachteile überwiegen.

Der vergaberechtliche Kritikpunkt verfolgt einen Ansatz, der bereits oben in der Darstellung des unternehmerischen Dilemmas angedeutet wurde. Die Natur der Amnestieregelung führt dazu, dass sich das Unternehmen der Möglichkeit begibt, die für den zu ermittelnden Verstoß Verantwortlichen jedenfalls in vollem Umfang zu sanktionieren. Das Versprechen, auf eine Kündigung als eine der wohl geringsten Formen des arbeitsrechtlichen Entgegenkommens zu verzichten, führt bereits dazu, dass sich das selbstreinigende Unternehmen nicht mehr vollständig von dem unzuverlässigen Mitarbeiter wird distanzieren können. Das Unternehmen gerät so erneut in eine Zwickmühle. Eine Maßnahme zur Selbstreinigung, nämlich die Aufklärung des Sachverhalts, ist nur unter (Teil-)Verzicht auf eine andere, nämlich die Maßnahme personeller Konsequenzen, zu erreichen. Ein Lösungsweg, der alle Interessen vereint, ist nicht ersichtlich; die Konsequenz, dass eine Selbstreinigung in diesen Fällen schlicht unmöglich sein soll, ist gleichermaßen ausgeschlossen. Was bleibt, ist die Forderung nach einem Kompromiss, der unter Berücksichtigung aller

---

973 *Breßler/Kuhnke/Schulz/Stein*, Inhalte und Grenzen von Amnestien bei Internal Investigations, NZG 2009, S. 723.
974 Vgl. zur *Business Judgement Rule Fleischer*, in: Spindler/Stilz (Hrsg.), Kommentar zum Aktiengesetz, Bd. 1, 2. Aufl. 2010, § 93 Rn. 59 ff. Speziell zum Kontext der Compliance s. *Sieg/Zeidler*, in: Hauschka (Hrsg.), Corporate Compliance, 2. Aufl. 2010, § 3.
975 Zu den Fragen der Wirksamkeit eines Verzichts auf arbeitsrechtliche Sanktionen und die Beteiligung des Betriebsrats s. *Breßler/Kuhnke/Schulz/Stein*, Inhalte und Grenzen von Amnestien bei Internal Investigations, NZG 2009, S. 724 f.
976 *Göpfert/Merten/Siegrist*, Mitarbeiter als „Wissensträger" – Ein Beitrag zur aktuellen Compliance-Diskussion, NJW 2008, S. 1703, 1704.
977 *Göpfert/Merten/Siegrist*, Mitarbeiter als „Wissensträger" – Ein Beitrag zur aktuellen Compliance-Diskussion, NJW 2008, S. 1703, 1704.

Umstände des Einzelfalls zu einem geeigneten Ergebnis führt. Dabei ist zu berücksichtigen, dass eine Selbstreinigung nicht erfordert, dass sämtliche arbeitsrechtlichen Schritte unternommen werden, die das Gesetz erlaubt. Soweit sich die Sanktionen gegen die unzuverlässigen Mitarbeiter an deren Kooperation zur Sachverhaltsaufklärung orientieren, ist es Aufgabe der prüfenden Instanzen, etwa der Vergabestellen, diesen Umstand in ihrer Einschätzung positiv zu berücksichtigen. Amnestien müssen, wenn sie auf Kosten der arbeitsrechtlichen Sanktionen gehen, *ultima ratio* sein und auf Anwendungsfälle beschränkt bleiben, in denen eine Sachverhaltsaufklärung auf anderem Wege nicht zu erreichen ist.[978]

Eine ganz praktische Schwäche von Amnestie-Regelungen darf ebenfalls nicht unerwähnt bleiben. Sie liegt in dem Umstand, dass die von den „geständigen" Mitarbeitern gewonnenen Informationen regelmäßig an die Strafverfolgungsbehörden gelangen werden. Gleichzeitig ist es dem Unternehmen aus offensichtlichen Gründen nicht möglich, seinen Mitarbeitern Verschonung seitens der Staatsanwaltschaft zu versprechen.[979] Das Unternehmen kann außerhalb absoluter Antragsdelikte allenfalls versprechen, auf die Behörden einzuwirken, die Kooperationsbereitschaft der Betroffenen zu honorieren.[980]

d) Arbeitsrechtliche Sanktionen bei fehlender Kooperationsbereitschaft

Angesichts der möglichen Bedeutung der Kooperation seitens der Mitarbeiter für das Unternehmen und der genannten Schwächen eines Entgegenkommens, überrascht es nicht, dass einer Belohnung im Fall der Mitwirkung Sanktionen gegenüberstehen können für den Fall, dass Mitarbeiter zur Mithilfe unwillig sind. Denkbar ist hier zunächst die Drohung, die möglichen arbeitsrechtlichen Sanktionen in vollem Umfang zu verhängen, sollten weitere Verstöße aufgedeckt werden. Verweigert der Arbeitnehmer seine Mitarbeit in einem Rahmen, in dem ihn sein Arbeitsverhältnis zur Mitwirkung verpflichtet, so gibt dies dem Arbeitgeber ein Zurückbehaltungsrecht hinsichtlich des Gehalts aus § 273 Abs. 1 BGB. Ob es sich angesichts der drastischen Konsequenzen für den Arbeitnehmer hierbei um ein

---

978 *Breßler/Kuhnke/Schulz/Stein*, Inhalte und Grenzen von Amnestien bei Internal Investigations, NZG 2009, S. 727.
979 Allenfalls die Erstattung einer Strafanzeige oder eines Strafantrags liegt in der Hand der Gesellschaft, *Breßler/Kuhnke/Schulz/Stein*, Inhalte und Grenzen von Amnestien bei Internal Investigations, NZG 2009, S. 727.
980 *Breßler/Kuhnke/Schulz/Stein*, Inhalte und Grenzen von Amnestien bei Internal Investigations, NZG 2009, S. 727. So geschehen im Fall *Siemens*, *Gehrmann*, Prozess der Selbstreinigung, Die Zeit 12/2008, http://www.zeit.de/2008/12/Selbstreinigung-Siemens, abgerufen am 2.6.2011.
Der Tagesspiegel v. 1.11.2007, Siemens bietet Mitarbeitern Amnestie an, http://www.tagesspiegel.de/wirtschaft/art271,2411344, abgerufen am 2.6.2011.

adäquates Mittel handelt, muss im Einzelfall vom Arbeitgeber sehr genau überprüft werden.[981] Zudem ist im Fall fehlender Mitwirkung auch an eine Abmahnung und im nächsten Schritt sogar an eine Kündigung zu denken. Die arbeitsrechtlichen Einzelheiten müssen in dieser Arbeit allerdings unbehandelt bleiben.

IV. Strukturelle und organisatorische Präventivmaßnahmen

Als letzte Voraussetzung einer erfolgreichen Selbstreinigung muss das betroffene Unternehmen strukturelle und organisatorische Maßnahmen[982] ergreifen, um sicher zu stellen, dass vergleichbare Vorfälle in der Zukunft ausgeschlossen sind.[983] In den Landesregelungen zu Korruptions- und Vergaberegistern finden sich nur Andeutungen auf die Notwendigkeit von strukturellen und organisatorischen Maßnahmen zum Zwecke der Selbstreinigung.[984] Hinweise auf die Ausgestaltung der Maßnahmen bleiben aus. In Ermangelung einer ausdrücklichen bundesgesetzlichen Regelung im Bereich der Selbstreinigung sollen die Maßnahmen im Folgenden unter einem Begriff untersucht werden, der eine große Nähe zu den strukturellen und organisatorischen Maßnahmen der Selbstreinigung aufweist: *Corporate Compliance*.

Corporate Compliance spielt in einer Vielzahl von Entscheidungen im Wirtschaftsrecht eine zunehmende Rolle. Im Rahmen der Voraussetzungen der Zuverlässigkeit und der Behandlung der Vergabe- und Vertragsordnungen wurde bereits dargestellt, welchen Normen im Bereich der Vergabe öffentlicher Aufträge besondere Bedeutung zukommt. Oberhalb der Schwellenwerte sind insbesondere die Kataloge der Straftaten zu nennen, die zu einem obligatorischen Ausschluss des Teilnehmers führen.[985] Hinzu kommen die erörterten Pflichtverletzungen, die ei-

---

981 *Göpfert/Merten/Siegrist*, Mitarbeiter als „Wissensträger" – Ein Beitrag zur aktuellen Compliance-Diskussion, NJW 2008, S. 1703, 1707.
982 So die Terminologie zur Wiederherstellung der Zuverlässigkeit infolge Selbstreinigung bei *OLG Brandenburg*, Beschluss v. 14.12.2007, Verg W 21/07, NZBau 2008, S. 277, 278.
983 *Weyand*, Vergaberecht, letzte Aktualisierung 23.12.2010, Kapitel 86 Rn. 311 f.; *Prieß/Stein*, Nicht nur sauber, sondern rein: Die Wiederherstellung der Zuverlässigkeit durch Selbstreinigung, NZBau 2008, S. 230, 231; *Arrowsmith/Prieß/Friton*, in: Pünder/Prieß/Arrowsmith (Hrsg.), Self-Cleaning in Public Procurement Law, 2009, S. 6; *Prieß/Pünder/Stein*, in: Pünder/Prieß/Arrowsmith (Hrsg.), Self-Cleaning in Public Procurement Law, 2009, S. 79.
984 Nach § 7 Abs. 4 S. 1 KorruptionsbG NRW kann eine vorzeitige Löschung eines Wirtschaftsteilnehmers aus dem nordrhein-westfälischen Vergaberegister veranlasst werden, wenn dieser „durch geeignete organisatorische (…) Maßnahmen Vorsorge gegen die Wiederholung der Verfehlung getroffen hat".
985 §§ 8 a Nr. 1 Abs. 1 S. 1 VOB/A, 7 a Nr. 2 Abs. 1 VOL/A und 11 Abs. 1 VOF.

nen fakultativen Ausschluss begründen.[986] Gleiches gilt für die Kataloge der Straftaten, die zu einem Eintrag in die unterschiedlichen Vergaberegister führen.[987]

1. Corporate Compliance

Der Begriff der *Corporate Compliance* erhielt zu Beginn der 90er Jahre aus dem Angelsächsischen Einzug in das deutsche Rechtssystem.[988] Wörtlich übersetzt bedeutet *compliance* „Befolgung" oder „Einhaltung" und fordert seiner Bedeutung nach zunächst allein, dass sich Unternehmen im Einklang mit dem Recht bewegen.[989] Der Deutsche Corporate Governance Kodex (DCGK) definiert *Compliance* als die Pflicht des Vorstands, „für die Einhaltung der gesetzlichen Bestimmungen und der unternehmensinternen Richtlinien zu sorgen" und „auf deren Beachtung durch die Konzernunternehmen" hinzuwirken.[990] Zu Recht wird darauf verwiesen, dass es sich bei dieser Aussage um eine Selbstverständlichkeit handelt.[991] Während der DCGK hiermit keine allgemeine Pflicht begründen will, *Compliance*-Systeme einzurichten[992], lässt sich die Aussage dahingehend verallgemeinern, dass *Compliance*-Maßnahmen[993] im Unternehmen dazu dienen, Rechtsverstößen innerhalb eines Unternehmens vorzubeugen und sie zu erschweren oder zu einer besseren Erkennbarkeit solcher Vorkommnisse beizutragen.[994] Das Ziel einer *Compliance*-Organisation ist es also, die Einhaltung der gesetzlichen

---

986 §§ 8 Nr. 5 Abs. 1 lit. c VOB/A, 7 Nr. 5 lit. c VOL/A, 11 Abs. 4 lit. b, c VOF.
987 Vgl. beispielsweise § 5 Abs. 1 KorruptionsbG NRW; Nr. 2.1 Hessischer Runderlass.
988 *Hauschka*, in: Hauschka (Hrsg.), Corporate Compliance, 2. Aufl. 2010, § 1 Rn. 1.
989 *Hauschka*, in: Hauschka (Hrsg.), Corporate Compliance, 2. Aufl. 2010, § 1 Rn. 2.
990 Deutscher Corporate Governance Kodex, 4.1.3, in der Fassung vom 6.6.2008.
991 *Ringleb*, in: Ringleb/Kremer/Lutter/Werder, von, Deutscher Corporate Governance Kodex, 4. Aufl. 2010, Rn. 615. Die Feststellung wird schon fast sprichwörtlich als Binsenweisheit bezeichnet, vgl *Bachmann/Prüfer*, Korruptionsprävention und Corporate Governance, ZRP 2005, S. 109.
992 *Ringleb*, in: Ringleb/Kremer/Lutter/Werder, von, Deutscher Corporate Governance Kodex, 4. Aufl. 2010, Rn. 618.
993 Sowohl die Einhaltung gesetzlicher Bestimmungen (Compliance in seiner wörtlichen Bedeutung) als auch Maßnahmen zur Gewährleistung dieser Rechtstreue (gelegentlich als Compliance-Maßnahmen beschrieben) werden in der Literatur oft synonym als Compliance bezeichnet. So beschreibt *Schneider*, Compliance als Aufgabe der Unternehmensleitung, ZIP 2003, S. 645, 646, Compliance als „Gesamtheit *aller* Maßnahmen, um das rechtmäßige Verhalten *aller* Unternehmen, ihrer Organmitglieder, ihrer nahen Angehörigen und der Mitarbeiter im Blick auf *alle* gesetzlichen Gebote und Verbote zu gewährleisten" (Hervorhebungen im Original).
994 Ähnlich *Schneider*, Compliance als Aufgabe der Unternehmensleitung, ZIP 2003, S. 645, 648, der vier Ziele von Compliance-Maßnahmen definiert: das Bekenntnis aller Organmitglieder und Mitarbeiter zu rechtmäßigem Verhalten, das Abwenden negativer Rechtsfolgen von Rechtsverletzungen für das Unternehmen und die Organmitglieder. Die Ziele drei und vier lassen sich zu einer positiven Außendarstellung des Unternehmens gegenüber seinen Geschäftspartnern und der Öffentlichkeit zusammenfassen.

Bestimmungen zu gewährleisten, um eine Haftung des Unternehmens oder andere Rechtsnachteile zu vermeiden.[995]

Corporate Compliance ist eng mit dem Begriff der *Corporate Governance* verwandt. *Corporate Governance* wird häufig mit dem Begriff „Unternehmensverfassung" übersetzt[996] und bezeichnet den rechtlichen und faktischen Ordnungsrahmen für die Leitung und Überwachung eines Unternehmens.[997] Es wird unterschieden zwischen der internen und der externen Perspektive der *Corporate Governance*.[998] Während sich die interne Sicht mit dem Verhältnis von Kompetenzen und Aufgaben einzelner Unternehmensorgane untereinander beschäftigt, befasst sich die externe Sicht mit dem Verhältnis des Unternehmens zu seinen Bezugspersonen, insbesondere den Anteilseignern.[999] Das Verhältnis der *Corporate Governance*, insbesondere seine externe Sichtweise, zu *Corporate Compliance* ist kein eindeutiges. Der Unterschied zwischen den beiden Begriffen wird vor allem in der Perspektive gesehen. *Corporate Governance* wird als die Sichtweise der „Regulierer", *Corporate Compliance* als die der „Regulierten" beschrieben.[1000] Typische Probleme der *Corporate Governance*, wie die wegen Regulierung zu befürchtende Nachteile für den Wirtschaftsstandort Deutschland oder die Hintergründe des Principal-Agent-Ansatzes[1001], sind für die Selbstreinigung uninteressant. Vielmehr steht die Selbstreinigung im Zentrum der wirtschaftlichen Risiken, die von Regelverstößen durch Mitarbeiter und Organe im Unternehmen ausgehen[1002]. Aus diesem Grund beschränken sich die folgenden Ausführungen unter Zugrundelegung der Terminologie *Hauschkas* auf den Begriff der *Corporate Compliance*.

---

995 *Hauschka*, in: Hauschka (Hrsg.), Corporate Compliance, 2. Aufl. 2010, § 1 Rn. 24.
996 *Hauschka*, in: Hauschka (Hrsg.), Corporate Compliance, 2. Aufl. 2010, § 1 Rn. 1; *v. Werder*, in: Ringleb/Kremer/Lutter/Werder, von, Deutscher Corporate Governance Kodex, 4. Aufl. 2010, Rn. 1.
997 *V. Werder*, in: Ringleb/Kremer/Lutter/Werder, von, Deutscher Corporate Governance Kodex, 4. Aufl. 2010, Rn. 1 m.w.N; *ders*, Ökonomische Grundfragen der Corporate Governance, in: Hommelhoff/Hopt/Werder, von (Hrsg.), Handbuch Corporate Governance, 2. Aufl. 2009, S. 4.
998 *V. Werder*, Ökonomische Grundfragen der Corporate Governance, in: Hommelhoff/Hopt/Werder, von (Hrsg.), Handbuch Corporate Governance, 2. Aufl. 2009, S. 4 m.w.N.
999 *V. Werder*, in: Ringleb/Kremer/Lutter/Werder, von, Deutscher Corporate Governance Kodex, 4. Aufl. 2010, Rn. 1.
1000 *Hauschka*, in: Hauschka (Hrsg.), Corporate Compliance, 2. Aufl. 2010, § 1 Rn. 2. Andere Autoren behandeln Corporate Governance als Oberbegriff, so etwa *Freund/Kallmayer/Kraft*, Korruption und Kartelle bei Auftragsvergaben, 2008, S. 203, die sich im Ergebnis freilich auch der oben genannten Differenzierung von *Hauschka* anschließen.
1001 *Hauschka*, in: Hauschka (Hrsg.), Corporate Compliance, 2. Aufl. 2010, § 1 Rn. 3.
1002 *Hauschka*, in: Hauschka (Hrsg.), Corporate Compliance, 2. Aufl. 2010, § 1 Rn. 4.

2. Rechtliche Grundlagen für Compliance- und Präventivmaßnahmen

Organisationspflichten sind Pflichten von Unternehmen zur Einrichtung bestimmter Kontrollsysteme.[1003] Die Organisationspflicht ist also der Pflicht zur Herbeiführung oder Vermeidung eines bestimmten Erfolges, meist der Gefahrenabwehr, vorgelagert und kann bereits selbständig Gegenstand von Sanktionen sein. Als gesetzliche Pflichten spielen diese Organisationspflichten auch im Rahmen von *Compliance*-Programmen eine wichtige Rolle. Spezialgesetze, die Unternehmensorganisationspflichten normieren, richten sich beispielsweise an Kreditinstitute[1004] und Wertpapierdienstleistungsunternehmen[1005]. Die exemplarisch angesprochenen Normen sind überwiegend von unbestimmten Rechtsbegriffen geprägt.[1006] Sie gewähren dem zur Umsetzung verpflichteten Unternehmen ein enormes Maß an Freiheit.[1007] Von einer Konkretisierung der Organisationspflichten und somit einer Anleitung zur Ausgestaltung von *Compliance*-Programmen, seien sie branchenspezifischer oder allgemeiner Art, ist kaum zu sprechen. Eine Ausnahme von den sehr offenen Formulierungen findet sich im Wertpapierhandelsrecht. § 33 Abs. 1 Nr. 1 WpHG[1008] ordnet für Wertpapierdienstleistungsunternehmen an, dass eine „Compliance-Funktion einzurichten ist, die ihre Aufgaben unabhängig wahrnehmen kann". Über § 12 Abs. 4 S. 1 der Verordnung zur Konkretisierung der Verhaltensregeln und Organisationsanforderungen für Wertpapier-

---

1003 Vgl. für eine umfassende Darstellung *Spindler*, Unternehmensorganisationspflichten, 2001, und *Paefgen*, Unternehmerische Entscheidungen und Rechtsbindung der Organe in der AG, 2002.
1004 § 25 a Abs. 1 KWG: „Ein Institut muss über eine ordnungsgemäße Geschäftsorganisation verfügen, die die Einhaltung der vom Institut zu beachtenden gesetzlichen Bestimmungen und der betriebswirtschaftlichen Notwendigkeiten gewährleistet. (...) Eine ordnungsgemäße Geschäftsorganisation umfasst insbesondere ein angemessenes und wirksames Risikomanagement, das (...) auf der Grundlage von Verfahren zur Ermittlung und Sicherstellung der Risikotragfähigkeit die Festlegung von Strategien sowie die Einrichtung interner Kontrollverfahren mit einem internen Kontrollsystem und einer internen Revision beinhaltet". Vgl. *Spindler*, Unternehmensorganisationspflichten, 2001, S. 196 ff.
1005 § 33 WpHG: „Ein Wertpapierdienstleistungsunternehmen muss die organisatorischen Pflichten nach § 25 a Abs. 1 und 4 des Kreditwesengesetzes einhalten. Darüber hinaus muss es (...) angemessene Grundsätze aufstellen, Mittel vorhalten und Verfahren einrichten, die darauf ausgerichtet sind, sicherzustellen, dass das Wertpapierdienstleistungsunternehmen selbst und seine Mitarbeiter den Verpflichtungen dieses Gesetzes nachkommen, wobei insbesondere eine dauerhafte und wirksame Compliance-Funktion einzurichten ist, die ihre Aufgaben unabhängig wahrnehmen kann". Vgl. *Spindler*, Unternehmensorganisationspflichten, 2001, S. 224 ff.
1006 „[O]rdnungsgemäße Geschäftsorganisation" und „angemessenes und wirksames Risikomanagement", § 25 a Abs. 1 S. 1 u. 3 KWG; „angemessene Grundsätze" und „wirksame Compliance-Funktion", § 33 Abs. 1 S. 2 Nr. 1 WpHG; „Zuverlässigkeit", „erforderliche Fachkunde" und „erforderlicher Schutz", § 7 Abs. 2 AtG.
1007 *Spindler* spricht von einem Ermessensspielraum, Unternehmensorganisationspflichten, 2001, S. 556.
1008 Wertpapierhandelsgesetz in der Fassung der Bekanntmachung v. 9.9.1998, BGBl. I S. 2708, zuletzt geändert durch Art. 7 Gesetzes vom 19.11.2010, BGBl. I S. 1592.

dienstleistungsunternehmen (WpDVerOV), welche aufgrund der Ermächtigung des § 33 Abs. 4 S. 1 WpHG erlassen wurde, wird die Pflicht dahingehend konkretisiert, dass ein *Compliance*-Beauftragter zu benennen ist.[1009] Hierbei handelt es sich zweifellos um eine ebenso grundlegende wie konkrete *Compliance*-Maßnahme. Mit Recht lässt sich jedoch kritisieren, dass diese punktuelle Konkretisierung zahlreiche Fragen offen lässt und neue aufwirft.[1010]

Der Grund dafür, dass die gesetzlichen Organisationspflichten ganz überwiegend so unbestimmt sind, dass sich einzelne *Compliance*-Maßnahmen nicht ausmachen lassen, liegt darin, dass allenfalls hochspezialisierte und stets wiederkehrende Betriebsabläufe sich in Form einer Norm ausreichend präzise beschreiben lassen.[1011] Nur in diesen Fällen lässt sich nicht allein das Ziel – also die hinter der Organisationspflicht stehende Pflicht, etwa zur Gefahrenabwehr – sondern bereits der Weg – also die Methode zur Vermeidung des Erfolges – sinnvoll formulieren. Häufig wird es eine Vielzahl von Wegen geben, ein Risiko zu reduzieren und so den Eintritt einer Gefahr zu verhindern. Seitens des Normgebers wäre es unnötig und unverhältnismäßig, einen dieser Wege herauszugreifen und als zwingend vorzuschreiben. Aus diesem Grund wird auch das Bestehen einer allgemeinen gesetzlichen Pflicht, *Compliance*-Programme aufzusetzen, überwiegend verneint[1012] und als nicht wünschenswert und unrealistisch abgelehnt.[1013]

1009 Die Anforderungen an die Person des Compliance-Beauftragten und seine Stellung im Unternehmen sind notgedrungen wieder recht allgemein gehalten. Sie werden in § 12 Abs. 4 S. 2 WpDVerOV wie folgt beschrieben: „Die mit der Compliance-Funktion betrauten Personen müssen über die für eine ordnungsgemäße und unabhängige Erfüllung ihrer Aufgaben nach Maßgabe des Absatzes 3 erforderlichen Fachkenntnisse, Mittel und Kompetenzen sowie über Zugang zu allen für ihre Tätigkeit relevanten Informationen verfügen".
1010 Siehe hierzu *Veil*, Compliance-Organisationen im Wertpapierdienstleistungsunternehmen im Zeitalter der MiFiD, WM 2008, S. 1093, 1095 ff., der insbesondere auf das ungeklärte Verhältnis von Kapitalmarkt- zu Gesellschaftsrecht hinweist.
1011 Vgl. *Spindler*, Unternehmensorganisationspflichten, 2001, S. 556.
1012 So *Hauschka*, Compliance am Beispiel der Korruptionsbekämpfung, ZIP 2004, S. 877, 878. Diese Ansicht ist nicht unumstritten. Die Gegenansicht wird vertreten von *Schneider*, Compliance als Aufgabe der Unternehmensleitung, ZIP 2003, S. 645, 648. Hiernach besteht sehr wohl eine „allgemeine Verpflichtung zur Einrichtung einer Compliance-Organisation". Zu diesem Ergebnis gelangt der Autor im Wege einer Gesamtanalogie über eine Reihe von spezialgesetzlichen Organisationspflichten (u.a. § 25 a KredWG, § 33 WpHG, § 91 Abs 1 AktG, § 52 a Abs 2 BImSchG, § 53 KrW-/AbfG, § 14 Abs 2 GwG). *Hauschka*, in: Hauschka (Hrsg.), Corporate Compliance, 2. Aufl. 2010, § 1 Rn. 23 setzt dem entgegen, dass diese Vorschriften für die Begründung einer Pflicht aller Unternehmen zur Einrichtung von Compliance-Programmen nicht verallgemeinerungsfähig sind. Dem ist zu folgen. Organisationspflichten können nicht geeignet sein, eine allgemeine Pflicht zur Einrichtung von Compliance-Systemen zu begründen. Bereits die hier behandelte, vorgelagerte Frage, ob den Organisationspflichten konkrete Maßnahmen zur Organisation eines Unternehmens entnommen werden können, muss in den meisten Fällen verneint werden. Umso mehr scheitert der Versuch, diese konkreten Pflichten zu einer generellen Comliance-Pflicht zu verallgemeinern.
1013 *Hauschka*, in: Hauschka (Hrsg.), Corporate Compliance, 2. Aufl. 2010, § 1 Rn. 23.

Der Versuch, anhand von gesetzlichen Unternehmensorganisationspflichten eine Annäherung an die erforderlichen *Compliance*-Programme eines Unternehmens und hierüber eine Vorstellung von den zur Selbstreinigung dienlichen Maßnahmen zu erreichen, scheitert damit weitestgehend. Die notwendigerweise in den Normen verwendeten unbestimmten Rechtsbegriffe sind weit davon entfernt, einen Maßnahmenkatalog aufzustellen. Von Seiten des Gesetzgebers besteht damit grundsätzlich keine Pflicht, bestimmte Maßnahmen zu ergreifen – sei es um *Compliance* im Allgemeinen zu gewährleisten oder zur Wiederherstellung der Zuverlässigkeit im vergaberechtlichen Sinne.[1014] Allein die Ziele werden durch Organisationspflichten vorgegeben.[1015]

3. Einzelne Compliance- und strukturelle und organisatorische Präventivmaßnahmen

a) Allgemeine Compliancemaßnahmen

Ein wichtiger Schritt, um die Rückkehr auf den Pfad der Tugend zu signalisieren, ist die Ausarbeitung eines Verhaltenskodex, eines sogenannten *Code of Ethics*.[1016] Hierin sind die Wertevorstellungen des Unternehmens, Interessenkonfliktvermeidungsstrategien und allgemeine Bestimmungen zur Einhaltung von gesetzlichen Vorgaben niedergelegt.[1017] Eine gute Orientierung dafür, welche Bestimmungen der *Code of Ethics* beinhalten sollte, gibt der für international agierende Unternehmen ohnehin eklatant wichtige *Sarbanes-Oxley Act of 2002*[1018]. Hiernach sind durch den *Code of Ethics* Standards festzulegen, die notwendig sind, folgende Ziele zu fördern:
– Ehrliches und moralisches Verhalten, einschließlich der moralischen Handhabung von tatsächlichen oder vermeintlichen Interessenkonflikten zwischen persönlichen und geschäftlichen Beziehungen,

---

1014 Für die allgemeine *Compliance* bestehen vereinzelte Ausnahmen, wie die Pflicht zur Benennung eines *Compliance*-Beauftragten im Bereich des Wertpapierhandelsrechts, siehe S. 188 f.
1015 Vgl. *Hauschka*, Compliance am Beispiel der Korruptionsbekämpfung, ZIP 2004, S. 877, 878.
1016 Solche Programme werden auch als *Code of Conduct* oder *Code of Busines Conduct* bezeichnet. Die *United States Federal Sentencing Guidelines* sprechen von einem *Ethics Program*, § 8 B 2.1. 2009 *Federal Sentencing Guidelines*.
1017 *Ax/Schneider/Scheffen*, Rechtshandbuch Korruptionsbekämpfung, 2. Aufl. 2010, Rn. 31.
1018 Act to protect investors by improving the accuracy and reliability of corporate disclosures made pursuant to the securities laws, and for other purposes, Publ.L. 107-204, 116 Stat. 745, in Kraft getreten am 30.7.2002.

- die vollständige, faire, genaue, rechtzeitige und verständliche Offenlegung der regelmäßigen Berichte, die von den Adressaten veröffentlicht oder eingereicht werden müssen,
- das Befolgen der jeweils anwendbaren Gesetze und Verordnungen.[1019]

Im personellen Bereich lassen sich Maßnahmen ausmachen, die Wahrscheinlichkeit strafbaren – insbesondere korrupten – Verhaltens von Mitarbeitern reduzieren zu können. An oberster Stelle sind Schulungen zu nennen. Durch einen offenen Umgang mit den Ursachen und Folgen von Korruption für das Unternehmen können Mitarbeiter für die Probleme sensibilisiert werden. Richtig adressiert, können solche Maßnahmen zu einem vertrauensvollen Arbeitsklima beitragen.[1020]

Es versteht sich von selbst, dass in sensiblen Positionen eine sorgfältige Personalauswahl notwendig ist.[1021] Um solche Positionen überhaupt ausmachen zu können, ist es für das Unternehmen wichtig, ein Profil von den unternehmensspezifischen Gefahrenbereichen zu erstellen.[1022] Da sich Korruption oftmals durch längerfristige Beziehungsstrukturen entwickelt, kann ein System, welches in regelmäßigen Abständen eine Personalrotation vorsieht, ein wirksames Mittel sein, um solchen Strukturen vorzubeugen.[1023] Wichtige Entscheidungen sollten zudem von mehreren Personen begleitet werden.[1024]

Die Durchführung und Einhaltung der *Compliance*-Maßnahmen sollte von einem *Compliance*-Beauftragten beaufsichtigt werden.[1025] Dieser sollte weisungsunabhängig sein und Mitarbeitern bei allen Fragen und Zweifeln als Ansprechpartner zur Verfügung stehen.[1026] Selbstverständlich sollten solche Gespräche auch

---

1019 „Definition — In this section, the term ''code of ethics'' means such standards as are reasonably necessary to promote (1) honest and ethical conduct, including the ethical handling of actual or apparent conflicts of interest between personal and professional relationships; (2) full, fair, accurate, timely, and understandable disclosure in the periodic reports required to be filed by the issuer; and (3) compliance with applicable governmental rules and regulations.", Sec. 406 lit. c Sarbanes-Oxley Act of 2002; weiterführend *Regelin/Fisher*, Zum Stand der Umsetzung des Sarbanes-Oxley Act aus deutscher Sicht, IStR 2003, S. 276, 283.
1020 *Ax/Schneider/Scheffen*, Rechtshandbuch Korruptionsbekämpfung, 2. Aufl. 2010, Rn. 18.
1021 *Ax/Schneider/Scheffen*, Rechtshandbuch Korruptionsbekämpfung, 2. Aufl. 2010, Rn. 21.
1022 *Lampert*, Gestiegenes Unternehmensrisiko Kartellrecht – Risikoreduzierung durch Cometition-Compliance-Programme, BB 2002, S. 2237, 2239.
1023 *Ax/Schneider/Scheffen*, Rechtshandbuch Korruptionsbekämpfung, 2. Aufl. 2010, Rn. 128. Mit dem Personaltausch ist freilich auch immer ein Verlust an Know-How und Produktivität verbunden.
1024 Sogenanntes Mehraugenprinzip, *Ax/Schneider/Scheffen*, Rechtshandbuch Korruptionsbekämpfung, 2. Aufl. 2010, Rn. 26. Zu den Grenzen dieses Vorgehens s. *Ax/Schneider/Scheffen*, Rechtshandbuch Korruptionsbekämpfung, 2. Aufl. 2010, Rn. 129.
1025 In einem vom *OLG Brandenburg* zu beurteilenden Fall wurde eine eigene Abteilung mit dem Titel Revision/Compliance sowie eine Clearingstelle gegründet, die sich mit der Angebots- und Auftragsstrategie befasste und diese hinterfragte, *OLG Brandenburg*, Beschluss v. 14.12.2007, Verg W 21/07, NZBau 2008, S. 277, 280.
1026 *Lampert*, Gestiegenes Unternehmensrisiko Kartellrecht – Risikoreduzierung durch Competition-Compliance-Programme, BB 2002, S. 2237, 2240.

vertraulich möglich sein. Ein Ombudsmannsystem kann helfen, Verdachtsmomente frühzeitig ins Bewusstsein der Unternehmensführung zu heben.[1027]

Ähnliche Maßnahmen finden sich auch in den Richtlinien der Länder zur Verhütung und Bekämpfung von Korruption in der öffentlichen Verwaltung. Die Korruptionsbekämpfungsrichtlinie der Bayerischen Staatsregierung[1028] gibt eine Hilfestellung zur Identifizierung korruptionsgefährdeter Bereiche innerhalb der Verwaltung. Weiterhin behandelt sie Personalrotation, das Mehraugenprinzip und die Funktion eines Ansprechpartners für Korruptionsvorsorge, sowie Aus- und Fortbildungsmaßnahmen, innerhalb derer u.a. der Umgang mit Belohnungen und Geschenken anzusprechen ist. Darüber hinaus finden sich hier auch Bestimmungen zu Fragen, die gerade aus der Sicht der öffentlichen Hand bedeutsam sind. Nebentätigkeiten können zu persönlichen Beziehungen zwischen Beschäftigten im öffentlichen Dienst und Privaten führen. Das Nebentätigkeitsrecht dient hier der Vermeidung von Loyalitätskonflikten.

Die aufgezählten Maßnahmen sind nicht abschließend. Weitere Maßnahmen wie die Überprüfung aller zukünftigen externen Provisions- und Beraterverträge durch eine externe Kanzlei oder den Beitritt zum Ethik-Management der Bauwirtschaft e.V. können im Einzelfall das Vertrauen in einen Wirtschaftsteilnehmer steigern.[1029]

b) Besonderheiten der strukturellen und organisatorischen Maßnahmen bei der Selbstreinigung

Die im Zusammenhang mit *Compliance* geführte Diskussion konzentriert sich hauptsächlich auf das Ob und Wie der *Compliance* im unternehmerischen Normalfall, also den Geschäftsbetrieb ohne besondere Schadensfälle oder Risiken.[1030] In dieser Phase gilt es, Programme aufzusetzen, die für den Fall des Eintritts eines Rechtsverstoßes durch transparente Abläufe eine zeitnahe Erkennung sicherstellen und den Umfang der Unternehmensbeeinträchtigung sowie die Haftung des Unternehmens minimieren. Ein Unternehmen, welches bereits durch Rechtsverstöße auf sich aufmerksam gemacht hat, wird diese Maßnahmen ebenfalls ergreifen müssen.

1027 *Ax/Schneider/Scheffen*, Rechtshandbuch Korruptionsbekämpfung, 2. Aufl. 2010, Rn. 403.
1028 Richtlinie zur Verhütung und Bekämpfung von Korruption in der öffentlichen Verwaltung vom 13.4.2004, Az. B III 2-515-238, AllMBl. Nr. 4/2004, S. 87 ff.
1029 S. *OLG Brandenburg*, Beschluss v. 14.12.2007, Verg W 21/07, NZBau 2008, S. 277, 280; für eine rechtsvergleichende Betrachtung der möglichen Compliancemaßnahmen s. *Pünder*, in: Pünder/Prieß/Arrowsmith (Hrsg.), Self-Cleaning in Public Procurement Law, 2009, S. 194 ff.
1030 *Lampert*, in: Hauschka (Hrsg.), Corporate Compliance, 2. Aufl. 2010, § 9 Rn. 8.

Grundsätzliche Besonderheiten, die im Bereich der Selbstreinigung für die Umsetzung von *Compliance*-Programmen zu beachten sind, sind nicht ersichtlich. Das erklärt sich daraus, dass die Unzuverlässigkeit, die eine Selbstreinigung erforderlich macht, nicht aus einem vergabespezifischen Gesetzesverstoß resultieren muss. Zu bedenken ist jedoch, dass in den Fällen, in denen eine Selbstreinigung durchgeführt werden soll, bereits konkrete Rechtsverstöße im Unternehmen festgestellt worden sind oder zumindest greifbare Verdachtsmomente vorliegen. Von höchster Wichtigkeit ist in diesen Fällen, dass die schädlichen Verhaltensmuster aufgedeckt und anhaltende Rechtsverstöße unterbunden werden. Erst im Anschluss ist durch Maßnahmen wie Schulungen und Personalrotation sicherzustellen, dass die wiedergewonnene Rechtstreue auch beibehalten werden kann.

B. Besonderheiten bei der Selbstreinigung natürlicher Personen

Die bisherigen Darstellungen zu den Voraussetzungen der Selbstreinigung bezogen sich in erster Linie auf juristische Personen und Personengesellschaften. Diese stellen gerade im Bereich des oberschwelligen Vergaberechts die ganz überwiegende Mehrheit der Verfahrensbeteiligten dar. Die Selbstreinigung natürlicher Personen bleibt in der aktuellen Diskussion, soweit ersichtlich, unbehandelt und soll im Folgenden kurz skizziert werden.

Welches Bedürfnis nach einer solchen Möglichkeit besteht, lässt sich leicht illustrieren. Voraussetzung der Selbstreinigung eines Unternehmens ist in vielen Fällen, wie gezeigt, die sofortige Trennung von den Verantwortlichen. Zugleich zeigte der Beschluss des *OLG Düsseldorf* vom 18. Juli 2001[1031], dass auch eine neugegründete juristische Person wegen der hinter ihr stehenden natürlichen Personen unzuverlässig sein kann. Die einmal als unzuverlässig bemakelten natürlichen Personen können sich damit jedenfalls nicht allein durch die Neugründung eines Unternehmens rehabilitieren.[1032] Es ist anzunehmen, dass es ihnen gleichermaßen versagt ist, beispielsweise als neu berufene Geschäftsführer im Namen einer bestehenden GmbH an Vergabeverfahren teilzunehmen; im Fall eines Berufsverbots nach § 70 StGB steht dies ohnehin außer Frage. Sollte die Möglichkeit der Selbstreinigung natürlichen Personen nicht gegeben sein, so könnten diese auf nicht absehbare Zeit von öffentlichen Aufträgen ausgeschlossen werden und zudem keine verantwortliche Position in Unternehmen besetzen, die die Erteilung solcher Aufträge anstreben.

Was die Fristen für den Ausschluss wegen Unzuverlässigkeit angeht, kann auch für natürliche Personen auf das oben bereits Behandelte verwiesen werden: Ohne

---

1031 *OLG Düsseldorf*, Beschluss v. 18.7.2001, VII Verg 16/01, VergabeR 2001, S. 419 ff.
1032 *OLG Düsseldorf*, Beschluss v. 18.7.2001, VII Verg 16/01, VergabeR 2001, S. 419, 422.

Selbstreinigung sehen die Fälle des obligatorischen Ausschlusses im Wesentlichen den Fristablauf des § 46 BZRG vor – und eben die Selbstreinigung. Im Fall eines fakultativen Ausschlusses kann der zeitliche Abstand zu dem Verstoß, der die Unzuverlässigkeit begründet, im Einzelfall berücksichtigt werden. Auch hier bietet die Selbstreinigung freilich die einzige zuverlässige Maßnahme zur baldigen Rehabilitation – gerade weil außerhalb des Anwendungsbereichs des Verwertungsverbots des § 51 BZRG keine gesetzlichen Fristen existieren.

I. Berücksichtigungsfähigkeit der Selbstreinigung natürlicher Personen

Zunächst stellt sich die Frage, in welchen Fällen die Selbstreinigung einer natürlichen Person zulässig sein soll. Gerade für den Fall des obligatorischen Ausschlusses wegen eines rechtskräftigen Strafurteils ließe sich der Standpunkt beziehen, dass eine Rehabilitation außerhalb der Vorschriften des BZRG nicht gewollt ist. Jedoch ist, wie bereits dargestellt, zu bedenken, dass der Ausschluss eben nicht Teil einer Strafe ist. Aus den unions- und verfassungsrechtlichen Vorgaben ergibt sich eine Pflicht zur Berücksichtigung von Selbstreinigungsmaßnahmen. Dieses Ergebnis wurde zwar in erster Linie für juristische Personen und Personengesellschaften als Wirtschaftsteilnehmer erarbeitet. Es ergeben sich jedoch keine Unterschiede zur Behandlung natürlicher Personen.

In einigen Fällen könnte die Motivation des Betroffenen zur Selbstreinigung durch ein Berufsverbot nach § 70 StGB oder eine Gewerbeuntersagung nach § 35 GewO[1033] vermindert sein. Jedoch zeigt ein näherer Blick auf die Normen, dass diese Maßnahmen durch eine Selbstreinigung überwunden werden können. Weder das Berufsverbot noch die Gewerbeuntersagung dienen repressiven Zwecken, sondern sollen zum Schutz der Allgemeinheit vor Gefahren beitragen, die aus unrechtmäßigem Verhalten entstehen.[1034] Aus diesem Grund sind in beiden Fällen Voraussetzungen normiert, unter denen die Maßnahmen aufgehoben werden müssen, nämlich dann, wenn von dem Betroffenen keine weitere Gefährdung der All-

---

1033 Die Gewerbeuntersagung richtet sich an den Gewerbetreibenden selbst, ggf. also auch an eine juristische Person, *Ennuschat*, in: Tettinger/Wank/Ennuschat, Gewerbeordnung, 8. Aufl. 2011, § 35 Rn. 138. Der Anteil der juristischen Personen, die im Jahr 2004 Adressat einer Gewerbeuntersagung waren, lag jedoch bei unter sechs Prozent, sodass die Relevanz der Maßnahme für natürliche Personen in der Praxis wesentlich höher ist, *Marcks*, in: Landmann, von/Rohmer (Begr.), Gewerbeordnung, Bd. 1, 57. Ergänzungslieferung 2010, § 35 Rn. 17.
1034 *Stree/Kinzig*, in: Schönke (Begr.)/Schröder (fortgef.), Strafgesetzbuch, 28. Aufl. 2010, § 70 Rn. 1; *Brüning*, in: Pielow (Hrsg.), Beck'scher Online-Kommentar Gewerberecht, Edition 13 Stand 1.1.2011, § 35, Rn. 35.

gemeinheit zu erwarten ist.[1035] Beruht die ursprüngliche Gefährdung der Allgemeinheit auf Gründen, die in vergaberechtlicher Terminologie die Zuverlässigkeit entfallen lassen, so werden diese durch eine Selbstreinigung ausgeräumt, und die Maßnahmen müssen entfallen.

II. Selbstreinigungsmaßnahmen natürlicher Personen im Einzelnen

1. Aufklärungsobliegenheit als Verstoß gegen den nemo-tenetur-Grundsatz?

Bereits das erste der oben behandelten Tatbestandsmerkmale, die Aufklärung des Sachverhalts, birgt in dem Fall der Selbstreinigung einer natürlichen Person Probleme. Zwar ist es einer natürlichen Person zumindest in gleichem Umfang wie einem Unternehmen möglich, selbst begangene Straftaten den Ermittlungsbehörden gegenüber aufzudecken. Ob dies indes verlangt werden kann, ist eine Frage des *nemo-tenetur*-Grundsatzes. Hierbei handelt es sich um den rechtstaatlichen Grundsatz, dass niemand gezwungen werden kann, sich selbst strafrechtlich zu belasten.[1036] Nach der sogenannten *Gemeinschuldnerentscheidung* des *BVerfG* verstößt es gegen das allgemeine Persönlichkeitsrecht aus Art. 2 Abs. 1 GG, eine Person in die Konfliktsituation zu bringen „sich entweder selbst einer strafbaren Handlung zu bezichtigen oder durch eine Falschaussage gegebenenfalls ein neues Delikt zu begehen oder aber wegen ihres Schweigens Zwangsmitteln ausgesetzt zu

---

1035 S. § 70 a Abs. 1 StGB: „Ergibt sich nach Anordnung des Berufsverbots Grund zu der Annahme, daß die Gefahr, der Täter werde erhebliche rechtswidrige Taten der in § 70 Abs. 1 bezeichneten Art begehen, nicht mehr besteht, so kann das Gericht das Verbot zur Bewährung aussetzen." Die Norm ist dem Wortlaut nach eine Kann-Vorschrift. Die Aussetzung ist jedoch wegen des allgemeinen Prinzips, dass Maßregeln nur bis zur Zweckerreichung gerechtfertigt sind, in Fällen, in denen keine Gefahr mehr von dem Betroffenen ausgeht, zwingend, *Lackner/Kühl*, Strafgesetzbuch. Kommentar, 27. Aufl. 2011, § 70 a Rn. 3.
S. § 35 Abs. 6 S. 1 GewO: „Dem Gewerbetreibenden ist von der zuständigen Behörde auf Grund eines an die Behörde zu richtenden schriftlichen Antrages die persönliche Ausübung des Gewerbes wieder zu gestatten, wenn Tatsachen die Annahme rechtfertigen, daß eine Unzuverlässigkeit im Sinne des Absatzes 1 nicht mehr vorliegt.".

1036 *Nemo tenetur se ipsum accusare*, hierzu *BVerfG*, Beschluss v. 8.10.1974, 2 BvR 747/73, NJW 1975, S. 103 f.

werden"[1037]. Weiterhin berührt es die Würde des Menschen, eine Aussage als Mittel gegen ihn selbst zu verwenden.[1038]

Die Ablehnung der Selbstreinigungsmaßnahmen als unvollständig und der nachfolgende Verfahrensausschluss wegen Unzuverlässigkeit ist jedoch nicht mit der vom *BVerfG* zu beurteilenden Möglichkeit der Anordnung von Beugehaft zu vergleichen, da der Ausschluss gerade keine Zwangsmaßnahme zur Durchsetzung einer Pflicht ist. Teile der Rechtsprechung[1039] und der Literatur[1040] unterscheiden zwischen zwangsmittelbewehrten Auskunftspflichten und Obliegenheiten. Ist eine Aufforderung zur Selbstbezichtigung als Pflicht ausgestaltet und stehen zu ihrer Durchsetzung Zwangsmittel bereit, so liegt ein Verstoß gegen das *nemo-tenetur*-Prinzip vor. Verliert der Betroffene bloß Ansprüche, etwa gegenüber einem Versicherer, so genügt dies nicht, die Aussage einem Verwertungsverbot zu unterwerfen. Nach dieser Differenzierung stellt die Obliegenheit zur Sachverhaltsaufklärung wohl keinen Verstoß gegen das *nemo-tenetur*-Prinzip dar. Dadurch, dass der Betroffene von einer Aufklärung des Sachverhalts Abstand nimmt, drohen ihm keine Zwangsmittel. Er beeinträchtigt lediglich seine Chancen, zukünftig an der Vergabe öffentlicher Aufträge teilzunehmen.

Es wird eingewandt, dass auch Obliegenheiten ähnlich einer Pflicht einen zwingenden Charakter haben können, wenn bereits die „vermögensrechtlichen Auswirkungen (…) existenzvernichtend sein" [1041] können. Aus diesem Grund wird für die Frage der Verwertbarkeit eine Güterabwägung im Einzelfall vorgeschlagen.[1042] Nach dieser Ansicht könnte eine Mitwirkung im Rahmen der Selbstreinigung einer natürlichen Person sehr wohl das *nemo-tenetur*-Prinzip verletzen, da Wirtschaftsteilnehmer in bestimmten Märkten auf Aufträge öffentlicher Auftraggeber angewiesen sind.

1037 *BVerfG*, Beschluss v. 13.1.1981, 1 BvR 116/77, NJW 1981, S. 1431.
1038 *BVerfG*, Beschluss v. 13.1.1981, 1 BvR 116/77, NJW 1981, S. 1431. Die verfassungsrechtliche Verankerung des *nemo-tenetur*-Prinzips wird vom *BVerfG* recht ungenau beschrieben. Allein in einer Entscheidung aus dem Jahr 1995 nennt das Gericht die Handlungsfreiheit sowie das Persönlichkeitsrecht des Art. 2 Abs. 1 GG, die Menschenwürde bzw. den Leitgedanken der Achtung vor der Menschenwürde, das Rechtsstaatsprinzip, das Grundrecht auf ein rechtsstaatliches, faires Verfahren als Grundlage und stellt fest, dass es sich bei dem Schweigerecht im Strafverfahren um einen der anerkannten Grundsätze des Strafverfahrens handelt, *BVerfG*, Beschluss v. 7.7.1995, 2 BvR 326/92, NStZ 1995, S. 555. S. *Verrel*, Nemo tenetur – Rekonstruktion eines Verfahrensgrundsatzes – 1. Teil, NStZ 1997, S. 361, 364.
1039 *OLG Celle*, Urteil v. 19.9.1984, 3 Ss 116/84, NJW 1985, S. 640; *KG Berlin*, Urteil v. 7.7.1994, (3) 1 Ss 175/93 (60/93), NStZ 1995, S. 146 f.
1040 *Dingeldey*, Der Schutz der strafprozessualen Aussagefreiheit durch Verwertungsverbote bei außerstrafrechtlichen Aussage- und Mitwirkungspflichten, NStZ 1984, S. 529, 533; *Reiß*, Gesetzliche Auskunftsverweigerungsrechte bei Gefahr der Strafverfolgung in öffentlichrechtlichen Verfahren, NJW 1982, S. 2540, 2541; *Rengier*, Anmerkung zu *OLG Celle*, Urteil v. 16.2.1982, 1 Ss 605/81, JR 1982, S. 477, 478 f.
1041 *OLG Celle*, Urteil v. 16.2.1982, 1 Ss 605/81, NStZ 1982, S. 393.
1042 *OLG Celle*, Urteil v. 16.2.1982, 1 Ss 605/81, NStZ 1982, S. 393.

Dennoch sprechen im Fall der Sachverhaltsaufklärung regelmäßig die besseren Gründe gegen eine Verletzung des Schutzes vor Selbstbezichtigung. Der Betroffene muss hinnehmen, dass unter Umständen seine Erwerbsaussichten leiden.[1043] Selbst wenn eine Güterabwägung erforderlich sein sollte, wird sie nicht zugunsten des Betroffenen ausfallen können, da gegen seine fiskalischen Interessen neben dem öffentlichen Interesse an der Strafverfolgung auch der Schutz der öffentlichen Haushalte bei der Auftragsvergabe und der Schutz des Wettbewerbs stehen. Das *nemo-tenetur*-Prinzip wird daher durch das Erfordernis der Aufklärung des Sachverhalts bei der Selbstreinigung von natürlichen Personen nicht verletzt.

2. Wiedergutmachung des Schadens

Die zweite Voraussetzung der Selbstreinigung, die Wiedergutmachung des Schadens, ist natürlichen Personen gleichermaßen möglich wie juristischen Personen oder Personengesellschaften. Hier ergeben sich keine Besonderheiten.

3. Personelle Konsequenzen

Anders stellt sich die Lage bei der dritten Voraussetzung dar. Personelle Konsequenzen durch Entlassung oder Abmahnung der Verantwortlichen kommen für eine natürliche Person offensichtlich nicht in Betracht. Durch die Entlassung soll ein Unternehmen davor bewahrt werden, weiter unter dem Einfluss der Personen zu stehen, die für den Verstoß verantwortlich waren. Dies kann von einer natürlichen Person nicht verlangt werden, und ähnliche Maßnahmen stehen ihr nicht zur Verfügung. In Einzelfällen lässt sich dennoch ein vergleichbares Ergebnis erzielen. Im Fall eines Kaufmanns, der durch einen Rechtsverstoß unzuverlässig geworden ist, wäre eine Lösung vorstellbar, die sich an das bereits oben behandelte Modell der treuhänderischen Verwaltung durch einen Dritten anlehnt. Unabhängig von der genauen Ausgestaltung einer solchen Regelung, ist es erforderlich, dass der Betroffene keinen Einfluss mehr auf die Geschäftsführung hat. Im Fall, dass ein als unzuverlässig Bemakelter in einem Unternehmen angestellt ist, muss gleichermaßen gewährleistet sein, dass er keinen maßgeblichen Einfluss auf zuverlässigkeitssensible Entscheidungen hat. Im Fall eines Handwerkers, der aus Gründen als unzuverlässig anzusehen ist, die in der Erbringung der eigentlichen Leistung begründet liegen, wird eine Übertragung der Aufgaben auf einen „Treuhänder" wohl aus-

---

1043 So für den Fall der Angaben gegenüber einem Haftpflichtversicherer *Stürner*, Strafrechtliche Selbstbelastung und verfahrensförmige Wahrheitsermittlung, NJW 1981, S. 1757, 1759.

geschlossen sein. Anderes gilt, wenn sich die Unzuverlässigkeit aus Unstimmigkeiten seiner Buchhaltung begründet. Es lassen sich Parallelen aus dem Berufsverbot nach §§ 70 ff. StGB ziehen. Hier ist es möglich, das Berufsverbot nur auf bestimmte Tätigkeiten eines Berufs zu beschränken.[1044] Je nach Art des Verstoßes kann eine Beschränkung des Einflusses des Betroffenen genügen. So steht eine Verurteilung wegen Betrugs beispielsweise einer angestellten Tätigkeit ohne Bezug zum Rechnungswesen regelmäßig nicht entgegen.[1045]

4. Strukturelle und organisatorische Präventivmaßnahmen

Schwierigkeiten bei der Übertragung von Selbstreinigungsvoraussetzungen auf natürliche Personen ergeben sich auch beim vierten Merkmal der Selbstreinigung, nämlich bei strukturellen und organisatorischen Präventivmaßnahmen. Die Mehrzahl der *Compliance*-Maßnahmen wird von einer natürlichen Person weder zu bewältigen sein, noch sind sie in diesem Fall überhaupt zielführend – ein Kaufmann kann sich selbst nicht überwachen, auch wird dies von ihm kaum verlangt werden. Dennoch sind bestimmte Maßnahmen auch von natürlichen Personen zu ergreifen, um die Einhaltung gesetzlicher Bestimmungen zu gewährleisten. Hierbei ist insbesondere an eine geordnete Buchführung zu denken, um etwa Insolvenzdelikte zu vermeiden. Unter Umständen kann es dem Einzelkaufmann auch zuzumuten sein, für solche Aufgaben Personen einzustellen, die über die erforderliche Expertise verfügen.

C. Verhältnis von Verstoß und Selbstreinigung

Die Untersuchung des Tatbestandes hat ergeben, dass es kein allgemeines Schema zur Selbstreinigung gibt. Es steht eine Vielzahl von Maßnahmen bereit, unter denen es die richtigen auszuwählen gilt. Dies richtet sich in erster Linie nach der Art des Verstoßes. Komplexe Sachverhalte verlangen vom Teilnehmer ein hohes Maß an Aufklärung, der Eintritt eines Schadens erfordert eine Wiedergutmachung. Neben der Art des Verstoßes hat auch der Umfang, also die Schwere des Verstoßes Einfluss auf die notwendigen Selbstreinigungsmaßnahmen.[1046]

1044 *Stree/Kinzig*, in: Schönke (Begr.)/Schröder (fortgef.), Strafgesetzbuch, 28. Aufl. 2010, § 70 Rn. 15.
1045 Zum Berufsverbot nach § 70 StGB *OLG Koblenz*, Beschluss v. 5.2.1997, 1 Ws 30/97, wistra 1997, S. 280.
1046 *Prieß/Pünder/Stein*, in: Pünder/Prieß/Arrowsmith (Hrsg.), Self-Cleaning in Public Procurement Law, 2009, S. 83.

Neben diesen Faktoren, die die Selbstreinigung unmittelbar aus dem Ereignis des Rechtsverstoßes heraus beeinflussen, werden weitere Umstände diskutiert, denen Einfluss auf die notwendige Selbstreinigung zugesprochen wird. Insbesondere die folgenden drei Merkmale werden in diesem Zusammenhang diskutiert: die Zeitspanne, die seit dem Verstoß vergangen ist, das Verhältnis von dem Verstoß zu dem Gesamtbild des Unternehmens, hier insbesondere die korrekt ausgeführten Aufträge, und schließlich die auftragsspezifischen Anforderungen an die Teilnehmer.[1047]

I. Schwere des Verstoßes

Der erste und wichtigste Faktor, der die Art und den Umfang der notwendigen Selbstreinigungsmaßnahmen beeinflusst, ist die Natur des Verstoßes, der zu Unzuverlässigkeit geführt hat.[1048] Je schwerer der Verstoß wiegt, desto gewichtiger müssen die Schritte des Unternehmens sein. Hier zeigt sich, wie entscheidend die Betrachtung des Einzelfalls und wie gering die Bedeutung allgemeiner Schemata ist. Diese Wertung findet sich auch in der Rechtsprechung wieder. Die Gerichte haben allenfalls in ihrer Rechtsprechung zu § 130 OWiG hin und wieder die Pflicht zur Einrichtung einer Revision oder anderen konkreten Institutionen.[1049] In der recht überschaubaren Anzahl von Entscheidungen zur Selbstreinigung kommen die Gerichte zu dem Schluss, dass allein der Einzelfall ausschlaggebend ist.[1050] Wie auch im Bereich der übrigen Maßnahmen zur Selbstreinigung – die Aufklärung des Sachverhalts, die Wiedergutmachung des Schadens und die personellen Konsequenzen – lassen sich keine abstrakten Mindeststandards festlegen. Von Fall zu Fall ist anhand des Verstoßes und des zur Selbstreinigung getroffenen Maßnahmenbündels zu entscheiden, ob die Unzuverlässigkeit des Wirtschaftsteilnehmers weiter besteht oder ob Abhilfe geschaffen wurde. Letzteres ist dann der Fall, wenn der betroffene Wirtschaftsteilnehmer wieder das Niveau an Zuverlässigkeit erreicht hat, welches an die übrigen Mitbewerber zu stellen ist. So entschied das *OLG*

1047 *Prieß/Pünder/Stein*, in: Pünder/Prieß/Arrowsmith (Hrsg.), Self-Cleaning in Public Procurement Law, 2009, S. 84 f.
1048 *Prieß/Pünder/Stein*, in: Pünder/Prieß/Arrowsmith (Hrsg.), Self-Cleaning in Public Procurement Law, 2009, S. 83.
1049 *Hauschka*, „Compliance am Beispiel der Korruptionsbekämpfung", ZIP 2004, S. 877, 878; *Schmid*, in: Müller-Gugenberger/Bieneck, Wirtschaftsstrafrecht, 5. Aufl. 2011, § 30 Rn. 151. Auch hier gilt, dass Ausmaß, Umfang und konkrete Ausgestaltung von Aufsichtspflichten von den Umständen im einzelnen Unternehmen abhängig sind, *Schmid*, in: Müller-Gugenberger/Bieneck, Wirtschaftsstrafrecht, 5. Aufl. 2011, § 30 Rn. 142. Zu den aus § 130 OWiG resultierenden Pflichten und der Auslegung durch die Rechtsprechung s. *Hermanns/Kleier*, Grenzen der Aufsichtspflicht in Betrieben und Unternehmen, 1987, S. 45 ff.
1050 *OLG Frankfurt*, Urteil v. 3.12.1996, 11 U Kart 64/95, WRP 1997, S. 203, 210.

Frankfurt am 3. Dezember 1996[1051], dass im Fall von punktuellen Verstößen einzelner Mitarbeiter über eine Auflösung des Beschäftigungsverhältnisses hinaus keine grundsätzliche Reorganisation der Strukturen zur Aufdeckung unzuverlässigen Verhaltens notwendig ist.[1052] Gleiches gilt auch für die Entscheidung der Vergabekammer Nordbayern.[1053] Die Kammer befand die fristlose Kündigung des wegen Betrugs verurteilten Angestellten als ausreichende Maßnahme, um die Zuverlässigkeit des Unternehmens wiederherzustellen.

In anderen Fällen kann eine nahezu vollständige Neuorganisation des Unternehmens angeraten oder sogar erforderlich sein, so etwa im Fall *Trienekens*, den das *OLG Düsseldorf* im Jahr 2003 zu entscheiden hatte.[1054] Nach dem sogenannten *Kölner Müllskandal* hatte das Unternehmen, dessen Zuverlässigkeit in Frage stand, zum einen erhebliche Mühen in die Aufklärung des Sachverhalts und die erforderlichen personellen Konsequenzen gesteckt.[1055] Daneben wurden im Rahmen einer Verschmelzung des beanstandeten Unternehmens mit einem anderen auch neue Entscheidungsstrukturen und -befugnisse eingeführt sowie die regionale Aufgliederung der Gesellschaft neu geordnet. Bemerkenswert ist, dass das Gericht von dem Umfang der Maßnahmen derart beeindruckt war, dass es keine Notwendigkeit sah, durch Einsichtnahme in eine erst vor kurzem zugestellte Anklageschrift aufzuklären, ob gegen weiterhin beschäftigte leitende Angestellte Anklage seitens der Staatsanwaltschaft erhoben worden war. Selbst für den Fall, dass sich dieser Umstand bewahrheiten solle, so das Gericht, sei davon auszugehen, dass das gereinigte Unternehmen stichhaltigen Verdachtsmomenten nachgehen und die gebotenen personellen Konsequenzen ziehen werde. Unzuverlässigkeit liege somit auch in diesem Fall nicht (mehr) vor.[1056] Ähnliche Maßnahmen, nämlich die Trennung der Verwaltung vom operativen Bereich durch Neugründung mit jeweils unabhängiger

---

1051 *OLG Frankfurt*, Urteil v. 3.12.1996, 11 U Kart 64/95, WRP 1997, S. 203, 210.
1052 Dies deckt sich auch mit *1. VK Bund*, Beschluss v. 11.10.2002, VK 1-75/02. Hier wurde die befristete Übertragung der Geschäftsanteile der unzuverlässigen Gesellschafter auf einen Treuhänder als zur Selbstreinigung ausreichend erachtet. Die Maßnahme ist jedoch den personellen Konsequenzen zuzuordnen, da sie darauf zielt, bestimmte natürliche Personen von der Einwirkung auf das Unternehmen auszuschließen. Strukturelle oder organisatorische Maßnahmen, die dem Bereich der Compliance angehören, waren nach der Auffassung der Vergabekammer nicht erforderlich.
1053 *VK Nordbayern*, Beschluss v. 22.1.2007, 21. VK-3194-44/06.
1054 *OLG Düsseldorf*, Beschluss v. 9.4.2003, VII Verg 43/02, NZBau 2003, S. 578, 579 f.
1055 Eine Sonderprüfung führte die im Zusammenhang mit Bestechungsvorwürfen stehenden Zahlungsströme und Beraterverträge auf, der Sonderprüfungsbericht wurde der Staatsanwaltschaft zur Verfügung gestellt, alle betroffenen Personen wurden von ihren Funktionen und Befugnissen entbunden, der gesamte Vorstand wurde ausgetauscht, zahlreiche Mitarbeiter der Führungsebenen 2 und 3 verließen das Unternehmen, alle Mitarbeiter mit Handlungsvollmacht oder Prokura wurden auf ihre Beteiligung an den Straftaten hin überprüft, *OLG Düsseldorf*, Beschluss v. 9.4.2003, VII Verg 43/02, NZBau 2003, S. 578, 580.
1056 *OLG Düsseldorf*, Beschluss v. 9.4.2003, VII Verg 43/02, NZBau 2003, S. 578, 579.

Geschäftsführung, hatte auch das *OLG Brandenburg* im Jahre 2007 zu bewerten.[1057] Auch hier wurde die Zuverlässigkeit des betroffenen Teilnehmers bejaht.

II. Zeitspanne seit dem Verstoß

Es stellt sich die Frage, ob die Zeitspanne, die seit dem Verstoß vergangen ist, bei dem erforderlichen Umfang der Selbstreinigungsmaßnahmen eine Rolle spielt.[1058] Hierbei lässt sich an die bereits oben behandelte Frage anknüpfen, ob die Zeitspanne zwischen dem Verstoß und der Bewertung der Zuverlässigkeit Einfluss auf das Ergebnis dieser Bewertung hat.

Im Bereich der fakultativen Verfahrensausschlüsse dienen Rechtsverstöße als Indizien dafür, dass der Wirtschaftsteilnehmer nicht fähig ist, einen Auftrag in der Zukunft ordnungsgemäß durchzuführen. Es erscheint naheliegend, dass die Indizwirkung von Verstößen über die Zeit nachlässt. Schließlich spricht bereits die Tatsache, dass das Unternehmen in der Zwischenzeit seine Geschäfte sorgsam geführt hat, dafür, dass eine ordnungsgemäße Ausführung zukünftiger Aufträge wahrscheinlich ist. Es werden daher zumeist geringere Anstrengungen zur Wiederherstellung der Zuverlässigkeit genügen, wenn die Rechtsverstöße längere Zeit in der Vergangenheit liegen.

Dieser Gedanke lässt sich nicht unmittelbar auf die obligatorischen Ausschlussgründe der Vergabe- und Vertragsordnungen übertragen. Hier bedarf es aufgrund des an sich eindeutigen Wortlauts der Vorschriften eines Zwischenschritts. Die § 6a Abs. 1 Nr. 1 S. 1 VOB/A, § 6 EG Abs. 4 S. 1 VOL/A, § 4 Abs. 6 S. 1 VOF enthalten keine zeitliche Befristung. Im Fall einer Verurteilung nach den genannten Delikten ist der Teilnehmer auszuschließen, unabhängig davon, wie lange die Verurteilung zurückliegt.[1059] Wie bereits erörtert, stellen die Normen einen Ausnahmetatbestand bereit. Nach § 6a Abs. 1 Nr. 3 VOB/A, § 6 EG Abs. 5 VOL/A und § 4 Abs. 8 VOF kann von dem Ausschluss abgesehen werden, wenn „aufgrund besonderer Umstände des Einzelfalls" die Zuverlässigkeit des Bewerbers nicht in Frage gestellt ist. Bei dem Zeitablauf handelt es sich per se nicht um einen solchen Umstand; die Wirtschaftsteilnehmer sind auf die Möglichkeit der Selbstreinigung verwiesen. Ähnlich wie im Fall des fakultativen Ausschlusses wird man hier zu dem Ergebnis kommen müssen, dass nur solche Selbstreinigungsmaßnahmen von einem Wirtschaftsteilnehmer verlangt werden können, die tatsächlich zu einer Steigerung der Zuverlässigkeit auf ein Maß führen, welches mit dem seiner zuver-

---

1057 *OLG Brandenburg*, Beschluss v. 14.12.2007, Verg W 21/07, NZBau 2008, S. 277, 279 f.
1058 *Prieß/Pünder/Stein*, in: Pünder/Prieß/Arrowsmith (Hrsg.), Self-Cleaning in Public Procurement Law, 2009, S. 84.
1059 Einen äußersten Rahmen bildet das Verwertungsverbot des § 51 Abs. 1 BZRG, siehe S. 80 f.

lässigen Mitbewerber vergleichbar ist. Wurde die Straftat, die zu dem obligatorischen Ausschluss geführt hat, allein in der Person eines konkreten Angestellten begründet und hat diese Person das Unternehmen inzwischen verlassen, so entfällt die Pflicht zur Sachverhaltsaufklärung und zur Vornahme personeller Konsequenzen. Die Zeitspanne, innerhalb derer das Unternehmen seit dem Verstoß zuverlässig Aufträge ausgeführt hat, kann zudem als Indiz dafür gewertet werden, dass die Unternehmensführung keine strukturellen Schwächen aufweist, die die Begehung von Rechtsverstößen begünstigt. Entsprechend niedriger müssen die Anforderungen an weitere Maßnahmen des Wirtschaftsteilnehmers ausfallen.[1060]

III. Verhältnis von Verstößen zu korrekt ausgeführten Aufträgen

Ein Faktor, der ebenfalls den Umfang und die Art der Selbstreinigung beeinflusst, ist das Verhältnis, in dem die fehlerhaft ausgeführten Aufträge zu den fehlerfreien Arbeiten eines Teilnehmers stehen.[1061] Hierbei sind vergleichbare öffentliche und auch private Aufträge und insbesondere Geschäftsbeziehungen zu dem Auftraggeber, der die Zuverlässigkeit zu überprüfen hat, zu berücksichtigen. Während der soeben behandelte Punkt II. allein auf die Zeitspanne zwischen dem Verstoß und der Rehabilitation abstellt, richtet sich nunmehr der Blick auf die wirtschaftlichen Aktivitäten des betroffenen Teilnehmers vor und nach dem Verstoß.

Es stellt sich die Frage, ob von einem langjährigen zuverlässigen Vertragspartner im Fall eines Verstoßes das gleiche Maß an Selbstreinigung verlangt werden kann oder sogar verlangt werden muss. Hiervon ist die Frage zu unterscheiden, ob eine Verfehlung im Sinne der § 6 Abs. 3 Nr. 2 lit. g VOB/A, § 6 Abs. 5 lit. c VOL/A, § 4 Abs. 9 lit. c VOF, die bei einem unbekannten Wirtschaftsteilnehmer den Vorwurf der Unzuverlässigkeit begründet, bei einem renommierten Branchenmitglied zu der gleichen Einschätzung führen muss. Was jenes angeht, kann auf das oben gesagte verwiesen werden: Eine schwere Verfehlung führt nur dann zu einem Ausschluss, wenn auch die Zuverlässigkeit in Frage gestellt ist. Nur in diesen Fällen wird eine Selbstreinigung überhaupt erforderlich sein. Handelte es sich bei dem Verstoß um einen Ausrutscher, der aufgrund implementierter *Compliance*-Systeme unmittelbar entdeckt und aufgefangen werden konnte, so wird kein ernsthafter Zweifel an der Zuverlässigkeit des Wirtschaftsteilnehmers aufkommen. Die Vergabestelle muss bei ihrer Entscheidung nicht zuletzt die besonderen Verhältnisse des zu untersuchenden Wirtschaftsteilnehmers berücksichtigen.

1060 So auch *Prieß/Pünder/Stein*, in: Pünder/Prieß/Arrowsmith (Hrsg.), Self-Cleaning in Public Procurement Law, 2009, S. 85.
1061 *Prieß/Pünder/Stein*, in: Pünder/Prieß/Arrowsmith (Hrsg.), Self-Cleaning in Public Procurement Law, 2009, S. 85.

Auch die Frage nach dem erforderlichen Umfang der Selbstreinigung ist in Abhängigkeit zu dem sonstigen Verhalten des Wirtschaftsteilnehmers zu beantworten. Das Unternehmen muss durch die Maßnahmen glaubhaft machen, dass es wieder in der Lage ist, Aufträge zuverlässig auszuführen. Die erforderliche und wiederum einzelfallbezogene Beurteilung sollte nicht unter Ausblendung der Informationen um die Unternehmensabläufe geschehen, soweit die beurteilende Stelle auf einen Erfahrungsschatz mit dem Unternehmen zurückgreifen kann. Umgekehrt ist es selbstverständlich, dass nur aufgrund einer bestehenden Beziehung des Unternehmens zu einem öffentlichen Auftraggeber Verstöße im Unternehmen nicht ignoriert werden dürfen.

Somit ist für den Fall einer Beeinträchtigung der Zuverlässigkeit eines Unternehmens, welches in der Vergangenheit nachweislich ganz überwiegend fehlerfrei gearbeitet hat, die folgende Differenzierung vorzunehmen. Selbstreinigungsmaßnahmen, die unmittelbar den Rechtsverstoß adressieren, sind in gleicher Weise vorzunehmen, wie dies von anderen, der Vergabestelle weniger bekannten Wirtschaftsteilnehmern zu verlangen ist. Hierbei handelt es sich in erster Linie um die ersten drei der oben genannten Voraussetzungen der Selbstreinigung. Von einem Unternehmen ist somit - soweit im Einzelfall erforderlich – eine Aufklärung des Sachverhalts zu erwarten. Gleichermaßen ist die Wiedergutmachung des aus dem Verstoß entstandenen Schadens zu fordern, und auch die Anforderungen an die personellen Konsequenzen unterscheiden sich nicht. Anderes gilt freilich für die zu fordernden *Compliance*-Maßnahmen. Diese vierte Voraussetzung der Selbstreinigung setzt in der Struktur des Unternehmens an und dient dazu, Verstöße in der Zukunft zu verhindern oder wenigstens zu erschweren. Eine langjährige gewissenhafte Betriebsführung kann hier als Indiz dafür gewertet werden, dass in dem betroffenen Unternehmen keine grundsätzlichen, strukturellen Probleme bestehen. Es wird daher regelmäßig nicht in gleichem Maße notwendig sein, durch die Einrichtung von *Compliance*-Institutionen zusätzliche Transparenz im Unternehmen herzustellen. Hier kann ein gutes Verhältnis zwischen Verstößen und einwandfrei ausgeführten Aufträgen zu Zugeständnissen in Hinblick auf die zu fordernden Selbstreinigungsmaßnahmen führen.[1062]

IV. Branchenspezifische Anforderungen an die Teilnehmer

Der letzte mittelbar durch den Verstoß bedingte Faktor der Selbstreinigung, der in der Literatur diskutiert wird, liegt in den spezifischen Anforderungen eines zu ver-

---

1062 Ähnlich *Prieß/Pünder/Stein*, in: Pünder/Prieß/Arrowsmith (Hrsg.), Self-Cleaning in Public Procurement Law, 2009, S. 85.

gebenden Auftrags.[1063] Es wird die Frage aufgeworfen, ob je nach Tätigkeitsbereich ein unterschiedlicher Zuverlässigkeitsstandard und je nach angestrebtem Auftrag ein unterschiedliches Maß an Selbstreinigung verlangt werden kann.[1064] Auch hier ist eine Nähe zu der bereits oben behandelten Frage erkennbar, ob bei der Vergabe sensibler Aufträge, wie etwa der Vergabe von BSE-Tests, bei dem Wirtschaftsteilnehmer ein höherer Maßstab an die Zuverlässigkeit angelegt werden darf. Die Rechtsprechung bejaht dies mit guten Gründen.[1065] Das Ergebnis lässt sich auf bestimmte Fälle der Selbstreinigung übertragen. Nimmt ein Unternehmen an einer Ausschreibung teil nachdem es wegen festgestellter Unzuverlässigkeit eine Selbstreinigung angestrengt hat, so ist es Aufgabe der Vergabestelle, unter Berücksichtigung der Maßnahmen zu entscheiden, ob die für den konkreten Auftrag erforderliche Zuverlässigkeit hergestellt wurde.[1066]

Selbstreinigung erfolgt in vielen Fällen unabhängig von einem konkret angestrebten Auftrag. Bereits die Möglichkeit eines Ausschlusses aus einem zukünftigen Verfahren und erst recht der Eintrag in ein Vergaberegister wird regelmäßig für einen Wirtschaftsteilnehmer Grund genug sein, entsprechende Maßnahmen zu ergreifen. Ebenso wird die Überprüfung der Restaurierung der Zuverlässigkeit durch eine registerführende Behörde nicht in Hinblick auf einen konkreten zukünftig zu erteilenden Auftrag erfolgen. Maßgeblich muss in diesen Fällen die Branchenüblichkeit sein. Die Leitlinie des BMVBS macht für die Durchführung eines Präqualifizierungsverfahrens[1067] eindeutige Vorgaben, welche Anforderungen an die Zuverlässigkeit eines Wirtschaftsteilnehmers in der Baubranche zu stellen sind.[1068] Hierbei handelt es sich um strenge Voraussetzungen. Sie unterscheiden sich jedoch nicht grundsätzlich von denen, die in einem konkreten Vergabeverfahren typischerweise verlangt werden. Es ist daher davon auszugehen, dass eine Selbstreinigung, die ein den Vorschriften der Leitlinie des BMVBS entsprechendes Zuverlässigkeitsniveau herstellt, auch zur grundsätzlichen Wiedererlangung der Zuverlässigkeit genügt. Vergleichbare Zuverlässigkeitsniveaus sind von Wirtschaftsteilnehmern im Anwendungsbereich der VOL/A und der VOF zu fordern. Dieses branchenübliche Niveau genügt üblicherweise für die Eignung in einem Vergabeverfahren und für die Löschung eines Registereintrags. Vergabestellen ist

---

1063 *Prieß/Pünder/Stein*, in: Pünder/Prieß/Arrowsmith (Hrsg.), Self-Cleaning in Public Procurement Law, 2009, S. 85.
1064 *Prieß/Pünder/Stein*, in: Pünder/Prieß/Arrowsmith (Hrsg.), Self-Cleaning in Public Procurement Law, 2009, S. 85 f.
1065 *OLG München*, Beschluss v. 21.4.2006, Verg 8/06, ZfBR 2006, S. 507, 509.
1066 *Prieß/Pünder/Stein*, in: Pünder/Prieß/Arrowsmith (Hrsg.), Self-Cleaning in Public Procurement Law, 2009, S. 86.
1067 Leitlinie des Bundesministeriums für Verkehr, Bau und Stadtentwicklung für die Durchführung eines Präqualifizierungsverfahrens vom 25. April 2005 in der Fassung vom 6.5.2010, http://www.pq-verein.de/anlage48116binary, abgerufen am 2.6.2011.
1068 S. insbesondere Anlage 1, Kriterien der Präqualifizierung, Eignungsnachweise und Ausschlusstatbestände nach § 6 Abs. 3 und § 16 Abs. 1 Nr. 2 VOB/A.

es selbstverständlich unbenommen, höhere Anforderungen an die Zuverlässigkeit zu stellen, wenn der Gegenstand der ausgeschriebenen Leistung dies erfordert.

D. Selbstreinigung im laufenden Vergabeverfahren

Selbstreinigungsmaßnahmen, die bis zum Zeitpunkt der Eignungsprüfung vorgenommen worden sind, müssen von der prüfenden Stelle bewertet und in der Entscheidung berücksichtigt werden. Fraglich ist, ob dies auch für solche Maßnahmen gilt, die während des Vergabeverfahrens oder sogar erst im Anschluss an die Eignungsprüfung vorgenommen worden sind. Hierzu soll auf eine bereits erwähnte Entscheidung des *OLG Düsseldorf* eingegangen werden.[1069]

Der Antragsgegner, eine zentrale Beschaffungsstelle für die Bedarfe der Polizei in Nordrhein-Westfalen, hatte eine Ausschreibung über mehrere TKÜ-File-Server mit Peripheriegeräten und zugehöriger Software in zwei Losen durchgeführt. Der Antragsteller, ein unterlegener Bieter, beanstandete die Vergabeentscheidung unter anderem wegen der angeblich fehlenden Eignung des zu bezuschlagenden Konkurrenten, der im gerichtlichen Verfahren als Beigeladener auftrat. Bei dem von der Vergabestelle favorisierten Bieter handelte es sich um ein neugegründetes Unternehmen, dessen zwei Mitgesellschafter unter anderer Firma unbestrittenermaßen schwere Verfehlungen im Sinne des § 7 Nr. 5 lit. c VOL/A 2006[1070] begangen hatten. Die daraus resultierende Unzuverlässigkeit ging auch der Ansicht der Vergabestelle, der Vergabekammer und des Gerichts nach auf die neugegründete Gesellschaft über. Dies führte dazu, dass eine Erteilung des Auftrags an das neue Unternehmen ermessensfehlerhaft war. Als grundsätzliche Möglichkeit zur Ausräumung der Zuverlässigkeitsbedenken erkannten alle genannten Nachprüfungsinstanzen eine „Entflechtung" der Gesellschafter im Wege einer Übertragung ihrer Geschäftsanteile auf einen Treuhänder als ausreichende Selbstreinigungsmaßnahme an. In dem Fall unzuverlässiger Gesellschafter kann die Selbstreinigung dadurch erfolgen, dass den unzuverlässigen Personen wenigstens vorübergehend sämtliche Einflussnahme auf das Unternehmen entzogen wird.

Im Anschluss an diese etablierte Feststellung überraschte das Gericht mit der Auffassung, dass eine Selbstreinigung auch nach Abgabe eines Angebots und sogar nach der Feststellung der Unzuverlässigkeit im Verfahren durch den Abschluss eines entsprechenden Treuhandvertrages wiederhergestellt werden könne[1071]. Dies führte im konkreten Fall dazu, dass bis zum Abschluss des Treuhandvertrages, der

---

[1069] *OLG Düsseldorf*, Beschluss v. 18.7.2001, VII Verg 16/01, VergabeR 2001, S. 419 ff.
[1070] Jetzt § 6 Abs. 5 lit. c VOL/A.
[1071] *Trautner*, Anmerkung zu *OLG Düsseldorf*, Beschluss v. 18.7.2001, VII Verg 16/01, VergabeR 2001, S. 427, 428.

im Anschluss an die mündliche Verhandlung im Nachprüfungsverfahren vor der Vergabekammer erfolgte, die Einbeziehung des Angebots des Beigeladenen ermessensfehlerhaft war. Dessen ungeachtet konnte der Treuhandvertrag als neue Tatsache im Beschwerdeverfahren berücksichtigt werden.[1072]

Teilweise wird diese Entscheidung als Kehrtwende in der Rechtsprechung verstanden.[1073] Die bisherige Auffassung der Gerichte war es, dass das Nachreichen von erforderlichen Unterlagen oder Erklärungen die Wirksamkeit eines Angebots nicht nachträglich wiederherstellen konnte. Ob es sich bei der Entscheidung tatsächlich um eine dauerhafte Abkehr von dieser Rechtsprechungslinie handelt, muss bezweifelt werden[1074], da es dem Zweck einer sukzessiven Verringerung des Bieterkreises zuwider läuft.[1075] Im Grundsatz bleibt es daher dabei, dass Selbstreinigungsmaßnahmen – soweit sie bereits stattgefunden haben – bei der jeweiligen Prüfung der Eignung zu berücksichtigen sind.

6. Abschnitt Rechtsfolgen der Selbstreinigung

A. Verfahrensausschluss

Die § 6a Abs. 1 Nr. 1 S. 1 VOB/A, § 6 EG Abs. 4 S. 1 VOL/A, § 4 Abs. 6 S. 1 VOF sehen den obligatorischen Ausschluss eines Teilnehmers für den Fall einer rechtskräftigen Verurteilung nach einem der in den Katalogen genannten Straftaten vor. In § 6a Abs. 1 Nr. 3 VOB/A, § 6 EG Abs. 5 VOL/A und § 4 Abs. 8 VOF findet sich jeweils ein Ausnahmetatbestand, demzufolge von einem Ausschluss nur abgesehen werden kann, "wenn aufgrund besonderer Umstände des Einzelfalls der Verstoß die Zuverlässigkeit des Unternehmens nicht in Frage stellt"[1076]. Hierunter lässt sich, wie oben beschrieben, eine erfolgreiche Selbstreinigung subsumieren. Trotz Vorliegen eines Verstoßes in der Vergangenheit ist nach der Durchführung einer Selbstreinigung das Unternehmen gegenwärtig als nicht weniger zuverlässig anzusehen als seine Mitbewerber.[1077] Die Ausnahmetatbestände räumen den Vergabestellen ihrem Wortlaut nach einen Ermessensspielraum ein („von einem Ausschluss *kann* (…) abgesehen werden"). Sie geben den ehemals unzuverlässigen

---

1072 *OLG Düsseldorf*, Beschluss v. 18.7.2001, VII Verg 16/01, VergabeR 2001, S. 419, 423.
1073 *Trautner* spricht von einer Kehrtwendung, Anmerkung zu *OLG Düsseldorf*, Beschluss v. 18.7.2001, VII Verg 16/01, VergabeR 2001, S. 427, 428.
1074 Ablehnend auch *Trautner*, Anmerkung zu *OLG Düsseldorf*, Beschluss v. 18.7.2001, VII Verg 16/01, VergabeR 2001, S. 427, 428.
1075 Vgl. *Fehling*, in: Pünder/Schellenberg (Hrsg.), Vergaberecht, 2011, GWB § 97 Rn. 109.
1076 § 11 Abs. 3 VOF spricht terminologisch abweichend von der "Zuverlässigkeit des Bewerbers".
1077 Vgl. *Prieß/Pünder/Stein*, in: Pünder/Prieß/Arrowsmith (Hrsg.), Self-Cleaning in Public Procurement Law, 2009, S. 81.

Unternehmen keinen Anspruch darauf, an Ausschreibungen teilzunehmen. Es liegt keine Rechtsprechung zu dieser Frage vor. Dennoch ist anzunehmen, dass ein solcher Ermessensspielraum regelmäßig nicht gegeben ist. Bei der tatbestandlichen Frage, ob ein Unternehmen in ausreichender Weise eine Selbstreinigung vollzogen hat, ist den Vergabestellen ein umfangreicher Beurteilungsspielraum eröffnet.[1078] Fällt diese Beurteilung positiv aus und führt die Selbstreinigung dazu, dass die Zuverlässigkeit des Unternehmens nicht mehr in Frage steht, so erfordern die Grundsatz der Verhältnismäßigkeit und der Gleichbehandlung, dass der nunmehr zuverlässige Teilnehmer nicht wegen der in der Selbstreinigung adressierten Verstöße aus dem Verfahren ausgeschlossen werden kann.[1079]

Für den Fall des fakultativen Verfahrensausschlusses nach §§ 16 Abs. 1 Nr. 2 lit. c VOB/A, 6 Abs. 5 lit. c VOL/A, 4 Abs. 9 lit. b, c VOF ist kein den § 6 a Abs. 1 Nr. 3 VOB/A, § 6 EG Abs. 5 VOL/A und § 4 Abs. 8 VOF vergleichbarer Ausnahmetatbestand notwendig.[1080] Da der Ausschluss hier im Ermessen der Vergabestelle liegt, ist in jedem einzelnen Fall eine Verhältnismäßigkeitsprüfung erforderlich.[1081] Innerhalb dieser Prüfung sind alle Maßnahmen der Selbstreinigung zu berücksichtigen.[1082]

B. Vergaberegister

Die Unzuverlässigkeit eines Teilnehmers am Vergabeverfahren kann zu einem Eintrag in ein Vergaberegister führen. Die Folgen dieses Eintrags unterscheiden sich je nach Art des Registers erheblich in ihrer Intensität. Sie reichen von einem einfachen warnenden Hinweis für andere Vergabestellen bis hin zum zwingenden Ausschluss von allen Vergaben eines oder mehrerer Auftraggeber für die Dauer des Bestehens des Eintrags. Die Folgen der erfolgreichen Selbstreinigung auf den Eintrag sind freilich unabhängig von der Art des Registers. Für den Fall, dass ein Eintrag bevorsteht, ist die registerführende Behörde oder die den Eintrag veranlassende Vergabestelle verpflichtet zu prüfen, ob die Voraussetzungen auch zum

---

1078 *OLG Koblenz*, Beschluss v. 4.10.2010, 1 Verg 8/10, Rn. 21.
1079 *Prieß/Pünder/Stein*, in: Pünder/Prieß/Arrowsmith (Hrsg.), Self-Cleaning in Public Procurement Law, 2009, S. 81.
1080 *Prieß/Pünder/Stein*, in: Pünder/Prieß/Arrowsmith (Hrsg.), Self-Cleaning in Public Procurement Law, 2009, S. 82.
1081 *Franke/Mertens*, in: Franke/Kemper/Zanner/Grünhagen, VOB-Kommentar, 3. Aufl. 2007, VOB/A § 8 Rn. 83.
1082 *Franke/Mertens*, in: Franke/Kemper/Zanner/Grünhagen, VOB-Kommentar, 3. Aufl. 2007, VOB/A § 8 Rn. 83; *Müller-Wrede*, in: Müller-Wrede (Hrsg.), Verdingungsordnung für Leistungen, Kommentar zur VOL/A, 3. Aufl. 2010, § 6 EG Rn. 63; *Prieß/Pünder/Stein*, in: Pünder/Prieß/Arrowsmith (Hrsg.), Self-Cleaning in Public Procurement Law, 2009, S. 82.

Zeitpunkt der Eintragung noch bestehen.[1083] Hierzu ist der Betroffene anzuhören.[1084] Ist der Teilnehmer einmal eingetragen, so hat die registerführende Behörde auf Antrag des Teilnehmers zu überprüfen, ob die Voraussetzungen für den Eintrag weiterhin bestehen.[1085] Auch unabhängig von dem Antrag ist die Behörde in einigen Fällen von Amts wegen verpflichtet, Einträge zu überprüfen und gegebenenfalls zu löschen, wenn sie relevante Informationen, etwa über die Unrichtigkeit der die Eintragung ursprünglich begründenden Umstände erhält.[1086] Die Prüfung muss sämtliche zur Selbstreinigung getroffenen Maßnahmen berücksichtigen.[1087] Vorschriften, die eine Mindestdauer von Einträgen vorsehen, sind mit dem Grundsatz der Verhältnismäßigkeit und der Gleichbehandlung nicht vereinbar.

1083 *Kreßner*, Die Auftragssperre im Vergaberecht, 2006, S. 107 ff.; *Prieß/Pünder/Stein*, in: Pünder/Prieß/Arrowsmith (Hrsg.), Self-Cleaning in Public Procurement Law, 2009, S. 82.
1084 Vgl. § 6 Abs. 3 S. 1 KorruptionsbG NRW; Nr. 5.2 Hessischer Runderlass.
1085 Vgl. § 7 Abs. 4 S. 1 KorruptionsbG NRW; Nr. 6.3 Hessischer Runderlass.
1086 Vgl. § 7 Abs. 3 KorruptionsbG NRW. Hiernach ist der Eintrag zu löschen, wenn die öffentliche Stelle, die den Verfahrensausschluss mitgeteilt hat die Wiederherstellung der Zuverlässigkeit meldet (Nr. 2), bei Einstellung eines eingeleiteten Ermittlungs- oder Strafverfahrens mit Ausnahme einer Einstellung nach § 153 a StPO (Nr. 4) und bei Freispruch (Nr. 5).
1087 *Lantermann*, Vergaberegister. 2007, S. 239 ff.; *Sterner*, Rechtsschutz gegen Auftragssperren, NZBau 2001, S. 423, 424; *Mestmäcker/Bremer*, Die koordinierte Sperre im deutschen und europäischen Recht der öffentlichen Aufträge, Beilage zu BB 1995 Heft 50, S. 1, 3; *Prieß/Pünder/Stein*, in: Pünder/Prieß/Arrowsmith (Hrsg.), Self-Cleaning in Public Procurement Law, 2009, S. 82.

5. Teil Zusammenfassung

1. Die Zuverlässigkeit ist neben der Fachkunde, der Leistungsfähigkeit und, sofern man sie als eigenständiges Kriterium anerkennen will, der Gesetzestreue eines der vergaberechtlichen Eignungskriterien.[1088] Die Beurteilung der Zuverlässigkeit ist eine Prognoseentscheidung, deren Grundlage das Maß an Rechtstreue ist, die der Teilnehmer in der Vergangenheit bewiesen hat.[1089]
2. Die Eignungskriterien dienen in erster Linie dazu sicherzustellen, dass nur solche Wirtschaftsteilnehmer öffentliche Aufträge erhalten, die eine Gewähr für die ordnungsgemäße Ausführung bieten.
3. Wie das gesamte Vergaberecht sind die Eignungskriterien gerade oberhalb der Schwellenwerte erheblich vom Unionsrecht beeinflusst. Eine besondere Bedeutung kommt der VKR zu.[1090]
4. Öffentliche Auftraggeber haben anders als im Wirtschaftsverwaltungsrecht, insbesondere im Anwendungsbereich des § 35 GewO, einen erheblichen Beurteilungsspielraum hinsichtlich der Konkretisierung der Eignungskriterien.[1091] Auch in anderen Fragen gebietet der unionsrechtliche Einfluss eine vom Gewerberecht autonome Auslegung der vergaberechtlichen Zuverlässigkeit.[1092]
5. Die Vergabe- und Vertragsordnungen und die VKR sehen Ausschlusstatbestände vor, die an die fehlende Zuverlässigkeit von Wirtschaftsteilnehmern anknüpfen.[1093] Mit dem Verfahrensausschluss lassen sich die sogenannten Primär- oder Beschaffungszwecke fördern.[1094] Daneben kann auch eine Reihe von vergabefremden Aspekten verfolgt werden, insbesondere die Kriminalitätsbekämpfung, eine Vorbildwirkung für die private Wirtschaft und der Schutz des Wettbewerbs.[1095]
6. Eine Sonderstellung bei den vergabefremden Aspekten nimmt die Bestrafung von Wirtschaftsteilnehmern ein.[1096] Der Verfahrensausschluss kann als Entziehung der Chance auf einen Vertragsschluss den Verlust einer grundrechtlich garantierten Rechtsposition bedeuten und lässt damit als Strafe ausgestalten.

1088 Siehe S. 21 ff.
1089 Siehe S. 38 ff.
1090 Siehe S. 22 f., S. 50 f. und S. 54 ff.
1091 Siehe S. 44 ff.
1092 Siehe S. 49 ff.
1093 Siehe S. 53 ff.
1094 Siehe S. 57 ff.
1095 Siehe S. 59 ff.
1096 Siehe S. 66 ff.

Der französische *code pénal* normiert den Verfahrensausschluss als Kriminalstrafe. Die VKR sieht die Bestrafung von Wirtschaftsteilnehmern nicht vor, sondern belässt die Regelungskompetenz bei den Mitgliedstaaten.[1097]

7. Es ist zwischen den obligatorischen und den fakultativen Ausschlusstatbeständen zu unterscheiden. Während der obligatorische Ausschluss die Vergabestellen rechtsfolgenseitig bindet, besteht beim fakultativen Ausschluss ein vom Auftraggeber auszufüllender Ermessensspielraum hinsichtlich des Verbleibs des Teilnehmers im Verfahren.[1098]

8. Der obligatorische Ausschluss erfordert eine rechtskräftige Verurteilung wegen einer Katalogstraftat, die dem Wirtschaftsteilnehmer zuzurechnen ist.[1099] Die Vergabe- und Vertragsordnungen sehen Ausnahmetatbestände vom obligatorischen Ausschluss vor, die nach vorliegender Auffassung in jedem Fall das Vorliegen wichtiger Gründe des Allgemeininteresses voraussetzen.[1100] Das Allgemeininteresse geht, entgegen der herrschenden Meinung, über besondere Notstandssituationen hinaus und verlangt eine Verhältnismäßigkeitsprüfung vor dem Verfahrensausschluss, insbesondere hinsichtlich der Frage, ob ein allgemeines Interesse an dem Verfahrensausschluss besteht.[1101]

9. Der wichtigste fakultative Ausschlussgrund, der an die Teilnehmerzuverlässigkeit anknüpft, ist das Vorliegen einer schweren Verfehlung, die die Zuverlässigkeit des Betroffenen in Frage stellt.[1102] Der Begriff der schweren Verfehlung ist nicht leicht zu handhaben. In Betracht kommt jedenfalls jede schwerwiegende Ordnungswidrigkeit und jede Straftat. Zudem ist erforderlich, dass die Verfehlung die Zuverlässigkeit in Frage stellt, also als Grundlage für eine negative Beurteilung des zukünftigen Verhaltens dienen kann. Für den Nachweis der Verfehlung ist kein rechtskräftiges Urteil erforderlich.[1103]

10. Präqualifikationsregister dienen der Vereinfachung der Eignungsprüfung. Sie ermöglichen es Wirtschaftsteilnehmern, sich unabhängig von einem konkreten Vergabeverfahren für die Erbringung bestimmter Leistungen zu präqualifizieren, indem sie ihre Eignung gegenüber einer kompetenten Stelle nachweisen. Die Teilnahme am Präqualifizierungsverfahren ist in Deutschland freiwillig. Es ist zu erwarten, dass die Bedeutung von Präqualifikationsregistern in Zukunft weiter zunehmen wird.[1104]

1097 Siehe S. 70 ff.
1098 Siehe S. 74 f.
1099 Siehe S. 74 ff.
1100 Siehe S. 82 ff.
1101 Siehe S. 87 ff.
1102 Siehe S. 91 ff.
1103 Siehe S. 96 ff.
1104 Siehe S. 111 ff.

11. Unzuverlässige Wirtschaftsteilnehmer können in sogenannte Vergaberegister eingetragen werden.[1105] Je nach ihrer Ausgestaltung dienen diese Register als verwaltungsinterner oder verwaltungsübergreifender Informationspool. Weiter gehen sogenannte koordinierte Auftragssperren. Diese bieten die Möglichkeit, auffällige Wirtschaftsteilnehmer für eine bestimmte Dauer von öffentlichen Vergaben der angeschlossenen Auftraggeber auszuschließen.[1106]
12. Die Rechtslage im Bereich der Vergaberegister ist erheblich fragmentiert. Die meisten Länder und der Bund selbst führen Vergaberegister in der einen oder anderen Form auf Grundlage von Gesetzen oder Verwaltungsvorschriften.[1107] Ähnliche Regelungen finden sich im SchwarzArbG und im AEntG.[1108]
13. Als Selbstreinigung bezeichnet man die Wiederherstellung der Zuverlässigkeit eines Wirtschaftsteilnehmers durch eigene Maßnahmen.[1109] Hierdurch kann ein Wirtschaftsteilnehmer einen Verfahrensausschluss wegen fehlender Zuverlässigkeit verhindern und einen Eintrag in ein Vergaberegister vermeiden oder seine Löschung bewirken.[1110]
14. Auf tatbestandlicher Ebene haben die Vergabestellen einen erheblichen Beurteilungsspielraum bei der Frage, ob sich ein Wirtschaftsteilnehmer in ausreichendem Umfang für die Teilnahme an einem konkreten Verfahren selbstgereinigt hat. Dies gilt auch für die Löschung aus einem Vergaberegister. Rechtsfolgenseitig besteht jedoch eine Pflicht der Vergabestellen, rehabilitierte Wirtschaftsteilnehmer wieder am Verfahren teilnehmen zu lassen. Auch dem Gesetzgeber ist es verwehrt, Wirtschaftsteilnehmer nach einer erfolgreichen Selbstreinigung mit einer Auftragssperre zu sanktionieren.[1111]
15. Die Pflicht zur Berücksichtigung von Selbstreinigungsmaßnahmen folgt auf verfassungsrechtlicher Ebene aus der Berufsfreiheit und dem allgemeinen Gleichheitssatz.[1112] Der Ausschluss lässt sich in diesem Fall allein durch den vergabefremden Aspekt der Bestrafung begründen. Die Strafzwecke sind für sich genommen jedoch keine rechtmäßigen Ziele für einen Verfahrensausschluss.[1113] Selbst wenn man sich diesem Ergebnis nicht anschließen möchte, so bestehen erhebliche Zweifel an der Geeignetheit des Ausschlusses zur Erreichung der Strafzwecke, weshalb der Ausschluss selbstgereinigter Teilnehmer unverhältnismäßig ist.[1114]

1105 Siehe S. 116 ff.
1106 Siehe S. 120 ff.
1107 Siehe S. 123 ff.
1108 Siehe S. 127 ff.
1109 Siehe S. 133 ff.
1110 Siehe S. 135 f.
1111 Siehe S. 137.
1112 Siehe S. 139 ff., S. 150 ff.
1113 Siehe S. 142.
1114 Siehe S. 143 ff.

16. Sieht man in der Verbandsstrafe einen Verstoß gegen das Schuldprinzip, widerspricht dieses dem Verfahrensausschluss eines selbstgereinigten Unternehmens.[1115]
17. Aus unionsrechtlicher Sicht kann ein solcher Ausschluss einen Verstoß gegen die Dienstleistungsfreiheit darstellen.[1116] Sie erfordert ebenfalls die Prüfung der Verhältnismäßigkeit einer Maßnahme. Hinzu kommt, dass beim Ausschluss erneut zuverlässiger Teilnehmer das europäische Kartellverbot und die Beihilfevorschriften zu berücksichtigen sind.[1117]
18. Die Maßnahmen, die ein Wirtschaftsteilnehmer zur Wiederherstellung seiner Zuverlässigkeit ergreifen kann, lassen sich in vier Gruppen unterteilen: die Aufklärung des Sachverhalts, die Wiedergutmachung eines Schadens, personelle Konsequenzen im Unternehmen und strukturelle und organisatorische Präventivmaßnahmen.[1118]
19. Das Erfordernis der Aufklärung des Sachverhalts und die Notwendigkeit personeller Konsequenzen können Wirtschaftsteilnehmer in ein Dilemma führen, wenn es für seine Ermittlungen auf die Kooperation der Mitarbeiter angewiesen ist. In diesen Fällen können unternehmensinterne Amnestien, also ein Verzicht auf arbeitsrechtliche Disziplinarmaßnahmen, zur Sachverhaltsaufklärung erforderlich sein.[1119]
20. Die strukturellen und organisatorischen Präventivmaßnahmen sollen verhindern, dass in der Zukunft Rechtsverstöße erneut die Zuverlässigkeit des Teilnehmers beeinträchtigen. Die möglichen Schritte decken sich mit den Maßnahmen, die unter dem Begriff der *Corporate Compliance* diskutiert werden.[1120]
21. Grundsätzlich kann eine Selbstreinigung auch von natürlichen Personen durchgeführt werden, auch wenn teilweise nicht die gleichen Maßnahmen verlangt werden können.[1121] Die Notwendigkeit der Offenlegung des Sachverhalts, welcher der Unzuverlässigkeit zugrunde liegt, steht nicht im Widerspruch zum *nemo-tenetur*-Grundsatz.[1122]

1115 Siehe S. 153 ff.
1116 Siehe S. 159 ff.
1117 Siehe S. 164 ff.
1118 Siehe S. 172 ff.
1119 Siehe S. 180 ff.
1120 Siehe S. 185 ff.
1121 Siehe S. 193 ff.
1122 Siehe S. 195 ff.

Literaturverzeichnis

Arrowsmith, Sue / Kunzlik, Peter: Social and environmental policies in EC procurement law, Cambridge u.a. 2009.

Arrowsmith, Sue / Prieß, Hans-Joachim / Friton, Pascal: Self-Cleaning – An Emerging Concept in EC Public Procurement Law, in: Pünder, Hermann / Prieß, Hans-Joachim / Arrowsmith, Sue (Hrsg.): Self-Cleaning in Public Procurement Law, Köln 2009, S. 1-31.

Arrowsmith, Sue: The Law of Public and Utilities Procurement, 2. Aufl. London u.a. 2005.

Ax, Thomas / Schneider, Matthias / Scheffen, Jacob: Rechtshandbuch Korruptionsbekämpfung, 2. Aufl. Berlin 2010.

Bachmann, Gregor / Prüfer, Geralf: Korruptionsprävention und Corporate Governance, ZRP 2005, S. 109-113.

Badura, Peter: Die Wirtschaftstätigkeit der öffentlichen Hand und die neue Sicht des Gesetzesvorbehalts, in: Baur, Jürgen F. / Hopt, Klaus J. / Mailänder, K. Peter (Hrsg.): Festschrift für Ernst Steindorff zum 70. Geburtstag am 13. März 1990, Berlin u.a. 1990, S. 835-855.

Balzli, Beat; Bönisch, Georg; Dohmen, Frank; Holm, Carsten; Knaup, Horand; Kurz, Felix; Palmer, Hartmut; Schmid, Barbara; Stuppe, Andrea; Ulrich, Andreas: Der Müll, die Partei und das Geld, Der Spiegel 11/2002, S. 22-26.

Bannenberg, Britta: Korruption, in: Wabnitz, Heinz-Bernd / Janovsky, Thomas (Hrsg.): Handbuch des Wirtschafts- und Steuerstrafrechts, 3. Aufl. München 2007, S. 615-692.

Bartosch, Andreas: Vergabefremde Kriterien und Art. 87 I EG: Sitzt das öffentliche Beschaffungswesen in Europa auf einem beihilferechtlichen Pulverfass?, EuZW 2001, S. 229-232.

Battis, Ulrich / Bultmann, Peter F.: Rechtsprobleme eines Korruptionsregisters, ZRP 2003, S. 152-156.

Baurmann, Michael: Vorüberlegungen zu einer empirischen Theorie der positiven Generalprävention, GA 1994, S. 368-384.

Benedict, Christoph: Sekundärzwecke im Vergabeverfahren, Berlin 2000, zugl. Diss. Univ. Heidelberg 1998-1999.

Beukelmann, Stephan: Der Untreuenachteil, NJW-Spezial 2008, S. 600.

Derselbe: Strafrechtsgesetzgebung am laufenden Band, NJW-Spezial 2009, S. 456-457.

Bieber, Roland / Epiney, Astrid / Haag, Marcel: Die Europäische Union, 9. Aufl. Baden-Baden 2011.

Boesen, Arnold: Vergaberecht – Kommentar zum 4. Teil des GWB, Köln 2000.

Boujong, Karl-Heinz (Begr.) / Senge, Lothar (Hrsg.): Karlsruher Kommentar zum Gesetz über Ordnungswidrigkeiten, 3. Aufl. München 2006.

Braun, Peter / Petersen, Zsófia: Präqualifikation und Prüfungssysteme, VergabeR 2010, S. 433-441.

Breloer, Carolin E.: Europäische Vorgaben und das deutsche Vergaberecht, Frankfurt a.M. u.a. 2004, zugl. Diss. Univ. Münster (Westfalen) 2003.

Brenner, Michael: Die Einwirkungen der EG-Vergaberichtlinien auf die Struktur der Auftragsvergabe in Deutschland, in: Ziemske, Burkhardt / Langheid, Theo / Wilms, Heinrich / Haverkate, Görg (Hrsg.): Staatsphilosophie und Rechtspolitik. Festschrift für Martin Kriele, München 1997, S. 1431-1448.

Breßler, Steffen / Kuhnke, Michael / Schulz, Stephan / Stein, Roland: Inhalte und Grenzen von Amnestien bei Internal Investigations, NZG 2009 S. 721-727.

Buchner, Herbert: Neuerlicher Anlauf zur Bewältigung der „Schwarzarbeit", GewArch 2004, S. 393-403.

Buck, Imme: Die Vergabe sogenannter nachrangiger Dienstleistungsaufträge, Frankfurt a.M. u.a. 2010, zugl. Diss. Bucerius Law School Hamburg 2010.

Bultmann, Peter F.: Beihilfenrecht und Vergaberecht, Tübingen 2004, zugl. Habil. Humboldt-Univ. Berlin 2003-2004.

Bundeskriminalamt (Hrsg.), Wirtschaftskriminalität und Korruption, 2003.

Bundesministerium für Inneres / Bundesministerium der Justiz (Hrsg.): Zweiter Periodischer Sicherheitsbericht, Paderborn 2006.

Bundesministerium für Verkehr, Bau und Stadtentwicklung (Hrsg.): Vergabe- und Vertragshandbuch für die Baumaßnahmen des Bundes, Ausgabe 2008, Stand Mai 2010.

Dasselbe (Hrsg.): Vergabehandbuch für die Durchführung von Bauaufgaben des Bundes im Zuständigkeitsbereich der Finanzbauverwaltung, Ausgabe 2002, Stand November 2006.

Bundesministerium für Wirtschaft und Arbeit (Hrsg.): Öffentliches Vergabewesen – Bürokratieabbau durch Präqualifikation?, Berlin 2004.

Burgi, Martin: Nachunternehmerschaft und wettbewerbliche Untervergabe, NZBau 2010, S. 593-599.

Derselbe: Vergabefremde Zwecke und Verfassungsrecht, NZBau 2001, S. 64-72.

Derselbe: Von der Zweistufenlehre zur Dreiteilung des Rechtsschutzes im Vergaberecht, NVwZ 2007, S. 737-742.

Byok, Jan / Jaeger, Wolfgang (Hrsg.): Kommentar zum Vergaberecht, 2. Aufl. Frankfurt a.M. 2005.

Calliess, Christian / Ruffert, Matthias (Hrsg.): Das Verfassungsrecht der Europäischen Union, 4. Aufl. München 2011.

Cromme, Gerhard: Vorlage des Berichts des Aufsichtsrats, des Corporate-Governance- und des Vergütungsberichts zum Geschäftsjahr 2005/2006, anlässlich der Hauptversammlung der Siemens AG am 25. Januar 2007, http://w1.siemens.com/press/pool/de/events/ hauptversammlung/sie_hv_speech_cromme_1430860.pdf, abgerufen am 2. Juni 2011.

Dähne, Horst / Schelle, Hans: VOB von A-Z, München 2001.

Dannecker, Gerhard: Sanktionen und Grundsätze des Allgemeinen Teils im Wettbewerbsrecht der Europäischen Gemeinschaft, in: Schünemann, Bernd / González, Suárez (Hrsg.): Bausteine des Europäischen Wirtschaftsstrafrechts, Köln u.a. 1994, S. 331-346.

Daub, Walter / Meierrose, Rudolf (Begr.) / Eberstein, Hans H. (Hrsg.): Kommentar zur VOL-A, 5. Aufl. Düsseldorf 2000.

Dauses, Manfred A. (Hrsg.): Handbuch des EU-Wirtschaftsrechts, Bd. 1, 27. Ergänzungslieferung München 2011.

Diemon-Wies, Ingeborg / Graiche, Stefan: Vergabefremde Aspekte – Handhabung bei der Ausschreibung gem. § 97 IV GWB, NZBau 2009, S. 409-413.

Dierlamm, Alfred: Verteidigung in Wirtschaftsstrafsachen, in: Wabnitz, Heinz-Bernd / Janovsky, Thomas (Hrsg.): Handbuch des Wirtschafts- und Steuerstrafrechts, 3. Aufl. München 2007, S. 1677-1704.

Dingeldey, Thomas: Der Schutz der strafprozessualen Aussagefreiheit durch Verwertungsverbote bei außerstrafrechtlichen Aussage- und Mitwirkungspflichten, NStZ 1984, S. 529-534.

Dippel, Norbert / Zeiss, Christopher: Vergabefremde Aspekte – Rechtsschutz im Vergabenachprüfungsverfahren wegen Verstoßes gegen das EG-Beihilfenrecht, NZBau 2002, S. 376-378.

Dölling, Dieter (Hrsg.): Handbuch der Korruptionsprävention, München 2007.

Dörr, Oliver: Das deutsche Vergaberecht unter dem Einfluß von Art. 19 Abs. 4 GG, DÖV 2001, S. 1014-1024.

Dreher, Meinrad / Haas, Gabriele / Rintelen, Gregor von: Vergabefremde Regelungen und Beihilferecht, Berlin 2002.

Dreher, Meinrad / Hoffmann, Jens: Der Marktzutritt von Newcomern als Herausforderung für das Kartellvergaberecht, NZBau 2008, S. 545-551.

Dreher, Meinrad: Die Berücksichtigung mittelständischer Interessen bei der Vergabe öffentlicher Aufträge, NZBau 2005, S. 427-436.

Derselbe: Vergaberechtsschutz unterhalb der Schwellenwerte, NZBau 2002, S. 419-430.

Dreier, Horst (Hrsg.): Grundgesetz Kommentar, Bd. 1, 2. Aufl. Tübingen 2004.

Derselbe (Hrsg.): Grundgesetz Kommentar, Bd. 3, 2. Aufl. Tübingen 2008.

Ehlers, Dirk (Hrsg.): Europäische Grundrechte und Grundfreiheiten, 3. Aufl. Berlin 2009.

Eidam, Gerd: Die Verbandsgeldbuße des § 30 Abs. 4 OWiG – eine Bestandsaufnahme, wistra 2003, S. 447-456.

Emiliou, Nicholas: The principle of proportionality in European law, London u.a. 1996, zugl. Diss. Univ. London.

Epping, Volker / Hillgruber, Christian (Hrsg.): Beck'scher Online-Kommentar zum Grundgesetz, Edition 8 München Stand 1.10.2010.

Erdmann, Joachim: Gesetz zur Bekämpfung der Schwarzarbeit, Stuttgart u.a. 1996.

Erichsen, Hans-Uwe / Ehlers, Dirk (Hrsg.): Allgemeines Verwaltungsrecht, 14. Aufl. Berlin 2010.

Fehn, Bernd J. (Hrsg.): Schwarzarbeitsbekämpfungsgesetz, Baden-Baden 2006.

Feuerbach, Paul J. A. von: Lehrbuch des gemeinen in Deutschland gültigen peinlichen Rechts, 14. Aufl. Gießen 1847.

Frank, Christoph / Titz, Andrea: Die Kronzeugenregelung zwischen Legalitätsprinzip und Rechtsstaatlichkeit, ZRP 2009, S. 137-140.

Franke, Horst / Kemper, Ralf / Zanner, Christian / Grünhagen, Matthias: VOB-Kommentar, 3. Aufl. Neuwied 2007.

Franzius, Ingo: Verhandlungen im Verfahren der Auftragsvergabe, Köln u.a. 2007, zugl. Diss. Bucerius Law School Hamburg 2006.

Frenz, Walter: Handbuch Europarecht, Bd. 2, Europäisches Kartellrecht, Berlin u.a. 2006.

Derselbe: Handbuch Europarecht, Bd. 3, Beihilfe- und Vergaberecht, Berlin u.a. 2007.

Derselbe: Unterschwellenvergaben, VergabeR 2007, S. 1-17.

Freund, Matthias / Kallmayer, Axel / Kraft, Oliver: Korruption und Kartelle bei Auftragsvergaben, München 2008.

Freund, Matthias: Korruption in der Auftragsvergabe, VergabeR 2007, S. 311-325.

Gärtner, Edgar: Untersuchungshaft zur Sicherung der Zurückgewinnungshilfe?, NStZ 2005, S. 544-547.

Gehrmann, Wolfgang: Prozess der Selbstreinigung, Die Zeit 12/2008, abrufbar unter http://www.zeit.de/2008/12/Selbstreinigung-Siemens, abgerufen am 2. Juni 2011.

Göpfert, Burkard / Merten, Frank / Siegrist, Carolin: Mitarbeiter als „Wissensträger" – Ein Beitrag zur aktuellen Compliance-Diskussion, NJW 2008, S. 1703-1709.

Götz, Albrecht: Das Bundeszentralregister, 3. Aufl. Köln 1985.

Grabitz, Eberhard (Begr.) / Hilf, Meinhard (fortgef.) / Nettesheim, Martin (Hrsg.): Das Recht der Europäischen Union, 43. Aufl. München 2011.

Dieselben: Das Recht der Europäischen Union, Bd. 2, EUV/EGV, 40. Ergänzungslieferung München 2010.

Grabitz, Eberhard (Begr.) / Hilf, Meinhard (fortgef.) / Nettesheim, Martin (Hrsg.) / Hailbronner, Kai (Hrsg.): Das Recht der Europäischen Union, Bd. 4, Sekundärrecht, 40. Ergänzungslieferung München 2010.

Graeff, Peter / Schröder, Karenina / Wolf, Sebastian (Hrsg.): Der Korruptionsfall Siemens, Baden-Baden 2009.

Graf, Jürgen P. (Hrsg.): Beck'scher Online-Kommentar zur Strafprozessordnung, Edition 9 München Stand 15.1.2011.

Groeben, Hans von der / Schwarze, Jürgen (Hrsg.): Kommentar zum Vertrag über die Europäische Union und zur Gründung der Europäischen Gemeinschaft, 6. Aufl. Baden-Baden 2003-2004.

Gröning, Jochem: Spielräume für die Auftraggeber bei der Wertung von Angeboten, NZBau 2003, S. 86-92.

Gusy, Christoph: Polizei- und Ordnungsrecht, 7. Aufl. Tübingen 2009.

Häberle, Peter: Öffentliches Interesse als juristisches Problem, Bad Homburg 1970, zugl. Habil. Univ. Freiburg (Breisgau) 1969.

Hahnl, Katharina: Strafrechtliche Verurteilung und vergaberechtliche Zuverlässigkeit, ecolex 2006, S. 6-9.

Hannich, Rolf (Hrsg.): Karlsruher Kommentar zur Strafprozessordnung, 6. Aufl. München 2008.

Hauschka, Christoph E. (Hrsg.): Corporate Compliance, 2. Aufl. München 2010.

Hauschka, Christoph E.: Einführung, in: Hauschka, Christoph E. (Hrsg.): Corporate Compliance, 2. Aufl. München 2010, S. 1-27.

Hebly, Jan M.: European Public Procurement: History of the 'Classic' Directive 2004/18/EC, Alphen aan den Rijn 2007.

Heiermann, Wolfgang / Riedl, Richard / Rusam, Martin / Kuffer, Johann: Handkommentar zur VOB, 11. Aufl. Wiesbaden 2008.

Heiermann, Wolfgang / Zeiss, Christopher / Kullack, Andrea M. / Blaufuß, Jörg (Hrsg.): Juris Praxiskommentar Vergaberecht, Saarbrücken 2005.

Heintschel-Heinegg, Bernd von / Joecks, Wolfgang / Miebach, Klaus (Hrsg.): Münchener Kommentar zum Strafgesetzbuch, Bd. 1, München 2003.

Dieselben (Hrsg.): Münchener Kommentar zum Strafgesetzbuch, Bd. 2 / 2, München 2005.

Heintzen, Markus: Vergabefremde Ziele im Vergaberecht, ZHR 165 (2001), S. 62-78.

Hermanns, Ferdinand / Kleier, Ulrich F.: Grenzen der Aufsichtspflicht in Betrieben und Unternehmen, Köln u.a. 1987.

Hertel, Wolfram / Schöning, Falk: Der neue Rechtsrahmen für die Auftragsvergabe im Rüstungssektor, NZBau 2009, S. 684-688.

Hertwig, Stefan: Praxis der öffentlichen Auftragsvergabe, 4. Aufl. München 2009.

Hommelhoff, Peter / Hopt, Klaus J. / Werder, Axel v. (Hrsg.): Handbuch Corporate Governance, 2. Aufl. Stuttgart 2009.

Hopp, Torsten: Das Verhältnis des Vergaberechts zum Wettbewerbs- und Kartellrecht am Beispiel des Berliner Vergabegesetzes, DB 2000, S. 29-34.

Höß, Reinhard / Chevalier, Philipp: (Un-)Zulässigkeit koordinierter Vergabesperren?, IBR 2011, S. 1005 (nur online).

Hoyer, Andreas: Die Figur des Kronzeugen, JZ 1994, 233-240.

Huber, Peter-Michael: Konkurrenzschutz im Verwaltungsrecht, Tübingen 1991, zugl. Habil. Univ. München, 1990-1991.

Hufen, Friedhelm: Staatsrecht II, 2. Aufl. München 2009.

Immenga, Ulrich / Mestmäcker, Ernst-Joachim (Hrsg.): Wettbewerbsrecht, Bd. 2, GWB, 4. Aufl. München 2007.

Ingenstau, Heinz / Korbion, Hermann (Begr.): VOB Teile A und B, 17. Aufl. Köln 2010.

Jakobs, Günther: Strafbarkeit juristischer Personen?, in: Prittwitz, Cornelius / Baurmann, Michael / Günther, Klaus / Kuhlen, Lothar / Merkel, Reinhard / Nestler, Cornelius / Schulz, Lorenz (Hrsg.): Festschrift für Klaus Lüderssen zum 70. Geburtstag am 2. Mai 2002, Baden-Baden 2002, S. 559-575.

Jescheck, Hans-Heinrich / Weigend, Thomas: Lehrbuch des Strafrechts. Allgemeiner Teil, 5. Aufl. Berlin 1996.

Jestaedt, Matthias: Maßstäbe des Verwaltungshandelns, in: Erichsen, Hans-Uwe / Ehlers, Dirk (Hrsg.): Allgemeines Verwaltungsrecht, 14. Aufl. Berlin 2010, S. 329-378.

Jestaedt, Thomas / Kemper, Klaus / Marx, Fridhelm / Prieß, Hans-Joachim: Das Recht der Auftragsvergabe, Neuwied u.a. 1999.

Kaiser, Günther: Kriminologie, Eine Einführung in die Grundlagen, 10. Aufl. Heidelberg 1997.

Kämmerer, Jörn A. / Thüsing, Gregor: Tariftreue im Vergaberecht, ZIP 2002, S. 596-606.

Kapellmann, Klaus D. / Messerschmidt, Burkhard (Hrsg.): VOB Teile A und B, 3. Aufl. München 2010.

Kaufmann, Arthur: Das Unrechtsbewusstsein in der Schuldlehre des Strafrechts, Mainz 1949.

Kayser, Elke: Nationale Regelungsspielräume im öffentlichen Auftragswesen und gemeinschaftsrechtliche Grenzen, Marburg 1999, zugl. Diss. Univ. Marburg, 1999.

Kienzle, Werner: Gewerbeuntersagung, Berlin u.a. 1965.

Kilian, Wolfgang: Europäisches Wirtschaftsrecht, 4. Aufl. München 2010.

Kindler, Steffi: Das Unternehmen als haftender Täter, Baden-Baden 2008, zugl. Diss. Univ. Halle-Wittenberg 2006/2007.

Kingreen, Thorsten: Die Struktur der Grundfreiheiten des Europäischen Gemeinschaftsrechts, Berlin 1999.

Kischel, Uwe: Systembindung des Gesetzgebers und Gleichheitssatz, AöR 124 (1999), S. 174-211.

Kling, Michael: Die Zulässigkeit vergabefremder Regelungen, Berlin 2000, zugl. Diss. Univ. Mainz 1999.

Koch, Oliver: Der Grundsatz der Verhältnismäßigkeit in der Rechtsprechung des Gerichtshofs der Europäischen Gemeinschaften, Berlin 2003, zugl. Diss. Univ. Göttingen 2002.

Köhn, Rüdiger: Auch das Verfahren gegen Neubürger wird eingestellt, FAZ.NET, 12.7.2011, http://www.faz.net/-01zsyh, abgerufen am 22. Juli 2011.

Krack, Ralf: Die Tätige Reue im Wirtschaftsstrafrecht, NStZ 2001, S. 505-511.

Kraft-Lehner, Marion: Subjektive Rechte und Rechtsschutz des Bieters im Vergaberecht unterhalb der EU-Schwellenwerte, Hamburg 2002, zugl. Diss. Univ. Mannheim 2002.

Kreßner, Lars: Die Auftragssperre im Vergaberecht, Köln 2006, zugl. Diss. Univ. Mainz 2005.

Krohn, Wolfram: Umweltschutz als Zuschlagskriterium: Grünes Licht für „Ökostrom", NZBau 2004, S. 92-96.

Kulartz, Hans-Peter / Kus, Alexander / Portz, Norbert (Hrsg.): Kommentar zum GWB-Vergaberecht, 2. Aufl. Köln 2009.

Kulartz, Hans-Peter / Marx, Fridhelm / Portz, Norbert / Prieß, Hans-Joachim (Hrsg.): Kommentar zur VOL/A, 2. Aufl. Köln 2011.

Kulartz, Hans-Peter / Portz, Norbert / Düsterdiek, Bernd / Röwekamp, Hendrik: VOL/A und VOL/B, 5. Aufl. Stuttgart 2007.

Kus, Alexander: Inhalt und Reichweite des Begriffs der Gesetzestreue in § 97 Abs. 4 GWB 2009, VergabeR 2010, S. 321-328.

Lackner, Karl / Kühl, Kristian: Strafgesetzbuch. Kommentar, 27. Aufl. München 2011.

Lampert, Thomas: Compliance-Organisation, in: Hauschka, Christoph E. (Hrsg.): Corporate Compliance, 2. Aufl. München 2010, S. 163-178.

Lampert, Thomas: Gestiegenes Unternehmensrisiko Kartellrecht – Risikoreduzierung durch Cometition-Compliance-Programme, BB 2002, S. 2237-2243.

Landmann, Robert von / Rohmer, Gustav (Begr.): Gewerbeordnung, Bd. 1, 57. Ergänzungslieferung München 2010.

Lantermann, Christian: Vergaberegister – ein rechtmäßiges und effektives Mittel zur Korruptionsbekämpfung?, Hamburg 2007, zugl. Diss. Univ. Bochum 2007.

Leinemann, Ralf: Die Vergabe öffentlicher Aufträge, 4. Aufl. Köln 2007.

Leisner, Walter G.: Unzuverlässigkeit im Gewerberecht (§ 35 Abs 1 S 1 GewO), GewArch 2008, S. 225-232.

Lemke, Michael / Mosbacher, Andreas: Ordnungswidrigkeitengesetz, 2. Aufl. Heidelberg 2005.

Lenz, Carl-Otto / Borchardt, Klaus-Dieter (Hrsg.): EU-Verträge, 5. Aufl. Köln 2010.

Lewisch, Peter / Parker, Jeffrey: Strafbarkeit der juristischen Person?, Wien 2001.

Loening, Hellmuth: Die gesetzliche Kopplung von unbestimmten Rechtsbegriff und Ermessenstatbestand bei der Versagung und Entziehung von Begünstigungen, DVBl. 1952, S. 197-201.

Loewenheim, Ulrich / Meessen, Karl M. / Riesenkampff, Alexander (Hrsg.): Kartellrecht, 2. Aufl. München 2009.

Marschall, Dieter: Bekämpfung illegaler Beschäftigung, 3. Aufl. München 2003.

Martin-Ehlers, Andres: Die Unzulässigkeit vergabefremder Kriterien, WuW 1999, S. 685-694.

Maunz, Theodor / Dürig, Günter (Begr.): Grundgesetz, 60. Ergänzungslieferung München 2010.

Mestmäcker, Ernst-Joachim / Bremer, Eckhard: Die koordinierte Sperre im deutschen und europäischen Recht der öffentlichen Aufträge, BB 1995, Beilage 19 zu Heft 50 S. 1-32.

Meyer, Nina: Die Einbeziehung politischer Zielsetzungen bei der öffentlichen Beschaffung, Berlin 2002, zugl. Diss. Univ. Bonn 2001-2002.

Meyer-Goßner, Lutz / Schmitt, Bertram: Strafprozessordnung, 54. Aufl. München 2011.

Motzke, Gerd / Pietzcker, Jost / Prieß, Hans-Joachim (Hrsg.): Beck'scher VOB-Kommentar, VOB/A, München 2002.

Müller-Glöge, Rudi / Preis, Ulrich / Schmidt,Ingrid (Hrsg.): Erfurter Kommentar zum Arbeitsrecht, 11. Aufl. München 2011.

Müller-Gugenberger, Christian / Bieneck, Klaus: Wirtschaftsstrafrecht, 5. Aufl. Köln 2011.

Müller-Wrede, Malte (Hrsg.): Verdingungsordnung für Leistungen, Kommentar zur VOL/A, 3. Aufl. Köln 2010.

Derselbe (Hrsg.): Kommentar zur VOF, 3. Aufl. Köln 2008.

Ohle, Mario M. / Gregoritza, Anna: Grenzen des Anwendungsbereichs von Auftragssperren der öffentlichen Hand – am Beispiel der Gesetzes- und Verordnungslage des Landes Berlin, ZfBR 2003, S. 16-21.

Orthmann, Nicola: Korruption im Vergaberecht – Konsequenzen und Prävention – Teil 2: Konsequenzen und Selbstreinigung, NZBau 2007, S. 278-281.

Dieselbe: Korruption im Vergaberecht – Konsequenzen und Prävention – Teil 1: Ausschlussgründe, NZBau 2007, S. 201-205.

Pache, Eckhard: Der Staat als Kunde – System und Defizite des neuen deuschen Vergaberechts, DVBl. 2001, S. 1781-1792.

Derselbe: Grundfreiheiten, in: Schulze, Reiner / Zuleeg, Manfred / Kadelbach, Stefan (Hrsg.): Europarecht, 2. Aufl. Baden-Baden 2010, S. 378-448.

Paefgen, Walter G.: Unternehmerische Entscheidungen und Rechtsbindung der Organe in der AG, Köln 2002, zugl. Habil. Univ. Tübingen 2001-2002.

Pauly, Holger: Ist der Ausschluß des Generalübernehmers vom Vergabeverfahren noch zu halten?, VergabeR 2005, S. 312-318.

Pielow, Johann-Christian (Hrsg.): Beck'scher Online-Kommentar Gewerberecht, Edition 13 München Stand 01.01.201.

Pietzcker, Jost: Der Staatsauftrag als Instrument des Verwaltungshandelns, Tübingen 1978, zugl. Habil. Univ. Tübingen 1978.

Derselbe: Die neue Gestalt des Vergaberechts, ZHR 162 (1998), S. 427-473.

Derselbe: Rechtsbindungen der Vergabe öffentlicher Aufträge, AöR Bd. 107 (1982), S. 61.

Derselbe: Vergaberechtliche Sanktionen und Grundrechte, NZBau 2003, S. 242-249.

Prieß, Hans-Joachim / Decker, Daniela: Die Beteiligungsfähigkeit von Generalübernehmern in VOB-Vergabeverfahren – keine Frage der Schwellenwerte, VergabeR 2004, S. 159-166.

Prieß, Hans-Joachim / Friton, Pascal: Ausschluss bleibt Ausnahme, NZBau 2009, S. 300-302.

Prieß, Hans-Joachim / Gabriel, Marc: Die Bildung und Beteiligung von Bietergemeinschaften in Vergabe- und Nachprüfungsverfahren, WUW 2006, S. 385-392.

Prieß, Hans-Joachim / Pitschas, Christian: Die Vereinbarkeit vergabefremder Zwecke mit dem deutschen und europäischen Vergaberecht – dargestellt am Beispiel der Scientology Erklärung, ZVgR 1999, S. 144-152.

Prieß, Hans-Joachim / Pünder, Hermann / Stein, Roland M.: Self-Cleaning under National Jurisdictions of EU Member States – Germany, in: Pünder, Hermann / Prieß, Hans-Joachim / Arrowsmith, Sue (Hrsg.): Self-Cleaning in Public Procurement Law, Köln 2009, S. 51-100.

Prieß, Hans-Joachim / Stein, Roland M.: Nicht nur sauber, sondern rein: Die Wiederherstellung der Zuverlässigkeit durch Selbstreinigung, NZBau 2008, 230-232.

Prieß, Hans-Joachim: Exclusio corruptoris? – Die gemeinschaftsrechtlichen Grenzen des Ausschlusses vom Vergabeverfahren wegen Korruptionsdelikten, NZBau 2009, S. 587-592.

Derselbe: Handbuch des europäischen Vergaberechts, 3. Aufl. Köln 2005.

Pünder, Hermann / Prieß, Hans-Joachim / Arrowsmith, Sue (Hrsg.): Self-Cleaning in Public Procurement Law, Köln 2009.

Pünder, Hermann / Schellenberg, Martin (Hrsg.): Vergaberecht, Baden-Baden 2011.

Pünder, Hermann: Die Vergabe öffentlicher Aufträge unter den Vorgaben des europäischen Beihilferechts, NZBau 2003, S. 530-539.

Derselbe: Self-Cleaning: A Comparative Analysis, in: Pünder, Hermann / Prieß, Hans-Joachim / Arrowsmith, Sue (Hrsg.): Self-Cleaning in Public Procurement Law, Köln 2009, S. 187-205.

Derselbe: Zu den Vorgaben des grundgesetzlichen Gleichheitssatzes für die Vergabe öffentlicher Aufträge, Bd. 95 (2004), S. 38-62.

Puhl, Thomas: Der Staat als Auftraggeber, VVDStRL 60 (2001), S. 456-512.

Püttner, Günter: Allgemeininteresse, in: Tilch, Frank / Arloth, Horst (Hrsg.): Deutsches Rechtslexikon, Bd. 1, 3. Aufl. München 2001.

Quardt, Gabriele: Die Auftragssperre im Vergaberecht, BB 1997, S. 477-480.

Rechten, Stephan / Junker, Maike: Das Gesetz zur Modernisierung des Vergaberechts – oder: Nach der Reform ist vor der Reform, NZBau 2009 S. 490-493.

Regelin, Frank P. / Fisher, Raymond: Zum Stand der Umsetzung des Sarbanes-Oxley Act aus deutscher Sicht, IStR 2003, 276-288.

Reiß, Wolfram: Gesetzliche Auskunftsverweigerungsrechte bei Gefahr der Strafverfolgung in öffentlichrechtlichen Verfahren, NJW 1982, S. 2540-2541.

Ringleb, Henrik-Michael / Kremer, Thomas / Lutter, Marcus / Werder, Axel v.: Deutscher Corporate Governance Kodex, 4. Aufl. München 2010.

Rittner, Fritz: Die „sozialen Belange" i. S. der EG-Kommission und das inländische Vergaberecht, EuZW 1999, 677-680.

Rößner, Sören / Schalast, Christoph: Umweltschutz und Vergabe in Deutschland nach der Entscheidung des EuGH – Concordia Bus Finland, NJW 2003, S. 2361-2364.

Roxin, Claus: Strafrecht, Bd. 1, Allgemeiner Teil, 4. Aufl. München 2006.

Rudolphi, Hans-Joachim (Begr.): Systematischer Kommentar zur Strafprozessordnung, 4. Aufl. Köln 2011.

Salditt, Franz: Aus Schwarz Weiß, BB-Special 2/2004, S. 1-2.

Satzger, Helmut: „Schwarze Kassen" zwischen Untreue und Korruption, NStZ 2009, S. 297-306.

Schaeffer, Klaus: Der Begriff der Unzuverlässigkeit in § 35 Abs 1 GewO, WiVerw 1982, S. 100-116.

Schäfer, Alexander: Öffentliche Belange im Auftragswesen und Europarecht, Berlin 2003, zugl. Diss. Univ. Tübingen 2001.

Schardt, Ramona: Öffentliche Aufträge und das Beihilferegime des Gemeinschaftsrechts, Stuttgart u.a. 2003, zugl. Diss Univ. Jena 2002.

Schaupensteiner, Wolfgang: Wachstumsbranche Korruption, in: Bundeskriminalamt (Hrsg.): Wirtschaftskriminalität und Korruption, München 2003, S. 73-111.

Schlag, Martin: Grenzüberschreitende Verwaltungsbefugnisse im EG-Binnenmarkt, Baden-Baden 1998, zugl. Diss. Univ. Freiburg (Breisgau) 1997.

Schmidt, Karsten (Hrsg.): Münchener Kommentar zum Handelsgesetzbuch, Bd. 1, 3. Aufl. München 2010.

Schmidt-Bleibtreu, Bruno (Begr.) / Hofmann, Hans / Hopfauf, Axel (Hrsg.): Kommentar zum Grundgesetz, 12. Aufl. Köln 2011.

Schmidt-Preuß, Matthias: Kollidierende Privatinteressen im Verwaltungsrecht, 2. Aufl. Berlin 2005, zugl. Habil. Univ. Bayreuth 1991-1992.

Schmitz, Elke: Das Recht der öffentlichen Aufträge im Gemeinsamen Markt, Baden-Baden 1972.

Schneider, Uwe H.: Compliance als Aufgabe der Unternehmensleitung, ZIP 2003, S. 645-650.

Scholl, Amand: Die Bezahlung einer Geldstrafe durch Dritte – ein altes Thema und nochimmer ein Problem, NStZ 1999 S. 599-605.

Schönke, Adolf (Begr.) / Schröder, Horst (fortgef.): Strafgesetzbuch, 28. Aufl. München 2010.

Schroeder, Werner: Die Auslegung des EU-Rechts, JUS 2004, S. 180-186.

Schulze, Reiner / Zuleeg, Manfred / Kadelbach, Stefan (Hrsg.): Europarecht, 2. Aufl. Baden-Baden 2010.

Schwarze, Jürgen (Hrsg.): EU-Kommentar, 2. Aufl. Baden-Baden 2009.

Seidel, Ingelore / Mertens, Susanne: Öffentliches Auftragswesen, in: Dauses, Manfred A. (Hrsg.): Handbuch des EU-Wirtschaftsrechts, Bd. 2, 27. Ergänzungslieferung München 2011.

Seifert, Achim: Rechtliche Probleme von Tariftreueerklärungen, ZfA 2001, S. 1-30.

Sieg, Oliver / Zeidler, Simon-A.: Business Judgment Rule, in: Hauschka, Christoph E. (Hrsg.): Corporate Compliance, 2. Aufl. München 2010, S. 45-71.

Siemens AG Corporate Communications (Hrsg.): Das Unternehmen Siemens 2011, Stand: Februar 2011, http://www.siemens.de/ueberuns/Documents/das_ unternehmen_2011.pdf, abgerufen am 1.7.2011.

Spindler, Gerald / Stilz, Eberhard (Hrsg.): Kommentar zum Aktiengesetz, Bd. 1, 2. Aufl. München 2010.

Spindler, Gerald: Unternehmensorganisationspflichten, Köln u.a. 2001, zugl. Habil. Univ. Frankfurt (Main) 1996.

Staatsanwaltschaft München I: Pressemitteilung 05/06, 22.11.2006, http://www.justiz.bayern.de/sta/sta/m1/presse/archiv/2006/00559/, abgerufen am 1.7.2011.

Stein, Roland M. / Friton, Pascal: Internationale Korruption, zwingender Ausschluss und Selbstreinigung, VergabeR 2010, S. 151-163.

Stern, Klaus: Das Staatsrecht der Bundesrepublik Deutschland, Bd. 3/1, München 1988.

Sterner, Frank: Rechtsbindungen und Rechtsschutz bei der Vergabe öffentlicher Aufträge, Stuttgart u.a. 1996, zugl. Diss. Univ. Mannheim 1995-1996.

Derselbe: Rechtsschutz gegen Auftragssperren, NZBau 2001, S. 423-427.

Stockmann, Kurt: Die Integration von Vergaberecht und Kartellrecht, ZWeR 2003, S. 37.

Stolz, Kathrin: Das öffentliche Auftragswesen in der EG, Baden-Baden 1991.

Stoye, Jörg: Korruptionsregistergesetz, der zweite Versuch – Besser, aber nicht gut genug, ZRP 2005, S. 265-268.

Stratenwerth, Günter / Kuhlen, Lothar: Die Straftat, 6. Aufl. München 2011.

Stürner, Rolf: Strafrechtliche Selbstbelastung und verfahrensförmige Wahrheitsermittlung, NJW 1981, S. 1757-1763.

Suermann, Ansgar: Die Kontrolle von unbestimmten Rechtsbegriffen bei der Angebotswertung im Vergaberecht, Hamburg 2005, zugl. Diss. Univ. Bielefeld 2005.

Sünner, Eckart: Schwarze Kassen und Untreue – ein Synonym?, ZIP 2009, S. 937-940.

Szebrowski, Nickel: Kick-Back, Köln u.a. 2005, zugl. Diss. Bucerius Law School Hamburg 2004.

Tettinger, Peter J. / Wank, Rolf / Ennuschat, Jörg: Gewerbeordnung, 8. Aufl. München 2011.

Tiedemann, Klaus: Europäisches Gemeinschaftsrecht und Strafrecht, NJW 1993, S. 23-31.

Derselbe: Die „Bebußung" von Unternehmen nach dem 2. Gesetz zur Bekämpfung der Wirtschaftskriminalität, NJW 1988, S. 1169-1174.

Tiehl, Reinold E. / Löhe, Martin G.: Ressourcen der Korruptionsbekämpfung in Deutschland, abrufbar unter http://www.transparency.de/ressourcen-der-Korruptionsbeka.987.0.html, abgerufen am 2. Juni 2011.

Tilch, Frank / Arloth, Horst (Hrsg.): Deutsches Rechtslexikon, Bd. 1, 3. Aufl. München 2001.

Transparency International (Hrsg.): Corruption Perceptions Index 2010, http://www.transparency.de/Corruption-Perceptions-Index-2.1742.0.html, abgerufen am 2. Juni 2011.

Dieselbe (Hrsg.): How do you define corruption?, http://transparency.org/news_room/faq/corruption_faq#faqcorr1, abgcrufcn am 2. Juni 2011.

Uerpmann, Robert: Das öffentliche Interesse, Tübingen 1999, zugl. Habil. Freie Univ. Berlin 1999.

Veil, Rüdiger: Compliance-Organisationen im Wertpapierdienstleistungsunternehmen im Zeitalter der MiFiD, WM 2008, S. 1093-1098.

Verrel, Torsten: Nemo tenetur – Rekonstruktion eines Verfahrensgrundsatzes – 1. Teil, NStZ 1997, S. 361-365.

Wabnitz, Heinz-Bernd / Janovsky, Thomas (Hrsg.): Handbuch des Wirtschafts- und Steuerstrafrechts, 3. Aufl. München 2007.

Wastl, Ulrich / Litzka, Philippe / Pusch, Martin: SEC-Ermittlungen in Deutschland – eine Umgehung rechtsstaatlicher Mindeststandards!, NStZ 2009, S. 68-74.

Werder, Axel von: Ökonomische Grundfragen der Corporate Governance, in: Hommelhoff, Peter / Hopt, Klaus J. / Werder, Axel v. (Hrsg.): Handbuch Corporate Governance, 2. Aufl. Stuttgart 2009, S. 3-37.

Werner, Michael: Einführung eines nationalen Präqualifizierungssystems am deutschen Baumarkt, NZBau 2006, S. 12-15.

Weyand, Rudolf: Vergaberecht, letzte Aktualisierung 23.12.2010, Mannheim 2010.

Willenbruch, Klaus / Bischoff, Kristina (Hrsg.): Kompaktkommentar Vergaberecht, Köln 2008.

Wimmer, Nadine S.: Haftungsrisiken und Compliance Maßnahmen nach dem »Foreign Corrupt Practices Act« der USA, München 2011, zugl. Diss. Bucerius Law School Hamburg 2010.

Wirner, Helmut: Die Eignung von Bewerbern und Bietern bei der Vergabe öffentlicher Bauaufträge, ZfBR 2003, S. 545-552.

Wittig, Oliver: Wettbewerbs- und verfassungsrechtliche Probleme des Vergaberechts, Düsseldorf 1999, zugl. Diss. Univ. Heidelberg 1998.

Wolf, Sebastian: Die Siemens-Korruptionsaffäre – ein Überblick, in: Graeff, Peter / Schröder, Karenina / Wolf, Sebastian (Hrsg.): Der Korruptionsfall Siemens, Baden-Baden 2009, S. 9-17.

Ziekow, Jan: Vergabefremde Zwecke und Europarecht, NZBau 2001, S. 72-78.